抵达电影

「半夏的纪念」二十年
中国青年影人访谈录

声光影话　廿载人生
赋魅祛魅　一切只为

陈宇舟　李　昉 ◎ 主编

周殷殷 ◎ 副主编

人民日报出版社
北京

图书在版编目（CIP）数据

抵达电影："半夏的纪念"二十年中国青年影人访
谈录 / 李昉主编. -- 北京：人民日报出版社, 2025.6
　　ISBN 978-7-5115-8153-2

　　Ⅰ. ①抵… Ⅱ. ①李… Ⅲ. ①电影—文艺工作者—访
问记—中国 Ⅳ. ①K825.78

　　中国国家版本馆CIP数据核字(2024)第018488号

书　　　名：	抵达电影："半夏的纪念"二十年中国青年影人访谈录
	DIDA DIANYING："BANXIA DE JINIAN" ERSHINIAN ZHONGGUO QINGNIAN YINGREN FANGTANLU
作　　　者：	李　昉　主编
责任编辑：	刘　悦
封面设计：	大咖书房
出版发行：	人民日报出版社
社　　　址：	北京金台西路2号
邮政编码：	100733
发行热线：	（010）65369509　65369527　65369846　65369528
邮购热线：	（010）65369530　65363527
编辑热线：	（010）65363105
网　　　址：	www.peopledailypress.com
经　　　销：	新华书店
印　　　刷：	大厂回族自治县彩虹印刷有限公司
法律顾问：	北京科宇律师事务所 010-83622312
开　　　本：	710mm×1000mm　1/16
字　　　数：	361千字
印　　　张：	26.5
版次印次：	2025年6月第1版　　2025年6月第1次印刷
书　　　号：	ISBN 978-7-5115-8153-2
定　　　价：	78.00元

编委会

主　编

李昉　中国传媒大学团委副书记，副研究员。曾任第11—20届"半夏的纪念"北京（国际）大学生影像展组委会执行秘书长，第5、6届海南岛国际电影节金椰主论坛总策划，第12届北京国际电影节短视频单元策划，芬兰坦佩雷短片节中欧青年影展策划，中欧青少年电影节总策划，国际传播"丝路奖"视频作品奖策划，庆祝中国传媒大学建校70周年文艺晚会总导演。参与编著《北京国际电影节蓝皮书》《中国长春电影节蓝皮书》。

副主编

陈宇舟　青年导演、学者，北京电影学院人文学部讲师，在中国人民大学攻读社会学博士学位期间完成本书前采及撰写工作，研究领域为电影社会学。导演纪录片《边城》获第11届"半夏的纪念"北京国际大学生影像展评委会特别奖，纪录片《医院里的中国》、剧情片《川剧往事》曾提名第12届"半夏的纪念"最佳长纪录作品、最佳剧情片作品等奖项；作品还曾获FIRST青年电影展学生电影竞赛"最佳纪录片"、北京大学生电影节原创影片大赛"最佳纪录长片"等多个电影节展的奖项。

周殷殷　制片人，制片作品曾入围鹿特丹国际电影节"金虎奖"主竞赛单元、意大利亚洲电影节等节展，并获得平遥国际电影展"费穆荣誉·特别表扬"等奖项。

序

　　半夏，对于中国传媒大学电视学院的至少二十届学生来说，似乎是个"魔咒"——

　　我们生活在最好的年代，因为影像生产的便捷性，年轻人可以随心随意地表达；我们也生活在最坏的年代，流量和明星的价值胜过了表达。

　　这就是半夏的二十年。

　　最初，没有人想过：除了是一个高校学生影像作品展示的平台，半夏还可能是什么？它会长大，会有更多长大以后的诉求；慢慢地，半夏开始成为全中国高校在校生中影像爱好者的共同平台。而这，也过去了将近十年。

　　没有一个创作者不希望自己的表达被更多人看到，于是它又衍生出百校联展，和更多同龄人分享哪怕是幼稚的心得。

　　同样地，没有谁不愿意自己的努力被浓墨重彩地褒奖，于是就有了盛大的颁奖典礼。请当红的艺术家们颁奖，就是为了拉动更多原本对影像没什么兴趣的路人，让他们知道，原来还有这么一些影像创作的潜力股，青涩、冲动，甚至怪异，但是真诚。

　　还有那些二十几届电视学院的学生们。时至今日，有的年过四十，还在津津乐道：自己参与的某一届半夏中的某某，今天已经是大导演，票房成绩斐然；当年就是个得了奖、发言都颤抖的小透明。

　　半夏的二十年，也是中国影视行业巨变的二十年：从短信到微信，从电脑上的QQ到无处不在的社交平台，从长视频到短视频，从长剧到微短剧……影像的表达也在巨变，适应时代，适应受众，适应新的行为模式。变化之大，似乎让人无所适从。

其实无所适从的，只是我们这些"老头儿"。对于年轻人而言，更多的平台和渠道，只可能激励更丰富的创作。与此同时，年轻人对于创作的执着和笃定，并没有因巨变而却步。于是，我们看到有的探索性短片进化为院线长片，历时三五年，让人感动。

不过，也或多或少有那么一些吃相难看的影像展和论坛，追着所谓的市场风口，目的无非捞快钱。当逐利成为唯一的标准，流量变成唯一的判断依据，真诚和初心，一定荡然无存。

这时候，就显出了半夏的价值。虽然历时二十年后悄然落幕，但是对于影像本体的褒奖、对于影像创作者的尊重，回到了一件事最初的起点。不变形，是一个宝贵的品格。

二十年，半夏已经完成了对于青年影像创作者的激发。在快速成名和热度至上的现实面前，一颗不变的初心，越发珍贵！

就更加珍视这二十年的每一次心灵悸动，无关外在的大千世界，无关喧器的你来我往，一帮二十出头的男孩女孩，说着只与光影有关的喜怒哀乐，简直就是乐园。

祝这些还有影像梦想的男孩女孩，票房大卖。

目　录

2003年·第1届

郝洁：
电影，永不落幕

采 访 人：李昉、陈宇舟

采访策划：陈欣玮、孙毓泽

采访时间：2023年7月19日

采访时长：1小时56分钟

采访地点：中国传媒大学梧桐书屋

文稿整理：孙毓泽、陈欣玮

▶ 个人简介

郝洁，毕业于中国传媒大学电视学院，文学硕士。纪录短片《母亲》入围第一届"半夏的纪念"大学生影像展（以下简称"半夏"）纪录片奖。现任北京广播电视台北京国际电影节运行中心副主任、北京国际电影节组委会办公室副主任。加入北京国际电影节十年来，先后担任开闭幕式工作部部长、北京市场部部长、项目部部长、宣推部部长及组办副主任。

▼ 作品年表

2003年 │ 纪录短片《母亲》/导演

开阔视野的行业启蒙：思维方式由此改变

李：您当时为什么会考中传电视学院的电视编辑专业呢？

郝：我当时考的是文艺编导（以下简称"文编"）和电视编辑（以下简称"电编"）两个专业。文编是第一志愿，我小时候喜欢唱歌跳舞，所以第一志愿是学习晚会类的专业。但是阴差阳错，最后电编录取了我。我在初中、高中经常组织活动，好像从小就比较具备组织活动的能力和天赋，对幕后编导工作很感兴趣。

李：在学习电编专业之前，您对影像有一些感受吗？

郝：那会儿处于电视行业发展的黄金时期，涌现出很多特别优秀的电视节目，比如《东方时空》《焦点访谈》。20世纪90年代初，我们家有彩电了。小时候寒暑假基本上都在家看电视，看电视是我最大的兴趣爱好。那时候白岩松他们刚火起来，他们经常在电视上说自己是广院（今中国传媒大学）毕业的，我就知道了还有这么一个学校，后来就去打听怎么考。我了解到要提前参加艺术类考试，通过艺术类考试才能参加高考，就很明确地奔着这个目标去了。另外，那时流行录像带。我们家有录像机，我爸会借很多录像带，我也跟着看。张艺谋的《红高粱》和《菊豆》都是用录像带看的。那时候，影像已经开始对我有冲击了，我的影像启蒙还是挺早的。

陈：**本科期间有什么让您印象特别深刻的课，增进了您对影像的理解？**

郝：大学对一个人视野的开阔，包括影像的启蒙，是很重要的。我上大学之前对影像有了懵懂的概念，但是把它当成一个学科，真正走进它，还是在大学。本科的很多老师给我留下了很深刻的印象，比如张绍刚①老师，他教我们纪录片，我的纪录短片《母亲》②其实是课程作业。他上课的风格，是我原来完全没有接触过的。张老师会把他的一些社会实践、工作中的所见所闻带到课堂上，在我们还没有接触社会的时候，隐隐约约好像跟这个社会有了接触。

还有一位老师给我们上拉片课。拉片也是我上大学之前没有接触过的。上课涉及的影片在当时的大银幕上见不到，但这些影片都有一个共性，就是艺术性和市场性并存。当时我不太懂，就觉得影片很好看，比如《英国病人》《肖申克的救赎》《天堂电影院》。老师会解读镜头，这对我的影像类型喜好也产生了一定的影响。另外，还有已经去世的孙振虎老师③。他当时刚刚毕业留校，很有青春朝气，给我们讲摄影镜头分析、镜头剪辑，特别生动。很多老师都让我对这个专业和行业更加感兴趣。

陈：**您本科毕业时没有考虑过直接就业吗？**

郝：没有。如果没有一个研究生学历，就业也挺难的。读研在我们本科毕业时已经是一个趋势了，而且很多外校的学生都来竞争。当时全国设立电视类专业的学校并不多，最好的还是中传。

---

① 张绍刚，中国传媒大学教授、博士生导师，主持人，曾主持《今日说法》《吐槽大会》《脱口秀大会》等节目。

② 《母亲》是2003年由郝洁执导的纪录短片，入围第一届"半夏的纪念"大学生影像展纪录片奖。

③ 孙振虎（1975—2023年），中国传媒大学电视学院原副院长。其创作的纪录片《非常青春》《胡永乐和他的秧歌队》先后于2001年、2002年获得中国电视金鹰奖，中国纪录片学术奖一等奖，系列片《中华泰山》获得中国广播电视新闻奖系列片一等奖，山东省"精品工程"奖。

陈：您本科阶段和研究生阶段的学习有什么不同吗？

郝：研究生只有两年时间，挺紧迫的。我拍了很多作业，剩下大部分时间就是学习实践和社会实践。我的社会实践是在旅游卫视，张绍刚老师介绍我过去的。那是我第一次觉得自己可以挣钱了。而且当时本科在电视学院读的同学可以免修一些课程，这给了我很大的自由度和宽松度。我认为，本科四年的学习至关重要，会改变一个人的思维方式和看问题的角度。这四年对我的影响比研究生两年要多得多。我们本科的同学，一个班有四五十人，但是大部分同学都有趋同之处，比如思想活跃、追求个性化发展。研究生的同学们学术气息更浓，和本科同学是完全不一样的。

半夏情缘：二十载变化巨大

李：您还记得第一届"半夏"是什么样子的吗？

郝：当时组织我们参评，其实就是学生投作业。但我的印象不深了，只记得当年获了一个奖，大家手里有纪录片作业的基本全交上来了。

李：今年的"半夏"跟二十年前相比，有哪些直观的不同？

郝：我觉得最大的变化是片子质量提高了。那天我参加颁奖典礼，虽然播放的都是片段和片花，但是明显感觉到片子的成熟度很高。我们当时的片子只能说是学生作业，很稚嫩，拍摄手法一看就是学生水平。但是今年的作品中，有几个北电的导演拍的片子，从片花就能看出来它的专业度、成熟度、完整度，能看到片子的背后是有一个大的专业团队在共创的。

"半夏"辐射的广度也比以前大了。我们当时学生作品不多，没有什么积累。现在是面向全国学校，我看还有高中生参加，而且高中生的起点也很高，甚至比我们那时的大学生水平还要高，这就能看出时代的发展，包括技术进步在这里面的作用。这些作品一看就知道是现在这些年轻人拍的，我们和他们所处的时代背景不一样，用的技术手段也不一样。

再度阴差阳错：与北京国际电影节相遇

陈： 您2006年研究生毕业后做了什么工作？

郝： 我毕业先去了（原）中央电视台数字频道，那时候还叫"有线电视"。除了中央电视台之外，其他省级卫视想落地，还要每年给当地的有线电视台交落地费，当地群众才能看到这个频道。做付费频道是当时的一个趋势、一个战略。我那时候做时尚类节目，先从频道的责编做起，然后做到编导、主编、制片人，大概做了四年半的时间。

李： 您在什么情况下加入北京国际电影节（以下简称"北影节"）?

郝： 当时北京市要成立一个专门的单位，主要执行北影节的筹备与落地。前两届北影节的声势很大。它不仅对标上海国际电影节（以下简称"上影节"），还要做东方的"戛纳国际电影节"（以下简称"戛纳"），志向远大。活动组织不是我的特长嘛，我也比较感兴趣，就考了这个单位，考试成绩还挺不错的。我是2012年考进来的，考上之后就开始参与筹备第三届北影节。

陈： 北影节部门分工大致是怎样的？

郝： 组委会内部有十几个部门，分工非常细致。我刚进来时在开闭幕式部工作，负责开幕式、闭幕式、红毯仪式，这些是各界最关注的。对于北影节这么大的国际文化活动来说，它既要国际化，也要有中国特色。当时我在这个部门，跟剧组、明星、导演团队对接比较多。

陈： 您做这个工作还是比较兴奋的？工作压力大吗？

郝： 还行，没有觉得太兴奋，只是想把这个工作做得更好。我们当时委托北京电视台和电影频道的两个导演团队做开闭幕式，在对接过程中，还没来得及兴奋就要处理各种问题，比如场地对接。在天坛这样国家级、世界级的文物保护单位做晚会、放激光灯是很难的，因为涉及文物保护。在国家会议中心做闭幕式要考虑的事情也很多，因为它不是礼堂、剧院，我们要搭台，要设计红毯和明星的动线，所以来不及兴奋，就已经投入工作状态了。

当时电影还属于广电总局管理，电影节工作由北京市广电局负责。和2022年冬奥会一样，当时北影节也是各单位抽人组成一个组委会。一直到第三届北影节进行社会招聘之后，成立了一个完整的团队，情况才有所好转，但也存在问题。我们这一拨是社会招聘进来的，我的同事之前有做社区工作者或高校老师的，还有学财务的。我们这些有不同专业背景、社会资源和成长履历的人集合在一起，对大型活动认知的起点都是不一样的，也在摸索的过程中学习、成长。于是我们去国外专业的电影节观摩，总结、梳理自己的问题。而且当时没有能力和条件，很多活动是委托其他单位、团队帮我们完成，比如找中国电影集团公司、中国电影合作制片公司、中国电影博物馆做论坛，找中国电影资料馆做展映。

李： 你们可以把预算拨给他们。

郝： 他们请人，我们提供场地等硬件支持。论题也是他们定，我们依托的全是电影行业的"国家队"。前期这种方式有好处，缓解了电影节团队的压力，整合了资源。但任何事情都有利有弊，太依靠外部力量，内部成长就慢，也受限制。经过多年的培养与成长，现在团队能自己做的，我们还是尽量自己做。

例如，现在都是我们自己去征片、选片、邀请评委、组织评委观片、设置论坛的议题、组织项目创投。其中以论坛举例，论坛议题设置完成后，我们再找合适的合作单位，共同邀请嘉宾。我们要把握电影节的整体调性。

李： 所以就有了"中心策划"概念，统筹不是分散的了。

郝： 有了"高度统筹"的概念，开始慢慢地设立每年电影节的主题，两三年前开始有了系统的宣传思路。以前活动都是各个单位自己做。比如，中国电影资料馆有能力宣传电影展映，但是其他团队没有这个宣传能力，就没有声量；大家都关注开闭幕式和红毯，邀请的媒体会多一点，这是不平衡的。现在北影节有了整体规划统筹，知道论坛、大师班这种专业类活动应该请垂类媒体，而不是大众传播类媒体；红毯应该请娱乐平台的社交媒体。另外，我们对评奖单元也开始有了规划和策划，大家能看到不同活动在宣传上的差异性。我们由宣推部总体调度，每年有宣传计划，整合资源的能力才逐年提高。

创投单元：产业推新是电影节的核心竞争力之一

陈：您做完开闭幕式之后就调到市场部了吗？

郝：我做了很多年的开闭幕式，也管过四五年市场部，后来主要在项目部，最近两年是负责宣推部。从2023年开始，同时分管项目部、市场部、宣推部。

陈：您管市场部的四五年时间里，北影节就已经有创投了吗？您当时的感觉怎么样？当时做创投是不是比现在更困难？

郝：已经有创投了。那时候国内还没有几个电影节展做创投，我们做得还挺早的。北影节的创投已经做了十二年了，而且推出来了一些项目，如《我的特工爷爷》[1]《喊·山》[2]。后来，我重新分管市场部，带着刘岩[3]复过盘。

---

[1] 《我的特工爷爷》是2016年由洪金宝执导，洪金宝、刘德华等人主演的院线电影。

[2] 《喊·山》是2016年由杨子执导，王紫逸、朗月婷、成泰燊、余皑磊主演的院线电影。该片改编自山西女作家葛水平的同名小说，获得第4届北京国际电影节最具商业潜力奖、第19届上海国际电影节最受传媒关注导演、最受传媒关注编剧奖。

[3] 刘岩，北京国际电影节组委会办公室北京市场部部长。

他当时只顾着做事，没有对外宣传。

李：**其实创投对电影节来说挺尴尬的。电影节搭个台，投资人来了，项目来了，他们聊了，然后跟电影节本身没关系了。**

郝：这就是问题，所以要复盘。咱们不是为了做活动而做活动，我们做活动的目的是产业推新，这是电影节的核心竞争力之一。但是，大家最初只是认为这件事很重要，并没有意识到后续各大电影节展一旦开始发力，这块儿的资源是有限的，大家都会竞争。这也是为什么一些项目会在不同的节展打一圈儿，参加北影节之后，会参加上影节、金鸡百花电影节（以下简称"金鸡"）的创投，再去海南岛国际电影节（以下简称"海南节"），总要有一个平台把项目推出去。项目在平台拿到融资和需要的社会资源，最终目的是登上大银幕，面向市场。但北影节有个问题，闷头干事儿，没有对外宣传。

李：**"半夏"的理念也是这样。**

郝：现在的情况是，我们还没有形成自己的导演体系。我们是公益性质，帮大家选人才。我们面向的是导演和创作者。

李：**创投参与的主体也很难界定。**

郝：的确很难。如果是一个已经成熟、开始运作的项目来镀一层金，我们觉得没有意义。我们还是要扶持新人，新人是需要这个资源的。

陈：**我之前看过一些评估中国各地的电影创投会的学术论文。学术界对创投进行评估之后，发现北影节的市场效果和孵化率都是最高的。**

郝：我们从来不干预评委的评选，而且项目的质量确实好。但现在还存在问题：一是没有给自己"吆喝"出去，2010年到2020年是最沉默的十年。这十年我们做了很多事情，项目的票房也是最好的，但是没有宣传就会吃亏。因为等别的电影节慢慢做起来了，它就会被慢慢地遗忘。二是缺乏后续的产业性服务，要拉一些扶持政策和资金。

李：**北京有这么多的好资源，应该有一个政府型的资金参与投资，是吧？**

郝：我们下一步要做的是在北京立项，跟踪项目，实施一些资源上的整合。

李：必须有本地的扶持政策加上服务的跟踪，创投才有延续的意义。

郝：说到平台的意义，我们今年的主题短片《春日大订单》是找《平原上的夏洛克》①的导演徐磊拍的。我们找到他的时候，他很配合。他的片子很有个性，我想，他本人是不是和他的片子一样，也很有个性。但是我们接触下来发现，徐磊真的特别好。他说，他做《平原上的夏洛克》的时候，电影都拍完了，后期差了几十万元，没钱了。他是个人投资拍的这部片子，当时是制作中的项目。后来就是因为参加了北影节，复审看了片子以后就说给他做后期，最后这个片子得了很多奖。顾晓刚的《春江水暖》②是2019年"戛纳"影评人周展映单元的闭幕影片，他当时来北影节做创投的时候还差六十万元才能完成电影。他心想，要是拿到六十万块钱，就坚持做这个片子，没有就算了。他参加北影节后，一下子就募资到六十万元，最后取得了很好的市场效果。在北影节平台受益的青年导演都很懂得感恩，而且很善良、很单纯。我总觉得，有赤子之心才能成为一个好导演。目前我接触下来的这几个青年导演真的是这样，就是想把作品做好，没有过多的想法，现在还没有沾染特别浓烈的铜臭。

李：但这是不是也意味着还没有真正走向市场的作品？

郝：他们的作品风格不会太商业化。

陈：包括电影《拨浪鼓咚咚响》③，片子非常好，只是说它确实还不太受商业市场的认可。

---

① 《平原上的夏洛克》是2019年由饶晓志监制，徐磊执导，徐朝英、张占义、宿树合主演的电影，获得第13届FIRST青年电影展"最佳电影文本"奖。

② 《春江水暖》是2019年顾晓刚执导，钱有法、汪凤娟、孙章建等主演的电影，在第23届上海国际电影节、第32届中国电影金鸡奖、第13届FIRST青年电影展等斩获多个奖项及提名。

③ 《拨浪鼓咚咚响》是2023年由白志强编剧、执导，惠王军、白泽泽主演的电影。该片入围第23届上海国际电影节亚洲新人奖，获得第10届北京国际电影节创投"优秀制作中项目"。

李：平台有一个很重要的意义，就是要维护这些人的生存环境。

郝：对，我们要创造百花齐放、百家争鸣的环境，不能把所有的光环、票房，或者利益都给了商业大片，这样市场会不健康。市场化当然是我们选片和创投注重的一个方向，但绝对不能自娱自乐。市场化的标准也并不意味着用票房来衡量。我认为今年的电影《宇宙探索编辑部》①的市场化非常成功，它是赚钱的，不过跟商业大片没法比。但对于一部小成本电影来说，我觉得它在圈里的口碑和对中国电影类型的贡献，远远超过了票房本身。它对观众审美的引导非常重要，所以我们愿意扶持这些青年导演，维护可贵的创作品质。

陈：很多创投平台一直有个争论，创投究竟是选人还是选项目。我看到青葱②创投是选导演的。您分管市场部的时候，创投更多是选导演还是选项目本身？

郝：我们现在的评判更多还是在于项目本身，也通过项目来认识新人。初审评委在看八百多个报名作品的时候，看的是故事梗概和大纲。那时候都没有跟人接触，怎么评判这个人行不行呢？所以肯定是看这个项目是不是有一个好故事，故事是不是有价值，有没有登上银幕的潜质。

陈：我的感受是，北影节创投给了很大一部分没有机会的创作者一个机会。如果按照青葱的创投机制，今年裴胜斌③的电影剧本《预报有雨》④可能就

---

① 《宇宙探索编辑部》是2023年由孔大山执导，王红卫、郭帆监制的科幻影片，由杨皓宇、艾丽娅领衔主演，蒋奇明、王一通、盛晨晨主演的院线电影。该片获得第5届平遥国际电影展费穆荣誉·最佳影片、第12届北京国际电影节"注目未来"单元最受注目影片等奖项。

② 青葱计划，全称"CFDG中国青年导演扶持计划"，由国家电影局指导、中国电影导演协会主办，中国电影导演协会会长李少红发起，是挖掘有潜力的青年导演人才，并对其优秀电影项目进行全产业链扶持的公益性电影活动。

③ 裴胜斌，编剧、导演，担任电影《推理笔记》、电视剧《了不起的女孩》编剧，编导电影项目《预报有雨》。

④ 《预报有雨》是2023年由裴胜斌编剧、导演的电影项目，获得第13届北京国际电影节创投单元"评委会特别推荐项目""最佳原创剧本项目"。

没有机会。

　　郝：对。他本身是一个编剧，而且不善言谈，还有点社恐。但是通过北影节，他的项目受到认可。他现在已经有了一个制片人搭档，就是电影《爱情神话》①的制片人叶婷。制片人把资源带进来，张冀老师也看好裴胜斌，拉着他一块儿写剧本。所以你说，这个时候我们是看中了项目，还是看中了人？其实还是通过项目认识了人，对吧？

　　陈：您刚才聊到之前北影节做了很多实事，但是宣传不到位，所以现在就有意识地选择在业内更有影响力的人做评委？

　　郝：对。

　　陈：今年创投的评委阵容太强大了，有陈可辛、张冀、姚晨、文牧野②和黄轩。这届创投的评委在其他地方都可以做主竞赛的终审评委了。

　　郝：这些评委是我们自己请的，评委的影响力很重要。另外，这些评委和我们接触以后，会根据我们的真诚度、专业度来判断要不要接受邀请。

　　李：创投一共有三轮评审，北影节怎么考虑每一轮评审的评委架构？

　　郝：评委基本上由制片人、导演和编剧组成。可能初审的时候还有一些公司的制作组、团队介入。

　　陈：初审、复审和终审的评委人选有什么具体标准？

　　郝：要考虑这个人今年有没有作品，还有作品的舒适度、接受度、好评度、知名度，一层一层地筛选。

　　陈：你们搭建团队的时候是否想过邀请学术界代表做评委？

---

① 《爱情神话》是2021年由邵艺辉自编自导，徐峥监制，徐峥、马伊琍、吴越、倪虹洁、周野芒领衔主演的院线电影，在第35届中国电影金鸡奖、中国电影华表奖等获得多个奖项及提名。

② 文牧野，导演、编剧，执导短片《石头》获得第10届"半夏的纪念"大学生影像展"最佳剧情片"提名，编导短片《金兰桂芹》获得第10届"半夏的纪念"大学生影像展"最佳导演"提名。执导电影《我不是药神》《奇迹·笨小孩》等，获得第32届中国电影金鸡奖最佳导演处女作奖、第36届大众电影百花奖最佳导演奖等。

郝：学术界代表可以参加论坛，但北影节的创投定位还是面向市场，需要评委有市场创作的经验、有阅历，真的能让青年导演少走弯路。做学术的老师不太适合创投这个环节，他们适合作为论坛或者大师班的客座嘉宾。

李：**你们按照同一个标准选片，所以不能说从创投的片子里看出电影市场或创作导向的变化，是吧？**

郝：我们每年都会做统计，比如爱情片、悬疑片的占比，还有反映母子关系、父子关系、男女爱情关系的比例，再做成一张长图，大家可以在公众号看到。

李：**您觉得北影节现在比较完善了吗？完善的标准是什么？**

郝：北影节现在已经很完善了。我当时轮岗，从项目部去的宣推部。宣推部虽然不用管评奖，但是能看出来，一个电影节能立住，有公信力、影响力、权威性、专业性，首先看的是它的评奖体系，这是一个电影节的根本和灵魂。

李：**北影节是哪一届把评奖体系收回来，开始自己做的？**

郝：第十届。

陈：**现在把北影节的"注目未来"单元分给北电的电影学系了。**

郝：对，"注目未来"单元是吴冠平①老师在做，吴老师也越做越好。这就是"卷"。我有时候觉得"卷"不是坏事。一个人做得好，大家都想做好，标准自然而然就会提高。天坛奖这两年是眼看着有进步的，影片质量有重点地提高。

李：**换了新的评奖部吗？**

郝：我们自己做评奖工作。李晓杭部长带着王缃意②主要负责邀片，她也

---

① 吴冠平，北京电影学院教授，《北京电影学院学报》主编，北京国际电影节"注目未来"单元艺术总监。

② 王缃意，北京国际电影节组委会评奖部工作人员，负责"天坛奖"主竞赛单元影片邀约及选片工作。

是电影学院毕业的，很有想法。

陈：王缃意最早是ISFVF①的策展人，她做过我的制片人，我们也一起合作过其他影视项目。缃意很有情怀，是非常好的电影策展人。

郝：她想把这件事做好，没有功利心，所以影片质量就上来了。影片质量上来了，怎么才能让大家知道？宣传的作用就来了。我去了宣推部以后，首先做了场刊。场刊是学习了戛纳的做法，我们那年做了入围影片的竞赛场，组织大家去看，会选十几、二十家专业媒体，给影片打分。我们又加入青年影人作为入围影片的场刊推介人。去年第十一届北影节邀请了齐溪和宋洋，今年是王传君、倪虹洁和束焕。我们不请流量明星，会选择真的在艺术片方面有见解、表演功底深厚，同时喜欢看电影的青年影人，他们能写出影评。这样的话，影片质量上来了，也宣传出去了。我们的微信公众号会每天推荐一部入围影片。在这个过程中，社会上的影评人也会不自觉地拿评委最后的评分结果和场刊对比，然后再讨论这些影片，进行二轮发酵。我们还增加了一个环节，颁奖结束的第二天，邀请所有评委返场，现场给媒体放映"最佳影片"专场，告诉大家为什么评委们给这部电影投票，和媒体有近距离的交流。我们是国内第一个这样做的电影节，影响力就逐渐提高了。另外，徐总②对北影节的颁奖典礼格外看重，所以会给颁奖赋予无限的荣誉和殿堂感、仪式感。不同的元素在舞台上叠加在一起，大家会觉得这个奖项还是挺有分量的。

---

① 北京电影学院国际学生影视作品展（ISFVF）是北京电影学院主办的国际学生短片作品交流活动，由北京电影学院教授、中国导演谢飞于2001年发起创办。

② 徐滔，中共党员，第十三届全国人大代表，北京广播电视台党组副书记、总编辑。

相约光影之春：适应产业变化，带动精神文化生活

李：我们来聊聊北影节和上影节的区别吧。

郝：我觉得，虽然总是拿北影节和上影节比，但风格还是不一样的，我们更注重传播性和盛典性。北影节的开闭幕式更趋同于盛典。它在编排环节时会设置很多传播点。比如，给张艺谋颁发终身成就奖的时候，邀请和他合作过电影《一个都不能少》、2008年北京奥运会和2022年北京冬奥会的小朋友来表演。但上影节注重的是仪式本身，把所有环节都留给获奖的影片和影人，我觉得各有特色。

李：北影节会和中国的文艺传承更加相关，上影节和国际思路比较接轨，更简洁。

郝：还有北影节的展映活动很有特色。我们的想法是，办电影节，不能是电影人的自娱自乐，我们要为产业、为观众服务。所以展映是充分体现北影节惠民性的活动，非常重要。每年都有非常多影迷参与展映，今年就有二十多万人。这些影迷的参与，丰富了观众的精神文化生活。

陈：我认为您说得很对。我记得1979年中国内地出品了60多部电影，但观影人次达到了近300亿。2019年是中国电影票房最高的一年，642.66亿元，但城市院线总观影人次只有17亿。实际上，展映在当下媒介不断变迁的过程中，沟通了电影和观众的生活，鼓励更多观众进入影院，了解电影史上的杰作。您了解上影节有多少放映日程吗？

郝：比我们更多。我们今年放映一百八十多部影片，上影节是四百五十部。上影节参与展映的人数可能会更多。

李：上海有看电影的基因，20世纪30年代就开始了，老同志都会去看电影。

陈：我的短片2014年去了上影节。片子放映的时候，全是上海的老年人来看，我都没想到。

郝：所以我说展映很重要。你看开闭幕式，我们也不会请上万名观众。但是电影放映有20多万名观众参与，能衬托出过节的氛围。上影节的惠民性比我们做得好。它放映的场次多，而且好几家影院配有千人大厅。

李：除了创投，现在北影节的市场板块还有其他设置吗？

郝：市场板块不光是创投，还是招商展会。我们把大场地租下来，各家去买自己的小"摊位"。

李：您说的这种"摊位"在欧洲特别流行。

郝：这种形式我们也曾经"辉煌"过几年，随着这两年电影市场慢慢趋于冷静，这种火爆的现象没有了。但我觉得大家还是需要有这样一个在线下面对面集中交流的地方。

李：对中小企业来说，它们需要一个社交场地。我参加过好几个欧洲的短片节或电影节的市场交流，都有happy hour（欢乐时光）。大家发名片，互相认识。这种形式还是有帮助的，而且他们也很喜欢聚在一起做这些事情。

郝：对，外国人喜欢这样。我们出访美国电影市场，他们包了好几个酒店，酒店的每一层、每一个房间都特别热闹。另外，市场板块还有一部分内容是各家机构自己做的沙龙和论坛推荐。

我们是搭建平台。比如，今年广东的电影协会在"电影市场"活动板块期间推荐了广东的优秀电影项目（包括即将开拍的项目），以及通过影视基地的政策吸引大家来广东立项拍片子。还有一些做衍生品的公司在北影节期间给大家介绍衍生品创作开发的能力，吸引更多合作。我们把这些事情放在"电影市场"活动板块，做成行业沙龙和对话，但是它和我们电影节组委会做的论坛、大师班不一样。我们自己做的论坛和大师班放在项目部，项目部做的是权威性活动。我们在国家的统一布局下制订这一年的论坛选题，比如国际合作、产业发展、现实题材作品的创作，然后请嘉宾、设置话题来做论坛。今年论坛的质量很高，嘉宾都是从自身体验出发，提了很多关于中国电影"走出去""引进来"的建设性意见和建议，还和以前的市场做对比，并且谈了现在遇到的困境。大家说得很实在。

陈：我看到北影节还有一部分是关于国际合作的。以创投为例，今年北影节和香港亚洲电影投资会(HAF)合作了。

郝：我们今年还想创办一个海外项目的创投单元，这是我们的计划。

陈：类似上影节的国际合作单元？

郝：我们一直有国际合作单元，每年会设立一个主宾国，今年的主宾国是泰国。它承担了国际交流与合作的使命。今年的国际合作论坛也邀请了"一带一路"共建国家参与。

陈：从您的自身感受出发，您觉得这十年里，我们的电影产业有什么样的变化？

郝：我刚来北影节的时候，是中国电影市场繁荣发展的时期，大家的积极性和参与度都很高。电影经过这么多年的发展，大家更知道哪些是市场需要的。观众也发生了变化。以前，好莱坞大片，像《阿凡达》《碟中谍》《速度与激情》这些系列电影的票房是比较高的，但是现在观众更多选择观看国产影片。电影人们不停地适应产业和市场的变化，电影节也在不断适应产业和电影人需求的变化。

我突然想到，"半夏"和我们联合做一场"永不落幕的电影节"系列活动吧！我们把北影节选出的优秀青年影人请过来，大家在一起交流交流，做一个联动。比如聊一聊在学校的创作和真正面对市场的创作相比，二者有哪些不同。

李：可以邀请今年"半夏"获奖的创作者①。

陈：您作为资深的电影节展组织者，还有什么想和青年电影创作者分享的吗？

郝：我觉得每一个人都有自己的轨道，但也不要抗拒变化，一步一步往前走，千万不要有浮躁或者走捷径的想法，不要天天想着功成名就、出人头地。能把眼下的事情做好，可能就是最大的成功。

郝洁采访手记

陈欣玮

郝洁师姐是第一届"半夏"的参与者，也是今年第二十届"半夏"的"想象的影展与影展的想象"论坛嘉宾。回望过去二十年，从"半夏"到北影节，她深入参与了中国电影行业的发展，给予访谈更加宏观和开阔的视角。

作为北影节的组织者，郝洁师姐为我们介绍了北影节的创投及未来发展计划，区分了不同部门的服务功能，我们还在访谈中促成了北影节与"半夏"的合作。师姐的讲述重构了我对北影节的看法。北影节在北京落地，需要与当地文化和城市功能相协调，在保证北影节顺利开展的同时，工作组也需要考量电影人的需求和行业环境生态的培养维护，尽力推动项目的进程和孵化。

---

① 本次访谈后，2023年9月11日，北京国际电影节与"半夏的纪念"北京（国际）大学生影像展组委会共同策划组织了永不落幕的北京国际电影节系列活动进校园之"一部作品的诞生"青年导演交流会，邀请北京国际电影节创投制作项目《拨浪鼓咚咚响》导演白志强，北京国际电影节创投训练营《欢迎来到意识管理库》导演董明星，《寻牛》导演蒲巴，中国传媒大学校友、《猎旗少年》导演吴郗琛与中国传媒大学学子进行分享交流。

北影节也在与时代接轨，关注青年导演的发展和中国电影的未来。它是中国电影一角一面的展示，而以郝洁师姐为代表的一批组织者，一直持续关注那些有才华却缺少机会的年轻人，让他们走进中国电影行业，共同创造行业的未来与春天。

2007年·第5届

邓科：
观众的微笑就像"乌梅子酱"

采 访 人：陈宇舟

采访策划：谢森喆、张宏佳、黄晨洋、王艺翰

采访时间：2023年5月13日

采访时长：2小时

采访地点：腾讯会议

文稿整理：谢森喆

▶ 个人简介

邓科，1986年出生于贵州贵阳，导演、编剧、监制。2006年进入中国传媒大学学习，短片《杀手阿勇》曾获第五届"半夏的纪念"大学生影像展最佳剪辑作品提名。2009年与中国电影集团公司签约，拍摄完成中国首部网络剧《Mr.雷》。2010年拍摄电影首作《坏孩子的秋天》，获得第28届金鸡百花电影节最佳导演处女作奖提名、第6届华语电影论坛年度新锐导演奖。长片剧本

《爷爷骑士团》获得第15届上海国际电影节创投单元大奖。执导《赘婿》《与凤行》《折腰》《大奉打更人》等剧作。

▶ 作品年表

2005年	DV电影《别跟我拽》/导演
2006年	剧情短片《杀手阿勇》/导演
2010年	剧集《Mr.雷》/导演
	院线电影《坏孩子的秋天》/导演
2012年	长片剧本《爷爷骑士团》/编剧
2013年	院线电影《午夜微博》/导演
	院线电影《星语心愿之再爱》/导演
2015年	剧集《我的奇妙男友》/导演
2016年	剧集《我女朋友的男朋友》/导演
2017年	剧集《我女朋友的男朋友2》/导演
	剧集《柒个我》/导演
	剧集《人不彪悍枉少年》/导演
2018年	剧集《绅探》/导演
2019年	剧集《旗袍美探》/导演
2020年	剧集《赘婿》/导演
2021年	剧集《与凤行》/导演
2022年	剧集《折腰》/导演
2023年	剧集《大奉打更人》/导演

高三拍电影就懂"包装"自己了

陈：师兄，您是从什么时候开始对影像感兴趣的？

邓：应该是2002年我上初中的时候。那时流行家用摄影机，我记得我刚开始进行简单创作的时候用的是索尼P150和P190这两款，都是很古早的磁带摄影机，对拍摄有一定的专业度要求。后来索尼出了数字摄影机，摄影门槛就降低了。我真正对影像产生兴趣是在2004、2005年，那会儿看了很多电影。18岁时，我拍了第一个短片，当时向家里要了一些零花钱，在当地组织了一些电视台的小朋友一起拍摄，号称拍了DV电影，同时期还有一些第六代、第七代导演在拍地下电影。

陈：师兄第一部DV作品是《别跟我拽》①，对吗？当时您应该是高三，很多学生都在筹备高考，您就决定要走编导这条路了吗？

邓：对，因为我学习不是很拔尖，心里也一直有拍片的梦想，所以大家在准备高考的时候我在写剧本，想找投资方把它拍出来。当时我还挺会营销的（笑），我拿着《别跟我拽》的剧本，先去电视台找了一些小伙伴，再跑到报社。当时还没有自媒体，报社是比较权威的主流媒体，我就跟他们说贵州有个年轻人想拍一部DV电影，很有报道的价值，报社可以报道一下。他们答应后就报道了我，有一整版，还拍了宣传照。那时候我18岁，还挺冒进的。

后来找了一圈还是没拉到投资，我只能对自己家里下手。我拿着报纸给我妈看，跟她说我已经把口号喊出去了，她要是不给我投资，可能打的就是她的脸。我妈妈也非常支持我，大概在2006年，就给了10万块钱让我拍片，

---

① 《别跟我拽》是2005年由邓科执导的DV作品。

那个时候北京一套房好像才五六十万。我还是咬咬牙把那笔钱拿去拍片了，拍完之后我才知道，如果想拍电影，得先去广电总局报审，否则属于违规。我们再去补办也来不及了，所以它最后就成了个人作品，给大家放一放自己高兴一下就可以了，没有任何收益。后来我把作品免费地放到网上，作为自己的第一个作品跟网友分享。当时还没有土豆网，只有一些很古早的影像论坛和影像爱好者的网站。在网站里，全国各地的年轻人和影像爱好者会上传自己的作品，彼此交流。在那个小圈子里，我渐渐有了一些朋友，他们鼓励我到北京做影像，我鼓起勇气决定来北京闯一闯。现在想一想，这个决定还是很正确的，如果不跨出这一步，可能不会有现在的职业道路。

陈：那您家里人看完这部片子是什么感觉？

邓：他们当时觉得我是闹着玩的，因为在拍之前我几乎不懂得任何专业技巧，拍出来的片子也没有任何技法。但是我很感谢那段经历，拍完《别跟我拽》，我自己做剪辑的时候才慢慢懂了一些技巧，包括剪辑的感觉、蒙太奇产生的效果等，这些经验直到今天依旧受用。等到广院（今中国传媒大学）上学的时候，我明显感觉到自己比同班同学有更丰富的经验——老师在课堂上讲的一些手法和技巧，我已经操练过了，所以比同学们进步得更快，也是在这样日渐沉淀的自信下，我拍了《杀手阿勇》[1]。

---

① 《杀手阿勇》是2006年由邓科执导的剧情短片。该片曾获第5届"半夏的纪念"大学生影像展最佳剪辑和最佳剧情作品提名。

第一次爆红与中国第一部网剧

陈：您是在什么契机下拍摄《杀手阿勇》的呢？

邓：这是王晓红①老师布置的一份作业。当时我作为外地人来北京求学，看到大城市竞争那么激烈，现代网络用语叫"内卷"，我多少还是有一些表达欲的。我想在这个圈子里存活下来，并且闯出一番天地，但又面临很多现实问题。比如，家里没有相关从业人员，所以跟别人的起跑线不一样，觉得自己还要更努力。于是，在《杀手阿勇》里用了一个杀手的身份去表达坚持但又并不被主流认可的状态，其实挺黑色幽默的。

陈：我们知道对学生作品来说，资金是很大的问题，您当时是怎么解决的呢？在实操层面，您觉得拍这部片子遇到什么困难了吗？

邓：其实没有。现在回想起来，我觉得当时的拍摄状态是我最享受的。拍《杀手阿勇》的费用很低，总共才花了500块钱，主要用在和同学一块吃饭上了。当时主角阿勇是我同学扮演的，我自己当摄影师拿机器拍，旁边再有一个同学负责拿反光板，或者做一些打杂的工作，也在里面演一个角色。我们这个剧组三四个人，在广院后面一片老的四合院拍摄，拍完之后大家去吃吃饭，也没有什么压力。拍完这部片之后，我慢慢进入正规的剧组，有很长一段时间，我不太适应正规剧组的节奏，因为它卡得很死，我一度很怀念拿摄影机自由创作的过程。

那个时候，我们很羡慕那些已经成熟的导演，他们有正规的剧组和摄影

---

① 王晓红，中国传媒大学本科生院院长，教授、博士生导师，主讲电视画面编辑、电视创作实务、融合新闻学等课程。

机，能够驾驭更多的资源。后来，在从一个业余导演慢慢转变成专业导演的过程中，我发现其实每个阶段的导演都有自己的烦恼和快乐。今天我再去想，如果有机会和三五个人拿一个小机器去拍一拍，也会觉得挺有趣的。最近我拿手机拍一些小视频，也是想找回当年的感觉，无拘无束的创作其实挺有意思的。

陈：那现在回看《杀手阿勇》，您还会有什么不满意的地方吗？

邓：肯定会有，从技术到内容，各个方面都有遗憾。但我还是很愿意把这部片子写在我的履历里，而且我觉得它是我职业生涯里很重要的一个小短片，是它让我第一次感受到被大家认可的快乐。后来拍网剧的时候，有的网剧爆了，有朋友会告诉我要保持初心，不能飘。我说我早就红过了，当时在学校我拍摄的片子就受到广泛关注，所以我很早就知道要保持初心。

陈：您可以形容一下这部作品在学校放映时的现场状况吗？

邓：第一次放映是在王晓红老师的课上，当时在放其他同学的片子时，大家会叽叽喳喳地说话，因为都是第一次拍，不太像一个正规作品。由于我给《杀手阿勇》配上了音乐，营造了一些氛围，大家一看就被带进去了，整个会场很安静，那种严肃感让我觉得我好像抓住了大家的注意力。放完之后大家沉默了很久，王晓红老师首先给了掌声，我才反应过来，原来这个片子被大家认可了。紧接着它就传到了当时的校内网上，可能因为当时它更像一个专业作品，里面也有一些表达，所以很快就传开了，有人开始传有邓科这么一个人，他挺会拍片的。于是校内的各种采访就来了，我的老婆方仿妩当时是2009级新闻专业的，慕名来采访我，采访完我们慢慢就在一起了，我带着她进入影视行业，她现在是我们公司的负责人。所以为什么说《杀手阿勇》对我很关键，因为它在事业、爱情、自信各个方面都给了我支持。

后来因为想要更方便地创作，我搬到校外住。2007年，我成立了自己的工作室，就三五个人，自己设计了一个Logo。我们把《杀手阿勇》放到网上，有网站以一个非常高的价格把它收购了。

陈：为什么您在那个时期会想到要做工作室呢？

邓：我觉得可能是我们这一代的创作者接触的资讯比较全面，就像现在小朋友可以天天刷抖音一样。影像已经不像老一辈创作者那会儿，大家觉得很稀缺、有门槛。今天大家拿个手机就可以拍，不是我们那个时候非要拿个摄影机才可以拍的年代了。我慢慢地感觉到，当我们成长起来的时候，影视行业会变得非常工业化。工业化时代不是一个出大师的时代，反而更需要团队，团队很重要，工业化的生产能力很重要，执行力也很重要。我们广院人对传播营销更有自己的想法，这也是我们的优点。所以当时我就觉得要做个团队，要把品牌做出去，品牌做出去后可以获得更多的资源，反过来这些资源能够帮助我更好地创作。

陈：当时工作室的主要业务是什么？

邓：那个时候有个叫激动网①的网站，我们主要拍一些小短片，让他们有偿地收购。

陈：师兄，您在离开广院后，参加了中国电影集团的青年导演计划②，这个计划也是因为您早期做工作室拍短片所以选上您的吗？

邓：对，到中影的时候已经是2011年左右了。那时土豆网已经成立，比较鼓励原创作者，于是我们开始拍一些土豆网指定的商业性小短片，参加一些商业赞助商的比赛，或者拍摄一些微电影。当时的原创作者群体里有很多

---

① 激动网是成立于2003年12月的视频门户网站。2005年10月，激动网成立赳客频道，旨在将其打造原创与分享社区，具体模式为"收购短片—签约工作室—促使工作室创作短片—集合成片库为运营商提供内容"。

② 2007年，中国电影集团联合索尼哥伦比亚、英皇、寰亚、希杰、Myspace中国等公司共同出资组织"中影集团青年导演电影制作计划"，旨在挖掘有潜力的青年导演。

现在很厉害的人，比如五百①、姚婷婷②、叫兽③、刘循子墨④等。其实那时候我们这一群人已经见过面了，都在做类似的事情。我后来也很惊讶，这个群体出来的人还挺多，只要还在坚持的，最后都走出来了。

当时我在土豆映像节⑤的听众席上，听到中影跟土豆网说想联合做第一个网剧，要选一个年轻导演。那个时候的中影是很多人心目中最神圣的电影公司，大家都还想做电影，所以当中影的领导宣布这个消息时，我们都觉得这是一个难得的好机会。后来他们开始征集方案，大家就各自回家去做自己想拍的网剧方案，我也是做了好几个月后发给他们的。终于有一天，我睡得迷迷糊糊的时候，突然接到一个女生的电话，我本来以为是销售，接起来才知道是中影集团通知我被选上了，我感动得眼泪都要出来了，完全冷静不下来！之后非常难得地得到了那个机会，拍了中国第一部网剧，叫《Mr.雷》⑥。真的好荣幸啊，开了一个巨大的发布会，宁浩⑦导演也来帮我站台，我把在北京能叫来的小朋友和我爸妈全部叫来了。因为当时3G网络还没有普及，大家用的也不是智能手机，在现场无法观看影片，所以要回到家用电脑登录土豆网才能看到，这也是一个很有趣的过程。拍《Mr.雷》的时候非常愉快，在中

---

① 五百，原名郭书博，导演、编剧，"弧光联盟"创始人，曾执导电视剧《古董局中局》《瞄准》《扫黑风暴》，电影《大人物》《拨云见日》等。

② 姚婷婷，导演、编剧，代表作品《匆匆那年》《谁的青春不迷茫》。

③ 叫兽易小星，导演，新媒体影视公司万合天宜的创始人之一，代表作品《万万没想到》《万万没想到：西游篇》。

④ 刘循子墨，演员、导演，代表作品《报告老板》《万万没想到》《建军大业》《微微一笑很倾城》《高科技少女喵》《扬名立万》。

⑤ 土豆映像节是国内优质互联网原创影像的汇集平台和扶持基地，在2008年由土豆网在浙江创办。中影集团于2009年加入主办方阵容，为该平台提供系统的培育。

⑥ 《Mr.雷》是2010年由邓科执导的网络剧。

⑦ 宁浩，导演、编剧，代表作品《香火》《疯狂的石头》《黄金大劫案》《无人区》《疯狂的外星人》。

影举办青年导演计划的时候，我就成为签约的导演之一。

陈：《Mr.雷》是中国网剧史上的第一部网剧，在那之前国内并没有可以参照的网剧作品，您当时是怎么架构这部剧的？

邓：当时是想做一些有趣的东西，因为我们这一代人很受周星驰作品的影响，那个时代大家的作品不约而同地带有一种周星驰的味道。

陈：我在网上看到了两集《Mr.雷》，每集大概是5分钟，您当时怎么看待这种形式？

邓：其实就是现在短剧的概念，我觉得这种形式在很早之前就有了。这也是我想聊的一个话题——影像的创作，包括影像的形式，其实是跟着时代的平台终端在发展的，我很有幸见证了几种不同的终端。在学校拍《杀手阿勇》的时候没有网络媒体，我们用小的摄影机拍完后，要么送到国外的影展或半夏这样的影展跟观众见面，要么分享到专业的小众爱好者的网站上。到了《Mr.雷》的阶段，那时刚刚有3G网络，有了3G网络之后才有网剧的雏形，大家可以尝试着在手机上看一点视频，但还不是非常流畅。大概到了2014年，4G时代，手机上可以流畅地看视频了，微博、朋友圈也很流行，《心理罪》[①]《暗黑者》等一系列犯罪悬疑的网剧突然被大众讨论和接受，网剧开始真正地爆发。5G时代的到来，大约从2019年到2021年，网剧再次爆发，在短视频平台爆火，现在我们也在尝试着了解一些动画制作的过程。我相信5G还不是定论，因为5G已经能够实现VR的传送。将来的某一天，也许我们作为导演创造的就不是一个平面的影像了，可能会创造一个VR世界，带着观众进入VR的世界里，又有剧情又有游戏的体验感。我一直觉得真正的时代发展就是影像终端的不断变化。

我觉得一些同学和同辈导演会陷入一个误区，比如说他们要成为谁，我

---

① 《心理罪》是2015年由五百导演、顾小白编剧的网络季播悬疑剧。

有时候也劝他们，他不一定是你想成为就能成为的，他是那个时代、那个环境，甚至是那个时代的观众、观影手段共同造就的一个人。我们要做的更多是引领时代，创造一个新的谁谁谁，这很关键。

现在我在抖音上看到很多短剧，他们用自己的演绎制作一些小视频、小段子、小故事。我觉得每个时代都有每个时代的英雄，我们应该更努力地适应当下，做出更多更好的作品。

陈：谢谢师兄，我觉得您从技术的角度来思考自己所处的时代特别好，有时我们青年创作者太专注于创作本身，而忽视了宏观的维度，这种思考非常值得传递。

邓：对，不能闭门造车。

陈：我们再回到《Mr.雷》。您做完《Mr.雷》后，片子的反馈怎么样？

邓：《Mr.雷》算是我第一部进入大众视角的作品，之后我就从学校走出来了。当时大家还在探讨什么是网剧，网剧的平台终端也还没有发展起来，只能在电脑上看，所以坦白来讲，《Mr.雷》并没有掀起特别大的社会舆论，只能说比较不错地把它完成了。拍完之后我也在反思什么是真正的网剧，当时不光是我，我们那一代的所有创作者都在尝试拍心目中的网剧。在《Mr.雷》的阶段，自媒体还无法做到信息的及时传播，但网剧还是要在网络上产生讨论跟传播的，所以那个时候有点孤军奋战的感觉。

陈：您在那个时期认为什么是网剧？

邓：我觉得网剧可能偏向更轻松地讲述一些生活的日常。电影里的每一分钟都是很宝贵的，可能会保留更多精髓和核心的东西，但是影像有各种各样的表达，电视剧会把一些生活状态的流动感，或者演员的一些生活状态的氛围呈现出来。我们后来开玩笑地聊，电视剧或网剧很多时候就像观众的一个朋友，观众在这一两个月的时间里看一部剧，并不一定是每天都在看剧情，而是接受了这个剧之后，习惯在这一两个月里把这部剧的角色当作自己的朋友。比如《爱情公寓》里那些鲜活的角色，观众就觉得他们像自己的朋友一样，这是一种陪伴。电视剧跟电影承担的功能不一样，观众可能需要从电影中获得一些情绪价值或者思考价值。当然这都不是绝对的，我说的是大概率的事情。

陈：网剧更像朋友一样陪伴我们的观众，我觉得这个概念特别好。师兄，在拍《Mr.雷》的同时，还在继续运营工作室吗？

邓：还是在做，就是成员不断地变化。有的人毕业后选择转行或者因为其他原因回了老家，到现在其实变成我和我老婆开的一个夫妻店了，我们也会非常自豪、毫不避讳地跟大家说我们在开一个夫妻店。这也是时代的转变之一，曾经大家喜欢讲究大而全，追求做综合的大公司、大企业，觉得那才有面子。但随着自媒体的发展，现在任何行业、任何领域都在不断细分，一个人可能只要在细分产业里做到优秀，就可以得到自己的生存空间。所以我们现在反而觉得夫妻店是非常好的存在，有助于影像生产。我认识很多很厉害的导演也都是开夫妻店。

故技重施自我营销

陈：刚才师兄说到，在《Mr.雷》之后，您跟中影签约了青年导演计划，那后来您的第一部电影《坏孩子的秋天》[①]是这个计划的项目吗？

邓：不是，那是我在外面找的投资方。我是一个执行力比较强的人，为了拍电影，当时在北京自己写了一个剧本，想找投资方，但那个时候的环境

---

① 《坏孩子的秋天》是2010年由邓科执导的电影，该片曾提名第28届金鸡百花电影节最佳导演处女作奖。

给年轻人的机会并不多。

我削尖脑袋想把这事做成，经常去学校逛，比如北影、中戏，就想钻头觅缝地找到一个机会。有一天正好我从北影回中传，路上有小地摊在卖书，其中有一本是2011年北京某影视博览会的黄页，里面有各个影视公司的介绍和电话号码，我就买了那本书。那时候我应该在读大一，用寝室电话挨个给他们打电话，电话接起来之后，我又是老套路，我说我是个年轻人，有一个剧本，他们有没有兴趣投资。然后，电话就挂了，我几乎被挂了100个电话。可能在第101个的时候，有个北京昆仑兄弟电影电视有限公司（宁浩第一部电影《绿草地》的投资方）让我过去看一看，我就约上了，跑去自我推销。他们听完我的介绍后有兴趣，但是希望我改剧本。剧本一改就是三年，这三年里我反复地打磨推敲，几乎从一个导演变成了编剧。我也从学校搬了出去，安心地创作。我每天从早上醒来就写，写到晚上出去遛一圈，然后点一个外卖。这样过了两三年，其间也没有太多地去拍商业短片或小广告，一度经费很吃紧。我家里的条件不算差，但是我比较要强，来了北京之后就不向他们要钱了，自己赚生活费。那个时候我在学校卖我的小短片也赚了一些钱，买了辆车，但一度兜里只剩500块钱。我觉得这种状态不太对，就又去拍了一些符合潮流的微电影、小广告养活自己。前后经历了三年，终于把《坏孩子的秋天》磕下来了，它也是我的第一部电影。

陈： 可以和我们分享一下这部片子的创作契机吗？

邓： 我在广院认识了一个好朋友，叫陆长河，他先写了一个剧本，当时获得了夏衍文学奖。我们在那三年的时间里面不断地打磨剧本，在原来的基础上进行一些润色，放进一些自己的感觉。

陈： 这部片子被提名了金鸡百花电影节的最佳导演处女作奖。这个奖对初入电影赛道的导演来说，含金量还是比较大的。在拿到这个奖之后，您感觉怎么样？在电影赛道上有因此获得什么鼓励或者资源上的支持吗？

邓：有，当时拿奖挺开心的，感觉在另外一个维度被认可了。我拍完《杀手阿勇》后，为了维持生计拍了很多商业微电影，所以有一段时间自己的表达不是很顺畅，无法随心而行地讲述故事。拍摄《坏孩子的秋天》时，我又找回了那种自由创作的态度和状态。

但是在《坏孩子的秋天》之后，我又陷入了低谷。因为这部片子，我得到了一些行业内的关注，机缘巧合下，我有机会拍摄第一部所谓的商业院线电影，叫《午夜微博》①。那几年恐怖电影很火，基本上是年轻导演唯一能够拿到的商业电影资源，因为一般情况下，再小的片子也不会找年轻导演拍。我当时也没有办法，市场选择驱使我去拍了这部片。今天来看，我觉得《午夜微博》不是一个成功的作品，当时我作为一个年轻导演去和一个所谓的商业化氛围的公司合作，在创作上有很强的不适应的感觉，也不能说他们错或者我错，因为从学校到面对专业剧组、再到面对商业电影的剧组，一定会有一个互相磨合的过程。我就在这种磨合的过程中拍完了那部片子，所以留下了很多遗憾。

那部片子拍完之后在豆瓣上的评分很不好，票房也一般，所以我一度被冠以"不是一个好导演"的标签。在行业里，你的战绩决定了你下一部片子的认可度，所以因为《午夜微博》，我又沉寂了一段时间。后来，我觉得作为导演还是要主动争取一下，那个时候导演是不会收到电影制片厂的主动邀约的，只能自己创造机会，自己写剧本，以自己当导演为条件把它卖给电影公司，通过这条路来成长，我就又沉下心来创作。我们都开玩笑说，那时候的导演都是一个好编剧。

---

① 《午夜微博》是2013年由邓科执导的恐怖悬疑电影，该片以选秀活动为载体，讲述了几个草根青年在选秀活动中的曲折经历和心路历程。

陈：当时您创作的剧本是《爷爷骑士团》[①]吗？可以和我们讲一讲这段经历吗？

邓：对，它是一个以老年人为主角的热血故事。写完这个剧本我去参加了上海电影节的创投。在我之前上台的讲述者比较内敛和局促，在台上一直站在同一个地方讲述。当时我让我的同事给我买了很多咖啡，放很多糖，我喝完之后非常兴奋，一上台就兴致勃勃地开始说："在座的朋友们都打起精神，接下来我给你们讲一个很好听的故事！"我满舞台地走，搞得像一个演唱会一样，讲述我要拍的东西。我的那种激情打动了他们，组委会就把创投大奖给了我，那个奖又给了我非常大的鼓励。

但那也是一个假象。拿着创投的剧本，我觉得电影之路好像又平坦了，就去找电影公司合作，人家也确实同意做这个项目，我可以当导演，但问题是到了更高的平台就要找明星了。明星非常委婉地表达了拒绝，因为他们不愿意跟一个完全没有名气或者缺乏经验的导演合作。最后在纠结的过程中，我主动退出，把剧本给了他们，我只做编剧，还是蛮受打击的。那时已经是2015年了，距离我2006年到北京开始追寻电影梦已经过了快10年，距离2011年《坏孩子的秋天》开始正式拍电影也过了快5年，最终的结果是我写了一个剧本，但我不能拍，因为我没有名气。所以当时我也在反思，电影这条路到底是不是还要坚持下去。

这也是我刚才说的，是一个时代的问题，那个时代拍电影对于年轻导演来讲不是一个很好的选择，但我之前没有意识到。当时正好是2014、2015年，有一些网剧获得了成功，然后大家都说："2011年你第一个拍的网剧，结果你没有安安心心拍网剧，你去拍电影，绕了一圈也没有在电影上闯出个名堂，

---

① 《爷爷骑士团》是2012年由邓科编剧的励志电影，该片曾获第15届上海国际电影节创投单元"最具创意项目奖"。

那回过头来拍网剧好不好？"我犹豫了很久，拍摄了第一部青春网剧《我的奇妙男友》①，没有想到的是，这部片子市场反响就不错，当年在腾讯视频平台获得了23亿次的播放量。从那部网剧开始，我在网剧的道路上还算一帆风顺，一直走到了今天。

类型不必重复，快乐可以延续

陈：从《杀手阿勇》到《Mr.雷》，可以看出您非常喜欢和擅长拍喜剧加悬疑的片子。为什么回到网剧赛道之后，您选择青春网剧作为回归的第一部网剧的类型呢？

邓：首先还是机会，因为那时的选择空间相对较小，网剧可以拍的题材有限，所以只能在能拍的片子里尽量把自己的想法和风格融进去。

陈：在这部网剧之后，您接连尝试了多种网剧类型，爱情、悬疑、古装，这是您的主动选择还是顺势而为？

邓：《我的奇妙男友》成功之后，我收到了非常多的片约，都是爱情偶像类的。但我觉得自己的风格还是偏轻喜剧的，就在《我女朋友的男朋友》②里面加入轻喜剧的元素，到《柒个我》③又加入多重人格的元素。我不是一个会在特定类型里面一直重复自己的导演，在拍了一些爱情剧后，我就想换一换。后面我拍了悬疑犯罪类型的《绅探》④，因为这个类型在网剧赛道比较能做出高

---

① 《我的奇妙男友》是2015年由邓科执导的网络剧。

② 《我女朋友的男朋友》是2017年由邓科执导的网络剧。

③ 《柒个我》是2017年由邓科执导的网络剧，改编自韩剧《Kill Me Heal Me》。

④ 《绅探》是2019年由邓科执导的网络剧。

品质。后来我又去拍古装，再到《赘婿》^①，再到偏仙侠的《与凤行》^②等。接下来我可能还会拍科幻，其实一直在尝试不同的风格。

相对而言，电视剧导演和网剧导演的职业属性，比电影导演更强一点。一般电视剧、网剧的导演都是按照导演擅长的类型去划分的，比如这个导演擅长拍犯罪，那个擅长拍爱情，接下来市场找导演的项目也都是这一类型。导演可以复制自己的经验，但我一直在变。

陈：现在回过头看尝试过的类型，您最满意的是哪一个？

邓：我觉得作为导演或者创作者，一般很难评出自己最喜欢的作品，因为每一部片子都是有意义的，都是让你学习和总结经验的，最后这些经验可能在某一部片子上得到放大和最优的处理。每一部都投入精力去做，只不过市场的反馈不一样，甚至最用心的作品的市场反响最一般。但是相对来说，自己创作得比较游刃有余的作品，市场反响会更好。

陈：您觉得《赘婿》为什么会有如此大的反响？

邓：一方面是市场的原因，因为观众的情绪在不断地变化。比如，同一批观众在不同阶段的心境可能也不一样。《赘婿》的出现可能正好符合了他们当下的观影需求，他们希望看更轻松的内容。另一方面是每部片子可能都有它自己的命运，事后再去分析每部片子的成败其实是不准确的。就像我现在说可能每个阶段大家的心态不一样，也未见得是这样的，因为同期也有很多喜剧类型影片没有达到《赘婿》的关注度。所以后来我会减少分析市场，因为我发觉它不是那么准确，有很多天时地利的因素在，但这些东西我们没有办法左右，比如根据平台的审查时间判断这部片子多久能上，我确定不了；同期有哪些片子，我也确定不了。与其在不可控的地方花心思琢磨玄学，不

---

① 《赘婿》是2021年由邓科执导的网络剧。

② 《与凤行》是2022年由邓科执导的古装仙侠剧。

如回到导演本身。现在我做片子要满足两个要求，一是我很想拍它，二是我拍它拍得很爽。如果这两点都符合，那至少证明这里面有导演的诚意。凡是带有诚意的片子，工作人员为它倾注的心血也不会少，那就足够了。至于能不能爆，还是很难判断的。

陈：《赘婿》获得了极高的关注度，这样的关注度对您之后的创作有哪些好处和弊端？

邓：好处肯定就是我被市场接受了，因为一个导演在市场上还是需要用作品来背书的。《赘婿》之后，我确实得到了以前不曾得到的那种量级的影片拍摄机会，能和更多优秀的演员合作，但它也让我更慎重。原来默默无闻的时候，我可以更自由地创作，也有输得起的勇气。被大家关注之后，好处给我了，所有资源也给我了，如果没做好，可能就是我的问题。如果我连着做的都不好，打击就会更大。但是我心态比较好，这一路走来，我在学校就红过，后面走进社会也陷入过低谷，在电影方面郁郁不得志很多年，到《赘婿》之前我也拍了七八部网剧，所以我是一步一个台阶这样走上来的，我的功底和心态其实都非常扎实了。

如果我出校门的第一部片子是《赘婿》，我现在可能就晕得找不到北了，但是我觉得老天对我还是比较公平的。我们后来也一直在讲，无论导演还是演员，爆红或者一夜成名不一定是好事，它可能来得快、去得也快。但相反，如果你基础打得扎实，比如花了10年、15年到达一个小高度，那你要从这个小高度走下来，可能也需要消耗10年、15年的时间，整个职业周期就会很长。

陈：那您在创作了这么多作品之后，会有创作的疲惫期吗？您会怎么度过疲惫期？

邓：会有，但是从某些层面来讲，我不太允许自己疲惫。网络上经常说男人三四十岁是很重要的十年。从行业上来讲，我好不容易得到了这样一个机会，有更多更好的项目给到我，我当然不愿意放弃这些项目。所以我跟自己谈过话：我今年37岁，可能在40岁之前，还是尽量克服体能的问题，多拍一些片子、多尝试好的项目，等到40岁之后，我再去拍那种内心无法拒绝的优秀影片。我也跟很多优秀的演员和前辈聊过，能有机会拼的时候，拼一下是挺好的。

陈：**您觉得哪些是您未来一定会坚持的创作理念？**

邓：传播快乐吧！我可能不是让人爆笑型的喜剧导演，但是我觉得我的片子能给人传递一种比较轻松、正能量的氛围，这个挺好的。我尝试过很多类型的影片后，发现我骨子里还是一个比较偏阳光美好的人。遇到一件事情时，我更愿意看到它美好的一面，也希望把这种快乐传递给观众。当观众看我的影片时，他们浅浅的微笑就像乌梅子酱，那种微笑会让我很有成就感，让我觉得传播快乐是一件很幸福的事情。

陈：**您还有没有什么话想跟读者分享的？**

邓：我有一个很真诚的建议——要成为这个时代能被载入史册的导演，这可能需要所谓的天赋或者其他什么东西，但要成为一个导演或者一个优秀的导演，其实一点儿都不难。我自己从一个默默无闻的南方小城市走到了北京，经历了整个过程后，我明白了很重要的一点，就是坚持。我曾经在很多影像创作群体里游走，有微电影的群体，也有拍网剧、拍电影的群体，我看到了当时很有才华、很有势头，相信他未来一定会有成就的人，最终选择了退出或者转行，但只要是留下来一直坚持的人，现在的结果都不错。后来我也一直在反思：作为一个导演，是才华重要、天赋重要，还是坚持更重要？我选择后者，要成为一个优秀的导演，坚持占很大比重，尤其在今天用手机都可以拍片子的情况下，只要你想当导演，就勇敢去做。

邓科采访手记

张宏佳

5月13日艳阳当空，这天下午，我们在崔永元口述历史研究中心的角落里和邓科导演进行了线上访谈。

和邓科导演聊完的最大感受，就是他是一个看得很远的人，他走的每一步都会想到未来时代的发展。在学校期间，他就成立了个人工作室，因为他认为未来是个工业化的时代，影像制作要更多地考虑团队和营销运营。他觉得时代发展，设备终端也在不断发展，从3G以前的电影时代，到4G时代开始的网剧大爆发，再到现在5G时代短视频的兴起，他现在也在积极尝试短视频和动画VR的制作。他说，每个时代有每个时代的英雄，不要想着成为过去的谁谁谁，而要引领时代，成为新的谁谁谁。他的这些观点，仿佛醍醐灌顶，令我们受益匪浅。

最大的遗憾就是时间比较紧张，但仅是这短短的两个小时，也足够我们受用了。

2010年·第8届

林望、毕鑫业：
不如意，但要乐观地活着

采 访 人：周殷殷、郭明星

采访策划：张宏佳、柯佳瑞

采访时间：2023年4月14日

采访时长：6小时

采访地点：森林映画

文稿整理：王艺翰

▶ 个人简介

　　林望，广东省潮汕人，森林映画（北京）文化传媒有限公司创始人、CEO兼制片人。本科毕业于中国传媒大学。执导MV作品《美好生活》(*Have A Good Life*)获得第九届"半夏的纪念"大学生影像展音乐电视提名。执导剧情短片《爱与城》(*Love and City*)获得第一届北京高校联合电影节最佳导演奖、最佳摄影奖和最受欢迎男演员奖。制片作品《房车》《一起同过窗》《一起同过窗2》《非处方青春》等。

　　毕鑫业，1990年生于吉林，导演、编剧。本科毕业于中国传媒大学。自编自导短片《再见金华站》于2011年在人人网上获得420万次关注和转发，获得北京大学生电影节原创影片大赛最佳网络电影制作奖、最受大学生欢迎网络电影奖、最佳网络电影男演员奖。自编自导剧情短片《我要进前十》荣获北京大学生电影节大学生原创影片大赛最佳网络剧情片奖。编剧并执导青春系列网剧《一起同过窗》，获得腾讯视频2016年星光大赏"年度惊喜网剧"，执导古装喜剧《我有一个朋友》。

▶ 林望作品年表

2011年	剧情短片《爱与城》(Love and City)/导演
2012年	MV《美好生活》(Have A Good Life)/导演
2014年	微电影《我要进前十》/摄影
	创立森林映画（北京）文化传媒有限公司
2016年	网剧《一起同过窗》/制作人
2018年	电影《爱情公寓》联合出品人
2020年	网剧《棋魂》联合出品人
	电视剧《非处方青春》/制片人

▍ **毕鑫业作品年表**

2011年	微电影《再见金华站》/导演、编剧
2013年	微电影《我要进前十》/导演、编剧
2014年	电视剧《腾空的日子》/导演、编剧
	剧情短片《房车》/导演、编剧
2016年	网剧《一起同过窗》第一季/导演、编剧
2017年	网剧《一起同过窗》第二季/导演、编剧
2022年	网剧《一起同过窗》第三季/编剧
2023年	网剧《我有一个朋友》/导演、编剧

我们的故事，是"一起同过窗"①

周：**两位命运的交集是在中国传媒大学？**

林：对，我俩打下这个"革命友谊基础"是我俩考了三四次的大学英语四级考试。

毕：四五次，我是五次，他抛弃我。

林：那是我们大学唯一一道过不去的坎，其他都很开心。

周：**你们是怎么在同班众多男同学之中建立起了跟彼此很长久的友谊？**

毕：在军训之前，学校有一场英语的分班考试，我们俩考得不好，可能

---

① 此处一语双关，意指两人一起合作的《一起同过窗》，该剧是由毕鑫业导演、编剧的青春系列网剧，目前一共有四季，以下简称《同窗》。2016年，《一起同过窗》获得腾讯视频星光大赏"年度惊喜网剧"。

是全班唯二进预备班的。就开始"一起同过窗"了。

周： 上大学时在学习方面跟你们原来对大学的想象一样吗？

毕： 传媒大学应该是一所完美大学，学业压力不大。

林： 我跟天才一个组拍片子我有什么压力？

说走就走的创作，回不去的"金华站"

周： 你们俩对第一次拍的片子还有印象吗？

毕： 是《再见金华站》①。

林： 当时过年，毕鑫业说想玩一下，在他家拍个片子，然后我和另一个一起不过四级的坚实战友，就去了。

毕： 因为林望在上学期已经拍过片子，他知道整个流程，而且我当时去他们剧组探班的时候，感受到他们非常有秩序。我第一次看到同学是怎样小范围地去运营一个剧组，最后我至少能够确定，学生可以组织一支队伍，能让一部片子成立。

林： 那是我和另一个天才在一块拍的片子，那个人叫张驰，是我们同班同学，也是我们现在的合伙人。

毕：《金华站》其实是因为我寒假待在家里，必须让我的母亲觉得她的儿子有一点正事干。整个拍摄过程全是找自己的同学，我跟他们说的不是拍片，我说："你们俩想不想来东北玩？"当时来回的机票都是他们自己付的，因为我一分钱没有。剧本是在他们来的前一天晚上大概花了半宿写的。因为我觉

---

① 《再见金华站》，由毕鑫业导演、编剧的原创DV作品，2011年在人人网上广受好评，以下简称《金华站》。

得他们第二天落地了我再跟他们说我要拍个片子，剧本还没写，就比较low。

林：我特别珍惜那会拍片子的感觉，不论工种，所有事情大家一块干，哪漏了堵哪儿，大家的创作欲又很强，我们要把这个片子做出来，中间遇到什么困难，大家会想各式各样的办法来解决。现在我们商业化的路线已经成熟了，所以就变成一切都得在商业化这个规则里面去玩。现在我们说："今天要不一起拍个小片吧，反正手艺还在。"大家会说："干什么？又不挣钱。"那会儿真是很纯粹，这个片子拍出来出路很少的，没有什么可以投的奖，也没有谁会买这种片长的片子。相当于我们做了第一部微电影，我们拍完之后才有微电影这个概念。纯粹是他写剧本，他当导演，我们去拍片子，演员全是他的高中同学，场地是他楼下车站。里头那个妈妈就是毕鑫业的母亲。那种感觉是很值得珍惜的。

我们当时这部24分钟的短片能拍十几天。每天睡到自然醒，醒完之后家里有人做饭，吃完饭之后想今天拍啥。没有统筹，演员要是今天有事，我们就去拍点空镜。回看《金华站》，可能大家会觉得影像质量很糙，但其实人生里很难得有一段时光是拍一个东西没带任何目的和诉求的。

周：毕导当时怎么想在影像创作里放个点题的情诗的[①]？我当时看到这首诗还蛮惊喜的，感觉不是普通的情诗。

毕：因为我当时想要在这里面插点自描，需要有一个东西去衔接前后，诗这个东西是一种抒发情绪的形式，当它本身没有前因后果的时候是不具有意义的。但是有前因后果的时候，万般语言皆是诗。所以有时候说，编剧、导演和剪辑是一体的。我会在剧本里面去写我要放什么镜头，我会为了这个

---

① 《再见金华站》情诗：这是个喧嚣的世界/我从未觉得安静过/他的繁荣，他的昌盛/带给人们的/却只是更多的疲惫，更多的抱怨/于是我捂住双耳/不去听他的疲惫，不去听他的昌盛/不去听他的繁荣，也不去听他的抱怨/于是，我以为我的世界安静了/只是这世上总有那么一人/哪怕她不曾对我讲过一言一语/但我，却听得到她的声音。

镜头的出现而去写一个桥段，我把这个东西叫作浪漫时刻，不一定是诗，只是用情节去烘托到这个地方，它可以在这个过程中烘托我想要的情感点。实际上，情感点的存在和诗的语言无关，而是在于它的前因后果。

周： 你刚刚说的那个情感点跟喜剧本身的喜剧效果之间是有张力的。

毕： 所有的剧全都是这样，有的时候我觉得电视与新闻学院①说的有点道理，剧情片永远干不过纪录片。我看《亲爱的》全片都没哭，但是最后它的结尾放了一个真实的纪录片我哭了。正常来说，单把那三分钟拉出来给我看，我是毫无感觉的。为什么会给我那么大触动？因为之前我看了90分钟的剧情片，所以最后的纪录片出来的时候，它是极具杀伤力的，这就是所谓的情感点。整部电影中，我甚至觉得90分钟就是为了最后3分钟。我们不是去写出来情感点，而是本身想要达到什么样的情感点，才去写的这个剧。所以大家说纪录片的魅力就在于我们看一个纪录片永远是前面去铺垫，最后才有力量。纪录片本身就拥有力量，但是让它有力量的过程，有很多种方式。

周： 你觉得自己在写作品的时候，一以贯之的准则是什么？

毕： 我所有的片子都在讲人是不如意的，人是会挫败的，人对绝大部分的事情就是无能为力的，但是即便如此，也应该乐观地活着。我希望给别人看到的是希望，因为我讨厌讴歌苦难。从我的角度看来，拍一个片子要传达的是，人的确会遇到些挫折，但是人绝不屈服。我在拍《金华站》的时候，点题的镜头是男主角原来背着母亲写诗不学习，但是女主搬走之后，他看到他的母亲再次进来，他把他的书拿起来，整个转了一圈，证明他没有干其他任何事情，最后蹲下，其实那才是我想表达的东西。在那个时期期盼过爱情，但是最后只有学习一条路。所以最后他母亲跟他说每个高三的学生其实是没

---

① 电视与新闻学院，中国传媒大学二级学院，2005年中国传媒大学新闻传播学院与电视学院合并成立电视与新闻学院，2013年在电视与新闻学院的基础上成立新闻传播学部，下辖新闻学院、电视学院、传播研究院，现已成为各独立学院。

有自由，这件事情是对的，每个人都需要经历这些，但是不妨碍你在这个过程当中有很美好的经历。《金华站》讲懵懂的初恋，你会失去它，但它本身的存在就是一件很浪漫的事情。

贩卖焦虑是没有意义的。一个传媒人要传递给别人一些信念。我写亲情的时候也不是为了写亲情有多可贵，我希望有人在看完这一集之后会给他的父母打一个电话，就说"我很想你"，或者说"我很爱你"。他们看完片子获得的东西永远不是道理，做片子不要有这种傲慢的心态，不要觉得我是凌驾于观众之上的。其实我只是告诉观众有这样一种选择，你可以这样做。

周：这个片子当时在人人网的转发量有420万次，给你本人带来什么影响了吗？

毕：完全没有，那个年代它转发量高，除了代表有很多人喜欢你的东西，你能开心之外，没有什么商机可言。我的生活没有改变，我的母亲依然每天愁眉苦脸地问我四级能不能过，我依然在她的唉声叹气声中背单词。它改变不了我当时的人生状态。

林：虽然我们得不到任何奖项的肯定，但我们得到了群众的肯定，足够了。

大家那会儿对于"火"没有什么概念。只是对于我们俩这种学渣来说，终于有一件事情得到了大家的肯定，在我们人生的节点中还蛮重要的。我觉得拥有这批观众之后，也决定了毕鑫业会再做《我要进前十》①吧。

---

① 《我要进前十》，是由毕鑫业执导的2013年优酷出品"青年导演扶植计划"作品之一，也是《再见金华站》原班人马时隔两年后推出的"高考三部曲"之一。该片再现了"90后"的集体校园记忆。荣获北京大学生电影节大学生原创影片大赛最佳网络剧情片奖。

"五月的纪念"①，是我们不可复制的夏天

周：《再见金华站》拍完之后投"半夏"了，结果怎么样？

毕：16进8被淘汰了。现在还是会感到遗憾。因为半夏是一个梦啊，开学第一天叶明睿②老师给我们放了半夏资料。这个东西就好像告诉我们所有人，指着那个地方说：看！你们四年里边的梦是在这里。所以说，怎么可能没有遗憾呢，这个东西是一个不可复制的年华里不可复制的一个机会。

林：半夏是一个大学生影像节，它有限定的"大学生"三个字，所以在那段时光里你没有得到奖，你后面再成功也得不到。它在我们心中就是一个规格特别特别高的奖项。虽然咱们学校有各种奖项，不只有半夏，还有风采之星③，但是在我们心里，半夏是规格最高的，半夏对我们的意义真的不太一样。

并肩"打江山"，要回定剪权

周：林望毕业之后去了伦敦留学，毕导毕业之后将《我要进前十》这部短片卖给了优酷，这部片子卖给优酷的机缘是什么？

---

① "五月的纪念"是《一起同过窗》中主人公倾注了许多心血的学校重要活动，该名称灵感来源于"半夏的纪念"。

② 叶明睿，中国传媒大学电视学院副院长，教授，博士生导师，主要研究方向为媒介用户研究、信息与社会发展、突发舆情应急研究、媒介内容生产。

③ 首都高校"风采之星"才艺选拔大赛，始于2004年，由共青团中国传媒大学委员会主办，中国传媒大学学生会承办。大赛联动首都多所高校，通过多元的选拔和比赛形式，为高校学生提供自我展示平台，丰富校园文化。

毕：我先用半年时间自己把片子剪出来了，后来我父亲在上海的一个朋友的儿子是汪远，也就是《爱情公寓》的编剧。他说看看人家做这个的是不是可以指点一下。我发了两个《我要进前十》的视频和最新的剧本《腾空的日子》①，他看完之后说要不要聊一下。

林：《腾空的日子》是我们第一个真正的剧组，是有流程、有统筹、会发通告单的正规剧组。

毕：我是统筹，那个时候是第一次面对来自市场的较量，要控制预算。

周：**当时毕鑫业是怎么跟林望说有这么个事让他回来的？**

毕：我跟他说的原话是"你不回来我不会拍片"，他就回来了。

周：**是必须有他在吗？除了林望别无二选？实际上你们拍《金华站》《前十》的时候，其他同学参与程度也很高，为什么就只能是他来？**

毕：必须得有他在。当时扛的压力很大，我们过去拍片子那种纯粹的快乐是不存在的。一方面是其他人已经工作了，另一方面是我在给别人打工，所以请外援不能呼朋唤友。我肯定要找一个完全核心的团队成员，如果剧组彻底崩了，他能自己上去掌机，延续我的想法继续拍下来。我需要这样一个帮手，如果只能选一个人的话，那就是林望。当然他那时已经不是掌机了，而是执行导演，相当于他要打通剧组里其他的人脉，我自己没有办法亲力亲为的地方，他去做润滑剂，把所有的疏通好。

林：是真正地在商业化原则里运行，他是一个责任心很强的人，别人委托的事，他一定得办到，所以扛的压力就会比较大。我是我们剧组的底线。什么都崩了的时候，我负责给他"苟"住。（笑）

周：**第一次"打江山"的时候特别需要一个背靠背的人，尤其是当你在**

---

① 《腾空的日子》是由韦正监制、毕鑫业执导的青春校园偶像剧，该剧于2014年5月16日在腾讯视频播出。

为别人打工的时候（笑）。作为一个没有拍过商业作品的导演，你是怎样在剧组建立导演的权威的？

毕：摄影师张力是一个非常好的前辈，是汪远原来合作的摄影师，他罩着我，没有人敢说二话。现在看来，这部片子拍4天就很充裕了，但我当时拍了9天。

周：你们拍完《腾空的日子》之后，坚持拿回定剪权，可以跟我们分享这段故事吗？

毕：因为我的风格其实更多是靠剪辑出来的，或者说，喜剧完全是靠剪辑的。因为演员很难达到你想要的戏剧标准和节奏，所以在这种情况下，剪辑节奏才是每个人真正的风格的体现。

最初这个片子是汪远做制片人，以韦正导演剪的为定稿。其实在工业的范畴里，他给我们提的建议都是适用的，而且我们也很珍惜。因为他是一个战士，是一个事无巨细、亲力亲为的人，所以他给我们提供的意见是很宝贵的。但是，在艺术的范畴，他的个人风格很强，和我们的风格有一些偏差。当时我们表示可以不要编剧费、导演费，但整个片子的定剪权我和林望一定要拿到。后来多方沟通，我们找北京的调色师重新追色追剪，把错开的17帧重新调回来。这其实是比较复杂的，因为它终究会出现偏差。但是我所有风格的呈现关键，其实就是在最终的剪辑权。

周：所以最后我们看到的播出的版本是你剪的？

毕：对。其实导演这个工种并不能支持你完全表达自己的意志，这部片子的内核最终体现在剪辑上，这才是我最后的一道关卡。如果最后的关键我放手给别人，那我前面做的所有工作都白费了。

周：但很多导演可能会选择跟一个信得过，并且能实现自己意志的剪辑师合作。

毕：现在我也采用这种工作模式，但是我不可能把它完全交给剪辑师，我一直坚持的，求爷爷告奶奶也好，最终的定剪权必须在我这里。

周：我昨天跟一个导演聊天，他觉得做导演的人赌性都是很大的，你心心念念要去创作一个作品，但实际上并不知道它未来会走向哪里，你不知道它会被谁看到，甚至能不能被别人看到。它不像画家，用一支笔就能完成一幅作品，导演拍片子是需要比较高的成本的。你觉得你赌性大吗？

毕：我个人觉得我不存在这种赌性。赌意味着你不确定这个东西，赌相当于把你的东西交付给了运气。我的概念就是凡事尽力而为，但求问心无愧。我确定的不是说这个东西能好，而是在这个过程当中我尽全力了。我父亲说过一句话："影视剧的艺术就是遗憾的艺术。"所有人拍片，不管多大的导演，他在这个过程里面一定会有遗憾。但是我重新剖析这个遗憾到底是什么，遗憾不是说有一天你回看这部片子的时候，发现自己当时图省事，有些东西没有去做，而是我当时在做这件事情的时候，尽了自己最大的努力，做得头破血流，把牙齿全部咬碎了，最后竭尽所有人的力量，还是没有成功，这才是真正的遗憾。

有没有拼尽全力，只有自己知道。我所有片子里的遗憾只能出现第二种，就是我当时做了，做到极限了，用尽了我所有的能量，还是没有达到我最想要的标准。当时有没有尽到最大的努力，是不是有胆怯之心，如果一切都没有，就算得上问心无愧，那这件事情的结果好也罢，不好也罢，它就已经存在了。对我自己来说，不妥协，才会收获一丝平衡。为了得到这种平衡，我就要在整个过程中竭尽全力。

有好胜心，被干倒后才能支棱起来

周：你既是编剧也是导演，会更看重哪个身份？

毕：做编剧的时候比较开心，可以保留一个自我。因为作为编剧，我可以在空调房里工作，最起码工作环境很舒适，想摆烂、想打游戏随时都可以，有很大的自由度。想拖稿，可以跟他们说我身体抱恙，我们改天再写剧本。

导演就非常累，夏天很热，冬天很冷，还要起早贪黑。每天有上百双眼睛盯着我，耗一场黄金万两。早上6点出工，就要盘算一天需要拍完多少页剧本，不能甩戏，要是甩了就要思考怎么在之后再补回来。

拍完之后就该剪辑了。剪辑也是比较好的，能在空调房里面工作。就只有导演的这个工作是很难有成就感的，而且常常在片场做坏人。我就是坏人，今天收工早不早，其实就是我一个人决定，我可以就这么过了，也可以让所有人陪我再耗着。如果我在最后一场戏的时候去喊保一条，或者说再切一下，那全场的场务是会炸毛的。

周：这个时候你会有所谓的仁慈心吗？

毕：没有办法，只能给大家买点宵夜或者第二天给大家买点水果之类的。拍摄要完成一个固定的任务，在这个固定的任务里面，它的进度取决于导演，跟其他人没有关系。导演的压力还是很大的，不能慢，只能这么干。

周：这件事儿是不是在某种程度上也有一点表演的性质？你需要演坏人吗？

毕：其实是无意识地做坏人。在当时的环境下，我只能选择对完成拍摄而言的最优解。在选择最优解的时候，我没有办法考虑有没有给他人带来不舒服。作品的拍摄流程、剧组的进度，这些其实没什么其他选择。我只能是在事后想起来的时候，考虑自己下一次怎么改进可以做得更好。

周：在剧组，导演可能要照顾演员的情绪，保护他们的自尊心。你会遇到跟演员发生冲突的情况吗？怎么处理呢？

毕：演员"作"的情况没怎么遇到过，如果遇到演员情绪崩溃的情况，就是求人不如求己。如果拍重场戏，演员发挥得很烂，就不要期待补拍可以挽救他，因为这场戏演成什么样，他自己心知肚明。真正搞崩情绪的是他自己，不是我。我会有两种选择，补拍和不补拍。绝大部分情况下，我会选择之后找一天挤出时间，把这场戏整场再拍一次，但是只有这一次。对我而言，这次补拍不是指望演员会有更好的表现，而是我彻底舍弃他可以演好的一个执念。也就是说，在情感线重场戏拍砸的情况下，我的补拍不会再在这个演员身上再赌一次。这就是在耽误我的时间，如果他再演砸了，先不管这个人内心崩不崩溃，他耽误的是整个剧组的进度，所以我的补拍绝对是拍大量的、足够的素材，多拍不同机位的镜头，如果他发挥好了，就用他的脸，如果发挥不好，就用其他镜头供我后期剪辑。

演员的脆不脆弱，其实不是靠我来调整的。如果是一个脸皮厚的人，他也不会存在所谓的敏感脆弱。会脆弱、会崩溃的演员意味着他是好演员，但是我也只会给他两次机会，因为我只对作品负责，我不是对这个人负责。

我个人不会把演员的这种情绪理解成自尊心，我会理解为好胜心。因为演员很多，他想翻身只能靠自己，不是我去安慰他，他的演技就会变好。如果一个人要靠安慰才会让演技变得更好，他本身就不适合吃这行的饭。他需要自己有好胜心，有好胜心的人不需要被别人安排，跌倒了自己会爬起来，不需要别人搀扶。面对没有好胜心的演员，最简单的一个办法，就是我下次不写他的重场戏，把那场戏写给别人，写给那种珍惜机会、一次性能打通关的人。但在这一次拍摄流程里，我需要确保自己的进度，所以会给他一次机会，并且不会安慰他。

所以一般演员出现这种演崩的情况，我就是再给他一次机会，然后给自己的剪辑留一条后路，这件事情就过去了。

周：你刚刚提到好胜心对演员来说很重要，你觉得好胜心对导演来说重要吗？

毕：对所有人来说，好胜心就是野心。人与人又有什么区别呢？被干倒一定是人的常态，有些人被干倒之后就躺着过一生，有些人会爬起来继续。爬起来的那些人靠的是什么？靠的不是坚强，是好胜心。能活下去本身就意味着大家都有一种坚强，但是当人有好胜心的时候，才会有另一颗心——不甘心。如果一个人被干倒了之后就甘心了，那么这件事情就结束了。好胜心的存在是让人在不顺的时候衍生出不甘心，让人有继续往下走的动力。所以说，好胜心太重要了。

只要我们在一起，就有钱挣有酒喝

周：我们说回你们"打江山"的故事吧，你们拍完《腾空的日子》之后辞职了，接下来在哪里发展呢？

林：就回北京挣钱了。2014年初回来创业，连公司主体都没有就开始接活。我们后来就拍了优酷的命题作文《房车》①。

周：《房车》对林望来说，是不是压力会大一点儿？因为在那之后，林望的身份就转成了制片。

林：我觉得任何时候我的压力都没有导演大。我认为拍片子还是靠导演，我们只是一个辅助角色，但导演要一刻不停地写，要不断地学习，因为一个

---

① 《房车》，由毕鑫业执导的剧情短片作品，2014年于优酷播出。

导演的所有作品都是在展露他这些年吸取的能量，然后通过作品进行释放。如果没有吸取的能量，导演就释放不出来，或者释放的东西会让大家觉得能量不足。他不像我做管理岗，不做创作的话，带张嘴就能来活儿。咱们这个行业，说实话门槛不是那么高，不像芯片、生物科技，没有两把刷子真就做不了。当然，真正的制片人也需要很高的素质，不仅要在商业逻辑上很懂产品，还要照顾到创作者，不影响他的创作，两边都要懂，这才是合格的制片人。但在咱们这个行当，真正优秀的制片人并不多。我自己的素质也没有很高，说实话，我就是赶上了好时候，赶上了我有一帮好朋友。对我来说，很重要的一点就是要清楚地知道自己想要的是什么。

周：**你们拍完《房车》之后就做公司了？**

林：对，因为在汪远那边积攒了人脉，所以有了《同窗1》，接了这个活儿之后，我们就说自己弄个公司。因为我回国本身就是想创业，所以也算机缘巧合，每一步都踩得很准。

周：**我们还挺好奇森林映画成立以来，你们俩的角色分工是怎么样的？**

林：我俩都特别知道各自的长处，不会干预对方的工作。我负责公司的管理，他负责创作。

周：**只要是毕鑫业的项目，就一定会放在森林映画吗？你们有独家导演这个概念吗？**

林：也不会，因为现在都是比较市场化的运作模式，所以主要看大家的资源，我们对这个不是太在意。之所以能这么做，主要是因为我合作的所有导演、同事、合伙人全是我的同学。我们的情感纽带过于重了，重过任何合约，所以没有这个所谓的什么独家。我们是同学，何必要用合约？

周：**从成立以来，森林映画的架构大概是怎样的？**

林：公司到现在也没有特别明确的架构，没有具体的职位说明。基本上是我作为管理者，配合公司所有的导演工作。其实相当于搭建了一个平台，跟大家一起拍片子。我好像也不负责找项目。说实话，我觉得自己是个黏合剂，大家也是因为我而走到一块。

毕：他负责把钱发给我们，然后晚上打麻将再赢我们（笑）。

周：**那你在选择合作的导演上有什么考量吗？**

林：半夏走出来的就好呀（笑）！开玩笑，倒也不是，其实关系是第一位的，大家都很亲密。本身玩得来是前提，好像我没有跟哪个导演玩不来。其实大家都蛮有能力的，我觉得我就是自己实在干不了导演这个活儿，所以很能看到大家的能力。

周：**所以你管算账。**

林：对，就是疯狂进账。

周：**那公司有没有公共部门统一为各位导演服务？**

林：不会，每一个单元都特别独立，都有自己想做的东西。其实森林映画的运作模式不是太商业化，因为对每个导演都太熟悉了，所以很尊重每一个导演。"这活你想不想做？你想不想拍？"都是在相互沟通这个前提下再推进，而不是强制安排某项工作。为什么我们能走到一起，还是基于这个前提，说到底他们都不太缺钱。钱肯定越多越好，但是他们不需要为了钱让自己受委屈。这也是我跟毕鑫业一开始合作的根基，这种合作模式沿用到现在公司的每一个导演身上，基本上以尊重导演的意愿为主。

周：**这个模式还挺特别的。**

林：我们跟合伙人张驰聊的时候也说，它不是一个特别商业化的运作模式，指望它发多大的财，可能做不到。但是大家不散，能在一块，这件事情对我们来讲才是比较重要的。大家在一起多快乐啊，能一块喝酒吃饭玩。

毕：还能挣钱。

林：对，我觉得情谊是前提。这也是我们跟外面公司不太一样的地方。看上去，我们公司相对懒散一些，不是那种打鸡血的模式。

周：你在这其中有需要端水①的时候吗？

林：我不需要端水，因为没有水可以端。每一部片子想找的导演都特别直接，每个导演的风格也都不一样。所以不存在一个活儿来了，我找甲还是找乙的问题，都是项目很直接地点名要找谁。每个人都有自身独特的点，这就是一个导演应该做的，我不可能为公司培养出千篇一律的导演。我会觉得那就是一个工厂。

周：导演自己接洽的人，你们会把把关吗？

林：会帮导演先筛一遍人。因为现在信息很发达，谁都能找到导演。一般通过我找来的，我会先判断这个人的口袋里到底有没有钱，不能让导演白干。我跟毕鑫业现在的合作，他不是看重我能力有多强，而是看重彼此的信任。虽然我爱钱，但我很知道界限在哪里，这点很重要。

周：你在过去三年里有什么经营压力吗？

林：有，但是都过来了，我也觉得还好。其实要说难，每一个时期都难，因为我们始终想要做到更好。我们有广告等多样化的业务板块，即使上游做不了还可以做下游，所以现金流很稳定。

周：公司的运营目前主要还是你在管？

林：对。导演只管自己的创作，不太需要参与这些事情，等最后年终分红就可以了。我们没有强捆绑性，互相都没有KPI，他也不会逼我说今年必须做成什么样，我也不会逼他今年必须做成什么样。但我觉得这有好有坏，可能大家会比较懒散吧。

周：目前看来懒散吗？

林：还好，每一步都算是走在正点上，比上不足，比下有余吧。如果说从2014年算起，2024年已经是第十年了。要说有多辉煌、多优秀，其实也没有。

---

① 指一碗水端平，平衡彼此之间的关系。

但要说多差吧，这些人都还在一起，对吧？大家有吃有喝，还打得起麻将。

周：现在你们最省心的板块是哪个？

林：广告吧，因为还算是跑到头部了。我们现在针对拍广告、拍宣传物料做了一套相对成熟的模式，有一个完整的团队和客户对接。比如，拍一个即时视频，我们整个团队都会在现场，包括后期。我们在现场拍，拍完马上进后期，然后马上就能上传到微博。这是现在最新的模式，一般盛典晚会会用这个体系，不用经历漫长的等待，整个团队当场就可以做出来。

周：你们这么做的时候，会觉得自己在客观上推进行业的工业体系往前走吗？

林：会，但说出来大家会觉得有些矫情。这是我们的初心吧，也是我们一直在努力去做的事情。我们也在探索如何构建导演培养体系。比如，针对新一代的年轻人，我们怎么用公司的优势和资源支持他，给他背书，然后怎么老带新，用监制的方式，一代一代地培养年轻导演，这也是一个构建周期很漫长的体系。

周：公司10周年了，作为法人代表、最大的股东，你对公司的未来有什么规划吗？

林：其实只要每条业务线都稳定地发展就还好，还想做一些有国际影响力的片子，其实还是重在导演。我对大家说，我图利不图名，对于自己变成一个多有名的制片人没有诉求，还是希望更多实现每一位导演的价值。

周：我知道你之前做了一场手术，这会改变你对人生的态度吗？

林：改变非常大。如果你两年前跟我聊这些事，我跟现在说的话会完全不一样，我现在就是以快乐为主。以前我可能是一个在生意上很激进的人，现在不太激进了。经历过手术这个坎儿，我就发现很多事情其实是能解决的，除了生死。到了生死关头，一个遗嘱都写完的人其实不会太纠结其他事情了。现在的我想得特别通透，虽然手术对我来说是个劫，但是这个劫挺过来之后，我对人生的态度的改变非常非常大，自洽很多。

周：**你以前的不自洽主要在哪儿？**

林：在于野心太大，能力匹配不上。其实我也挺痛苦的。我是一名北漂，来自一个"八线"城市，靠高考来北京上学，之后北漂创业。一开始，我们的公司其实就像个工作坊，几个人开始接活，慢慢到现在这一步。

周：**所以这个十周年的节点还是挺重要的。**

林：回头看看，也没觉得很难，可能因为我这个人的心态就这样。确实，我每个节点遇到的人，从资方、创作者，到我们身边的合伙人、我的甲方，包括系里的老师，还有今天的你们，大家就是自然而然地出现了，我欣然地接受。

跪下99公里，最后才能站起来

周：**聊完了公司的十年，再聊聊毕导的这三年。疫情期间你也没闲着，一直在写剧本吗？**

毕：对，写《我有一个朋友》①，还有《一起同过窗·第三季》。后来出了一些问题。

林：这就是一个既定事实，它就摆在那儿，没有什么好避讳的吧。对于他来讲，这个经历也是成长，让他认识到社会还蛮险恶的。

毕：希望刚刚毕业的师弟师妹们，一定要注意你们签的第一份合同！我真的建议中国传媒大学成立一个法律资源部，专门给所有刚毕业的、要签合同的学生提供法律援助，我觉得这个很有意义。不是说这个合同要改得多偏

---

① 《我有一个朋友》，由毕鑫业执导的古装喜剧作品，该剧入选2022年湖南卫视芒果TV大剧片单。

向自己的学生，至少要规避掉里面的"坑"。有些条款学生看不懂，法务部门可以告诉学生条款是什么意思。刚毕业的学生没有这个意识，也没有这个能力，学校可以成立这样一个机构。毕业后，学生和学校的连接并没有断，毕业之后、工作之前的这个阶段，学生能向谁寻求帮助？只有学校。

林：毕业那会儿得到一个机会确实蛮难的，有时候同学们可能会硬着头皮忽略当时觉得没那么重要的条款，但是，到了一定的阶段，那些条款就很重要了。刚才说的这个法律援助我觉得很好，我们公司可以尝试一下，提供一个偏公益性的咨询，里面有关注不同领域的律师，所有的学生都可以咨询。不只是合同，还有其他跟法律相关的东西。比如，他去租个房子，也可以去咨询。

周：正好你们本身也有现有的法律资源。不说覆盖所有的青年导演或创作者吧，但是最起码能帮助到电视学院的这些孩子们。我们再来聊聊今年待播的古装喜剧《我有一个朋友》，这个项目的缘起是什么？

毕：那年我在沙发上躺了三四个月，等一个项目开机，我的统筹给我打电话。我的统筹是个女生，她的统筹能力、思维能力非常强，永远喜欢登高。她跟我说："你不要躺，不要浪费你的时间。你去写别的，不要荒废，起来。我每天都在爬山，我要去翻越这座山峰。"她说的只是她爬山的经历，但是对我的激励很强。所以2020年的下半年，我开始写《我有一个朋友》。

周：是你自己想写一部古装剧吗？这个念头是什么时候有的？

毕：是的。我接触的第一个游戏就是《神雕侠侣》，之后是《仙剑奇侠传》，我是玩这种游戏长大的。看书是老师要求的，当时语文老师跟我们说，我们唯一可以看的武侠小说就是金庸的武侠。我14岁看了《天龙八部》，所以这回有机会自己主动创作一个剧本，我就选择了古装。

周：《我有一个朋友》的融资过程顺利吗？

毕：很复杂，其中一个原因是这个类型的剧市场不是特别好。市场不太好的情况下，很多东西不是我主观意愿可以改变的，所以它有很多不尽如人意的地方。

周：你在创作层面有没有受到市场意识的干扰？

毕：实际上，市场意识的存在一定会干扰创作者，但是要看创作者怎么处理这个干扰。我的回应分两种：第一种是驳回，第二种是让步。让步是指加了他们想要的东西，但是不要影响我本身的表达，改的地方无伤大雅，其实就是彼此让步。一般来说，资方提10个问题，有5个我会写小作文驳回，剩下5个的我作出让步。永远不要说对方提的所有意见都是错的，不可以！你是一个乙方，甲方需要看到你对待甲方的态度，他感受到你的50%是对他赞赏，才会接受你的50%是寸土不让。所以要说干扰，其实只是看这个东西是不是干扰，你拿50%的跪换另外50%的站着。

这就是一种生存策略，可以绵里藏针。假设有10个问题，你可以很强硬地说一个你最想保的，然后去改别的地方，这种策略我称为"揣摩圣意"。比如，你想保护的核心在c段，甲方觉得这一版不对劲的时候，你可以问他是不是觉得a段有问题。不管他觉得是不是，他会说，嗯，对。如果他真的精确地说出c段哪里有问题的话，他其实会说服你。他提意见可能只是因为他觉得这个地方让他不舒服，而不一定是这个地方真的有问题。所以你可以"祸水东引"，把问题转移到别的地方，保留你最核心的表达，剩下的地方想尽办法把他要的东西和你要的东西相结合，然后让这个问题得以解决。

所谓的市场干扰或者说很多编剧不满意的地方，其实在于外界要求修改剧本。这时候，你要想办法呀，不是他说什么就是什么，你要想办法保护你的作品。这不是说你去和他抗争，而是让自己提出的意见得到充分的尊重。有一个说法是"其实我所有的都改了，只不过极少数的我去刚了一下"。你"刚"的一个前提是什么？是你前99公里都是"跪"着，最后1公里站起来，但是前99公里不存在风险，而是指定工作。工作遇到任何问题，你首先就要想办法解决，你不要把这个东西看成创作，而要看作工作的一部分。

周：你现在还会纠结自己火不火、红不红这件事吗？

毕：我不纠结，我只纠结于我的稿费高不高。

周：这其实是相辅相成的，你火了之后，身价就涨上去了。

毕：得之我幸，失之我命。想不想这个东西，你也得老老实实、认认真真工作，把所有心思放在工作上，这是一切的前提。你火了，命中注定，没火，也要接受，然后总结失败教训，下一部可能会有更好的结果。

郭：说到最后，我很好奇你和林望的关系，不是说合伙人、同学这种具体的，而是你们如果各自表达一下，你们俩的关系是什么样的？

毕：这么说吧，我将来生了一个孩子，我死了，可以把孩子放心地交给他。

林：一样的道理。

周：你们两位对正在从事这个行业，或者说有志于影像创作的同学们有什么建议吗？

毕：看好合同，签好合同。这个行业的合同千奇百怪、五花八门，里面会有"坑"，会有陷阱，签合同之前一定要看好，这是最重要的。如果合同签坏了，它最后给你造成的影响，不只是钱的问题，是会干碎你的心气儿。你的桀骜不驯，或者你曾经引以为傲的东西，全都会在那个你签错的合同里面抹消掉。所以，一定要看好合同。

林：这个行当很难很难很难，因为你们看到的都是出头的人，其实还有好多好多没出头的人。这条路好难熬的啊，要耐得住寂寞。这个行当不好干，但还是鼓励大家试一试。我觉得很好的提议是，如果有机会的话，我们可以跟"半夏"一起合作做一个法律咨询。我觉得这对大家的帮助，远远大于我们掏个仨瓜俩枣让大家拍片子。法律援助比投资更加重要，这是我们未来可以做的。

林望、毕鑫业采访手记

张宏佳

这次的采访比较特别，是两位师哥一起接受采访，因为这两位一直是很好的朋友和搭档。

采访的地点是离学校不远的两位受访者的公司。刚进门，我们先见到林望师哥，他很擅长交际，一上来就和周殷殷师姐闲聊了起来。不多一会儿，满脸困意的毕鑫业导演也到了。他因为熬夜打游戏，只睡了两个小时。

访谈的过程十分愉快，因为林望师哥是个十分会调节气氛的人。他分享了很多自己和毕鑫业导演在电视学院的趣事，和师姐们聊得很开心，同为电院的我们也感到十分亲近。

我最佩服他的一点在于，他对自己的人生该怎么走有很清醒的认识，并会通过各种手段去达成目标。他说自己进中传不久，就意识到自己不是这块料，所以也没想在导演这条路上走下去。他毕业选择去国外学习平面摄影，又在看清自己在这一行的天花板不高后，凭借着潮汕人的自信，选择回国创业，成立森林映画。

他性格很好，他说自己不会生气，没有生气这个能力，在团队中一直作为黏合剂联结大家。他觉得现在这样很好，虽然公司算不上大富大贵，但是能和这些从大学就一路走来的朋友们在一起工作，这就很满足了。他是个活得很清醒、很自洽的人。

相比于林望导演，毕鑫业导演就显得"社恐"一些。但他在很想表达的一些话题上又会很激动，如自己的英语四级考试五次才考过。他是个很有才华的导演，从来没有过才思枯竭的时候，灵感总是会眷顾他。他也是一个一身反骨但又很正能量的人，他上学时曾写文痛斥观写课不应该占用大家的休息时间，但又认真超额地完成观写作业。他说电视学院给他打的底子很好，所以他绝对不会犯原则性错误，也不会什么都批判，什么都黑暗。他从边玩边拍的《金华站》，到现在学会和甲方腾挪，用自己的让步保留作品中最想表达的内核。

当然，最让我羡慕的还是两位师哥的情谊和默契，他们都说彼此是可以托孤的存在。这次访谈记录了两人的成长和友谊，愿一切都如现在最好的模样。

2010年 · 第8届

黎志：
认真抓住每一次浪潮

采 访 人：陈宇舟、周殷殷

采访策划：陈欣玮

采访时间：2023年3月19日

采访时长：2小时16分钟

采访地点：黎志导演工作室

文稿整理：孙毓泽、穆思勤、丁思瑶

▶ 个人简介

　　黎志，毕业于中国传媒大学。剧情短片《秀金》获得首届中韩大学生电影节最高奖，第14届釜山国际电影节大学生竞赛单元大奖，第8届"半夏的纪念"大学生影像展最佳导演奖、最佳剧情片奖。执导院线电影《意外的恋爱时光》《以年为单位的恋爱》，剧集《北京女子图鉴》《机智的上半场》《二十不惑1》《二十不惑2》《问心》，监制剧集《我在他乡挺好的》。

▶ 作品年表

2009年	剧情短片《秀金》/导演、编剧
2013年	院线电影《意外的恋爱时光》/导演
2015年	院线电影《王朝的女人·杨贵妃》/执行导演
2017年	院线电影《抢红》/执行导演
2018年	剧集《北京女子图鉴》/导演
2020年	剧集《二十不惑1》/导演
2021年	剧集《我在他乡挺好的》/监制
	剧集《机智的上半场》/导演
2022年	剧集《二十不惑2》/导演
	院线电影《以年为单位的恋爱》/导演
2023年	剧集《问心》/导演

通向导演的那条路

陈：您是怎么来到中传的？

黎：我高中是重庆一中的，当时成绩不错，原本是想以北大、人大这类学校为目标的。有一天，我的发小突然问我，想不想一起到北京考艺术类院校。我当时一点儿概念都没有。他掏出一本北京电影学院的招生简章，我翻了翻，觉得蛮有意思的。我们就一起来北京参加艺考，最后都上了广院（今中国传媒大学）。

我们那一代已经算是电视儿童了。电视蓬勃发展，成为当时的主流媒体，有各种各样的节目和影视剧供大家欣赏。有时候家长晚上不在家，我就会偷偷打开电视，一边写作业一边看电视，听到家长回来的声音就赶紧关掉。影像是我少年时期很重要的陪伴。当有一天可以进入电视荧屏里工作，我觉得是一件挺有意思的事情。我也喜欢看电影，经常在暑假拿零花钱去租VHS，后来租VCD，上大学就开始淘DVD。那时候看的比较多的是香港电影。我发现王家卫导演的电影很不一样。我很喜欢他，他的电影有一种很奇怪、很别致、很高级的东西。我在广院考试的时候讲了我对王家卫电影的非常肤浅的认识，我也不知道考官怎么想的，结果就是我被录取了。

陈：**那时候觉得拍电影这件事离您远吗？**

黎：远，我读的是文艺编导专业。

陈：**文编，还是偏向晚会策划吧？**

黎：晚会、电视节目这一类的。我是我们那一届广院的文艺部部长，2004年刚好是学校五十周年大庆，一整年都在做各种各样的晚会。我在学校负责第一届"风采之星"活动。张罗一场晚会，要协调部门、联络工种，在一定程度上和导演一部电影或剧集、统筹各个部门非常相似。我大一入校就进文艺部了，从干事、委员到部长的历练，对我掌控大场面很有帮助。

陈：**做文艺部部长的经历对您在剧组树立威信有帮助吗？**

黎：首先，作为导演，你的身份在这里，这部分的威信是天然的，对吧？

周：**理论上来讲是这样的，但第一次身处其中，就不一定了。**

黎：首先你要相信职位赋予你的控制权、主动权和话语权。我毕业第一次导戏的时候，虽然心里也没谱，但还是不断提醒自己即便"演"也要演得有谱，不能把没把握的感觉传递给身边的同事，否则整个剧组就没了定力。当然，也真的得益于在学校的锻炼。那时做一场晚会经常要熬24小时搭台、排练，还有各种临时状况，得有充分的心理准备解决各种问题。你必须有底气地跟各部门讲你的想法和解决思路，这些都是影视导演的基本素养；再加上对影像的理解、视听手段的运用，这是你作为导演的专业能力。这两点合在一起，才能让一个导演有机会往前走。

当然，这个分寸最终要到现场拿捏。当有个人站出来说"导演，我觉得你这样拍不对，我觉得它应该这样"的时候，你要怎么应对。好的意见当然要吸收，但如果你三番五次，总是照单全收他人的意见，其他人可能会慢慢地丧失对导演的信任。

陈：师兄本科期间做过旅游卫视的实习记者，有机会更近距离地接触影视行业的从业者，这样的工作经历是您考虑研究生学电影的原因吗？

黎：对，我本科毕业时有机会重新选一次研究生方向。既然曾经想学电影，不如就回到这条路上来。我研究生一开学就选了潘桦①老师做导师。

周：读研时期的学习安排是怎样的？

黎：潘老师很严格，我们每周要读书、上导师课。我们那一届潘老师有五个研究生。我们五个人的氛围非常好，上导师课之前，我们就会先聚在食堂，一边聚餐吃饭，一边聊你打算写什么、我打算写什么，互相给对方提意见。那个时候，大家都不把这些当作任务完成，乐在其中，整个过程自然而然就有所得了。

陈：潘老师也有意训练我们在夹缝中寻求表达，要求大家把表达控制在五分钟之内，但我每次都超时，所以总被潘老师罚站。

黎：潘老师就是训练我们要在短的体量里把一件事表达清楚。当然她有很多规定，有时可能会显得过分严苛。但一旦你进入那个体系，接受那些规定，养成了习惯，对你来说就不是问题了。你知不知道她把大家每周写的读书报告发到博客上？

---

① 潘桦，中国传媒大学教授，北京市教学名师。编剧、导演的电视剧《金色轮船》《白桦林作证》分别获得中国电视剧"飞天奖"一等奖和三等奖，主讲的"影视导演艺术"课程成为校园品牌。指导拍摄的学生作品，荣获诸多国内外重要奖项。

陈：现在变成公众号了。

黎：最早是我们每个人给她发邮件。我都写在一个文档里，那两年写了几十万字。我经常写自己的生活，比如这周遇到什么事、看了什么电影，我姨妈来北京相亲，跟那个男朋友怎么样了……一开始我们的周报读者只有潘老师一个人，写什么都没关系。后来成了博客平台，再到后来的公众号，我感觉大家好像就不太会写那些私密的个人话题了。其实我挺怀念当时写邮件的时候，那时候学生相对少，潘老师能看得过来，还能一一仔细回应。而且现在也没有时间写像日记一样的周报了，总之那个经历是很棒的。

陈：**您写的东西好像蛮多都可以成为后来电影和剧集的素材。**

黎：我不久前拍的电影《以年为单位的恋爱》[①]，女主角陆鹿珊的姨妈来北京。一个说着四川普通话的中年妇女，认识了说着一口地道北京话的老头，就取材于我刚刚提到的我姨妈来北京相亲的真实经历。

陈：**师兄，您提到艺考的时候喜欢王家卫，那您读研期间喜欢看什么电影？**

黎：那时涉猎的维度就宽一些了，我会看各个国家的电影，比如《四月三周两天》[②]和《三只猴子》[③]。多亏那段时间，我获得一些新的认知，看到人家是怎么讲故事和拍电影的。前段时间我看了《幸福的拉扎罗》[④]，到现在我的

---

① 《以年为单位的恋爱》是2021年由黎志执导，毛晓彤、杨玏领衔主演，孙千、张海宇主演的院线电影。

② 《四月三周两天》是2007年由克里丝蒂安·蒙吉执导，安娜玛丽亚·玛琳卡、弗拉德·伊凡诺夫主演的电影。该片获得第60届戛纳国际电影节主竞赛单元金棕榈奖、费比西奖、法国国家教育系统电影奖。

③ 《三只猴子》是2008年由努里·比格·锡兰执导，亚武兹·宾戈尔、海蒂斯 阿斯兰、里法特·桑贾尔、厄康·吉赛尔主演的电影。该片获得第61届戛纳国际电影节主竞赛单元最佳导演奖。

④ 《幸福的拉扎罗》是2018年由艾丽丝·洛瓦赫执导、安德里阿诺·塔迪奥罗主演的电影。该片获得第71届戛纳国际电影节主竞赛单元最佳剧本奖。

印象还比较深刻。上学阶段对电影的钻研确实比现在要更沉得下心。现在比较浮躁，经常看了一半电影，就被各种事打断，不得不去应对。我现在能够沉下心来看的影片已经比较少了，尤其做剧的时候，你必须了解主流市场和主流环境，必须要进入另一个体系去掌握节奏和叙事模式，这和电影真的不一样。

陈：其实《幸福的拉扎罗》也挺难进入的。

黎：是，但我看进去之后就非常喜欢。

周：你在上学期间就有毕业后一定要做电影的执念吗？

黎：我觉得多少是有期待的，因为我在不停地靠近这个行业。但是到毕业那一刻，你也不知道路该怎么走，没有任何门道和途径。我们五个研究生，好像没有家里长辈是从事这个行业的。那我就随遇而安，没准儿写出来一个剧本，得到一个机会就有资金了；拍短片得了奖，可能也有机会找来。当时不知道下一个台阶在哪里，所以我研究生毕业那年的4月去了搜狐做记者。我之前在旅游卫视的几个同事去了搜狐，这一步就是踩着点去的。

也许没机会进入电影行业了

陈：您2009年的剧情短片《秀金》①以2008年汶川大地震为背景，讲述地震后失去所有亲人、怀着孕的寿衣店老板秀金的故事，她用坚强和忍让唤醒邻居们的宽容和善良，大家相互帮助，渡过地震后各种难关。您读研期间就有拍摄女性题材的意识了吗？

———————

① 《秀金》是2009年由黎志执导的剧情短片，该片曾获第8届"半夏的纪念"大学生影像展最佳导演奖、最佳剧情片奖，首届中韩大学生电影节最高奖、第14届釜山国际电影节大学生竞赛单元大奖。

黎：我当时没有女性题材的认知，后来拍了《北京女子图鉴》①（以下简称《北图》），又拍《二十不惑1》②《二十不惑2》③，我倒回去看，好像跟女性题材有某种联系，这可能跟我的成长经历有关。我从小生活在女性众多的大家庭里，和姐姐妹妹一起长大。我妈和我姨妈都是相对强势的女人，她们经历了跌宕起伏的人生。我在这样的环境里长大，所以能够快速地找到一些切入点。

陈：这部短片是如何构思的？

黎：我和同学王郢④、蔚捷⑤一起到四川成都和乐山周边，当时想的是把我们仨的片子做成三部曲，三个故事连在一起，能串联成一个90分钟的长片。王郢片子里的男一号成为我片子里的男二号，我片子里的女二号成为蔚捷片子里的女一号。

陈：师兄，我深刻感受到差距。我当时和同学一起拍片，从没想过把大家的片子组成一个"宇宙"。

黎：这对我们来说挺好玩的。那时我们凑在一起的时间特别多。哦，对了！我现在回想起来，当时每周末还去青岛教艺考，就为了赚点儿生活费。我不知道你们现在的情况，我本科期间从大二下学期开始，几乎都有在外面赚学费的实习工作。

周：还是很能"折腾"的。

黎：我非常能"折腾"，年轻时候不睡觉的。

---

① 《北京女子图鉴》是2018年由黎志执导，戚薇、魏大勋、刘畅等主演的网络剧。

② 《二十不惑1》是2020年由黎志执导，关晓彤、金世佳、牛骏峰、李庚希等主演的电视剧。

③ 《二十不惑2》是2022年由黎志执导，关晓彤、卜冠今、董思怡、徐梦洁等主演的电视剧。

④ 王郢，编剧、导演，中国传媒大学电影学硕士，担任院线电影《超级快递》编剧，编导院线电影《假如王子睡着了》。

⑤ 蔚捷，编剧，中国传媒大学电影学研究生，主要作品有电影《意外的恋爱时光》《以年为单位的恋爱》、剧集《我们的新时代》。

陈：那时的创作都有什么困难？

黎：当时没有演员、副导演，也没有外联、美术指导和造型，都是自己找演员、找景、在淘宝下单，弄所有的东西。片子里有一个九十多岁的老太太，我最初担心找不着人，因为涉及花圈、寿衣什么的，怕人家不接受。我在现场找景，看到这个奶奶在街上颤颤巍巍地走。我是重庆人，还算能跟老太太用家乡话交流。她让我跟她儿子谈，我就去家里跟她儿子聊。

我当时还没有收入来源，到处借钱拍这个片子，一共花了三万多块钱。我把它当成人生中最后一部剧情片拍的，因为当时觉得拍完这部片子之后，就不会再进入这个行业了。我希望无比投入地做一次，将来工作了再还钱。

另外，我当时谁都不认识，也没有任何资源，就自己跑到峨眉电影制片厂租灯光设备。为了降价，我甚至和蔚捷演了一出苦肉计，当然也是有感而发。对方是位中年妈妈，我觉得她应该能体会到一个孩子的不容易。我们当时要用十多天的时间拍完两部片子。聊完以后，用很低的打包价租下了灯光设备。那时淘宝兴起没多久，也不熟悉操作过程，不知道寄货需要多长时间。已经在网上买了衣服，结果到不了货，就赶紧跑到镇上，想各种解决办法。

陈：我感觉师兄参加"半夏"的时候是一个挺重要的时间点。

黎：是的。就我个人而言，奖项给了我很大勇气和打开行业大门的一把钥匙。我是通过这些影展开始被大家关注到的，才有了做商业类型片的机会。

陈：上周我们采访别克导演，他通过第一部剧情短片《拯救》①，在一个影展上得到了五百导演的赏识。他的第一部网剧也有贵人相助。

黎：对。我觉得行业"敲门砖"只有两个，一个是拍短片参加影展，一个是自己写剧本参加创投，都挺不容易的。当然，也可以找机会直接进剧组

---

① 《拯救》是2017年由乌尔坤别克·白山拜执导的剧情短片，获得第15届"半夏的纪念"大学生影像展最佳摄影奖，入选2018年戛纳国际电影节"短片角"等。

从助理、副导演干起，这条路通常需要更长的时间，在工作中得到贵人的认可和提携。

　　陈：您研究生毕业后的第一份工作是搜狐的记者，曾报道柏林国际电影节和威尼斯国际电影节，是对影像创作的热爱让您重新选择了导演这一职业吗？

　　黎：我是一个比较随性、感性的人，很多选择都是基于当时的感受，没有特别仔细地权衡所谓的利弊。毕业后，我想先找份工作养活自己，且这份工作相对得心应手。在搜狐做记者可以去威尼斯电影节、戛纳电影节、柏林电影节，很有意思。我自己拿着DV出去拍摄，回来写稿、配音、编片，当天就要把片子发出来，工作量很大。虽然它看起来跟我现在从事的剧集、电影的拍摄不太一样，但我觉得这对一个人的综合素质和能力的提升，以及对社会的认知，有很大影响。我做记者时接触和拍摄的都是影视行业的人。威尼斯电影节在丽都岛举办，每天都会看到各种各样的电影人。我在路上碰到蒂尔达·斯文顿①，冲上去跟她聊天。我问她去干什么，她说到前面转角买冰激凌，要不要一起。我们一路走、一路聊，氛围特别好。那年电影节评委会主席是李安，我们一群记者跟他面对面交谈，这种近距离的接触感受很不一样。我本科时去采访，也得到很多比普通观众更近的视角去看这个行业的机会，所有这些经历都对我后来做导演有帮助。

　　2009年，我正在威尼斯电影节工作，突然收到范小青②老师的电话。她说："你回来以后刚好赶上去釜山，我们学校几个同学的作品被中韩大学生电

---

①　蒂尔达·斯文顿（Tilda Swinton），英国演员、制作人、编剧，主演电影《爱德华二世》《迈克尔·克莱顿》《雪国列车》《奇异博士》等。获得第48届威尼斯电影节沃尔皮杯最佳女演员、第80届奥斯卡金像奖最佳女配角奖、第61届英国电影学院奖最佳女配角奖、第77届威尼斯国际电影节终身成就奖等。

②　范小青，中国传媒大学戏剧影视学院副教授，韩国电影研究专家。任釜山国际电影节顾问，"一带一路"电影研究所秘书长，丝路电影节"一带一路"青年影像盛典总策划，亚洲大学生电影节总策划。

影节选上了。"研究生毕业时，潘老师做了一个毕设影展。我的《秀金》得了"最佳女主""最佳编剧"和"最佳配乐"。那一次的釜山行，我是和获得毕设影展"最佳导演""最佳剧情片"的同学一起去的，我觉得还是他们比较有希望拿奖。颁奖的时候，我拿着相机给他们拍各种照片，是真的没想到最后的大奖是《秀金》，我非常意外。回来以后，《秀金》还得了几个短片电影节的奖项，加上"半夏"的认可，我开始受到一些行业关注，逐渐进入这个行业。

踮着脚尖也要努力够一够

陈：《秀金》得到釜山国际电影节、"半夏"的认可后，您是怎么接到第一部电影《意外的恋爱时光》①（以下简称《意外》）的？

黎：有了奖项的支撑，就有机会主动找我了，我的师哥韦翔东②抛来橄榄枝。他当时正在找导演，算是我的贵人。我之前完全没有拍过电影，甚至没有跟过组，连在常规配置的剧组，谁负责喊Action（拍摄开始）、谁喊Cut（拍摄中止）都不知道。在这种情况下，就让我自己拍了一部电影，到现在我都觉得非常非常难。

《意外》的前身叫《王老虎抢亲》。翔东原来是中央新闻纪录电影制片厂的制片人，他一开始是拍戏曲电影的。《王老虎抢亲》是一个越剧剧目，他们想把它商业化，变成类似《唐伯虎点秋香》的古装爱情喜剧电影。但我没有拍过古装，也不擅长古装。我写了一个双时空设定，没想到这个方案中了。他们觉得我的方案既保留了《王老虎抢亲》的古代部分，又有一些商业感，

---

① 《意外的恋爱时光》是2013年由黎志执导的院线电影。

② 韦翔东，电影制片人、香蕉影业CEO，担任院线电影《意外的恋爱时光》《保持沉默》制片人。

贴合现代观众。不过，我们做了一段时间剧本以后，发现很难实现古代和现代来回跳跃的想法。最后，作品还是变成一部纯粹的商业爱情电影，把古代戏曲部分完全删掉了。

陈： 这个机会很难得，但剧本本身有没有打动您？还是您根本不在乎这件事？

黎： 实话讲，后者的成分稍微多一点。对我来说，当时拍电影的机会太难得了，我愿意踮着脚尖往上够一够，当然也怕失败。不过就第一部作品而言，我能把它拍出来，就是胜利，所以那时还是延续我一贯做事的感性认知。其实当时有一个制片人看了剧本，也了解我的情况，她不太建议我一上来就做这件事，建议我再沉淀沉淀。也不能叫"初生牛犊不怕虎"，我当时就是想拍这部片子，因为已经付出很多时间和心力了。

陈： 拍摄时遇到的最大困难是什么？

黎： 前期运作、找演员真的很难，尤其对于新人导演来说。监制焦雄屏[①]老师当时带我见了特别多演员，各种量级的都有，大家因为焦老师的面子，都会和我们见面聊一下，但最终都没有下文。这个过程持续了很久，一直被拒绝，这种感觉挺让人丧气的。这也是我认为当时比较吃力的一点。当时我跟郭采洁完全不认识，所以，跟她见面之前，我就一直在想怎么才能让她感受到我对这部电影、对这个角色和她的用心。我找朋友画了三幅油画，都是以她的样子带着角色的质感画的。我拿着这三幅画找她，她很意外和感动。当然，这些东西不能刻意，得是发自内心的真情实感。

还有一点我当时心里也有点没谱。我第一次当电影导演，韦翔东也是第

---

① 焦雄屏，电影学者、监制、编剧。担任《十七岁的单车》《蓝色大门》《意外的恋爱时光》等电影监制，与邱戴安联合编剧电影《阮玲玉》。

一次做商业电影的制片人。美术刘晶①也是我们学校的，当时也是第一次做美术指导。摄影指导刘懿增②是北京电影学院毕业的，应该是第二次拍长片。一帮行业新兵、特别年轻的创作者，能不能配合默契地完成这次拍摄？

刘晶和刘懿增现在非常厉害，一个是电影《五个扑水的少年》③的美术指导，一个是徐峥的摄影指导。我觉得那时选他们的眼光很好。

陈：为什么会找焦雄屏老师做第一部戏的监制呢？

黎：上学那会儿知道焦老师是"台湾电影教母"，我也不认识别的资深电影人。我在一个影展上碰到她，后来给她发了一封邮件，说我要开始拍第一部片子，做了一些准备，想请她做监制，不知道有没有这样的荣幸。她大约隔了半天就回复我了。那时大概是2010年5月，她正在戛纳电影节。她问我需要做哪些工作，我回复了她，就这样展开了交流。

陈：当时会觉得第一次拍电影至少不能亏钱吗？

黎：我那时都没有这样的认知，就希望完成度高一点，拍出来的像一个电影，不要像个学生作业，哈哈。实际上，当我第一次在调色公司的大银幕上看到拍出来的画面，我才明白，我对于景别的选择，还带着点学生作业的气息。我们从来没有在大银幕上看过自己拍的画面，哪怕是《秀金》，所以感受真的不太一样。

陈：您现在怎么看待《意外》？

黎：完成度和电影感还是有的，缺点在剧作和电影语言两个部分，技法比较稚嫩。我运用电影语言讲故事的时候，还是有点畏首畏尾。比如《意外》

---

① 刘晶，美术指导，担任《五个扑水的少年》《不老奇事》《这么多年》等院线电影美术指导。

② 刘懿增，电影摄影师，担任《幕后玩家》《我和我的祖国》《囧妈》等院线电影摄影指导。电影《我和我的祖国》获得第2届北京电影学院"学院奖"电影摄影奖。

③ 《五个扑水的少年》是2021年由宋灏霖执导，辛云来、冯祥琨、李孝谦、吴俊霆、王川等主演的院线电影。该片翻拍自日本电影《五个扑水的少年》。

里的一个镜头，有人在剪的时候说这个镜头怎么来来回回的。当时我没能熟练地运用商业电影的语言，也没有胆量用我喜欢的电影语言讲好一个故事。现在我不敢说自己有多么熟悉电影语言，但至少比当时更强一点。

正好踏在时代的浪潮上

陈：**拍完《意外》之后，师兄是对电影的工业流程还有困惑，所以去做了执行导演吗？做执行导演有什么收获？**

黎：拍完这部电影后，我深刻感受到自己对行业的无知，对电影的工业流程完全是门外汉，所以去做了执行导演。做《王朝的女人·杨贵妃》的执行导演时，我主要负责服化道。大到场景，小到一个喝水的器皿，都要去盯，是非常细碎的工作。这部戏是联合导演作品，有不少国内顶级导演参与，我见识了各个导演的风格，一直观察和体会他们的行为处事方法。我更多学习了他们怎么跟演员沟通、怎么在现场把控、重点盯的东西和在意的事情是什么。虽然拍摄时间很长，非常辛苦，但这部戏对我来说很有价值。

陈：**师兄第二次做执行导演是怎样的情况？**

黎：通过《王朝的女人·杨贵妃》，我认识了黎明。拍摄过程中，我的电影《意外》上映。黎明也去看了，回来之后我们聊了很多。他之前看到我在片场跟演外国使节的演员用英文沟通，就让我做他导演的电影《抢红》①的双语FIRST AD（第一副导演）。这个项目在法国拍，我一下就心动了。

《抢红》这部戏，我参与得很深。我先去巴黎，跟法方团队接触，从筹备到拍摄，再到拍完戏去香港陪导演做剪辑。后来片子发行的时候，导演在香

---

① 《抢红》是2017年由黎明执导，张涵予、黎明、杜鹃、王耀庆主演的院线电影。

港，我还时常代表他和内地的宣发团队接触，几乎见了当时内地一线的所有宣发公司。这个经历让我对电影上下游的制作体系有了更深刻清晰的梳理。

周：他真的很信任您。

黎：我们没有血缘关系，哈哈哈，共享一个姓而已。

陈：您做了院线导演又回去做执行导演，和别人是反着来的。

黎：很多人都这么说，但我真的不在意。我就想着怎么能让自己得到更多的养分。

陈：但您也很幸运。做执行导演时，第一个组全是名导，第二个组又是国际制作，还接触了电影制作的上下游。

黎：天选打工人嘛。

周：师兄，我从外部视角看您这些年的履历，会感觉您的每一步都像是计划好的一样。您觉得自己的时间节点踩得准不准？

黎：也许，这个有点玄学，我真的没有考虑。我2003年去旅游卫视实习，那时电视媒体非常强势，旅游卫视也是比较主流的频道；再后来去新浪实习，去搜狐工作，那时网络平台都在最火的时代风口上。

大家都说搜狐是整个行业的"黄埔军校"，现在不少影视公司的老板、平台的领导都是当年搜狐出来的。所以，这就是为什么你要认真对待每一个机会、每一份工作。

2017年，我在搜狐时一起去威尼斯电影节出差的同事去优酷做了部门领导，从平台的角度把我推荐给制作公司，我才有了《北图》。一开始我还推掉了这个项目，那时我在筹备我的第二部电影，后来那部电影停掉了，制作公司找我谈他们的另一部剧，我刚好也有时间聊。本来《北图》还有一个多月就要开机了，那个导演可能碰巧遇到了一些问题，制作公司就又让我来接手，我筹备了一个多月就拍了《北图》，你说点儿正不正？那时中国的网剧刚刚开始没多久。

周： 太正了，好吗！

黎： 好像也确实是。那时候中国的网剧才做了两年左右，我算是做得比较早的，也因此进入剧集创作的大门，后来就一直拍剧。剧的节奏快，而且开机率比电影高得多。后来我又做了《我在他乡挺好的》[①]（以下简称《他乡》）的监制，这部剧的编剧也是我当年在搜狐的同事，她邀我参与的。大家都知根知底、彼此信任，少了很多沟通成本。

一夜成名之后

陈： 我感觉《意外》之后，您的作品更倾向现实题材，更落地一些。

黎： 我还是更倾向现实题材，哪怕是《意外》。你看，我硬生生地把一个古装戏改成了双时空，又把双时空改成了一个现实的商业爱情电影，赋予了人物一个落地的职业。甚至因为采洁来演女主，我把女主变成了一个从台湾来大陆工作的广告公司女职员。我还是希望给予每个部分现实的依托，不能只讲一个故事，我想让这些人就在大家身边生活。这是我的创作一直不变的点，也是从《秀金》一路到今天，所有作品的共通之处。

现实题材其实挺难的。你要赋予剧情以生活逻辑，并让大家接受。做剧的时间线非常漫长，抠得特别细。人物身上的所有行为逻辑，一定要符合真实的人会做的选择。我觉得至少这几年都会以现实题材为主要的创作土壤。也许过段时间，我的心态发生变化了，会有所调整。

陈： 师兄，我们比较好奇，在《北图》的项目中，怎么面对日剧《东京

---

① 《我在他乡挺好的》是2021年由李漠执导的剧集，获得第31届中国电视金鹰奖优秀电视剧提名、入选2021年国家广播电视总局年度优秀海外传播作品、第28届白玉兰奖最佳中国电视剧及最佳编剧提名。

女子图鉴》[①]的问题。

黎：说实话，我只看了可以从《东京女子图鉴》里学习或借鉴的东西。

周：是有意不看吗？

黎：对。《北图》的剧本很吸引我，虽然有一些狗血的桥段。我觉得它叙事的跳跃感和中间的留白，需要观众自行脑补和缝合。这在之前的国产剧里，至少在我有限的视野里没怎么看到过。比如，上一集结尾戚薇和张子贤通过学车相识，下一集一开始两个人已经结婚了，跳过很多叙事交代的内容，我觉得这个手法蛮现代的，也是我从《东京女子图鉴》得来的启发。剩下完全是落地化处理。编剧团队和责编团队找了好几拨女生，问她们在北京打拼的种种事情，把大家身上发生的狗血事件集合在一起。我相信每个人身上都有"这么倒霉的事情怎么被我遇上了"的时候，为了让剧情显得比较有戏剧性，我们就把这些事融在一起了。

周：剧里有一些可能您认为过于狗血的东西，您会排斥吗？

黎：说实话，当时我对剧集和观众也没有认知。我不知道剧集的尺度和观众的审美在哪里。我修改了一些我觉得过于狗血的桥段，希望回归现实逻辑。我在意的是逻辑。只要人物的行动逻辑合理，情节有点狗血，能过的就过去了。我也是播出时才发现，这些来自生活的狗血，还是有很高的话题度和讨论度的。

周：或者换个词吧，争议度。

黎：对，喜欢的人很喜欢，批评的声音也很多，觉得一点儿都不女性主义。但总的来说，它在行业里为我争取了很高的好感度。《北图》之后，大大小小的公司、平台、导演突然都认识我了。有很多项目找来，大部分都是女性题材。

[①]　《东京女子图鉴》是2016年由棚田由纪执导，水川麻美主演的剧集。

陈：其实争议对创作者的职业生涯是有利的。

黎：看争议是什么。如果争议来自价值观和剧情，行业里的公司、平台会喜欢。争议大，意味着看的人多，是有流量的爆款剧。《北图》好像在当时行业平台的评级里是爆款剧。

陈：师兄，如果撇开流量，您会不会觉得争议对自身有伤害？

黎：完全不会。我觉得这个世界应该有各种各样的声音，有争议太正常了。

周：假如是价值观上的争议呢？

黎：如果我今天做了一个片子，自己没有意识到道德瑕疵，做了不好的引导，我会很自责。但我不认为《北图》有这样的问题。如果你问我，现在做这份职业的意义是什么，尤其是拍摄服务广大观众的商品性的剧，我希望在剧里有一些趋向美好的、正向的内容，能够在夹缝里找到一些表达的空间和可能性。它不一定是特别宏观的主题，也许只是主人公很小的一个行为习惯或某一件小事的选择，这些在我看来也是有意义的。

周：师兄感受到一夜成名后，所有项目一下子涌过来的感觉吗？

黎：有。那段时间我大量地看剧本，基本上每天都在见人。我发现这样下去不行，就开始闭关。后来我看到一部小说，就签了这部小说来改编。因为小说作者在美国，片方当时答应我，如果需要，就飞去美国和编剧弄剧本。我答应了，当时就想逃离一段时间。

陈：《北图》之后，有很多类似项目来找您。您已经站在女性题材的创作赛道了，但好像又被限定在女性题材里。您有什么想在女性题材创作中做的突破吗？

黎：我不太希望总是重复同一题材，比如拍了《二十不惑》和《机智的上半场》[1]，现在就不太想再拍女性题材的群像戏了。之后拍的《问心》[2]是一部

---

① 《机智的上半场》是2021年由黎志执导、刘博文联合执导的剧集。

② 《问心》是2023年由黎志执导的剧集。

医疗题材剧，接下来要拍的是一个家庭成长、青春、有点怀旧色彩的剧。它们从不同领域讲故事，但不变的是现实视角。

但实话讲，突破很难。以我现在的工作密度，基本上几个月就要开一部新剧，有点儿被掏空。我已经签了柠萌影业，也跟柠萌说了停一停。我需要一些空间填充自己，这是我对于目前这个阶段的认知。

陈：《他乡》也是女性群像戏，师兄在这部剧里做监制，以后有转型做监制的打算吗？怎么看待监制的身份？

黎：谈不上转型。前面说了，这个项目是之前在搜狐的同事邀我参与的，我对这个项目也喜欢。当时李漠①导演还没有进来，我就作为创作方的代表，和制片人一起去平台过会，聊了聊打算怎么做这个项目。

我比较认可黄建新导演在监制上的定位，我们也聊过这件事。建新导演觉得监制是导演和片方中间的桥梁，要保护导演，确保导演的创作风格和思路，但有时候导演和制片方容易发生分歧。所以监制既要有导演思维，又要有制片思维。监制需要知道导演为什么这么选择，同时能理解制片方的难处，找一个方法把两方协调在一起。另外，监制要从创作资源方面帮助年轻导演完成一些创作的可能性，找到好的合作方。在创作过程中，从监制的角度提出建议和想法。还有一点是发挥更现实的作用，比如我代表《他乡》的制作方和湖南卫视聊。但我觉得更重要的是建新导演所讲的"桥梁"作用。

陈：我们感觉，师兄的剧集似乎都在探讨放荡不羁和平平淡淡这两种人生选择，《北图》的主人公就陷入两种人生选择之中。师兄对这两种人生态度有什么体会？

黎：我比较随遇而安，命运的波澜把我推到哪里，我就走到哪里，只是

---

① 李漠，导演，执导剧集《我在他乡挺好的》《买定离手我爱你》《三悦有了新工作》《装腔启示录》。《我在他乡挺好的》获得第31届中国电视金鹰奖优秀电视剧、2021年国家广播电视总局年度优秀海外传播作品等提名。

我会认真地面对每一波浪潮。这两种人生无关对错，《他乡》也在讲这件事，选择哪种都可以，但重点是你要能够享受你选择的人生，并为此努力。如果要过平淡的田园人生，我觉得也可以。我的姐姐妹妹在重庆，我觉得她们很幸福。我相信她们也有困境，可能也会望一下我在北京的人生。

我不知道我现在过的算是平淡的人生，还是要去追逐的人生。我在拍摄所有项目的过程中，努力过简单的生活。在这个行业工作，几乎没有个人时间。我正在做《问心》的后期，后面的项目马上要开机。一边在机房，一边是下一个项目的筹备会；一边不停地要我审片、提修改意见，一边马上要改剧本……各种工作永远交织着，我能做的就是尽可能享受这样的生活。我前段时间悄悄溜出国一趟，当然也带着工作一起，换了一个地方看剧本和审片，但是心情不一样了。我觉得过哪种人生都可以，但是要在自己选择的人生中找到享受的点，不然怎么都不会快乐和专注的。

陈：师兄，您毕业十四年了。现在再看学生时期的电影理想，您觉得有什么变化？

黎：我变得更入世了，在这个行业里做了很多快销产品。对我来说，电视剧更具有商品属性。你要服务广大观众，希望有更庞大的观众群体，相对来讲更加宽泛。这和我最初对影视的认知相比，是有一些区别的。现在我经常听到的是数据或平台的流量。我上一部电影《以年为单位的恋爱》也是商业片，也是希望有更商业的面貌、更卖座，作者的表达是藏在后面的。

陈：您有什么想对我们的读者分享的吗？

黎：我觉得这个行业挺丰富的，虽然很累，但是你的想法一点点被实现的那种快感，真的很吸引人，大家在学习过程中应该窥见了一些。可是当有一天真的可以调动一些专业资源，那个时候的幸福感蛮强的，要不然是支撑不了这个行业的人这么不舍昼夜地付出的。

黎志采访手记

陈欣玮

黎志导演有很多出名的作品，也和圈内许多知名演员有过合作，但他在采访时完全没有大导演的"架子"，非常热情地迎接了我们。他从小冰箱里拿出咖啡，桌子上也摆满了各种饮品，访谈在这样的环境中自然地展开了。

黎志导演在"半夏"获得了两项大奖。我们播放当时获奖的片段时，他发出了惊讶和兴奋的感叹。看完获奖片段之后，他回想起自己的职业历程，与我们分享了他的工作经历和职业选择。

我们一直很好奇，他是如何走上现在的职业道路的。他谈到自己在搜狐的工作经历，与许多同事结下了友谊。离职之后，当时的同事还把他引荐给了一些项目的相关负责人。黎志导演大方地分享他与演员达成合作的经验，提到了他拍摄《意外的恋爱时光》前说服演员参演的过程，真挚与用心是导演与演员之间达成合作的最好方式。

黎志导演并不在意外界的评论与争议。他说，争议更多来自认知与理解的差异，但是从话题度来看，争议甚至有利于导演的职业发展。但如果作品的争议给观众带来负面影响，他会感到愧疚。

黎志导演的许多作品都以女性视角展开。他在拍摄的时候并没有意识到这点，当他回忆过往，想起了童年时期与家中女性长辈相处的情景，才感觉不经意间受到了影响。

受到采访时长的限制，关于黎志导演的人生选择、激荡与平淡的生活两部分在采访中未能完全展开，留下了些许遗憾。

2011年 · 第9届

仇晟：
电影是一个关于秘密的秘密

采 访 人：陈宇舟、陈欣玮

采访策划：陈欣玮、周亚男

采访时间：2023年5月22日

采访时长：4小时

采访地点：中国传媒大学梧桐书屋

文稿整理：周亚男、陈欣玮

▶ 个人简介

仇晟，1989年生于浙江杭州，现为导演、编剧。本科就读于清华大学生物医学工程专业，研究生毕业于香港浸会大学电影制作专业。执导剧情短片《中国故事》、剧情短片《高芙镇》、剧情片《郊区的鸟》《比如父子》等影片。实验短片《中国故事》曾获第九届"半夏的纪念"最佳实验短片奖，剧情片《郊区的鸟》曾获第12届FIRST青年电影展最佳剧情片奖等诸多奖项。

▶ 作品年表

2011年	剧情短片《中国故事》/导演、编剧等
2014年	剧情短片《冬日的凝视》/导演、编剧
2015年	剧情短片《高芙镇》/ 导演、编剧等
	剧情短片《午餐》/导演、编剧
	剧情短片《海防阿仔》/导演、编剧
2016年	剧情短片《雷电》/ 导演、编剧
2018年	剧情短片《关于他们的一些事》/摄影
2019年	剧情片《郊区的鸟》/导演、编剧
2021年	剧情短片《不会说话的爱情》/导演
	剧情短片《生命之歌》/导演
2025年	剧情片《比如父子》/编剧、导演

神秘角落，潜望远方

陈：你对影像最初的热爱是什么时候产生的？

仇：最早应该是在高中，大约2008年。那时高考复习比较无聊，我所在的杭州外国语高中比较偏僻，当时周末不回家，就在学校对面的音像店里买DVD，基本上看封面凭直觉选，然后用教室的电脑和投影仪放。那时看了一些希区柯克、大卫·林奇、格斯·范·桑特导演的电影，慢慢地，我就喜欢上了电影。

陈：其中印象比较深刻的是哪一部？

仇： 格斯·范·桑特导演的《我自己的爱达荷》①。主角回忆他童年时家乡的一条大河，在河中间，鱼不断跃出水面，童年的他躺在妈妈的膝头，看到一座农村的小屋。这些非常感官性的影像侵入我脑子里，让我感到非常震撼。

陈： 这部电影给人一种孤独的感觉，你在那个年纪为什么会对孤独感有这么强的感受？

仇： 可能是因为我的童年也比较孤独。有一段时间我跟父母一起居住，但因为父亲会家暴，当父母发生争吵时，我就跑到家外面，一个人度过很多时光。后来跟外公外婆生活，他们对我挺关照的，但因为存在代沟，我很多时候仍是一个人度过的，自己跟自己玩游戏，电影里的很多点都让我有很深的共鸣。

陈： 杭州作为你的家乡，有没有对你的影像表达产生一些影响？

仇： 杭州的地理环境和社会结构都对我的创作产生了比较大的影响。杭州是一个水网密布的城市，有运河、西湖、钱塘江、西溪湿地。水意味着一种流动感，从此处到彼处都好像有一些隐秘的水系勾连，带来一种神秘感。因此，我也会拍摄都市中一些比较神秘的角落。

陈： 你读高中时有没有想参加艺考？

仇： 我身边选择艺考的人比较少，当时没有艺考的概念，直到高考前我还跟老师打听怎样才可以去学电影。他们告诉我要艺考，但已经完全来不及了。当时就想，为什么没有人提前告诉我艺考这条路。那时人生的选择好像就是要不文科、要不理科，没有别的选择，最后我只能去参加理科高考。

陈： 有没有可能是因为你的成绩一直太优秀，所以不会提前知道艺考的路？父母和老师甚至可能会对艺考持反对意见。

仇： 对，我当时差不多年级前十，提到艺考时父母和老师都不支持，老

---

① 《我自己的爱达荷》是格斯·范·桑特导演作品，该片获第48届威尼斯电影节主竞赛单元金狮奖提名。

师也指望我去给学校争取好名次。

陈：你本科时加入了清华大学的电影协会，还记得当时的情况吗？

仇：社团招新日那天我就奔着电影协会去了。我们电影协会叫清华大学影视欣赏与评论协会，叫这个名字是因为理论上清华不让我们组织电影拍摄活动，可能是怕我们分心，还有就是我们学校也没有正儿八经的影视系。

我们协会在清华大学图书馆一个很老的放映厅里放映电影，协会里有两三个骨灰级影迷。有人大概看了一万部电影，经常给我推荐好片，让我大开眼界。参加了几次活动后，他们开始让我主持一些映后活动，带领大家讨论。大一下半学期，协会会长突然问我想不想当会长，在清华当会长一般都是大三、大四的事情，大一当会长很少见。但这个会长要考研，顾不上协会的活动，我想了想后还是答应了，从大一下半学期开始做会长，扩大协会规模，做很多活动，就这样做了一年半。我大二时很多时候都是以协会为重，等到快期末才临时抱佛脚来照顾本专业学习，处于很忙碌的状态。

陈：你到清华大学后曾在神经科学实验室工作，还提到脑电信号可以发展到反映人脑思维的图像，呈现出类似电影的感觉。你后来还关注这种科技手段吗？

仇：当时在我们学校，脑机接口慢慢成为一门显学。不过当时的科技水平还比较低，通过脑机接口可以接收人脑的电信号，但怎么翻译它还是一个比较大的问题。后来看到埃隆·马斯克开始做脑机接口研究，技术不断推进，可能不远的将来，就可以把人脑的信号读解出来，比如翻译出你想象的或梦到的画面，但不一定那么清楚精确。我觉得它可能会搅动一下影视的生产和创作，让人们看到大脑真正的视觉是怎样的，或者大脑是怎么连接一个个视觉事件的，可能有一些意想不到的蒙太奇效果。但这本身是把一根管子插到脑子里读取思想的行为，它有被滥用的危险，如果被滥用，则会变成《美丽新世界》中的那样。

陈：你现在还能回忆起你本科在"半夏"投的《中国故事》^①吗？

仇：其实这部片子很简单，带点寓言的性质。故事是这样的：一个人为了进入无头国，把自己照片上所有的头都剪掉，用一张没有头的照片来作他的证件。他进入无头国后碰见其他人，他们给他的身体安了五官。后来他跟几个无头国的人一起放哨时突然想抽烟，拿一根吸管插进自己的衣服里，用吸管吸烟，像一个潜艇伸出来的潜望镜。

陈：知道自己获奖后是什么心情？

仇：我其实挺惊讶的，因为这是我第一部影像作品。作为医学院的学生，我去旁听了清华大学新闻学院一门纪录片课，课上有一项作业需要交一个不限题材的几分钟的影像作品，我就自编自导自演，并在新闻学院雷建军老师的鼓励下投了"半夏"。当时"半夏"叫我来参加颁奖典礼，我以为只是走个过场，没想到获奖了。

陈：在"半夏"获得的认可对你的职业发展有影响吗？

仇：我觉得影响很大。那时我在清华医学院念生物医学工程专业，还没想好接下来怎么发展。有一个想法是去美国读生物医学工程博士，但另一个想法是去拍电影。抱着试试看的态度拍了短片，没想到获奖了，我就觉得自己可能有天赋，于是开始更多地拍短片，在本科时拍了三四部短片，有两部是课程作业，有一部是为了报考浸会大学专门拍的，后来就去香港浸会大学学习电影，走上电影这条路。

陈：你是在什么时候作出去香港浸会大学攻读电影专业这个选择的？

仇：大约是在"半夏"拿奖前后那段时间，我开始慢慢放下本专业学习，开始看要去哪里继续读电影，因为英美学校的学费比较高，考虑到实际情况，

---

① 《中国故事》是2011年由仇晟自导自演自剪的剧情短片，曾获第九届"半夏的纪念"最佳实验短片奖。

选择了香港。

陈：当时是怎么说服父母的？

仇：我是先斩后奏的，因为我觉得父母肯定没法同意。他们以为我在申报国外的博士，但我其实是在申请香港浸会大学、香港城市大学。等到来年申请季都过了，我说我拿到了两个香港的电影专业的offer，我妈也没有办法，觉得可能读一下总比没读好，还是让我去念了。

繁杂剖面，腾挪创意

陈：香港浸会大学的课程有没有让你对电影产生新的认知？

仇：香港浸会大学的教学跟我想象的很不一样。原来在清华大学读书，不管是本专业还是新闻学院的课，脉络都是比较清晰、偏理论化的，但香港浸会大学的授课方式更像是师徒制教学，每个学期都有不同导演来带一门导演课。每个来上课的导演都会把他拍片的经验策略倾囊相授，但他们讲的内容或上课方式完全不一样。

陈：有哪些导演在香港浸会大学教学？

仇：我们那时主要的几个老师是当年香港新浪潮①的导演。我们系主任叫温文杰，一位香港老摄影师，拍过《黄飞鸿》。还有一位也挺特别的老师——林奕华，是在香港做戏剧的，他上课非常有激情，对我们很多关于电影的呈现提出质疑，并以他的方式把这些颠覆掉。关于什么是好电影、什么是坏电影，他会给予一些自己的意见，比如他个人非常讨厌《这个杀手不太冷》，批

---

① 香港电影新浪潮，指20世纪80年代香港电影运动，它的源起是一班在电视台出身的年轻导演各自开始拍摄风格新颖的电影。

评它是一部软弱无聊的电影，当时在课上引发了挺大的争论。他很喜欢约翰·卡萨维蒂[①]的电影，觉得电影要去揭露一种情感上的真实，我比较认同他的一些美学倾向。

罗启锐的课很重视音乐和画面的美感，特别在意一些抒情性的东西，他的一些观点跟我原有的一些电影观念产生碰撞，从而产生效用。我也想找到表达自己情绪的方式，表达一种激情和愤怒，而他给我的指导刚好让我能找到那种方式。

陈： 可以谈谈香港这座城市对你创作上的影响吗？

仇： 香港是一个特别丰富的城市，一条街上可能同时有好几个时间的剖面，20世纪50、60、70年代的建筑以杂乱方式堆叠在一起，给人一种信息爆炸的感觉。而香港室内空间特别狭窄，必须以一种很有创意的方式去摆摄影机，否则根本找不到位置去放它。我在香港上了一堂很有价值的电影课，它甚至影响了我怎样装修租来的房子，那时我跟两个朋友租了一个三室一厅的住宅。说是三室一厅，实际上只有55平方米，很小。在香港租的房子一般不带任何家具，我花了一个夏天在各处搜罗家具，有些是在论坛上收的二手家具，有些是去商场买的。有时买了沙发，但家里太小根本放不下，有时买了床，可能要拆掉一边的板才能放进去。我就在这样的翻转腾挪中，慢慢体会到空间的感觉，学会怎样做空间上的调度，合理安排空间。

陈： 你读研时做过其他工种吗？除了导演，你最喜欢哪个岗位？

仇： 我们从第二年开始分成导演班、编剧班和动画班，但第一年是不分的，要轮岗去做不同职位的工作，我可能最喜欢摄影。我觉得轮岗这事还挺有必要的，体验过演员的心境和摄影的角度，自己执导时对影片的把控会更

---

① 约翰·卡萨维蒂，导演、编剧、演员等，创下了同一人曾入围奥斯卡最佳导演、编剧、男主角、男配角等众多奖项的纪录，代表作品有《影子》《面孔》等。

好一些。

我研究生二年级时还做过陈果①的剪辑助理，在香港拍《那夜凌晨，我坐上了旺角开往大埔的红VAN》。这算是我第二次跟成熟剧组。

陈：第一次跟成熟剧组是本科时去《无问西东》剧组？你当时作为非科班的学生进组是什么感受？

仇：对，那是第一次，有点像一个局外人。我进组时剧组在等演员档期，没有实际在拍。影片中的西南联大的场景在昆明边上一个小村子里，还有一个20世纪20年代的空军基地场景，几个景都在建设中。我要做的事就是跟西西弗斯一样，在野外高原吹着风，每天到同一个地方，挖一个坑，标注出三脚架放的位置，摆下机器去拍摄那个景的建设进度。当时其实会有无意义感，有时第二天有卡车开过，我辛苦做下的标记就没了，我又得根据前一天的拍摄内容重新找到那个点。但这种重复枯燥的动作确实又是这个剧组必需的，他们到最后想做成"景一层层地往上搭，慢慢变化"的感觉。

跟剧组以及李芳芳②导演的接触主要在导演的办公室，每天开会讨论后面美术及拍摄的方案。我对李芳芳导演很有敬意，她会很严格地把控每个细节。比如服装通过化学方式做旧不够自然，她就给我们每人发了军服，每天穿着慢慢做旧，抠道具和服装的细节。

陈：你对《无问西东》这种工业化模式的剧组有什么感受？

仇：一方面，它有让我向往的东西——导演跟主创在一个房子里不断讨论，一起看《西部往事》这类经典电影学习，我很喜欢这种像学校的氛围；另一方面，在等演员档期或景的搭建迟迟没有达到理想进度时的那种无力感，

---

① 陈果，导演、编剧。曾执导《香港有个荷里活》《那夜凌晨，我坐上了旺角开往大埔的红VAN》《三夫》等多部影片，第22届香港电影金像奖最佳导演奖等诸多奖项。

② 李芳芳，导演、编剧、作家，曾出版散文集《十七岁不哭》，自编自导剧情电影《无问西东》等。

也让我有所恐惧。这么大一个剧组，不管你再怎么控制得当，总有一些东西无力控制。

陈：第二次跟成熟剧组，做陈果导演的剪辑助理时有什么收获？

仇：陈果的剧组是另一种感觉——人数比较少，大概三四十人；行动非常高效，多机位拍摄，最多时四台机器同时拍摄，素材量非常大。我的基本工作是每天把素材收回来，把声音和画面同步合板后整理，再交给陈果导演，由他自己来剪辑。看素材时我会很混乱，但他介入剪辑后，那些素材就慢慢成形了。他是一个会拼命抓住更多东西的导演，有办法在后期剪辑时把那些看着比较杂乱的素材理出一条脉络。

陈：你觉得《无问西东》的工业化模式和这种小剧组的制作模式相比，哪个更适合自己？

仇：小剧组方式可能更适合我，也更适合香港。香港空间小，剧组安不下那么多人。我觉得这也是一种很有激情的拍摄方式，不一定要把每件事都计划得特别好，很多东西是要随机抓的，导演也比较倾向在现场即兴发挥。

酝酿秘密，构建真实

陈：《高芙镇》[①]**是你的研究生毕业作品，当初是如何构想的？**

仇：《高芙镇》跟我在《无问西东》的经历很有关系，它拍的村子是我当时在《无问西东》剧组待的那个村。那儿除了电影的景外，还有一个巨大的高尔夫球场。这个村子非常贫穷，当时都还没有通热水，但高尔夫球场却很

---

① 《高芙镇》是2015年由仇晟执导的剧情短片，该片曾入围第十二届华语青年影像论坛剧情短片奖。

豪华。在这种强烈的对比下，我觉得这个地方有一些特别的味道，心里一直念着这个村子。后来我就回到这里拍了这部片子。

陈：**你们拍摄毕业作品时，学校提供资金和设备吗？**

仇：我们学校比较寒酸，只提供设备。灯光不方便从香港带到昆明，所以只带了很少量的小灯去，其他的都是在当地租用。钱的话，那段时间家里给了一些，我打工攒了一些，在学校只有拍完后评选上优秀作品，才可以拿到一些奖励。

陈：**你对这部作品的整体定位是怎样的？**

仇：我当时考虑了很久，也有别的故事在心里酝酿。第一，这个故事本身对我来说是神秘的，我想通过这部作品搞清楚这个村子和高尔夫球场之间究竟是什么关系。第二，我觉得片子里可以做一些技术上有挑战性的东西，比如尝试一些大的外景拍摄、小的内景拍摄。不过片子拍完后争议比较大。

陈：**观众有哪些喜欢的和不喜欢的点？**

仇：观众比较喜欢总体上的氛围，也比较喜欢用照片来揭示真相的形式；不太喜欢的观众可能是觉得故事找不到重点，因为悬念没有揭开，也有一些观众对表演存疑。

陈：**这部片子在氛围上是不是有对标作品？**

仇：当时看了好几遍《白丝带》，里面那种平静中潜藏的汹涌的恶的氛围给我特别大的冲击。我也试图在《高芙镇》里制造这种感觉——看上去贫瘠的一个村子，有很多潜藏的恶。

陈：**你如何理解由照片影像捕捉和构建的真实？**

仇：这其实是种主观架构出来的真实，主角通过自己的推敲和想象在照片之间建立了一种新的联系，像蒙太奇一样，在某种程度上陷入了自己的想象，而不相信演员扮演的角色。

陈：**刚才说到很多观众觉得抓不着重点，你是有意识地去追求这种多义**

性表达吗？

仇：我觉得是的。我最近看到摄影师黛安·阿勃斯说的一句话，"照片是一个关于秘密的秘密，照片里说得越多，观众对这个秘密知道得就越少"。我觉得电影也是一个关于秘密的秘密，我得承认事情背后可能没有真相，或它的真相不那么易得。接下来，我再围绕着这个没有真相的局面构筑故事，这个故事的含义或真相可能就不能够通过一句话表达出来。我希望在能力范围内尽力地去探求一个真相或尽力地去接近这个秘密。但具体能走到哪儿，我觉得是走到哪儿就算哪儿。我也不喜欢去拍已知的东西，再通过一些手法把它包装起来，一点点吐给观众。我觉得这种方法不道德，也没有意思。我想拍一个未知的东西，然后通过叙事把我探索的过程展露出来。

原力牵引，步履不停

陈：拍完《高芙镇》后，你是如何选择工作的？

仇：2015年我拍完《高芙镇》后，先去王家卫导演的《摆渡人》剧组做了一段时间实习场记。最初的想法是留在香港做导演，先接一些活，再争取拍自己的电影。我大概在香港待了3个月，接了一个短剧、一个广告，觉得能接到的工作在剧本、演员等方面的质量太差了，而且一些电影的拍摄机会倾向当地人，所以决定回杭州。

陈：回到杭州后，身边人是如何看待你的选择的？作为清华大学毕业生，你有没有压力？

仇：我回到杭州后，先在我中学同学的广告公司里工作，接拍一些地方政府宣传片。我当时待在杭州感觉挺窒息的，我确实想做电影，但却一直在做宣传片广告，所以一有机会就往外跑，去剧组实习。压力方面，主要还是自己给自己压力。

　　陈：你是回杭州多久后去的王家卫的剧组？有什么收获？

　　仇：应该没多久，但在剧组没待太长时间。感觉王导确实是一个"诡计多端"的导演，他会用各种办法诱导演员达到最好的表演状态。那时我们在拍一位年轻演员，但他的表演状态一直不是很到位，王导就突然来了兴致，说放一点K-pop，让他跳一支街舞，他变得很兴奋，跳了五六条。我问王导这是哪场戏，王导说没有这场戏，只是让他找状态，当天他的表演状态果然好了一些。

　　陈：大家都知道王导没有分镜，你在剧组有困惑吗？

　　仇：我做他的场记时确实感到非常艰难。有一场戏一连拍了五天，第一天拍了八九个镜头，我以为拍完了，结果第二天还是拍同一场戏，但分镜完全变了，又拍了七八个镜头，第三天、第四天又分别换了一种。后来我都没法给镜头号，但他自己对镜头还是很有数的，试着剪辑时，他记得第二天拍了什么镜头、第五天拍了什么镜头，把那两个镜头接在一起。不过这种拍法非常奢侈，很难学，是他自己一遍遍地迭代，找到最合适的分镜方法和拍法。

　　陈：你在去FIRST训练营①之前都在做些什么呢？

　　仇：那段时间在苦逼地干广告。我记得当时有一个宣传片，我自作主张地在里面加了一个动画段落，也算一个比较创新的方式。但那个段落被甲方批得一无是处，他们觉得太杂糅了，不接受，我们在动画上花的钱也白花了。之后这个项目的成本控制也出现了问题，一大堆烦心事接踵而至。后来有一天，我在家里洗澡，感觉好像这辈子是不是就这样了，做不成什么事情，就

---

① FIRST电影人训练营，是面向全球华语创作者的电影制作公共培育项目，旨在极限的创作条件中，提倡"动手的乐趣"，从导演、剧作、制片、表演、摄影、美术、声音、剪辑等创作阶段给予实践拍摄指导，希冀从不同维度打造区别于传统学院教育的沃土，以期给新生代电影人以别样的养分供给。

突然喘不过气，花洒还一直在喷水，我用了十几分钟才缓过来。那天后，我就下定决心离开杭州，想办法到北京。碰巧，我的中学同学看出我在广告公司做得不开心，他想二次创业。所以我2016年8月去完FIRST训练营后搬来北京，和他还有另一个朋友一起做了个电影公司。

陈：你们创业时对公司的定位是什么？

仇：最开始比较天真，想商业、艺术两条腿一起走——开发文艺片《郊区的鸟》①，同时开发网大（网络大电影）、网剧。但这个公司到倒闭也只做了《郊区的鸟》，没做成别的。当时公司基本上就我们三个人，鲸书负责制片，我那个同学负责总运营，之后又招了一个策划、一个导演。但我们在业界的人脉、资源比较少，做不成太多事。当时我们也开发了几个剧本，我做创意，跟公司招的编剧一起写，有悬疑、喜剧，还有科幻喜剧，但可能还没有能力把它们真正变成商业项目。

陈：商业让你感到的最难的是什么？

仇：完全是自说自话。没有跟演员谈过，跟腾讯、爱奇艺那些平台也没有特别紧密的连接，开发出来不知道该递给谁，也不知道应该先码演员还是怎样，处在一个只顾埋头生产的状态。

语言隐秘，挑战大胆

陈：《郊区的鸟》的拍摄契机是什么？

仇：2016年，我在FIRST训练营期间写下了《郊区的鸟》大纲。那时，

---

① 《郊区的鸟》是2018年由仇晟执导的剧情片，曾获第12届FIRST青年电影展最佳剧情片奖，第71届洛迦诺国际电影节当代电影人单元金豹奖提名等。

王通在写《天河日夜》梗概，投递金马创投。我当时对创投不了解，就问了他。通哥给我介绍后，我说："啊，那行，我也要报。"于是我连夜开始想，看了看我之前写过的几篇小说，是关于我成长过程中一些郊区的野孩子的故事，接着把小说里的人物糅合起来，写了《郊区的鸟》梗概，投了创投。那些野孩子指的是我的小学同学，大家背景各不相同。虽然群体不同、冲突很多，但总体处在有福同享、有难同当的状态里。这些小说是2015年底到2016年上半年写的，那时我回到杭州，在童年生活的地方转了转，发现物是人非，全部被改造了，觉得有点失落，于是写了小说。而且当时在杭州也挺孤独的，很多朋友都在国外，很少有同龄的好朋友，所以更会怀念童年那种逝去的乐园的感觉。我在片子里表达的也是这个感受，童年是充满美好的，但所有的分离和破碎都开始酝酿。

陈：你是怎么想到片中这种双线结构的，或者说科幻片这种叙事的？

仇：那段时间，我对童年的部分很有感觉，但我又觉得只写童年，这个片子可能太甜美、太沉溺了，就想拿什么东西来平衡一下。恰好那时杭州为了迎接亚运会在大兴土木，基本上每隔一段距离就在建一个地铁站。建地铁站的周边有很多拿着尺子、水平仪做测量的人员一路沉默地走来走去，我长时间观察他们后，觉得他们的生活很有意思。所以我想这个故事时，就假设其中一个小孩长大后成了测量员，又回到了这片故土，他会怎么丈量这片土地，怎样找回自己的记忆。

当时还有一个灵感来源是卡夫卡的小说《城堡》。我很喜欢这个小说，《城堡》的主人公K也是测量员，他那个感觉跟我想要拍的测量员的感觉很像，所以我就把K的一部分东西放到主角身上。

陈：在FIRST训练营有了这个想法、写了剧本后，资金问题是怎么解决的？

仇：我们公司本身有资方投资，也通过创投找外部资金。当时去了吴天明基金创投①、北京电影节创投等，一路找资金，但找资金的过程很不顺利，一直到2017年6月才找到第一笔外部资金，开始筹备。

陈： 你在参加创投时是怎么向他们介绍这部片子的？

仇： 其实我在创投面临一件很困难的事情——这个故事非常难讲。我只能模糊地跟他们说"夏昊②在做工程测量，然后地面沉降了，最后他发现地面的沉降跟童年伙伴的失踪联系在一起"，至于怎么联系在一起的，其实影片没有给具体答案，我也讲不出来。所以虽然创投时很多人对这个故事挺感兴趣，但也不太能进入这个故事。

可能对于这部电影来说，它的影像比文字易懂一些，影像里可以看到地下水的泄漏、童年时水桶的泄漏，那些水是实实在在看得到的。但我很难通过口头表达明白。

陈： 参加这些创投时有什么收获吗？

仇： 好像也没有，不过我们确实在参加创投时找到重要的合作伙伴——台湾的监制黄茂昌。后面我们找李淳③做男主，国际发行的相关事务都是他在操办。最后是鲸书找到了第一笔资金。

陈： 方便说第一笔资金的金额吗？

仇： 大概找到了120万作为启动资金，我们才开始有胆子去进行一些前期筹备工作。第二笔钱一直到开机后才有，我们靠第一笔钱和公司原有的一些资金撑到了开机。开机前后，黄茂昌向李亮文④推荐了我的剧本，他很喜欢，

---

① 吴天明青年电影专项基金，始创于2014年，是中国电影基金会下设的支持青年电影事业的公益基金。基金继承吴天明导演毕生为中国电影拼搏与奉献的执着精神，搭设公益服务平台和青年电影人才培育平台，开展电影专项评选和奖励活动，扶持和推介具有较大发展潜力的青年电影项目，提升中国电影新生力量的影响力。

② 夏昊，《郊区的鸟》男主角名称。

③ 李淳，演员，曾参演电影《比利·林恩的中场战事》《乘风破浪》等。

④ 李亮文，编剧、制片人，主要作品有《笔仙》《滚蛋吧！肿瘤君》《忠犬八公》《八月》等。

就派人来现场看我们拍摄，想看我们靠不靠谱，看见我们一切都还算有条不紊地运转着，他就把钱打过来了。相当于我们在现场经历了一场面试。

陈：除了资金，你还有什么样的压力？

仇：当时想尝试一个比较特别的拍法——用变焦的方式拍摄。背后逻辑主要是用镜头模仿测量仪器的视觉。因为测量仪器是被三脚架立在地上的，它可以转动、变焦、推远、推近，但移动不了。我想在"以机器之眼看人类世界"中，制造一些给人以落差甚至幽默的东西。

但当时不是特别有把握，所以有点焦虑。我的摄影也很焦虑，他觉得这个有点像是在瞎胡闹，不像拍电影，觉得在不断的变焦中找不到节奏。我就鼓励他随性地去耍，凭直觉拍，他后来就慢慢地找到了节奏。

陈：你还会对艺术创作中其他的不确定性感到惶恐吗？

仇：我当时对如何与演员相处有一些不确定。好在我事先跟李淳、黄璐已经比较熟了，但和其他演员不太熟。我就得思考怎样去找到他们表演的调调，因为在这部片里，我要的表演不是那种纯粹自然的表演，也不是那种很类型的表演，有时需要他们稍微卡通一点，有时又需要他们尽可能自然，试图找到自然跟卡通之间的那个小小的平衡点。演夏昊同事的那几名演员资历比较深，对我的拍法以及指导演员的方式产生过疑问，觉得我导戏比较奇怪。他们可能找不到那种介于自然和卡通之间的感觉，会质疑我在这个方面到底想怎么拍。

陈：刚好聊到演员，可以分享一下令您印象深刻的选演员的经历吗？

仇：选小演员的过程比较有趣。我们当时在杭州找了几所学校，先是看长相选出来一批，再进行访谈筛选出来二三十个人。接着，我们给他们办了一个暑期夏令营，让他们学表演、唱跳，一起做游戏。在这个过程中观察谁最适合、谁有最大的潜力。最终选出6个主演和其他几个配角。虽然花了不少时间，但有一个特别大的好处——开拍前这6个人已经是好朋友了，建立了类似剧本里的关系，所以表演时的互动会很自然。

但后面和小演员实拍时，还会遇到拍孩子的那些常规性困难。孩子比较容易失去注意力，拍了几条后容易没耐心，演一些特别情节性的，比如哭或什么的，他们也不大演得出来，需要慢慢去培养和激发。所以总拍小孩子还是挺累的，有时就得换一种情景，把初始的条件都改一改，让他们再来可能就可以。

陈：你前面说在《无问西东》剧组时有无力感，拍《郊区的鸟》时有这种无力感吗？

仇：这部片子倒还好。只能说当孩子不听指挥时，有特别疲劳的感觉，也还算能克服。但当时有个隧道的问题，完全不可控。因为我们想拍一条真的地铁隧道，得等那条地铁隧道挖通，但他们在挖的过程中遇到了比较硬的岩层，一直挖不过去。我们杀青的日子快到了，原定的拍隧道的日子却一推再推，我们每天除了关注拍摄进度，还要关注挖地铁的进度，整天给地铁的工程师打电话。最后是在杀青的前一天，隧道挖通的当天晚上我们赶紧进去拍。

陈：这部片子很多地方运用了杭州方言，之前《高芙镇》也用了当地的方言。你是倾向用这种本土化的气息来体现电影特质吗？

仇：方言对我来说代表了一种秘密，它是一种隐秘的语言，只有一部分人才能听得懂，其他人听不懂，就像我片子里的小孩子们，他们之间也有很多大人们不了解的小秘密。我自己始终觉得普通话表达情感能力很弱，它的感叹词、虚词都很少，说普通话时总感觉硬邦邦的。

陈：《郊区的鸟》当时延期上映是面临了什么情况？

仇：2018年，《郊区的鸟》在FIRST得奖，计划在2019年8月31日上映。当时对票房的预期比较高，所以当这个档期涌进了其他几部影片时，我们觉得票房抢不过人家，决定先撤了。但撤了后遇上疫情，就等到2021年再上。确实过了太久，那时我对票房也不抱什么期待了。

陈：最终收获的50万票房对你来说打击大吗？

仇：其实还好，我原来想票房是否能到100万，但在发现前几天的排片非常少后，就觉得100万肯定是不可能了。我能做的也就只有尽全力去跑一些不同的城市，跟观众多交流。我路演的路费都是当地观众支付的，相当于他们众筹一场放映，用其中的一些钱来支付我的路费和旅费，属于众筹式路演。不然正常的话，应该是宣发公司支付经费。

陈：**这部片子走完制作、上映等流程，你对自己在商业和艺术创作上有什么新的思考？**

仇：首先对于这部片的拍摄方式，我没有一点后悔，我觉得就应该这样拍，那时的自己也确实有这个冲劲。但回过头来想，可能应该用更低成本去拍，因为我那个拍法适合更低成本的方式。到现在第二部片，故事相对通俗很多，但视听仍然非常独特，也只有在这种情况下才能去提高成本。

陈：**是为了回本吗？**

仇：对，要对资方负责。因为下一部成本提高了，所以应该和观众做更多勾连。可能我自己的心境也有一些改变，变得更有信心了。之前我希望用一种更决绝的态度来展示自己的姿态，但现在我在用一种比较开放的姿态表达自己的想法。

陈：**就是放下对形式感的执拗？**

仇：是对叙事、形式感的一些执拗。但我一直追求的都不是那种用于粉饰的、不必要的形式，而是那种必要的、最能贴合表达的形式。不过现在我追求的形式可能更低调一点，但还是有形式感在。

陈：**这个作品作为艺术电影可能离不开电影节这条路，当时投电影节有策略吗？**

仇：首选的当然是戛纳，但戛纳没中。后来洛迦诺[①]和威尼斯的影评人周

---

① 洛迦诺电影节是瑞士举办的国际电影节，也是世界影坛历史最悠久的大型国际电影节之一，国际A类电影节之一。与戛纳国际电影节、威尼斯国际电影节、柏林国际电影节并称"欧洲四大电影节"，素有"电影节王子"的美誉，最高奖项为金豹奖。

都发来了邀请，综合考虑后选择了洛迦诺。当时跟洛迦诺申请能不能7月底先在FIRST放了再去洛迦诺，那边说可以，所以我们实际上是在FIRST首映，8月初再去的洛迦诺。

陈：刚才说同时收到威尼斯和洛迦诺的邀请，那一般可能会选三大电影节之一的威尼斯，为什么你会选择洛迦诺呢？

仇：因为威尼斯影评人周是平行单元，而洛迦诺是竞赛单元，它是评奖的。再有就是之前《路边野餐》①去的也是这个单元，我就觉得这个单元对新人导演的推动力度比较大。

陈：在FIRST首映时有什么感受？

仇：首映其实一片忙乱，那个影厅不是很大，我很多想看片的朋友因为没票进不去，包括王红卫②老师。我特别想把他们带进去看，但影厅以消防安全为重，不让他们进去。来回拉扯至放映半小时后，王红卫老师才得以进入影厅，我自己是一秒钟都没看上。

陈：这应该是你的作品第一次在电影院放映。虽然你没有看，但也有映后交流，那是什么感觉？

仇：映后还挺有意思的，有一个观众站起来说："导演，感觉看你这个片子每一分钟都是在浪费生命。"这是非常严厉的批评，我当时有点慌神，就问左边的黄茂昌，该如何应对。黄茂昌说"你邀请他上映时去电影院再看一遍"。于是我就说："虽然你这次很愤怒，但是我请你上映的时候再去电影院看一遍。"我又问右边的段炼该如何回应，他叫我问一下现场有哪些人有相同的感觉。我问了，发现有七八个人举手，我还挺受伤的，但反正在第一次的

---

① 《路边野餐》是2015年由毕赣执导的剧情片，曾获第68届洛迦诺国际电影节当代电影人单元金豹奖（提名）、当代电影人单元最佳新导演等。

② 王红卫，北京电影学院导演系教授、硕士研究生导师。参与创作的主要作品包括电影《宇宙探索编辑部》《流浪地球》《绿草地》《疯狂的石头》，电视剧《中国式离婚》，等等。

映后活动把赞美和诋毁都收获了。

陈：**但于你自身而言，还是受到打击了，对吗？**

仇：对，包括首映之后豆瓣开分就6点几分，我当时也挺受打击的，因为我心里觉得它可能是一个7点几分的片子，但分数比预期还是低了不少。后来我的制片人就禁止我在影展期间刷豆瓣，先静一静，把这些声音都关掉。

陈：**现在的豆瓣评分是6.3。从评分上看，这对你而言是合格之作吗？**

仇：一开始离我的预期有点远，后来就慢慢接受了，因为我发现我很喜欢的一些影片的评分都是6点几。我自己还建了一个豆列叫"迷之低分"，收藏一些7分以下的但比较好的电影。我看现在大多数戛纳影片的豆瓣评分也都没超过6.5—7这个区间。而且不说这些三大电影节的电影，就说青年导演的作品，首作基本上是6—7分。我看2022年FIRST、平遥电影节的影片也都差不多在这个区间，所以明白这是一个蛮正常的分数。

陈：**FIRST总归算你拿的第一个大奖，在行业内的含金量挺高的。你当时有什么感受吗？**

仇：当时有一种美梦成真的感觉，觉得充满斗志，想继续做电影。

陈：**在洛迦诺，给你印象最深的观众反馈是什么？**

仇：在国外，一些老头老太太还挺喜欢我这个片子的。有一个老太太说我的片子让她想起了她在瑞士的童年，觉得我这部片子应该进主竞赛单元。我在洛迦诺参加的是新秀导演竞赛青年单元，没有拿奖。

陈：**你失望吗？**

仇：在洛迦诺那几天我一直在等组委会的消息。因为如果要颁给你奖项，他会把你留下来，不让你走，但我们一直没接到那个电话，后面我们去问了一下，说确实是没奖，我就一个人去米兰玩了一周散散心。在国外的电影节，你没得奖也可以参加颁奖礼，但不会留你，也只提供你放映的那几天的住宿，在那边住也挺贵的，所以想着还是算了。

陈：你的创作会受这些电影节的评判的影响吗？

仇：现在只能说我的创作在这些电影节获得了一些认可，但它没有改变我的创作方向。在电影节看到的比较新鲜的、同辈的电影会对我有一些新的启发。比如，那年同样参加洛迦诺的一部影片叫《索菲亚园区》，是一部我非常喜欢但拍得很日常的影片，拍的是法国海岸边一个园区里一些孤独的人，但他拍得很有科幻感，那个太阳拍得就像假的，园区好像是被机器人控制了。我对那个氛围很着迷，也想在后续的电影里引入这种科幻感和魅惑感。其实这对我后来做《生命之歌》①产生了影响。

陈：《郊区的鸟》做完后，你在2018年就开始写《比如父子》的剧本吗？可以简单分享一下这部新片吗？

仇：对，已经开始好多年了。《比如父子》讲述了一个父子间横跨20年的纠缠与羁绊的故事，带点科幻元素。人物算是以我父亲为蓝本，我希望用这部片子去接近自己成长中没太理顺的生活。我父亲过世比较早，对我来说一直是个心结，我想用电影重新去写这段父子关系，对自己做某种净化。这个净化是一种情感上的净化，可能不光是和解，而是经过纠缠、和解等过程后，重新回到一种平静的状态。这也是我个人非常向往的一种创作模式。

陈：从2018年到现在过了5年，是因为外部环境的巨变延缓了项目的融资吗？

仇：对。一方面是外部环境，另一方面是我这个剧本也慢慢地才成形，可能大家对前几稿剧本的接受度不高，后面才慢慢接受。

陈：《比如父子》的融资方式是什么？

仇：创投已经参加得差不多了，现在是几个电影公司在过会，进行内部评议。创投时，大部分电影公司看到过这个项目，但后面还是得通过我的制

---

① 《生命之歌》是2021年由仇晟导演执导的剧情短片，改编自科幻作家王晋康的小说《生命之歌》，该片曾获第24届上海国际电影节金爵奖最佳真人短片。

片人重新找到他们，再把项目递进去。

陈：当时你已经有完整的长片上映了，行业资历比其他创投选手更深一点，这会带来一些优势吗？

仇：它只是介绍过往作品时一个比较亮眼的部分，但创投时大家还是以剧本为主，不怎么看过往经历。

陈：你的困境好像是如何在商业世界里说服对方，这会让你受挫吗？

仇：确实会有很强的无力感。我的第二部片子设计的科幻元素没办法以低成本完成，而且对方觉得艺术片没有那么大的市场。所以虽然我们请到了还不错的演员，但融资一直不太顺利。我也时常想，要不还是改换思路继续用低成本拍摄。但现在还在纠结中。

陈：一直以来你都在做一些创新的尝试，包括你在"半夏"获奖的实验性短片，也包含了和别人不太一样的想法。这是你一直以来的艺术坚持吗？

仇：对，还是想做一些有挑战性的东西，挑战自己，也挑战观众。因为我觉得打动我的片子都比较大胆，所以我也希望我的片子能打动我的观众，不是那种说看了觉得不错，但过两天就忘掉的片子，而是能长久地留在观众脑中的那种。

陈：相对之前的科幻片，你在《比如父子》中想要挑战的是什么？或者说你有参照哪个科幻片的导演，想要突破吗？

仇：可能有点像《皮囊之下》那种极简、神秘的氛围，不会把设定讲得那么清楚，还是追求多义。

陈：你对这本书的读者或有导演梦想的创作者有什么建议？

仇：我自己总结了一个创作规律，也是对新人创作者的一个忠告——勇敢地拍摄自己所爱的东西，或是恐惧的东西。我觉得爱和恐惧是最大的创作来源。你所恐惧的事物往往和你生命中最珍贵的东西相关，它可能会破坏你最珍视的东西或者对你有威胁，但当你拍摄它时，你就会离你的生命内核很近。

仇晟采访手记

陈欣玮

　　见到仇晟导演前，陈宇舟师哥就说，他觉得仇晟导演会比较慢热，我们需要慢慢地挖掘他的故事。在写访谈提纲、看仇晟导演作品时，我就感到一种剖析生命和神秘的慢条斯理感，让我想起余华的《活着》，他们似乎都在用手术刀慢慢地割开压抑的氛围和情感，这应该跟仇晟导演本科的学习和思考有一定关联。采访前，我们尽力让仇导放松下来——围坐在一起吃比萨，和他讨论一些他比较熟悉的导演，但仇导更多时候还是扮演倾听者的角色，我有点担心仇导在正式访谈过程中隐藏自己的情绪。

　　但当访谈正式进行时，仇导很诚恳地与我们分享了他拍摄作品和作出职业选择时的考虑，甚至与我们讲了他职业生涯中的"至暗时刻"。仇导也并不避讳谈论争议，当《郊区的鸟》同时收获好评和差评时，他会深入思考，对过去的辉煌或落魄作出理性的阐释。他还与我们分享他在不同剧组学习到的经历、在不同职业阶段的感受。这一次交流，仇导对我们的坦诚以及他许多哲理性的思考，让我们收获颇丰。

2011年 · 第9届

杜光玮：
不被更多人看到未必是件坏事

采 访 人：王若笑、陈欣玮、杨雅文

采访策划：王若笑、陈欣玮、杨雅文

采访时间：2023年4月23日

采访时长：2小时50分钟

采访地点：中国传媒大学大书房

文稿整理：杨雅文、杨芷萱

▶ 个人简介

　　杜光玮，1994年4月生于北京，剪辑师，美国电影剪辑师工会会员。本科就读于中国传媒大学导演系（剪辑艺术与技术方向），研究生毕业于美国电影学院电影剪辑专业。高中期间导演拍摄的首作《昔夏》受邀在2012年美国CINEQUEST电影节上特别展映；美国电影学院毕业短片《大厨》获得美国学生奥斯卡银奖，并入选国内外数十个电影节；首部院线电影剪辑作品《少年与海》获得釜山国际电影节新浪潮奖提名，并入选多个国内外电影节；电影剪辑作品《寻她》获得2023年上海国际电影节金爵奖主竞赛单元"艺术贡献奖"，《瞧一桥》入围北京国际电影节天坛奖主竞赛单元。

▶ 作品年表

2014年	短片《小男》/剪辑
2018年	网络电影《再见十八班》/剪辑
2019年	短片《正确生活指南》剪辑
	短片《蛾》/剪辑
	短片《大厨》/剪辑
	电影《少年与海》/剪辑、后期总监
	Disney's Launchpad系列/助理剪辑师
2019—2021年	American Murderer、Freedom's Path、Continue、Escape From Black Water等数十部好莱坞电影/DI技术支持、助理剪辑
	美剧 Bring on the Dancing Horses/剪辑
2022年	电影 AboutHim& Her/剪辑指导
2023年	网剧《听见我的声音》/剪辑指导、后期总监
	电影《寻她》/剪辑指导
	电影《瞧一桥》/剪辑指导
	电影《不可能女孩》/剪辑指导

不讨好，更能被欣赏

王：您是什么时候开始对影像感兴趣的？

杜：应该是初中，当时经常看到高中部的人拍英语剧，还把英语剧改编成学生电影。大家觉得这样很棒，能用影像去记录青春或者表达一些东西，所以我们班约定高中时一起拍学生电影。我们还举办过一场班会，把很多个情景剧串联在一起，配上音乐让大家表演。这些小契机让我对影像产生了兴趣。

王：您高中拍摄《昔夏》①**的缘由是什么？**

杜：其实当时是硬性任务。人大附中有学生电影节，高二年级每个班拍一部学生电影参加。那个时候大家都很有表达欲和兴趣，就和朋友们一起拍摄了《昔夏》。后来很多人也因为这个机缘而选择了电影这条路。

王：您既是这部作品的导演，又是摄影和剪辑。其中的哪个工种更吸引您？

杜：肯定是剪辑。进入人大附中校园电视台后，我不太喜欢出镜，就选择了幕后工种，一直做后期剪辑。《昔夏》是我第一次拍叙事电影，一切都很稚嫩，所有理论也好，实践也好，知识来源都只是几本书。拍摄过程中也有很多意想不到的问题，所以影片第一版剪完觉得不太好看，就在想怎么能去拯救这个东西。后来受《和莎莫的500天》②的启发，我就把故事的时空结构整体打乱，重新写了旁白叙述编织故事，最后剪完的效果还不错，大家也都很

---

① 《昔夏》是2011年由杜光玮执导的短片，获得第9届"半夏的纪念"大学生影像展中学生单元提名。

② 《和莎莫的500天》是2009年由马克·韦布执导，约瑟夫·高登-莱维特和佐伊·丹斯切尔等联袂出演的爱情电影。

喜欢。这让我意识到其实后期阶段完全有创造或改写一个故事的可能性，这比纯粹的导演更吸引我。

王：您觉得导演和剪辑的最大区别是什么？

杜：我的感受是一个对外，一个对内。导演要向外跟其他部门沟通，确保头脑中的想法得到有效执行。而剪辑要做到的是无限贴近导演想要表达的故事本身。其实拍摄是一个减分的过程，会遇到各种困难，如果想要的东西实现不了，导演就可能在这个过程中逐渐迷失，忽略掉前期最想表达的东西。但剪辑工作相对来说少了前期的干扰，能以更客观、冷静的视角帮助导演找回最开始的追求。而且我不想和太多人打交道，比较消耗自己的能量，所以我更倾向专注幕后，做我感兴趣的事情，认真做好故事，回归本质。

王：您艺考选择了导演系（剪辑的技术与艺术方向），家里是什么态度？

杜：我们学校的主线还是高考和出国，选择艺考在那时算比较少的，但我家里特别支持。从小到大，我爸妈对我的态度是，只要我确定选择了某个东西，他们就会支持我去学习了解。我一直想做自己喜欢的事情，不想做不在我的兴趣范围内的，或比较枯燥的、重复的工作，我的家人也了解这一点。以前我的兴趣方向是广告，后来才转到电影，他们都很支持，他们唯一的担心是自己对这个行业完全不了解，没法给我任何帮助。

王：《小男》①是2014年的作品，当时你才大二，剪辑手法就已经比较成熟了。从高中到大学，你接片子的标准是什么？

杜：那个是傲谦师哥的毕业作品，他们听说我剪得不错就找了我。当时我的心态是，如果师哥师姐的片子找我剪辑，只要时间允许，能接都会接。因为对我来说，都是在给自己攒经验。他们的毕业作品都是不同的类型的，

---

① 《小男》是2014年由孙傲谦执导的短片，获得金鸡百花电影节学院奖优秀短片奖，第22届北京大学生电影节学生原创影片大赛"温度电影"单元最佳短片奖。

有喜剧、家庭、犯罪等类型，如果不做这些东西，我没有这么多机会练手，也就没有快速成长的机会。后来大三下学期，我决定出国留学，当时并不担心作品的要求，因为所有海外学校要交的作品我都有，也没有专门为了申请而去拍摄其他作品。

王：您本科在中传毕业后选择去美国深造，为什么选择去美国呢？

杜：其实一直都有出国的想法，就是时机问题。高三时，我受邀去美国参加CINEQUEST电影节①。当时电影节负责人来学校交流，校长放了《昔夏》，他们看了挺喜欢的，就邀请我们去特别展映。电影节期间，我在那个小镇上特别开心，所有人都是很纯粹地讨论电影，氛围很好。当时觉得世界还挺大的，在遥远的大洋彼岸说着不同语言的观众也会为你的故事而感动流泪，这种感觉很好。但那时来不及准备出国了，就想等到大学时再看看。

王：您申请美国电影学院（以下简称AFI）②时会考虑迎合美国的观众审美吗？

杜：主要是我也不知道怎么迎合，所以就没有去做这个功课。我当时的想法一个是省事儿，一个是没时间，再一个就是我认为每个人的作品是具有独特性的。我不觉得AFI只能欣赏符合美国审美的东西，反而可能更喜欢多元化的表达。为什么要去讨好别人呢？做好自己的东西，只要自洽，而且言之有物，就会被人欣赏的。想获得的无非就是伯乐的认可而已，对吧？

王：您觉得美国的教学跟国内有什么不一样呢？会学更多的理论还是进行更多实践？

杜：实践更多，理论也不少，但理论也是基于实践的。班里有来自世界

---

① CINEQUEST电影节具有奥斯卡短片单元认证资格，获得CINEQUEST最佳剧情短片奖和最佳动画短片奖的影片拥有奥斯卡金像奖的入围资格。该电影节设有不同阶段学生影片的参赛单元，如大学单元与高中单元。

② 美国电影学院（American Film Institute），简称AFI。

各地的不同声音和思考方式，会在大家的思想碰撞中得到很多启发。但我们学校跟其他学校不太一样，一进去就是魔鬼地狱般的教学方式。刚入学，有一个orientation（迎新会），把每个人的reel（作品集）都放一遍，放完立刻组建第一轮拍摄的团队。从那一刻起，激烈的竞争就开始了。因为如果第一轮cycle（短片训练）片子不好，之后可能越来越组不到好的团队。片子拍完粗剪完之后，老师带着同学们讨论每个片子的剪辑，提出问题并给出解决的建议。在这个过程中，大家能知道自己哪里不足，可以在什么地方进行提升，经过三轮cycle的训练，大家都成长很多，每一轮的反馈都是学习的过程。

我们还有理论教育课程，通过欣赏电影来提升整体的意识，逐步培养大家的审美喜好和对电影的认知，让我们在合作交流的时候能够有共同语言，对事物有更敏锐的判断力。我们系主任每周邀请好莱坞业内人士来跟我们交流，先放一部他的电影，再一起讨论。这种跟业内紧密结合且比较前沿、实际的经验分享非常有帮助，可以说，我在学校得到各种资源的积累。

王：您在AFI的作品《大厨》[①]**也是小组作业的形式吗？**

杜：嗯，是我作为剪辑的毕业作品，由导演、编剧、制片、摄影等不同专业的同学组队完成。我们有一个绿灯会，所有导演都可以提交剧本，学校进行几轮筛选，决定哪些剧本可以过。大家再通过导演编剧们的阐述了解他们大概想做一个什么样的故事，再根据各自的兴趣去谈合作，是一种双向选择。

当时我的判断是我在选人，而不是选故事，从剧本阶段到落地执行，故事最后的走向有可能会很不同，但合作者是不会变的。而且对剪辑来说，导演是要跟我在"小黑屋"里一起待一个月的人，能不能处得来其实更重要。最后三个毕业作品，我选的都是中国导演。

---

① 《大厨》是2019年由源根执导的科幻短片，获得第46届"学生奥斯卡奖"叙事单元美国国内院校银奖等多项国际奖项。

王：《大厨》的制作团队中有不少外国人。拍摄跟中国有关的题材，大家会产生什么摩擦吗？

杜：其实没有太多摩擦，摄影师是菲律宾人，导演、编剧、制片和我都是中国人，美术是华裔，大家对东方文化都是了解和认同的。在故事阶段我们都提出很多建议和想法，从不同专业的视角给予导演、编剧反馈意见。其实第一版剧本就非常打动人了，但很多是无法实际执行的，比如我们的预算支撑不了这么庞大的科幻世界观，所以在故事上需要作出一些妥协和牺牲。在这个过程中，有时候感觉走岔了，大家就给出反馈，帮助导演和编剧进行调整。

王：《大厨》获得学生奥斯卡时有什么感受？这个奖给您带来改变了吗？

杜：我们申请AFI那年，学校刚包揽了"学生奥斯卡"金银铜奖，所以大家刚入校时还开玩笑说，以后努努力，说不定也能拿"学生奥斯卡"，没想到成真了，就感觉挺开心的。因为感觉这是在主流电影节和美国本土都很重要的一个奖项，作为中国人被认可的感觉很好。比较让我们惊喜的是，《大厨》在东西方两种文化中都获得了很高的认可，不仅是国内的观众，外国观众也非常喜欢这部作品。

改变就是所有人都知道了《大厨》，也知道了作为剪辑师的我。作为一个毕业作品而言，《大厨》传递出来的情感内核，它的制作水准、故事内容、科幻元素，在当时都算是一个小标杆。大家很认可这部短片，也很认可团队成员在这个作品上付出的努力。有很多人看了片子后想认识我或者跟我合作，也有人冲过来夸我剪得好。我蛮开心的，因为被人看到了，很感谢他们。

王：我觉得《大厨》不仅是在讲一个关于中国的故事，它讲的是很有人情味的故事。最后一幕，威廉在巷子里被打，厨师独自回来救他。那一刻，我特别感动。您在剪辑时是怎么传递出这种情感的？

杜：其实对主人公的共情也是我在剪辑中一直坚持的准则吧。首先要在表演的选择上找到老厨师最动人的状态。然后需要把打机器人的过程做得更凶残，才能作用在师傅身上，从而让观众更难过和同情。两个人的处境和情感是相互作用于彼此的，所以我加了很多声音元素去渲染打机器人的暴力，同时选择镜头更多放在师傅脸上的画面，让观众跟着师傅一起听威廉被打的声音，跟他站在同一个心理时刻。其实这更像一场文戏，重点是要表现打斗对于这个人物的作用有多深。

王：剪辑《大厨》时，您是在现场跟着剧组一起看素材，还是后期再去筛选整合？

杜：其实美国这边都是建议剪辑师尽量不要去现场，因为现场有很多干扰因素，可能会影响后期创作时对剪辑的判断和取舍，所以我也选择不去现场。但每天拍完后，核心团队成员会回学校机房一起看素材，分析当天遇到的问题，调整接下来的拍摄。看完当天的素材我会很直接地跟导演和摄影提出来我觉得哪里缺镜头，他们就会注意并且看是否有机会安排拍摄。但很多时候不一定能协调出时间来补拍，所以《大厨》有一个镜头是我选了两个镜头用特效拼的，但完全没有人发现，这可能是体现我后期创造力的一个地方了。

王：《大厨》中提到了人工智能话题，近几年发展迅猛的人工智能会对你们行业造成影响吗？比如令大家产生危机感。

杜：影响太大了。业内朋友们每天都在说ChatGPT真牛，给它几个词就能自己生成剧本，能帮忙翻译，还可以用Midjourney做很多海报渲染效果。我感觉利用得好的话，AI其实就是提供了很多工具帮助我们进行表达，能让一些繁复的工作变得更轻松。虽然AI能够创造一些故事，但它还是需要我们输入一些东西，才能去反哺，出发点还是人的创造性。至于危机感，我个人觉得还好，目前来看，我觉得剪辑是不会被取代的，因为AI还无法判断人类的感情。如果有一天AI产生感情了，那就是另一个话题了。

王： 您在AFI的另一部片子Moth[1]（《蛾》）是一部怎样的作品？

杜： 这是我之前cycle合作过的导演的毕业作品，他的创作原点是一个女人身上长出了一只巨大的蛾，讲的是在好莱坞追名逐利的故事。片子其实比较意识流，重点是剪出情绪，有很多剪辑的发挥空间。除了拍完剧本内容，导演在现场也会让演员大量的improv（即兴表演），给后期带来了很多可能性。有时候剧本写出来的不一定是生活中真实存在的状态，再加上演员本身对角色是有共情的，把他们扔进特定的环境和空间中，可能会带来一些意想不到的表演，导演喜欢玩这种可能性。

所以我在剪的时候既头疼又快乐，因为摄影也是在感知场景内气氛的流动后再去拍摄的，每一条镜头都不太一样，有不同的组接可能性。虽然故事的底是在的，但所有细枝末节，比如情绪怎样表达、对话怎么堆叠，以及眼神如何传递情感，都需要再创造，真的是在后期再去写这个故事。

陈： 对于这种创作性较强的剪辑，您在剪辑过程中会跟导演进行持续磨合吗？

杜： 还好，主要是我们比较契合，我挑的很多东西导演都非常喜欢。困难无非是素材量太大，在众多可能性面前，我需要作选择，判断哪种呈现更能打动人。有时候剪不下去了，我们就去中国城吃麻辣香锅，放空一段时间，有想法了再继续工作。这也是选中国导演的好处，可以一起吃麻辣香锅，哈哈。

---

[1] 《Moth（蛾）》是2020年由朱书导演的剧情短片，由杜光玮剪辑，是其毕业作品。

攒时长，先为爱发电

王：《少年与海》①是您剪辑的首部国内院线电影，可以分享一下当时的情况吗？

杜：那一年我刚毕业，三个毕业作品正好剪完了，正在做后期。我既是剪辑，也是后期总监，需要统筹所有部门之间的配合。所以我要把几个毕业作品的后期时间排开，腾出时间回国跟组。但中间又因为每个作品不同的deliver（交片）和premiere（首映）安排，我在中美之间来回飞了好几趟。当时是跟组完回美国，忙完毕业作品的事情再飞回来跟导演一起工作，导演剪得差不多了又回美国参加首映。不过效果很好，因为我每次大概走两周，对于导演和我来说都是一种放松和调整。可能有些想不通的东西，休息回来后大家的想法都更加清晰了。从那次经验我感受到，做长片必须留出放空和休息的时间，否则只会陷入困境，离远一点反而会看得更清楚。

王：《少年与海》和《小男》都是孙傲谦②导演的作品，再次合作是不是感觉比当初更成熟了？

杜：对。在短片《小男》的拍摄阶段，傲谦师哥就展现出强烈的个人风格，但那时还处于逐渐摸索和形成的过程。到了《少年与海》阶段，他变得更加成熟，具备了更强的掌控能力，对自己想要的东西也有更清晰的认知。

王：第一次剪院线电影有压力吗？

杜：还好，可能因为跟导演合作过，所以比较自在也没有太多压力。有

---

① 《少年与海》是2019年由孙傲谦执导，于坤杰、李蔓瑄、孙心福、兰海主演的剧情电影。

② 孙傲谦，导演，2019年凭借电影《少年与海》入围第24届釜山国际电影节主竞赛单元新浪潮大奖。

时候我们可能需要对自己有足够的自信，但也不是盲目自大，就是知道自己有能力做，并且告诉自己真的可以。我去美国的第一年和同学一起帮朋友剪了网络电影《再见十八班》①，那个是真正意义上第一次挑战长片体量，所以到了剪《少年与海》的时候，起码我对工作量有认知了，哈哈。

王：网络电影的工作节奏相对较快，留给您的剪辑时间会比较紧张吗？

杜：网络电影确实节奏要更快。剪《再见十八班》的时候是两个剪辑，我和我的AFI同学一起工作，配合分担。第一次做长片体量的东西，两个人打配合总比一个人考虑得更周全。而且我们俩在AFI的第一年就磨合了很多，默契也很好，相互尊重且相信对方的判断。后来我们一起剪了另一部武侠题材网络电影，我负责文戏，我搭档负责武戏，我们互相帮对方提修改建议。在加快工作进度的同时，保证整体是在一个逻辑体系内的。

王：相对于你们之前的短片，网络电影更需要考虑观众视角吗？

杜：我剪的时候没办法考虑这些，这种错位是解决不了的。我们非常诚心地做情感真挚、有表达、有追求的东西，但网络电影的观众可能就不喜欢，这是没办法的事情。太多时候，我们还是在创作者的思维中，想做一个好作品，跟这个类型的商业属性天然就有一些距离。

王：您剪完《少年与海》就回美国了，到美国后的第一份工作是什么？

杜：毕业后的第一年，我都是在做短片，还有indie film（独立电影），没有进入公司工作。美国毕业后有一年OPT②实习期，电影专业的留学生只有申请到艺术家签证才能留下来继续工作。所以对我来说，最重要的是积攒足够多的作品，同时要有一定的奖项和新闻报道等，证明我是一个杰出的艺术家。所以我那一年的重心都在做项目。2020年初，OPT快结束时我去了Sugar

---

① 《再见十八班》是2018年由禹岚馨导演，柯焱曦、熊婧文、秦海主演的电影。

② OPT即Optional Practical Training（专业实习），是美国F1签证学生毕业后的实习期。

Studios工作，然后疫情就开始了。

　　王：OPT期间，您是同时接了很多项目吗？

　　杜：对，因为我对一个时间内能做多少东西有预判。不一定是同时开始很多项目，而是一个滚动连续的、往下进行的过程，这就需要互相协调配合。剪这个片子遇到困难时，我就换思路剪另一个片子，这样做可能会给我带来一些新的想法。

　　王：当时也算研究生刚毕业的阶段，薪资待遇如何呢？

　　杜：有的项目还可以，但整体来说也不会很多，毕竟刚毕业，大家还处于积攒作品的阶段。你只能去谈一个双方都接受的价格，但达不到好莱坞从业者的平均薪资水平，大部分时间还是为爱发电。

　　王：您在Sugar Studios工作时，帮好莱坞剪了几个片子，可以简单分享一下吗？

　　杜：主要是做技术支持和剪辑助理。我负责每天的素材回传和整理、conform（回批）、turnover（物料交接）、特效镜头的输入输出，等等。很多电影在我们公司做后期调色和声音，所以还需要协调部门之间的配合，出各种各样的文件，做上映前的技术检查和核片工作，都是偏技术的工种。这类工作其实很快乐，因为不用动脑。

　　王：您是在这个阶段加入美国剪辑师工会的吗？

　　杜：是2020年底。工会很欢迎剪辑师加入，但首先要攒够100天工作时间，需要对应得上的工作证明和paycheck（工资条），经过审批可以加入industryroster（工会人才库）。之后需要做工会项目30天以上，才能正式申请加入工会。我是通过迪士尼的项目申请加入工会的。

　　王：您在迪士尼也是做剪辑助理吗？

　　杜：对的。剪辑师是我的AFI老师，也是《别告诉她》的剪辑马特·弗里德曼（Matt Friedman）。剪辑助理主要是协助剪辑师进行工作，筛选整理素材、简单的特效合成和声音设计等都是我的工作范围，帮剪辑师解决他们不想解决的事情，哈哈。还有就是技术支持，跟其他部门对接流程、统筹后期时间表、盯声音终混盯调色之类的，还需要跟做localization（本地化）的部门对接，因为迪士尼线上平台是面向全世界的，需要做不同语言的版本。

王：感觉做剪辑助理需要很多人际交往。

杜：对。但这种人际交往并不需要进行创意上的输出，我只需要保证大家有效执行流程和技术上的工作，人与人之间的沟通也是高效且平等的。我更希望一年有一半的时间在美国做助理，一半时间回国做项目。这样既能在大平台上学习最新的知识和流程，又可以做自己喜欢的作品。后来，疫情让这件事情变得不可能，来回的时间精力和人力成本太大了。

王：在美国工作会不会因为思维模式的差异遇到沟通困难？

杜：纯粹工作来说没有，大家都是就事论事，技术上的东西也不太存在思维模式差异。同事们都很友善，每天早上到公司先泡杯咖啡，聊半个小时，再开始工作。大家希望工作与生活可以平衡，下班就不再考虑工作的事情。但进行艺术创作的时候，确实会和不同国家的导演有一些理解和沟通差异，可能还是因为文化语境和地域差异太大，只能尽可能地理解彼此，尊重各自的想法和表达。

王：那边工作压力大吗？

杜：压力肯定有，族裔是一种优势，也是一种劣势。尽管我遇到的都是很好的人，但肯定需要一个证明自己的过程。年龄和性别也是，大家会觉得你很可爱很照顾你，但不会一开始就认知到你的能力。当我逐渐展现出能力之后，他们就会给我更多机会。他们很尊重，也非常在乎且懂得欣赏每个人所具备的能力。

新起点，朋友圈便是工作圈

王：后来是什么契机让您决定回国？

杜：契机是源根①导演要拍长片，让我回来。另外，我也在想到底选哪条路。在美国工作，必经的职业道路是先做剪辑助理，再找机会看能不能做剪辑，通常要花七八年的时间才能慢慢升到剪辑师的位置。受疫情影响，我没有办法做到像《少年与海》那段时间一样，经常在中美之间往返。我需要决定是留在美国继续做剪辑助理，还是回国找机会做更多的创造性内容。其实到今天我也不知道选择回国是否正确，但当时的判断是回国做剪辑。毕竟我还是想做有态度有表达的东西，文化语境背景都在这里，更好共情的也都是本土内容。

王：回到国内的一些工作，您跟甲方对接时会作出一些让步和妥协吗？

杜：我的工作并没有直接跟甲方对接，一般是跟导演对接。甲方的判断力和创作者的判断力是不一样的，他们更考虑品牌形象，但我们更看重表达的完整性和独特性，所以我会尽量保护自己的作品。在这个基础上，对方如果真的再有什么要求，我们肯定也要作出一些让步，但一定要经过挣扎和辩论之后才会作出让步，起码让他们知道我们在保护好的东西。

做电影也是如此，制片方对观众和市场的考虑也是有一定参考性的。做一个电影，不能只讨好了自己，让自己快乐，电影最终是要面对观众的。我们既希望能够坚持创作者的初心，也希望观众能够看到这个电影，而且看完

---

① 源根，艾默生学院影视制作专业学士，美国电影学院导演专业硕士，HBO美剧计划导演、迪士尼LaunchPad导演、Viacom美剧计划终选导演、FIRST青年影展训练营导演。

后觉得这两个小时没白费，看到的是一段人生也好，是一种情绪体验也好，都能有所收获。电影的最终出口是观众，你不能说我对观众不负责，我那么任性地只想要我自己的表达，对吧？当然这是我自己的观点。

王：创作空间会受到限制吗？

杜：我的创作空间一直是差不多的，并没有因为它的载体形式而改变。我的创作空间其实取决于跟导演互相给予对方什么样的空间，导演对我是否拥有足够的信任，让我去发挥。

王：去年您参与了《以青春之名》①中《回响》篇章的剪辑，这是一部中传师生共创的作品，您可以分享一下当时的故事吗？

杜：我是后期加入《以青春之名》的，当时这个片子剪辑上有一些问题，所以指导老师临时找我看看有没有什么好的建议和想法。我和监制董润年老师、导演李雨谏老师聊我看到的问题和解决的可能性，他们都挺认同的，就让我发挥一下，参与剪辑创作。后来呈现的效果大家也都还满意，这也是很开心的一次合作体验。

王：今天，您的新片《瞧一桥》②在北影节首映，您在这部作品的创作过程中是什么状态？

杜：我也是后来才加入这个片子的。导演当时跟我说，他们到了一个很疲惫的阶段，不知道怎么改，总觉得还欠缺一点东西。其实并不是能力有限，而是沉浸在项目上的时间过久，有时候没办法跳出来看，需要一个新鲜的视角提供更多可能性。我的朋友向《瞧一桥》的导演推荐了我，我就接手了修

---

① 《以青春之名》是2022年由李雨谏、张翔鹏、潘雨莹、庄灿杰、岳宇阳联合执导，姚弛、徐均朔、徐卫、艾米、罗辑、边少帅等参演的电影，是"青春中国梦"北京市广播电视局喜迎党的二十大网络视听精品创作项目征集评选活动入选作品。

② 《瞧一桥》是2023年由宋新棋执导，惠英红、胡先煦领衔主演，讲述"跨年龄"的两代人之间一段抚慰孤独、温暖治愈的旅程的故事。

改工作。其实片子本身的底在那儿，在结构上的改动不是很大，更多是在打磨细节，把它的节奏平衡得更好，让人物之间的情绪更动人一些。

陈：刚才聊到的这些机会，基本上全是朋友给您介绍的，有没有一些与陌生人的合作呢？

杜：没有完全陌生的人，我的简历没有发到网上，也没有做个人网站，所以能联系到我的人，或多或少有一些渠道和机缘。也有人在新片场发私信找我沟通，但一般不太可能真的合作，因为这些人是完全陌生的，我对他没有任何了解，建立信任关系是一件很难的事情。我其实是一个比较社恐的人，平常如果不是有人约，我不会主动约人的。

陈：那您选择合作项目的依据是什么？

杜：主要还是因为导演，以及对故事的兴趣。在我看来剪辑师和导演之间的合作是很紧密的。大家需要建立很深的信任关系，不只是工作伙伴，也是朋友。其实工作只是人生的一部分，通过工作能够认识到更多的人，然后他可能成为以后并肩作战的战友，成为很好的朋友，这都是很好的事情。所以我做项目会考虑是否可以和导演一起尝试新的东西，如果可以，那就一起做做看。

藏起来，不一定要讲自己的故事

王：您现在对剪辑的理解跟上高中、上大学时有什么不一样？

杜：当你看过了更大的世界，见过了更多的可能性，就知道不是所有东西都只有一套所谓的原则和定论，没有所谓的绝对对错之分。要拥抱所有的可能性和未知，所有的人生体验最终都可以让你成为更好的自己，让自己变得更加开放包容。这些东西相互支撑，让我在成为一个好的剪辑师的路上慢慢前行。现在我会更懂得运用技术手段来实现自己的意图，调用不同的元素，想到别人不太清楚的点。比如导演可能比较关注画面和剪辑，但我知道还可以用声音元素帮助我们讲故事。

王：您一般如何处理图像和声音的配合？有没有遇到过非常棘手的声音处理？

杜： 声音的调度也是我在AFI学到的非常有价值的一点。我们学校没有声音专业，只有剪辑专业，但剪辑师剪片子还要完成声音设计。当时遇到一部悬疑惊悚片，在声音元素方面有很大挑战，最后的声音轨道超过40轨。这个片子让我发现了做声音设计的快乐，也让我真正地意识到老师平常说的"剪辑是一个蓝图"，因为在这一步就将我的意图全都展现出来了，音乐的选择和设计都在为后面的工作打基础。我们老师也说，声音在影片中占51%比重，它的意义是大于画面的，它是能被感受到但无法直接描述的，所以我会很重视声音的调度和设计。

王：您在剪辑过程中如何平衡艺术性与技术性的价值？

杜： 技术是我的辅助手段，就像建房子打地基，它可能不会被人看到，但它是根基。再往上肯定是艺术更重要，但不是纯粹的艺术，而是代表着所有感受、情绪、价值观等构成的集合，这些才是有温度、有力量的血肉。只要骨架稳了，人的形就有了，但人最后长成什么样是可以再打磨和刻画的。

王：您在剪辑的过程中会遵循一些以前剪辑的经验，还是当作一个全新的片子，全新的工作？

杜： 每个片子有它独特的节奏和语言，它的能量在里面，不可能拿别的东西直接套用。但是之前做过的所有作品，所给予的那些经验、感受和情绪，对我本身都是加成和提升，让我成为一个更好的剪辑师，可以作出更好的判断。所以我不能说完全没有遵循那些经验，那些东西是给我打了底。但是找到每个片子自己内在的东西是最重要的。《寻她》这部片子，我也是后来接手剪辑工作的，我加入之后能够提供的就是女性的视角和思维。因为女剪辑师和男剪辑师，在天然的感知能力和表达的细腻程度方面其实是不一样的。《寻她》其实是"大女主"的片子，我加入之后会更关注和平衡演员之间的能量，把这个片子更多地往女性主义的方向调整。

王：您认为对剪辑师来说最重要的能力是什么？

杜： 共情能力，还有同理心。我做的工作都是在共情，去理解导演想表达的东西，去尽力帮助导演找回最初想要的东西，这个过程其实是一个彼此达到情感共鸣点的过程。同时，对电影中人物的共情和同理，都是必不可少的。

王：剪过这么多类型的片子后，您最喜欢哪种类型？你期望在剪辑方面达到什么成就呢？

杜： 我很难定义自己想剪什么样的片子，我的"本命"是犯罪悬疑、侦探推理小说爱好者，这个类型对我很有吸引力，但我也喜欢各种各样光怪陆离的故事。做剪辑大概就是可以用自己的能力去描绘很多不同的人生。其实在我这，它是一个好故事就可以了。我觉得这个故事有一个点打动我了，就希望这个故事被更多人看到，让他们的故事值得观众去看，这就是我想要做的事情。

至于剪辑方面达到的成就，我就想成为一个好的剪辑师，一直都是，每年能做一部电影就挺快乐的。

杨：可能大多数人不太关注剪辑师，一想到故事就只想到导演和编剧，您会觉得自己好像是在替别人讲故事吗？

杜： 这很正常，这个职业不会被太多人看到，其实是挺好的一件事情。剪辑最终服务的是影片整体，它最好不被看见。如果被看见了，要么是某个点的观感难受得让观众都知道不太对，要么是有的影片给了剪辑表现的空间，有那种华彩段落。美国电影剪辑师协会每年都会有一个奥斯卡提名剪辑师的讲座，主题是Invisible Art/Visible Artist（看不见的艺术，看得见的艺术家），定义得很好，剪辑就是藏在底下的东西。

杨：所以您其实不太在意导演、编剧拥有的光环，您和剪辑师这个身份相处得很融洽。

杜：我是很自洽的。相比于被看到，我反而不喜欢被看到。我自己本身的个性也是，最好藏在后面，就是不要被人看到，我在社交场合上也不会去说太多的话。就像你说的，剪辑师是替别人讲故事的，我选择这个职业就不是想讲我自己的故事。剪辑师要做的是跟导演成为朋友，和导演共情，做出他们想表达的东西。

杨：我们身边的同学很少有人专门做剪辑，一般只把剪辑作为工作的一部分。

杜：对，蛮可惜的。我非常能理解很多人不把剪辑当作职业目标，因为它没有那么多名利加身。做导演、制片人、监制、摄影都很酷，但剪辑是藏在幕后的，我希望有更多人发现这个工种的美好。

陈：您觉得对剪辑师的认可体现在什么方面？接到好的资源、和好导演合作、得到荣誉奖项，或者感受到自己的进步？

杜：接到好资源、和好导演合作，这些都不是对你本人的评价，只是某一种价值判断。对我来说，和我欣赏的合作伙伴达到一种默契和平衡，同时我做的东西被他们认可，这就很好了。当然，别人的夸奖也会让我更相信自己做的东西，相信自己的判断。累的时候想一想之前的工作都得到了很好的反馈，就会觉得还可以坚持。

一个真诚的表达者想通过自己的能力和手段让不为人知的故事被更多人看见，本质上跟作家类似，只是载体不一样。我反倒觉得荣誉、资源，以及和大导演合作不重要，名利有时候不一定是好事，它可能让人们在逐名逐利的过程中忘了初心，就像《蛾》展示的状态。名利对于我们剪辑师，至少对我来说，没有更好。它既不会给我光环，也不会成为我的枷锁，每个人做好自己擅长的东西就可以了。

杨：我们还挺惊讶的，您在高中就确定了这条职业道路，直到现在还是很享受，这种状态非常难得。

杜：对。接触影像之后，像是打开了新世界，我能从中获得很多快乐和成就感。可能我也是个早熟的人，很早就对自己有清晰的认知，我知道自己能做好这件事，相信自己在这方面有天赋，所以我也从不会后悔走这条路。

我走的每一步好像都有点命运玄学。从初中、高中、大学，到后来申请AFI，我感觉幸运女神很眷顾我。我当时跟一个朋友都是DIY（自助）申请，还是卡着点交的材料。面试时我还在日本玩，我当时开心地跟老师说马上要过生日了，老师们也超开心地祝我生日快乐。面试完我就知道自己一定会被录取，那种感觉很奇妙，能感受到老师们的那种欣赏。在各种问题上，我都能把自己的理解和感受说出来，不管是对是错，都是一个真诚的表达，会让人知道我是个一心想做剪辑的人，所以他们也给了我去AFI学习的机会。

可能命运像一只手已经画好了前路，你就是要走上这条路，它也在帮助你去走这条路，我的感觉是这样，所以我觉得蛮幸运的。

王：不管是您现在回忆起来，还是我们在这儿听您聊，都觉得您在剪辑这条路上走得很幸福。您有过因为压力和困难而感到特别消极的时刻吗？

杜：人生的大部分时间，我都蛮幸福的。不同的人对压力和困难的感受是不一样的，可能需要换一种心态去看待。我现在说起来就感觉只剩好东西，是因为我只记住这些好东西。可能当时会有一些对我有影响的不开心。比如，我没时间睡觉，或者有很大压力，但具体的我已经记不住了。在我看来，我当时那么努力做一件事，得到的也都是好答案，那我只会记得这些正向的感觉，也可以当成一种幸存者偏差。看待事物的眼光决定了生活快不快乐，我是一个乐观的悲观主义者，看待事情很悲观，这是底色，我会先考虑最差的可能性。当你已经看到最差结果了，知道你不会走到这一步，对这部分有了预判后再用乐观的态度去包裹它，剩下的就都是往上走了。

王：您对青年电影人有什么建议？

杜：我觉得最重要的一点就是去尝试所有你想尝试的，找到你想做的，然后坚定这条路，别回头，不要放弃它。我们没办法讨好所有人，只能坚定地做自己。

杜光玮采访手记

王若笑

采访前一周，我们梳理了杜光玮师姐的成长、学习和创作经历，撰写了采访提纲。由于剪辑师更侧重后期对作品的再创造，我们很难与采访对象深入探讨创作主题，于是打算从团队合作以及与导演、演员的配合等角度切入采访。

采访当天，杜光玮师姐提前到达访谈地点。她刚从北影节主竞赛单元《瞧一桥》放映现场赶回来，有些疲惫，却依旧热情地向我们打招呼。她曾在中传读本科，只比我们大十岁。尽管是初次见面，但我们之间并没有什么距离感。由于现场没有摄像机的拍摄，我们的对话非常轻松。

访谈开始之前，我们播放了师姐当年在"半夏"获得提名的视频。观毕，师姐有些意犹未尽，特意让我们重新播放并把高中获奖的一段拍了下来。随即，我们聊起她的学生时代。她从初中开始就对剪辑产生了浓厚的兴趣，高中时是校电视台台长，参与了更多的剪辑工作，也在学校的电影节中接触了更多相关知识。怀揣着对剪辑师这一职业的向往以及多年的剪辑经验，她顺利通过了中传的艺考，如愿学习了剪辑艺术与技术专业。本科四年，她不满足于现状，决定去外面看看，前往美国电影学院深造。谈起留学经历，她在国外结识了更多朋友，学到了更多知识，也获得了更大的平台。在杜光玮师姐身上，我看到了年轻人最宝贵的特质——敢于坚定地选择自己的热爱。

两个半小时的畅谈，我们感受到杜光玮师姐对剪辑的热爱。她很享受在幕后帮别人讲故事的过程，也很愿意与导演、演员产生共情。谈起默默无闻的幕后工作，她说："名气也可能是一种枷锁，不被更多人看到，对艺术创作来说未必是件坏事。"可以说，杜光玮师姐正在过着大多数人所向往的生活——拥有自己明确的爱好和目标，并把它当成职业，一以贯之地坚持下来。

2012年·第10届

王申：
在机械复制时代，传诵全球化史诗

采 访 人：蔡晓谨

采访策划：蔡晓谨、张玮娟、黄晨洋

采访时间：2023年5月10日

采访时长：2小时

采访地点：腾讯会议

文稿整理：蔡晓谨

▶ 个人简介

　　王申，1991年生于河北承德，现为导演、摄影、剪辑。本科就读于中国传媒大学，研究生毕业于北京电影学院，现于荷兰乌特勒支艺术学院学习当代艺术。执导剧情片《穿帮》《秋》，纪录片《离乡》《芳舟》《石史诗》，系列纪录片《舌尖上的中国·第三季》等。纪录片《离乡》获第十一届"半夏的纪念"大学生影像展最佳导演奖和年度作品大奖，纪录片《秋》获第十

"半夏的纪念"大学生影像展最佳导演奖提名。

▼ 作品年表

2010年	剧情短片《穿帮》/导演、编剧、剪辑
2012年	剧情短片《秋》/导演、编剧、制片、后期
2013年	纪录短片《离乡》/导演、摄影、剪辑
2017年	纪录长片《芳舟》/导演、摄影
2018年	系列纪录片《舌尖上的中国第三季》/分集导演
2021年	纪录片《石史诗》/导演、摄影、剪辑

《离乡》：记录西北人的淳朴和善良

蔡：师哥，我们先回顾一下您当时参加半夏的场景。（播放视频）你的作品《秋》[①]和《离乡》[②]分别参与了第十、第十一届半夏，而《离乡》在第十一届半夏中荣获了最佳导演奖、年度作品大奖，当时有什么感受？

王：肯定是很高兴的。对我来说，在学生阶段能获得这样一个褒奖，算是电视学院给我的福利了！从《离乡》到现在都过去十年了，能再看到自己拍的视频，我挺意外的。看完视频我想起来，其实我上大三时，第十届半夏

---

① 《秋》是2013年由王申、曾益洲、仲夏、房超然、乔建勋、刘博涵6位导演联合执导，曾益洲、许献鹏、郭超主演的短片。该片曾获第十届"半夏的纪念"大学生影像展最佳导演奖提名。

② 《离乡》是2013年由王申、袁勋、曾益洲、乔建勋4位导演联合执导的纪录片。该片曾获第十一届"半夏的纪念"大学生影像展"最佳导演奖"、第二十届北京大学生电影节第十四届大学生原创影片大赛纪录单元"凤凰网最佳导演奖"等多项奖项。

的颁奖视频就是我剪的，我和半夏也很有缘分。

蔡：你在大四和袁勋、曾益洲、乔建勋拍摄《离乡》时，是如何一起完成联合作业的？

王：在学生时期，我们几个人的关系很好，现在也一样。说实在的，无论是剧情片还是纪录片，在学生阶段，大家因为需要完成作业，积极性都很高，沟通过程也很融洽。但后来自己做的片子是一个比较职业化的东西，作品质量需要达到一定水准，别人才愿意加入。尤其在欧洲这边，纪录片是非常产业化的。我觉得在学生阶段创作时，有一群志同道合的朋友还是挺重要的。

蔡：你们在一起讨论创作的时候有没有发生过意见不一致的情况？

王：就内容来说，肯定有争论。在宁夏拍《离乡》时我才二十多岁，无论是电影意识、文化意识，还是当时对社会的认知，都有所欠缺。那时我对西海固人民易地搬迁这个议题的理解和今天的思考特别不一样。当时无论是这个议题本身的切入角度还是这个纪录片的做法，我们都在各自有限的认知内进行争论。因为我是回族，所以当时对民族身份更感兴趣。但我现在想来，也不一定非得需要那个角度，像乔建勋、袁勋他们不是回族，可能看待这件事情会角度不同。

蔡：你在拍摄同民族的人民时有什么特殊的感受吗？在那样一个环境下，会不会觉得非常亲切熟悉？

王：现在回想起来，我觉得亲切更多是想象中的亲切。因为在北京，回族人口的数量没有那么多。虽然我高中是在北京的回民学校上的，但平时拍摄接触的回族比较少。回族在中国是"大分散"的状态，几乎每个城市都有，东西部回族的生态文化社群状况很不一样。我觉得地域间的区别比民族间的区别更大，像西安那边的回族人民的生活状态和我妈老家东北那边就很不一样。虽然西海固那边的生活条件比较艰苦，但我能明显地感受到他们天然的淳朴和善良。所以那次拍摄经历对我来说更多的是新鲜。

蔡：拍摄《离乡》的时候，你和当地的老乡相处得怎么样？他们支持你们拍摄他们的家乡吗？

王：因为当时我们都是大学生，不是很专业，也没什么经验，就直接过去了。涉及的与当地老乡和宣传部门的沟通，基本是袁勋完成的，都沟通得很顺利。因为他大一去那里做过志愿者，这个题材也是他先找到，再叫上我们一起完成的。

蔡：时隔10年再看《离乡》这部作品，你现在是什么样的感受？

王：其实我现在回想起来，《离乡》这个作品还有很多不成熟的地方，但就像我在颁奖台上说的，它跟我的身份有关系。它可能是我自己在人生比较早的一个阶段的一种本能性创作。另外，我发现视频中的几个提名导演，像孙泗琪、徐玮超等，他们现在都发展得很好，能和这些人竞争我也很荣幸。

蔡：你在中传学习电视编导专业的过程中，更倾向往虚构的电影方向发展，但是我从《离乡》中感受到，您很擅长用非虚构的方式呈现作品。

王：当时对于电视编导这个专业的定位，准确地说，肯定是非虚构的要比虚构的重要得多。电视与新闻学院偏向电视系统，其中有个人创作色彩的就是纪录片。我跟你说的情况相反，我当时是一个劲地想拍剧情片，但是整个学院的系统和老师其实是给非虚构作品配置的，所以张力就体现在这儿。

我刚上大学时二十多岁，看的片子非常少，对于纪录片和剧情片有一种非常先入为主的认识，觉得两者界限很大。但后来这些年，我到欧洲纪录片发展深厚的地区，比如到荷兰做后期时，发现剧情片和纪录片的差别也不是很大。很多摄影师和导演都是同时在拍纪录片和剧情片，有的纪录片也非常电影化。因为他们的纪录片大多从胶片时代开始，胶片时代恐怕连公共电视台和有线电视都没有，纪录片天然的第一属性就是电影。只不过中国的纪录片跟电视媒介差不多是同一时间崛起的，当时的电视和纪录片就自然地绑在一起了。后来我觉得这种捆绑其实可以不存在，也有可能同一类的剧情片和纪录片会更相似、更接近一些。

《芳舟》：跨越7014千米的华人移民史

蔡：本科毕业后，你选择去北电文学系攻读电影编剧专业研究生，《芳舟》①是你在那一期间的作品。

王：对，但是《芳舟》和当时学校的教学框架没关系。因为我当时在电影学院读的是电影编剧方向，我的同学基本都是写剧本的，但我还是想当导演，我希望跟影像的媒介发生直接的关系。《芳舟》就是在我研二的时候开拍的。

蔡：当时你还在读书，为什么会突然想到去希腊拍这样一部华人救助叙利亚难民的片子？

王：电影学院的研究生的学制是三年，研一的课比较多，到了研三课少了，客观上我有时间去拍片了。当时我觉得自己好久没有真正地创作了，正好我从我父亲那里听到希腊正在遭遇叙利亚难民危机，当地在组织志愿者团队。我觉得这件事挺有意思的，也发现华人志愿者中有一些非常有趣的人物，所以就开始拍了。

蔡：你和片中的主人公陈雪艳有着同源的文化背景，在希腊拍摄难民危机时，你会不会有不同于西方创作者的视角和感受？

王：那时候关于叙利亚难民危机的影片很多，可能有几百部，各个国家的层出不穷，著名的都有几十个。我选取这个故事，也是因为我作为一个中

---

① 《芳舟》是2017年由王申执导、编剧的纪录片。该片曾获第30届阿姆斯特丹国际纪录片电影节最佳荷兰影片提名。

国的创作者，虽然没有欧洲、中东创作者的知识背景，但我肯定要提供一个自己视角的故事。这个片子是想借着华人参与解决难民危机的过程来展开讲述欧洲的华人移民史。在当时，不会有人以华人救助难民这一视角去拍摄，因为它和欧洲的主流是有距离的。无论是从语言上还是从文化生活上，我都觉得这一视角肯定是中国创作者来拍更合适。

我本身对华人和中东人在希腊的相遇这件事很感兴趣，正好我父亲提供了一个契机，我就想着片子或许可以作为一个欧洲华人移民的历史故事来展开。其实我父亲也参与了《芳舟》的实际拍摄，这部作品相当于是我们一起联合创作的。

蔡：你创作《芳舟》时，大部分从业者还在国内传媒产业工作，你为什么会把视角转移到国际社会上？

王：是因为我家里的情况。我家比较特殊，从我14岁开始，我父亲就常年驻外采访国际新闻，但我父母的关系一直很好。我初二开始跟我母亲住在北京，而我父亲往返于全世界各个国家。因为他职业的特殊性，在我成长比较重要的阶段，他在肉身上是缺席的。但正是因为他的职业，从小我家里就弥漫着各种宏大的东西，因为他去拍的都是对我来说很遥远、很难企及的东西，比如印度洋海啸、利比亚内战、希腊难民危机。也是在那种耳濡目染的环境下，我对社会、政治、历史，以及其他文化人民的生活形成了一种天然的敏感性。我那种对于文化的比较思维方式也慢慢形成了。我一开始思考的可能是中国内部的文化比较，后来到了一定程度，是更向外的，关于我自己的文化和其他的文化之间的比较，而这种文化比较也很自然地指向了我对于中国人与世界的关系的兴趣。甚至之后的创作，如果没有中国的角度，我觉得也是可以的。

蔡：你觉得父亲驻外记者的身份，带给你哪些创作上的启发？

王：我爸是一个非常有文科思维的人，他从小就喜欢看各种地图和国旗，到现在他从事驻外记者这个职业，就更是这样了。所以我作为一个影像创作者，反而对很多人不太感兴趣的地区，比如中东，以及所谓的全球南方或者叫第三世界，都有非常强烈的兴趣。而我对欧洲这边的了解和实际的到访，都与我父亲在这边的工作和生活有很大关系。

具体来说，我过去的作品和现在筹备的作品，都和欧洲的华人有很大的关系，而欧洲的华人群体在国内不好接触到。和国内人的生活状态极为不同的是，他们有一种人类学层面的有趣的价值。如果最开始没有我父亲在这边结识的朋友，我很难展开工作，也不会培养这方面的兴趣。

蔡：《芳舟》有荷兰电影团队运营和制作的背景，在实际拍摄的过程中，国际团队是怎么看待华人拍摄的？

王：《芳舟》团队的复杂性要比《石史诗》[①]简单很多。从《芳舟》开始，我就和我现在固定合作的制片人赵佳[②]合作，她是欧洲华人里为数不多的，可以在当地语境下做国际制片的人。《芳舟》的前期拍摄主要由我和我父亲承担，只有剪辑是荷兰的剪辑师，声音设计是荷兰的声音设计。这个片子其实是一个很轻工业的东西，就是拍完了用剪传统纪录片的手法剪辑。

就拍片子来说，华人去国外拍片这件事很正常，一个美国人或挪威人去中东拍摄，大家都觉得很正常。以前中国人到各个国家拍摄，外国人会觉得是一种新现象，但如今变得越来越平常了。中国和世界的关系越来越密切，尤其是我现在在国外生活久了，越来越不会关注这些文化视野上的隔阂。当时面对《芳舟》的非中文创作者，比如我的剪辑师，我需要跟她解释很多东

---

① 《石史诗》是2021年由王申执导的纪录片。该片曾获第4届平遥国际电影展向上评审团奖，第四届海南岛国际电影节"金椰奖"最佳纪录片奖提名，2021荷兰阿姆斯特丹纪录片电影节最佳荷兰影片提名等多项奖项。

② 赵佳，荷兰籍华人国际制片人、导演、发行商，制作作品《芳舟》《喀布尔，风中之城》《内心风景》《石史诗》等。

西，我们几乎每天都在聊。其实剪辑和导演的沟通是非常漫长的过程，但我们还算顺利，十个星期就剪完了，在此期间，我能从她的视角观察到一些新东西。其实我把这看作一件习以为常的事，但是可能观众看这件事会觉得很有意思。

蔡：你在创作《芳舟》时，对于国际社会的表达和呈现，有没有什么顾虑？

王：我可能需要去穿透各个文化的人和社会的认知上的偏见，但这到不了风险的程度，它很难去穿透。世界上依然存在比较强烈的文化偏见或者话语霸权，这存在于每个普通人的潜意识里。

蔡：《芳舟》参加过很多电影节展，如阿姆斯特丹国际纪录片电影节、捷克One World电影节等。在不同的电影节上，国内外的观众对于这部片子的评价如何？

王：我觉得《芳舟》在国内外的整体感受区别很大。因为在国外，有些国家对这一社会议题的讨论较多。我们对于难民危机的认知与有些国家的语境有较大偏差。对于片子里的中国人物的看法，中国观众和外国观众的观点也有非常大的差别。其实比起《石史诗》，《芳舟》参加电影节展映的机会少很多，因为它确实没那么成熟。

《石史诗》：一块大理石的史诗征程

蔡：你谈到《芳舟》不太成熟，那《石史诗》作了哪些改变？

王：我在《石史诗》的创作思路发生了很大的转变。它比较能代表我在2018年到2020年三年间的整个电影观或世界观，又或者对于他人的看法。那是我的一个阶段性创作，可能之后又会有一些新的变化。但至少它是我在2018年到2020年之间想创作，或者有能力达到的那种影片。

蔡：《石史诗》围绕大理石这一个意象展开，你当时在选取这一主题时，是因为它更贴近西方当代的关注视角吗？

王：其实，现在更多是东亚人把大理石和它背后的文化进行了更多的想象。像如今欧洲新盖的建筑都是现代主义的，不太会有人做古典建筑或者新古典的建筑，反而就是因为他们在这一语境之外，才对大理石本身有更多关注。可能他们的纪录片或影像的创作传统有一些美学倾向，但我觉得大理石不是西方和东方，或者中国跟外国的这种关系。只不过可能在中国，以纪录片或者整个电影来说，它的现实主义传统和叙事传统都很强，对于人物和语言都非常关注。而有另一种电影，它是更偏感官性的，它对空间或物质本身有很强的关注，这在一些国家的电影传统里是一个非常下意识的本能，比如意大利的电影传统里对于空间的描摹就很常见。我当时想做的影片也是受到很多纪录片作者和当代艺术影像作品的作者的影响。

蔡：听说《石史诗》这部片子经历了很多版的修改，你最初的构思是什么样的？

王：影片最终的呈现效果和最初的构思非常接近。我们主要修改的是叙事，但不是那种大方向的修改，而是剪辑等方面的一些调整，所以对它的修改不是颠覆性的。影片最开始就想呈现物质视角下，随着产业链的螺旋上升，人物及其主要场景走马灯般的登场。最终片中呈现的宏观、抽象的东西，和人物与场景之间的那种平衡关系，都跟我想象的很相似，只不过达到那种状态需要很长时间去打磨。

蔡：《石史诗》的团队比《芳舟》更加多元，如今国际纪录片的合制体系运作确实非常成熟了，你当时是怎么找到团队成员的？除了之前跟你合作过《芳舟》的制片人。

王：在制片层面，《石史诗》是四个国家和地区的合制，团队人员有我之前合作的荷兰制片人赵佳、中国制片人王子剑[1]，还有法国跟希腊的联合制片人。这算是一部国际合作的纪录电影。

在拍摄层面，我们团队有专业的录音师、希腊的执行制片和西班牙的摄影师，当然我也是摄影师之一。之后我们做剪辑、声音设计、调色、制作DCP[2]的流程都非常工业化。

至于中国剧组内的成员，主要是我和制片人王子剑找的。参与拍摄的中国人员大多是他来谈妥，其他国家的联合制片是我们去一些国外电影节提案、放片花展示遇到的，然后他们再去各地申请资金，让这个项目慢慢运转起来了。

蔡：说到创投提案，你在参加创投时有什么思考或经验吗？

王：创投是制作片子的一个必经之路。它是一个非常固定的艺术电影或文化项目寻求资金和进行发展的方式。你可以在创投这个场合找到投资经费，遇到有可能合作的人。它有好几个维度，如导演和制片人之间的维度，作者和产业之间的维度，不同文化语境碰撞之间的维度。

在项目发展之初，它是否值得投入，能否做出来，创投评委的反馈很重要。不只是看他们能不能参与这个项目，也要倾听他们的一些看法。我们在瑞士、韩国，以及中国台湾参加创投时，就听到过很多值得借鉴的、直观的意见。像《石史诗》，宏观来说是体现的是中西关系或中欧关系，很多西欧公共电视台的责任编辑给出的看法就非常不同，他们对片子的内容有非常强烈的感受。

我做片子有一个很重要的原则，我不会只做给某一地区的人看，我希望

---

① 王子剑，电影制片人、黑鳍文化有限公司和白鬃文化娱乐徐州有限公司创始人、国际销售公司赤角联合创始人，国际杂志《银幕》入围者，第11届华语青年影像论坛"年度新锐制片人"。参与制作的《东北虎》《马赛克少女》《轻松+愉快》《清水里的刀子》等影片在国际影展屡获殊荣。

② DCP是一种数字文件集，用于存储和转换数字影像的音频、图像和数据流。

世界上各个地区的人在看我的影片时，都能找到自己的角度。因为我这些年发现，文化壁垒，或者说政治、经济原因造成的认知壁垒，是很难调和的，只能让各个背景立场的人选取不同的角度来看同一部影片。

像我这种讲跨国故事的片子，可能没有人能有全面的认知，包括我自己。影片无论在展映阶段还是创投阶段，都存在不同文化背景的人之间的碰撞。正因为我做片子的原则，他们提出的意见就非常有价值。

蔡：从整体上看，《石史诗》的主体大理石更多地体现为一种文化象征。对于经济全球化时代文化的挪用、传播、复制，你是怎么思考的？

王：《石史诗》更像是一部符合我自己书画风格的作品。它虽然叫史诗，但它是一个反向的史诗，或者说是一个当代的反乌托邦的版本。我们这个时代的史诗不是英雄的远征，而是物质材料的远征。不论是《奥德赛》还是《伊利亚特》，它们描绘的英雄史诗是战争，是爱情，是阴谋；而当下的史诗是机械复制的，是《石史诗》里那些工厂的大规模复制和创造。它是一种平庸的、重复的叙事。片中我拍的大多是旅游纪念品，比如克里特岛的冰箱贴，它在表象上体现了旅游产业级别的文化传播，但实际上，那个表象的东西已经被背后的大型工厂和跨国的生产销售过程解构掉了。这个时代也是如此。虽然它表象上还剩下一些，如大家还是要去旅游，去不同的地方看看，购买有当地特色纪念品，但它们背后的机制很相似，全世界的文化产品都会配置到劳动力廉价的地方生产，而那些在地的文化已经被产业转移消解了。这就是这个时代在文化层面的特征，一种经由全球化的机械复制而被同质化的过程。

蔡：目前中国的纪录片创作者好像更加关注中国议题，关注世界化议题的比较少，你是怎么看待这一现象的？

王：这一点在中国确实比较明显。无论是商业电影还是艺术电影，剧情片还是纪录片，都存在一种本土化的倾向。整体上看，本土化是中国创作者的一个显著特质。这其实是一个大国的现象，它不只是中国的问题，美国也是这样，印度、巴西这些国家也是如此。因为这些国家的疆域很大，内部过于复杂，一个问题很难跨到边境之外。但是像欧洲的国家，哪怕是大一些的法国、德国，最多一天，你就能开车出国，这些国家很容易和周边的邻国发生关系。

还有就是欧洲几百年的文化语境的原因。欧洲殖民史让欧洲国家与世界产生千丝万缕的关系，无论是正面的还是负面的。在欧洲殖民航海之后的很长一段时间，中国作为一个重要的地区，一直保持一种防御型的姿态，和世界的联系越发疏离。改革开放之后，中国跟世界的联系变得紧密起来，尤其在经济层面上，与之前有了很大的改变。这种紧密的联系部分体现在两个方面：一方面，世界各地的日常用品大多在中国生产；另一方面，普通中国人与世界的联系大多体现在物质层面，而非直接的精神层面，这在我们的创作上也有直接的表现。我认为这很正常，大多数创作者根植于本土，对本土的话题进行表达。对我来说，因为我自己的回族身份、我的成长背景，还有我这些年在欧洲的经历，我对世界化的议题有更多的兴趣，也形成了一个创作方向。

新的职业探索：用当代艺术探索电影

蔡：你最近在荷兰学习当代艺术，在荷兰的学习体验对你的创作审美有没有什么影响？

王：我学习当代艺术是一件特别顺理成章的事儿。像《石史诗》，虽然它依旧是按照电影的逻辑做完的，但是它里面的审美倾向，还有对物质的格外关注，或者说静态的、跳出个体人物的叙事，和当代艺术里影像装置的一些倾向有一定相似性。有些当代艺术领域工作的朋友会觉得，《石史诗》是一个比较"白盒子"①的东西，是一个可以在美术馆那种环境里呈现给观众的作品。

我这几年看了非常多的纪录片，也经常去看各种当代艺术的展，无论是哪个媒介，我都想在它们的基础逻辑和思考方式作了哪些尝试。当代艺术已经和我近几年的电影创作之间有了一个过渡，我觉得这很正常。可能比起学电影来说，它对我的补充性更大。当代艺术非常"有机"，它有很多电影不存在的维度，比如交互性、集体创作性、去作者性，更像是在土地里长出来的东西；而电影是从工厂里做出来的。当然，也有很多纪录片像是从土里长出来的，尤其在中国。但是《石史诗》不是那一类片子。

蔡：所以相比于在中传和北电学习，你在荷兰的学习更像是往职业方向上探索的过程。

王：对，我当时去电影学院学电影编剧也是想往电影这个职业发展。但我现阶段和视频里的那个阶段相比，确实对艺术和电影行业有了更多了解。我现在很清楚自己处于哪一阶段，需要往哪儿走。

蔡：你平时会接触在国内继续发展的纪录片导演吗？

王：当然，而且有很多，因为我才出国不到一年，大多数朋友都在国内。

蔡：像当年和你一块儿拍片的本科同学，你知道他们现在的创作状态是怎样的吗？

王：我现在和当时一起拍《离乡》的同学都还有联系。我现在住在荷兰，袁勋在布鲁塞尔学纪录片，两个国家离得非常近，我们也会经常见面，只不过是在世界的另一个角落。但曾益洲和乔建勋，我们见面的机会就少一些了，他们一个在深圳开了家广告视频制作公司，一个在做影视制片人和编剧，大家现在都有了不同的职业发展方向。

---

① 白盒子，又称白方空间，是一种现代艺术展览公共空间的模式。它是一个特定意义构成的公共场域，不同类型的艺术实践皆可在这个圣殿般的空间中呈现为"作品"。

其实我们这一级学影视创作的人，在电影行业里发展的很多。像我们电编专业做制片人和发行人的非常多，反而做创作的比较少。这个专业在国内做创作的比例也没有想象得那么高。

蔡：你觉得国内外的创作体系有什么不一样？

王： 国外的独立文化工作者的生存模式和国内非常不同。国外有大量的公共的艺术基金、电影基金等，创作者可以去申请，当然竞争的强度是非常高的。但是国内就比较少，创作者主要靠"接活"补贴创作，至少我在国内做媒体和电视纪录片的工作朋友都是这样的。如果是剧情片导演，可能接活的类型不一样，可能TVC（电视广告）多一点。

蔡：你希望自己回归剧情片的创作吗？

王： 当然，我现在就在思考下一个作品的题材和类型。过去这几年，我的创作环境里也有大量的剧情片因素，像剧情片的制片人和朋友，还有电视台的人，他们在欧洲这边也很支持我做剧情片。

蔡：你对接下来的创作以及新一代的纪录片创作者有什么期待吗？

王： 我希望自己能做到不自我重复。《芳舟》是一个阶段，《石史诗》是另一个阶段。接下来的创作，我想在大方向上保持连贯性，但可能需要再进行自我更新。

另外，很多"60后""70后"的纪录片工作者的个人创作角度非常不同，而如今"80后""90后"的中国纪录片工作者也已经慢慢成熟，大家的第一部、第二部作品都出来了，两个年龄段的作品形成了比较明显的代际差。我希望新一代的纪录片创作者也能生产出一批好的作品，一代与一代形成一种合力，那是非常宝贵的。

蔡：在如今的纪录片创作培育生态下，越来越多的创作者选择前往国外进修。你有着丰富的海外创作经历，有什么经验或建议可以分享给新一代纪录片从业者？

王：如今很多人正处于从学生过渡到职业创作者的角色转换阶段，我可能刚刚经历完这个过程。其实，毕业后成为一个职业的纪录片工作者的人非常少，因为难度很高。不是说它需要多大的资源，而是指创作者需要在一段时间里形成一个非常特殊的"小气候"，需要投入大量的时间在一个有可能什么都不是的东西里。这个过程是很枯燥的。纪录片最大的难处就是面临投入的精力和产出的成果不成正比的困境，但你如果用那么几年走完这个过程，最后还真做出一个不错的东西，那是非常好的。

有了第一部作品后，从第一步到第二步的过程也很难，但走完第二步之后，你可能就真的走上一条平稳的道路。事实上，在中国做独立纪录片，你无论做到什么程度，都会在物质生活上面临一些挑战，比较关键的阶段可能就是二十多岁的学生时期。如果你现在能抓到一些有价值的题材，就鼓起勇气，赶紧去拍。未来的一切都是从这一步开始的。

王申采访手记

蔡晓谨

由于王申导演目前在荷兰乌特勒支艺术学院学习当代艺术，没有办法进行线下交流，我们便选择了线上采访。

访谈开始前，导演找了一个户外的庭院进行采访，院内花草繁茂，洋溢着浓厚的生活气息。起初，导演并不知晓线上采访也需要摄像。当得知有录屏和额外摄像时，导演第一时间的反应是自己的形象管理，他直接在镜头面前洗了个头。简单收拾过后，我们开始了正式的采访。

访谈依旧以回顾半夏作品作为开始，导演看着视频里的自己，不禁调侃起那时自己的形象。他还表示，自己曾经也剪辑过半夏颁奖视频，所以看到自己的视频就感到格外得亲切。视频中和自己一同完成半夏获奖作品《离乡》的同学，他到现在都还有联系，只不过在世界的另一个角落。

王申导演与其他参与半夏的导演有所不同。他研二便选择了出国拍摄长片首作《芳舟》，从此便一直在国外的创作环境下学习。在回答问题时，他总是会站在全球视野下思考，对中西方的创作差异进行对比和反思。同时，受家庭环境影响，他对世界全球化下的文化图景以及个体之外的一些角度也会格外敏感，这一点在他的纪录片《芳舟》和《石史诗》中都有很明显的体现。

谈到自己的职业选择和发展，导演坦然地告诉我们如今从事纪录片行业的困难，投入产出比远低于想象，所以从事独立纪录片创作的导演需要拥有超出常人的勇气。同时，积累、机会和运气都十分重要。交流过程中，导演神情自若，直言不讳，全程和我们积极互动，向我们讲述国内外纪录片发展的异同。

由于时差原因，我们这边已经将近傍晚，而导演那边艳阳高照，导演的兴致不减，回答问题游刃有余。虽然导演谦虚地讲道，他一点儿都不"资深"，但是我能感受到，作为一个"90后"的独立纪录片导演，他对国内外的艺术和电影行业有着很深入的思考和独特的见解，他很明确自己处于哪一阶段以及未来的发展方向是什么，这让我心生敬佩。

整个访谈总共进行了两个小时，全程氛围轻松愉快，整体的交流就像师兄师妹之间的聊天，给我留下了深刻的记忆。

2013年 · 第11届

韩帅：
哪怕晚熟，不能错过

采 访 人：陈宇舟、周殷殷、郭明星

采访策划：温琦、杨雅文、王若笑

采访时间：2023年4月2日、5月7日

采访时长：7小时10分钟

采访地点：中国传媒大学豪丽斯咖啡厅、梧桐书屋外

文稿整理：陈欣宇、刘恬怡、孙毓泽

▶ 个人简介

　　韩帅，1986年生于山东，导演、编剧。毕业于中央戏剧学院。剧情短片《一九九九》获得第十一届"半夏的纪念"大学生影像展"最佳剧情片"；剧情电影《汉南夏日》获得第71届柏林国际电影节新生代单元儿童单元最佳影片奖，第45届香港国际电影节新秀电影竞赛（华语）火鸟大奖最佳导演；电影《绿夜》入围第73届柏林国际电影节全景单元。著有学术著作《新感觉电

影——娄烨电影的美学风格与形式特征》。

作品年表

2010年	剧情短片《苏丽珂》/导演、编剧
2011年	剧情短片《恐怖分子》/导演、编剧
2013年	剧情短片《一九九九》/导演、编剧
2014年	剧情短片《东尼与明明》/导演、编剧
2015年	剧情短片《最后一镜》/导演、编剧
2017年	网络电影《消失的妻子》/导演、编剧
2020年	电影《汉南夏日》/导演、编剧
	学术著作《新感觉电影——娄烨电影的美学风格与形式特征》
2023年	电影《绿夜》/导演、编剧

那些电影让我想起"满地酱油"的感觉

陈：帅姐，你是济南人吗？

韩：我老家在烟台，从小在烟台长大。我上小学的时候去了济南，大概6岁，在济南生活一直到现在。

陈：你出生于军人家庭，从小在部队大院长大吗？

韩：谈不上是部队大院。我小时候住在姥爷家，那里是军队的干休所。我父亲参军时，我们在营房住过一段时间。

郭：感觉这会对性格有很大影响。

韩：小时候还是会觉得军人最光荣，部队纪律严格且有意义，比如我们家要求吃饭、叠衣服、叠被子都要快，后来才发现吃饭快没有好处。我小时候常听到爷爷奶奶说，像你这么慢，去打仗就完了。所以我小时候纪律感比较强，上学也会把头发剪短，这样才利索。

我觉得它形成了两个东西，一是这样的家庭对女孩子的培养方向不太一样，我的名字是奶奶起的，她看戏里常讲"穆桂英挂帅"，觉得女孩为什么不能叫"帅"？二是从文化角度来说，我们国家经历了激烈的阶级斗争，性别斗争又伴随阶级斗争往前走了一步。伴随着这种平等，我们的性别平等在一定意义上提前了一步，但也有一些压抑是没有改变的，比如，在我小时候的印象中，双职工家庭的爸妈都要上班，但妈妈要回家做饭、带孩子，这个是没有改变的。

陈：**女性还是会多承担一些家庭责任。**

韩：对。长久以来，你还是能在家庭中感受到一些压抑，这些生活体验可能会对小时候的我有一些影响。首先，我会希望自己不要娇气。其次，军人家庭的男性、长辈比较威武，脾气又比较大，我小时候对他们有畏惧感。

我在大学毕业之前都特别渴望自己是一个男性，很奇怪，可能是因为男性有一些优势。现在已经不太有了，男性也挺难的。如果是从性别角度来说，有些两性的压力真的是有唯一性的，相互之间的理解是有一点困难的，我也不能完全理解男性的困难，我只能比较感同身受女性的压力。尤其是随着年龄的增长，大家都会看到平等的难题。

陈：**在你心里，山东有什么突出的特质？是否给你带来了影响？**

韩：山东人受传统文化的影响，可能为人处世体现了儒家文化，所以它有普遍性，但不具有个性。我作为一个山东人，性格上还是有挺明显的延续的，就像刚才说山东最核心的特质是儒家文化，不过这个特质全国都有，只是山东尤为明显。我在山东籍导演的电影里看到一些挺一致的面貌。《大象席地而坐》《宇宙探索编辑部》，就是非常典型的山东人电影，我能感觉到亲缘性，但这个东西很微妙。我认为这两部作品里的人都有很强的耐受感，这是山东人特别能理解的一种感受，就是无论在何种情形下，人本身都能感受到的那种压抑感。在《宇宙探索编辑部》里，主要体现在老唐的内心和他面对世界的方式上，而在《大象席地而坐》里则无处不在。济南是盆地，气压又低，彭昱畅饰演的那个角色，走在没有阳光的天气里，让我立刻想起小时候走在20世纪90年代济南街头的感觉。每个人的脑袋顶上是一重又一重的乌云，那种表达状态也让人感受到极强的压抑。在没有建设卫生城市之前，鲁西南城市常给人一种"满地都是酱油"的感觉，又脏、又闷，还有一股老抽的味道，公交车总是拥挤，感觉随时在晕车。

所以我觉得如果导演是来自同一个地方的人，他们的性格也会有一些同一性，当你碰到同类时，能特别明显地辨识出来。

陈：你的电影有这种感觉吗？

韩：我觉得也有。一种压抑感，一种耐受感。不是痛苦，不是如坐针毡、很焦虑或别的什么；而是那种不通畅，头顶被一个隔了一段距离的东西压着，不是直接压迫，这很难描述。我觉得一个辨识度很强的城市会在影像上帮助你找到一个城市或电影的气质。但济南比较特别。

读化学也不觉得是消磨时间

陈：你什么时候开始对影像感兴趣的？

韩：真正感兴趣应该是上高三的时候。我当时也算在一个重点高中读书，高中的住宿部借用了某所大学的宿舍。大学校园里有很多卖杂志的小书店，当月杂志要十块钱，过期杂志只需要三块五，我听了同学的推荐，花了十块钱买了三本往期的《看电影》杂志。那里面谈到一些电影，虽然我没看过，但杂志中对这些电影剧情的复述和评价都很美、很有魅力，让我觉得电影好像挺有意思的。

我问那个向我推介《看电影》的同学，如果想了解杂志上提到的那种电影，应该从什么看起？他就借给了我三张DVD，我记得是《阳光灿烂的日子》①《苏州河》《站台》。我按顺序看这三张DVD，觉得都很好看。尤其是看《苏州河》时，感觉很奇妙。我记得我蜷在沙发上，脑子有点蒙蒙的，整个人特别像淹没在水里，挺痛苦又挺舒适的。其实它是一种很典型的感受——当你被一个东西吞噬时，你会跟它同频痛苦，但你又获得了精神上的愉悦，这就是悲剧的愉悦。

我开始觉得电影能量很大，这个变动让我在准备高考时心不在焉，但那时艺考又来不及了。家里没人从事这方面工作，我也没有决心让家人同意我去复读一年，最后决定还是正常考大学，阴差阳错地学了化学专业。但那几年大学时光里，我一直是影迷，看了很多片子、杂志。临近毕业时，我还是不愿意放弃心里的念头，所以我在22岁时决定重新艺考，上了中央戏剧学院。

陈： 读化学专业时你开始看第六代导演的作品了吗？

韩： 对，很难不受第六代导演的影响。我记得看完王小帅导演的《二弟》，印象特别深刻。它讲一个人要漂泊到外地，想尽办法离开自己那个地方，潜在地给了我一些勇气或想象。贾樟柯导演的《站台》也是这样的主题，即我们能不能看到并踏上这列火车离开家乡，去寻找自己的可能性。

另外，第六代导演们的电影给我很亲近的感觉。当时贾导有一个说法，DV时代，人人都可以做导演。你拿起摄影机就可以做一个导演，电影和生活的关系是如此之近，这让你觉得做一个影像创作者是可能的。我觉得他给我

---

① 《阳光灿烂的日子》是1995年由姜文执导，夏雨、耿乐、宁静、陶虹主演的电影，该片曾获第51届威尼斯国际电影节金狮奖、2022年新时代国际电影节·金扬花奖"百年百部优质电影"等诸多奖项。

这个"可能",是使我最后进入这个行业的最大驱动力。

我在读化学时都不会觉得日子很难消磨,我会有间离感——现在的生活可能是一个素材。那时看朱文①的小说,他是动力系的,我们电力大学也有动力系,我就觉得我的生活也在小说里,我身边的事情、我对生活的体验都可以变成艺术的一部分。你向未来的生活伸出了天线,搜集所有可以把你和艺术连接起来的信号。

在绵软和批判之间来回横跳

陈:后来你就决定去考中戏了,现在回想起来在中戏时更喜欢哪个流派?会不会有意地模仿自己偏爱的风格?

韩:我觉得戏剧应该是底,加上我喜欢看戏剧性强的作品,我学习的过程挺单纯的,这一阵喜欢什么就拍什么,现在也是这样。比如这段时间喜欢侯孝贤,喜欢台湾新电影,就拍这个。《一九九九》②的英文名是*The Time to Live and the Time to Die*,当时觉得这是对《童年往事》的一种向往,一种致敬,也是一种模糊的模仿。

至今为止,我最喜欢的导演还是侯孝贤。我觉得侯导的电影在艺术水准上是最高的,能拍出东方人特有的情感,他的电影在情感上、历史上、文化上和技巧上也是最好的,而且零失手,他对我来说是一座高山,但又像父亲

---

① 朱文,1967年12月出生于福建省泉州市,作家、导演,毕业于东南大学动力系。代表作品有小说《到大厂到底有多远》、电影剧本《巫山云雨》、小说集《我爱美元》、长篇小说《什么是垃圾,什么是爱》、电影《海鲜》、剧情电影《云的南方》等。

② 《一九九九》是由韩帅执导的剧情片,讲述了一个女孩在她情窦初开时所遇到的亲人的死亡与意外的情感纠葛,获2013年第11届"半夏的纪念"国际大学生影像展最佳剧情片。

一样在后面托着你的背。你看他的电影会觉得很踏实、很自豪，觉得我们的语言、文化、电影已经达到了一定高度。他对我来说很复杂，拍完以后我觉得千万不要再碰对方的美学高峰，差太远了，或者说这需要一生的追寻。

陈：《一九九九》似乎也有你的个人经历？

韩：对，有相当一部分是我亲身的经历，那是唯一一次我拍的故事离自己这么近。我大一在剧作课上写过一篇散文叫《童年往事》，就是故事原型。当时自己写得很投入，觉得必须要把那个经历写出来，像吐出一口气一样。到了拍毕业作业时，我交了好多剧本都被毙掉，平时我的剧本都是一次过的，但毕业作业就是过不了，感到非常挫败。最后实在没有办法，只能拿自己的真实经历写了一个剧本。当它拍出来时，我真的有一种告别的心情。故事发生在1999年，那时我小学毕业，是告别童年的节点；拍摄时间在2012年，我本科毕业，是跟学业告别的节点。它写的是对死亡的认识，好像是个责任和使命一样，我把成长中非常重要的感受拍出来。

我觉得生老病死是很宏大的东西。我写散文时想到了《童年往事》，拍的时候自然而然又会回到那部电影。

陈：很多青年创作者也会选择"告别"这个议题，但你为什么选择了少年的爱欲这个角度去告别？

韩：我觉得是戏剧性的问题。爱和死是很典型的电影母题，我要讲的是死亡是其中一个重要的坐标，那它的反面是什么？或者说跟它并行的另一个概念是什么？其实就是爱。因为你在长大，另一个东西在衰老，这是并行的。

剧本里女孩发现姥姥的肌肉在萎缩，自己却在不断长个子，就自言自语地问："为什么我在越变越大了，而姥姥却越变越小呢？"从剧作角度来说，当散文中的精华进入一个故事时，你得有一个操作方法把它架构起来。除了生长发育这些没有戏剧动作的部分，还要编织一些故事线索，把成长感受传递出来。

陈：现在回看这部片子，你有什么遗憾吗？

韩：很多。我那时使用的技巧和对表演的把握都不太足，我不知道用什么方法能够把我剧本里的气呈现出来，只是把文本中的情节转换成影像记录下来。最后不得不使用旁白。那时候很不自信，生怕有什么东西没有说尽，现在看来用得有点过。

陈：所以到了研究生阶段，想要把更多想法在毕业作品《东尼与明明》[①]（以下简称《东尼》）中讲出来？

韩：其实谈不上毕业作品，就是读研时有一个拍摄机会。当时56网[②]用一个剧本加一个短片的方式对一些青年导演进行选拔，最后选了十位。那时很多被称为"网生代"的导演就是从这种短片遴选里开始创作的。

陈：有资金支持吗？

韩：有九万多。如果我们觉得不够，也会自己添一点。这在2014年对学生来讲也不少了，大致的拍摄是可以完成的。

陈：你提到自己每一次创作都会受那个时期喜欢的导演影响，拍《东尼》时是哪一位呢？

韩：那时是雅克·欧迪亚（Jacques Audiard）导演。他是法国导演，风格比较感性，技巧也特别丰富。再加上我在《一九九九》时有一个很大的遗憾是视听的功课没有做到位，想在声音上有新的尝试，所以开始从主角有听力障碍这个点构思故事。

陈：你在叙事视点上也有新的尝试，运用了多视角。

韩：虽然是多视角，但实际上是更主观了，它的每一个视角都更像是一

---

① 《东尼与明明》围绕正值青春期的男孩东尼对保姆明明暧昧不明的迷恋展开叙述。

② 56网成立于2005年4月。韩帅《东尼与明明》为该网站"蜕变2014——十人十部高校导演创投计划"扶持作品。

个主观视角。虽然《一九九九》有旁白，但只是女孩的单独视点，实际上它的拍法、感受很客观，很有距离。到了《东尼》，我认为主观视点比较容易做视听的尝试。拍得越主观，可做的操作越多，因为不需要那么写实了。

陈：**在表达上想做差异化尝试吗？**

韩：我之前一直拍摄女孩的故事，到了《东尼》不想离自己太近，换成了男孩。在表达上，可能是受迈克尔·哈内克（Michael Haneke）[①]和克劳德·夏布洛尔（Claude Chabrol）[②]的影响，想做有批判感的主题。片子第一版的英文名叫"俄狄浦斯"，当时做的是弑父娶母的模型，有一些老师说这名字太"大"了，我就改成了"儿子"。我觉得可以做一个比较理性的批判主题，对父权的反抗。表达上也不是以前的温和方式，更理性、更有锋芒一点。那时心里好像有强烈的反抗感，可能是想反抗自己，反抗当时流行的散文式电影。其实我的生活经历和情感方式是挺东方式的，但在那段时间里，自己拍着拍着就产生了想要抑制一些柔情，批判一些观念的欲望。

陈：**我还蛮惊讶的，在相对年轻时就对自己以前的风格大刀阔斧。**

韩：对，拍短片时我其实也试过。本科那种小练习，通常一个是很散文很深情的东西，然后就会出现一个很哈内克式的东西。我好像总在这两种风格之间跳来跳去。

陈：**本科毕业和硕士毕业时想过直接进到产业里吗？**

韩：因为保送上了研究生，就自然没想过进产业。我的家庭还是很传统的，希望我稳定一点。当时我身边的人都觉得我适合做教师，我也觉得教师

---

① 迈克尔·哈内克，1942年3月出生于德国慕尼黑，奥地利编剧、导演。代表作品《第七大陆》《荧光血影》《机遇编年史的71块碎片》《钢琴教师》《白丝带》《爱》等。

② 克劳德·夏布洛尔（1930—2010年），法国导演、编剧、制片人，代表作品《漂亮的赛尔日》《表兄弟》《女人韵事》《权力的迷醉》《双面娇娃》等。2003年，夏布洛尔获得第16届欧洲电影奖终身成就奖。

岗位很有荣誉感，很有这个冲动。硕士毕业时，我理所当然地选择考博，觉得继续学业不会影响创作，硕士跟博士在同一个院校体系里也不需要重新适应。我每次去听课，老师都说："你来干吗？我已经没什么可以跟你讲的了。"

电影这种形式是有特殊性的

陈：你在博士二年级开始写关于娄烨"新感觉电影"的博士论文[①]**，当时怎么思考的？**

韩：大概是2015、2016年，我刚写完硕士论文，又要重新开题，那是我第一次感觉到学术压力。我以前只做过导演研究，担心做不成博士论文的厚度，老师们也觉得开口有点窄，但我确实不会别的。那时我对写论文这件事感到疲惫，所以觉得必须得选择一个自己真正感兴趣，且对我的创作有帮助的选题，才能坚持下去。我一直很敬重我们的理论教师徐枫[②]教授，他一方面让我觉得电影理论非常有趣；另一方面让我明白做理论、教理论不那么容易，不是说创作遇到瓶颈了，就可以躲在理论里混一混，电影理论需要天才的创造力和扎实的功底。所以我那时觉得，未来还是做创作的可能性多一点，希望理论能最终帮助到自己的创作。

我当时对于寻找论文切入点的问题非常挠头。碰巧我的老师和我的剧作搭档雷声同时提到"新感觉文学"这个流派。稍早时我读过施蛰存的散文，也知道有"新感觉"派小说，但并没有深入了解。尝试去读的时候，我发现

---

① 《新感觉电影——娄烨电影的美学风格与形式特征》，作者韩帅，2020年由江苏凤凰教育出版社出版，为首部娄烨电影研究专著。内附娄烨导演、梅峰老师、孔劲蕾女士三篇万字独家访谈。

② 徐枫（曾用名徐峰），1998年北京电影学院硕士毕业后即执教于中央戏剧学院，现为电影电视系教授，博士生导师。

的确与娄烨的电影风格有着千丝万缕的联系，这才开始搭建论文的结构脉络。后来去采访导演，我得知导演自己对这个流派的作品有非常多的阅读经验，才发现这不是巧合，而是有迹可循的，我应该没有找错。对一个导演来说，一个文学流派的风格进入他的知识结构，影响了他的创作，也是理论和创作可以相互促进的证据。

陈：娄烨导演的新发现对你的创作有影响吗？

韩：我发自内心地认同一个观点——主观优先、形式优先。艺术反映的是主观现实，而不是客观现实，主观现实背后透露的是作者的眼光。这种从个人角度出发的创作态度，跟我自己是吻合的。

形式优先也是我的一个愿望，我觉得"新感觉"派小说都在进行着非常技术性的创作，语言上的先锋性和实验性很强，是非常现代的文学流派。有些小说甚至是为了实现一种创新尝试而写的。我有时觉得，娄烨导演当时可能是为了实验"盲视觉"效果才拍《推拿》的。至少这对他来说是一个很重要的出发点，因为不太有人敢想把盲人的故事变成电影，应该怎么描摹盲人的主观感受，特别是怎么做到视觉化呈现。所以我觉得这些形式上的探索本身就是他创作的动力。

这种感觉我也有过，我一直都希望自己能在形式上有所补充，我很多时候是从内容、故事出发的，而电影这种形式是有特殊性的，我应该把它的独特性呈现出来。在这部分我有点先天不足，所以一直提醒自己重视形式、学习形式。

陈：书里提到的观点"主观比客观更真实"，可能挺有争议性。

韩：这是一个挺复杂的话题，何为主观现实？何为客观现实？甚至有观点认为，所有的客观现实都是由主观感受组成的，观众们看到的客观现实，可能是由背后的创作者筛选出来的。这在"新感觉"派小说的理论中有相当多探索。我也觉得有些地方像是一种悖论。然而抛开那些话术，我还是相信这个观点背后的态度，就是我从个人视角出发，我重视的永远是个体的遭遇和感受，重视"人之为人"的正常欲念。依据你的生活经验，当你跟时代、社会、他人发生冲突时，实际上你的第一准则还是自己的欲求。

电影以某种形式照进观众心里

陈：博士期间兼任教授本科生课程吗？

韩：对。一开始信心满满，但教着教着我就有点儿没底气了。学生时代的经验告诉我，如果老师能给出一种较为笃定的工作方法，会令大多数学生感到受用和安心，所以我一直想灌输一种"定论"作为创作工具。但很多中戏的学生是抱着艺术理想来上学的，有很多天才的想法，这些想法根本不在老师设定的规则里面。那时我很恍惚，不知道该支持还是反对。如果鼓励他，其他学生就会不知道标准是什么；但不鼓励他，我又很清楚这些"违规"的东西其实也是有价值的。这让我在教学中感到矛盾，做不到笃定表达，做教师的冲动有一点儿被动摇了。加上当时高校引进人才政策发生变化，要求有留学经验之类的。我想过、犹豫过，还是在准备出国留学前放弃了。回想起来，最关键的原因还是我遇到了可以拍摄长片首作的机会，如果可以拍，我不会放弃任何机会。

陈：你知道自己放弃教职身份、投身创作会面对什么风险吗？

韩：当时没有多想，毕业后很快就进入《汉南夏日》[①]（以下简称《汉南》）的筹备。只能做好眼前的事，没有机会去想其他的。

---

① 《汉南夏日》是由韩帅编剧并执导，龚蓓苾、黄天主演的剧情片，该片讲述寄居姨妈家的女孩杨果，因目睹好友的一场意外而陷入困局的故事。

陈：《汉南》在电影节展映后收到什么反馈？

韩：疫情期间评论界比较萧条。但我看到了 *Screen Daily* 的影评，印象深刻，文章的题目是："她是她生活的旁观者。"文章的视角很特别，认为这部电影既主观又客观，女主人公杨果在这个故事里像个仓鼠一样在不停地行动，同时她好像很冷静地抽离在事件之外，观察自己的处境，寻找一个方式生活下去。这个反馈让我对自己的创作有了一些新的认识。

平遥电影节的映后交流结束后，一个女大学生突然跑过来，说自己完全能够明白杨果的心态，眼眶红红地问"我能不能拥抱下你"。我挺惊讶的，也很局促，但还是接受了这个拥抱。在拥抱的那一刻，我也非常感动。我做了一部电影，这个电影好像以某种形式照进了观众的心里。她可能是在照镜子而已，不见得完全跟着我的电影走，但我的电影的确跟她的生命产生了一种拥抱式的连接。这让我觉得挺幸福的。

虽然我在意前辈们和奖项的认可，但最宝贵的肯定是观众的认可。那时我总是想起克日什托夫·基耶斯洛夫斯基（Krzysztof Kieslowski）提到的一个例子，他在拍《维罗妮卡的双重生活》时有一段很精彩的木偶戏，电影放映后，一个很小的女孩跟导演说，那段木偶戏让她觉得人在这个世界上是有灵魂的。一部电影能让一个八九岁的女孩觉得人是有灵魂的，这比任何东西都有价值。虽然我的电影没有达到那个程度，但拥抱的那一刹那我想到了基耶斯洛夫斯基的那句话，我在一定程度上享受到拍电影能带来的最大价值，还是挺幸运的。

反复书写那种“不舒服”

陈：在《汉南》之后，有很多项目找到你，有没有你特别中意的？

韩：那时的项目还是有一定市场向度的，尤其是女性、青少年题材，都会觉得女性导演执导比较合适，所以当时有很多公司找我。但我觉得，一个新导演刚刚冒出来时，公司、制片有时并不是抱着合作的心态，而只是一种“认识你”的心态。

那时我感到很惶恐，每周都会接到微信、项目书。经过一轮接触后，我觉得很奇怪，他们都没有看过《汉南》，为什么都觉得我可以做？

后来尝试过几个项目，但我发现我对市场有一点陌生，因为做《汉南》时只要面对自己就行了。当我企图进入观众的主流价值观时，容易自我审查，有点两边不靠，既没有自己原本的特点，也无法满足市场的要求。所以我有一点灰心，这种有些“言不由衷”的创作，好像不是我那个阶段可以做的事情。

陈：你说那个时期女性电影很有市场，指的是什么？

韩：那是《我的姐姐》最红火的时候，关注女性的生活和困境的作品，在市场上比较受青睐。大家发现女性观众是庞大的群体，资本就会往这个选题上倾斜。

陈：顺着这波浪潮，有一些项目找到了你。你说有一种“两不靠”的感觉，那段时期会有一些困惑吗？

韩：会。我也算是按剧作法来工作的导演，我一直以为我可以尝试做符合主流市场叙事要求的电影，但后来我发现，在细微的审美取向上，我可能和大众是不一样的。我过去做的事情是最大限度保护我作为导演的作者性，非常期待一些“反观众期待”的东西，而反期待的东西当然不是主流的，也不是出品方、制片方认为观众能接受的。因此，我会产生一个怀疑，质疑自己是不是做得不够大众。但如果我做得大众了，又可能伤害自己的趣味。我当时很难找到二者之间的界限，因为我的片子还没有经过市场验证。

陈：**我想起去年曹保平导演在FIRST论坛上的观点，作者化类型片不是类型片的最低要求，而是最高标准，所以大家不能一上来直接奔着作者化类型片去做。**

韩：曹导说得很对。另外，说白了，可能工业标准下的类型片，质量没有达到标准，不仅仅是硬件，也有软件，就是情节、故事部分，能做到及格的人寥寥无几。还有一种可能，不是所有导演都可以做作者化类型片的，这可能也是我的误区。我认为我是一个靠剧作法生产电影的、有一定的作者诉求的导演，但是不是这类导演就可以做作者化类型片且能够成功？我觉得未必。个人的审美取向能否和当下大众相契合？这是个玄学。市场和观众情绪每天都在变动，2010年的片放在2020年不一定能大卖，很多事情是一个综合结果。

陈：**我想起你之前在访谈里说的，劳拉·穆尔维认为类型片隐含的是父权制的叙事，这种父权叙事和你对女性议题的关注是不是存在冲突？**

韩：这可能是另一个复杂的话题，我也回答不好。作为一个在那个阶段还想表现女性议题的导演，如果借用类型片的外壳，势必会跟那套类型片体系相悖；更何况在中国的文化语境里讲类型，也不完全是剧作法里学到的那套美国电影类型，你需要进行变种，和大众碰撞。这些文化冲突可能比性别冲突复杂得多。

陈：**说到这个，我想起在某个创投复审时，一位评审一直强调你要讲的是不是中国的家庭。你后续的创作是不是有一种想超越《汉南》的野心？**

韩：我觉得没有，就是想拍不一样的东西。从学生时代开始，我就不会连续拍摄一样的东西，在投入了精力且表达比较完整的情况下，我肯定想跳开一下。这跟我的性格有关系，可能是因为我没有长性，谈"超越"有一点儿大，只是兴趣上想转移一下。有些导演慢慢会被定位，这很可能是某种电影营销的结果。但从创作者本身来讲，我相信大家都不希望自己被定型。实际上大部分创作者一辈子都是在拍一个议题，感兴趣的母题、惯用的手法就是那些，所以它一定会有连续性。但大部分当下的年轻作者，肯定希望自己每一次都会不一样，这也是个常态。

陈：除了转移，你后续创作中有没有延续的理念？

韩：有。我一直相信，如果女性有了反抗压抑的勇气，但这种勇气不是来源于外部的，就有了改变内在对自我的认识。所以说，女性反抗的第一步是先冲破自己，这也是我最感同身受的一点。我在后来的作品中也复现过《汉南》里的一段重场戏，那个女孩子最后为什么在镜子面前打自己，其实是一次自我惩罚。在和一个你厌恶的世界进行抗争时，你做了让自己都看不起自己的事情，这对女孩子来说太正常了。我想表达的是，必须先认清自己。

陈：为什么在创作时会重现类似场景？

韩：因为我还没解决这个问题，它时刻困扰着我，影响着我和我身边的这些人。所以我一旦拍摄女性议题，最感兴趣的点或我的观察还是会渗透在里面。13岁时有这个体验，23岁、33岁、43岁还会有这个体验，只要这个体验没有发生改变，我就会继续做下去，它是连续的。

郭：在你的体验里，有没有一些比较直接的事情可以分享？

韩：其实并不是具象的某次体验，而是积累性的体验。我觉得男性也有一样的体验，因为面对上位者也可能会屈服，个人的感受可能会更强烈。

比如，今天有一个活动，你明明不认同专家对后辈的贬低，非常想丢个茶杯过去，但你可能都没意识到自己其实边听边微笑点头，而且是下意识的，然后对方拍拍你的肩膀说，真是懂事的孩子。这就是你过去若干年里养成的习惯，它是社会性的东西。你有可能觉得不舒服，但你不知道为什么，我相信这种不舒服是我们都会有的。迎合要比反抗更轻松。

陈： 那你的临界点在哪里？

韩： 我觉得它是一个量变过程，就像写《一九九九》剧本时，我第一次尝试写我外婆的死亡那场戏，在修改、筹备，甚至拍摄时，我都有点不敢面对，它劲儿很大。一直到我剪完放出来以后，我才觉得我不会再痛哭流涕了。

它就是这样一个漫长的量变，我说不清是在哪一个点放下了。你反复面对、书写、制作它，把它拆解成一个又一个镜头和演员的一个又一个动作，这个过程一定会磨炼你面对它的意志。从这一点来讲，我肯定比拍摄之前更能面对它。当这样的临界点来临时，我不会再那么纠结。

陈： 我想起有一次我和本科老师对话，老师说焦虑的感觉就像细菌，我说希望我下次见到老师时是无菌的。他觉得不对，他认为与细菌共生才是最好的状态。

韩： 是这种状态。我觉得电影不解决生活问题，但是它可以让你有一个面对生活问题的态度。

首映就像一场"婚礼"

陈： 你近期的电影《绿夜》入围第73届柏林电影节全景单元，可以和我们分享这次经历吗？

韩： 这一次影展经历比较完整。我和制片人的压力还是蛮大的，她们要跟影展、销售公司细致地沟通活动和宣传细节，我要负责采访、跟媒体推荐电影，要考虑在发布会上会面临什么问题。首映完了还有复映，也有晚会和活动……工作强度还是很大的。当然第一波观众和媒体的反馈压力是最大的。

至于享受，一方面是首映带来的仪式感，有点像给你和你的电影办了一场结婚典礼，正式面对观众。发布会、photocall、红毯、Q&A，首映的那一天你会觉得非常累。但我觉得这也算是一种享受，毕竟本来就是去"办婚礼"的。

另外，我觉得在电影节当个普通观众是最幸福的。首映前后这段时间里，你可以去看别人的电影、关注的导演或感兴趣的题材，出来跟朋友们一起聊。

陈：除了感到压力和幸福，你说过电影节给你一种分裂感，为什么？

韩：我高密度地泡在一个话题里，每天都在接收别人的评价，就会忍不住怀疑这个地方拍好了吗？这个地方没拍好吗？他们为什么不喜欢这个地方？为什么他们喜欢那个我没有预想到的地方？我会建立与观众反馈相关的得失心理，天天追问自己，那个过程挺难熬的。心里充满遗憾，又要抛掉这一切去推销自己的电影，终究还是希望大家认识、喜欢它，我觉得特别分裂。

那种分裂过去了以后，我会放松下来。"婚礼"结束了，不需要每天都强调我的"另一半"了。电影节是一个大场域，所有人都在这十天里聚集在这儿聊电影、关注电影，但他们也会散去，回到自己的创作和生活里去，不能天天都过节。

陈：你在这个过程中汲取到力量了吗？

韩：主要的力量来自我见到了很久没有见到的同事们。他们有的生活在韩国，有的在纽约留学，还有的在新西兰工作。得益于这个机会，大家能再次相聚，就像你最亲密的朋友们来参加你的婚礼，你又跟他们相聚在一起，一起出去吃饭、看展、逛街，那种感受是很好的。

另外，他们来参加"婚礼"，好像能让他们重拾和电影之间的"爱情"。因为我的团队很年轻，看到自己的名字在银幕上，听到自己被介绍给大家，他们对电影的荣耀感又有了进一步的体验，这会补给到他们的创作里。我可能没有办法再请他们回来一起拍电影，但至少我们共同的工作成果会让他们还想继续拍电影，这些都让我觉得有价值。

陈：从柏林回来后，你还要继续面对烦琐的电影后期工作，是吗？

韩：首映时音乐都是DEMO^①，调色也只调了短短几天。回来后我改了很多音乐，重新混音，摄影师重新调色。之后我再去审DCP，觉得更细腻了，对电影的传达有帮助，甚至对演员的表演有帮助。

虽然普通观众看不出区别，但我一直记得我的老师说过的一句话：你以为你没看到，其实你看到了。电影是渗透式的，肤色调了一下，观众可能认为没有区别，但一帧帧连接起来，你会觉得演员的表演更加朴素自然，这都会有助于电影的表达。

我对叙事有永恒的兴趣

陈：你之前提到，你和你身边的创作者更多地注重个体经验的表达，好像开始回避宏大叙事或更有社会情绪的那一部分，是吗？这是不是有一种同质化趋势？

韩：所谓同质化，我认为有一个原因是大家不敢写没有经历过的东西。放眼望去，大家不看世界，而是在看手机。当大家都间接地与世界连接，间接地生活时，你对世界的感知方法就完全被改变了。而电影的传统要求是活生生的人、在镜头前真实流动的时间和空间。

我们的前辈们，比如第五代导演经历了三年困难时期、"文化大革命"、上山下乡、恢复高考、制片厂变革……他们所经历的物理上和精神上的迁徙太多了，所以表现出来的情态更丰富。这些创作者们的教育和理念都跟社会和历史议题相关，但在我的生活里，这种对议题价值的感知并不是那么具体，

---

① DEMO是demonstration的缩写，此处指电影样片。

所以不能强迫自己和社会议题挂钩。我始终尊重一个创作者表达他能够理解的那部分。哪怕同质化，都比拍假的要好。

我们同代导演里不乏对社会议题有关注、有表达欲的创作者，比如我能感觉到顾晓刚导演对故乡在现代情境下发生的变化有着深刻的关注和体验。只是相对来说，我们的同龄人好像相对没有那么统一地强调这些，实际上还是多样化的状态；也有可能是另一批表达内心世界的导演恰恰做得非常漂亮，他们被更多地关注到了。

陈：所以，真诚的同质化总归是大于刻意的。你在未来的创作中有什么是一定会坚持的吗？

韩： 每一次被问到这个问题，我都特别迷茫。我只能说期待尝试新事物。比如我现在特别想拍剧，相当于换一个媒介。我是编剧出身，所以我对叙事一直有兴趣，对长叙事给予观众的故事上的满足感还是挺向往的。剧比较复杂，它更有空间，人物也更有意思，我相信演员们去演一个完整的故事，肯定比演一部电影过瘾多了。它有那么多细节、情节，可以展现人物的各个方面。

剧是编剧跟演员的艺术，本质上讲，它更贴近戏剧。平心而论，我觉得中国电视剧的艺术高度比中国电影高。中国电视剧有非常多了不起的作品，它们是艺术品，而且有文献意义，好的电视剧其实是一部经得起反复琢磨的文学作品。

如果不做人，我想当一条狗

陈：我们回忆一下"半夏"的颁奖时刻吧。（播放获奖视频）你看完有什么感觉吗？

韩：我觉得"半夏"里人才济济。我看颁奖的时候没看我自己，就在看我认识的朋友、嘉宾。后来在工作中再碰上以前这些人，看到这种跨越和对比，感觉大家都发生了一些挺好的变化，挺感慨的。我刚才看到当初同时提名的短片导演还有潘依然，她现在是非常非常厉害的编剧。学生时代的一个小短片、小活动就是一颗小种子，后来大家好像都在自己这株植物上焕发了不同的光彩，还是挺幸福的。

陈：你一共参加了四次"半夏"，前三次是作为参赛者，最近一次是作为嘉宾。现在还能回忆起第一次参加时的感受吗？

韩：第一次当然印象最深刻，2013年，当时刚拍完《一九九九》，第一个比较重要的短片。"半夏"是我投的第一个影展，当时没想过会入围，也不知道自己适不适合做导演，因为拍完觉得没有完全实现自己的想法，有很多遗憾。后来身边人都说我更适合写剧本，连我的老师都劝我不用花太多力气在导演功课上了。"半夏"颁给它最佳剧情片的奖项，是完全出乎我的意料的。在我拍摄的那个阶段，媒体没有这么发达，器材各方面也有些门槛，所以我们觉得好像视听上要做得特别完备，这个片子才会被看到。但我认为文学价值很重要，我很想说的话就在片子里，虽然不那么容易被辨识，但"半夏"的评审们能辨识出来，愿意给予嘉奖。我觉得很幸运，也很惊喜，之后就决定继续朝导演方向努力。

陈：你现在参加了各种电影节，会觉得"半夏"有什么不一样的地方吗？

韩：我觉得它比较干净、纯粹。很多工作人员都是在校学生，他们的热情比其他一些更成熟的志愿者或工作人员更宝贵，更具感染力。大家的能量和气场都挺朝气蓬勃的，不计较什么，这是非常难得的。

另外，我觉得很多评审是在教育系统里工作的，他们选择的片子很多元，很重视短片的文学价值。

还有非常宝贵的一点是对纪录片的关注。我觉得这是在任何一个同类型综合影展或高校影展上都很难见到的。在半夏，纪录片有时甚至是得奖的大多数，你可以在这里看到纪录片内部的不同类别。这一点能坚持到现在，也很难得。

郭：我有一个题外话，如果不做人，你想做什么？

韩：其实我已经在电影里明确说了，我想当条狗。那是出于一种对于做人的疲倦感，如果你365天每天都在耐受，当然会有这种感觉。我觉得要说出这个愿望来，其实是需要一点"幼稚力"的。你好意思讲出这种三岁小孩的愿望，总比很油腻地沉浸在社会规则里要理想一些。所以我觉得不当人是一个理想，我在说这句话时，其实是退回到一个小孩子的立场。

郭：在我的认知里，狗的耐受力特别强，并且它会主动这样做。

韩：这可能又是一个悖论式的话题。在《好好拍电影》①中萧芳芳就讲过，徐克觉得做导演是神，严浩觉得做导演是狗，她觉得许鞍华就是在神和狗之间找到了一个很好的平衡。一个简单的例子，你求演员、求资本时跟狗差不多，当你在现场要忍受所有对你的责难和要求时，跟狗没有两样；但你又会决定作品所有的执行过程和样貌，是造物主本人。对我来说，导演是被迫成

---

① 《好好拍电影》是由文念中执导的纪录电影，于2020年10月23日在香港国际电影节首映。该片记录了香港导演许鞍华四十余载的电影生涯，也展现了她与母亲的感情牵绊。

为"神"，领导者是一个在神和狗之间非人的生物。

陈：最后一个问题，你对这本书的读者有什么想说的吗？

韩：要尊重自己的欲望。这个欲望其实就是理想的种子，尊重自己在每一个阶段的欲望，抓紧所有可能去实现它，不要害怕做任何错误的选择。珍惜自己所有冲动，然后去把握机会，实现这个冲动。

陈：这话由你来说是最有分量的，因为大家读完你的人生经历再看到这句话时会特别受鼓舞。

韩：对，人只能做好自己想做的事情。

韩帅采访手记

温琦

采访前的一周，我们按照时间线梳理了韩帅导演的成长、学业、创作经历。我们计划在访谈中，除了例行梳理导演的影视经历外，还要深入探讨女性主义、故乡与城市认知、学术与青年导演、电影节与市场流量这四个话题。

初见韩帅导演，她没有我想象中属于导演或学术专家的强势气场，反而十分平易近人。晚上七点左右，我们开始了访谈。除导演外，一共12人在场，周围有拍摄的灯光围绕，还有两台摄像机。我起初有些担心，这么多人和拍摄机器会使导演感到不自在，但韩帅导演真挚且坦诚，没有发生这个问题。

首先，她将学生时代的想法和经历向我们娓娓道来。我震惊于她22岁重新参加高考学电影的勇敢，也对她"哪怕晚熟，不能错过"的坚定态度感动。

随后，我们按时间顺序谈了她的主要作品。导演不仅分享了各个作品对自己影视经验的意义、选角拍摄的经验，还穿插分享了对二度创作、媒介自反等众多话题的思考。

最后，我们给导演看了她当年在"半夏"获奖的视频。观毕，导演并没有直接开始聊自己的作品，而是先从别克等从"半夏"中走出来的导演谈起，并感谢了"半夏"的组织者们。她提到四次参加"半夏"，认为自己和"半夏"互有缘分，有得遇知音的感觉。

访谈中，韩帅导演乐于分享，知无不言、言无不尽。访谈4小时后，已然是深夜十一点半，导演与访谈者虽都意犹未尽，但也有些疲惫。经过协商，我们与导演约定5月再次进行访谈。

整场访谈中，韩帅导演的语气从始至终都十分冷静，述说极具条理，给人以平静、理性的力量。访谈围绕导演的成长经历展开，话语在充实的内容之间流动，生发出更多思考。

2014年·第12届

徐玮超：
站在人类的边缘往前一小步

采 访 人：周亚男、郭明星、陈子路

采访策划：陈子路、周亚男

采访时间：2023年4月23日

采访时长：4小时30分钟

采访地点：中国传媒大学梧桐书屋

文稿整理：周亚男、陈子路、赵红燕

▶ 个人简介

　　徐玮超，1993年生，现为导演、编剧，中国美术学院电影学院博士生。本科就读于中国传媒大学，硕士研究生毕业于美国西北大学。执导纪录长片《再见好年华》《告别十二岁》等。纪录长片《再见好年华》曾获第十二届"半夏的纪念"最佳长纪录奖。长片首作《告别十二岁》曾入选FIRST青年电影展、中国（广州）国际纪录片节、中国影像民族志摄影双年展等影展。

▌ 作品年表

2014年	纪录长片《再见好年华》/导演
2020年	纪录长片《告别十二岁》/导演
	纪录长片《流量大师归去来》/导演
2021年	真人秀《奇遇·人间角落》/分集导演
2022年	纪录长片《但是还有书籍》第二季/分集导演
2023年	纪录长片《流浪归途》/导演

成长源流：一个找寻更本质归属感的外来人

陈： 您当时选择中国传媒大学的原因是什么？又是什么时候开始对纪录片感兴趣的？

徐： 我高中时在学校电视台有一些拍摄经历，很想学新闻，我父亲就建议我报考中国传媒大学当时比较有名的广播电视编导专业。我考上后才发现它并不属于新闻学科，但我后来还是做了一年记者，算是对我之前选择的一种弥补。

我对纪录片的兴趣源于我和我父亲一起去西藏的自驾游。我父亲建议我先了解一下西藏，于是我就去查资料，查到了一套纪录片——孙书云导演拍的《西藏一年》①。它让我更深入地了解了西藏的文化和历史，也让我对纪录片的制作产生了浓厚的兴趣，后来我还买了导演的创作手记。

---

① 《西藏一年》是孙书云执导的五集电视纪录片，在英国广播公司（BBC）首播。

大二时，我去了美国的一所传媒类学校交换学习，它的图书馆里有大量的DVD，我基本上把在纪录片书架上的DVD都看了一遍，其中就包括当时中国在西方比较火的《沿江而上》①和《归途列车》②，对我影响很大。《沿江而上》的导演张侨勇在2012年发行的《千锤百炼》③也直接启发我后来做《告别十二岁》④。

陈：您的童年会给您某种源流上的支持吗？听起来您的父亲是一个很开明的人。

徐：是的，我很感谢我父母的开明。我初中、高中是在清华附中读的，同学们基本上走的是两条路——计算机和金融。其实也有很多同学很想去做创作，可这不稳定。在北京这样一个高成本的城市，作出不稳定的选择很困难，但我很幸运，因为有家庭的支持，我获得了一次选择机会，离经叛道地选择了中国传媒大学，而不仅仅根据考分选择最好的结果。初中时，应试教育环境给我带来的体验并不好，因为如果你在最好的班里学习不好，就会在一个强调学习排名的环境里被看低。因此，当时我选择走一条不同的路，也是对那种应试环境的一种反抗。

这种反抗对现在也有影响，因为纪录片创作者需要保持一定的离群，才能找到独立且独特的声音，并且需要保持这种离群的状态，才能不被主流吞噬、失去生命力。但离群的目的不是一走了之，而是回归，以便更好地理解

---

① 《沿江而上》是2007年由张侨勇执导的纪录片。

② 《归途列车》是2010年由范立欣执导的纪录片，曾获阿姆斯特丹国际纪录片电影节最佳长纪录片奖，第83届奥斯卡奖纪录片奖提名等。

③ 《千锤百炼》是2012年由张侨勇执导的纪录片，讲述了在中国四川省会理县大山深处，一所拳击学校的教练齐漠祥带领年轻学员追寻拳击梦的故事。

④ 《告别十二岁》是2020年由徐玮超执导的纪录片，讲述了一群新疆石河子的维吾尔族男孩在足球世界实现自我价值的故事。该片曾获第14届FIRST青年电影展竞赛最佳纪录长片（提名）、第18届中国（广州）国际纪录片节"金红棉"国际纪录片评优单元优秀首作纪录片（提名）等。

和感知周围的世界。我喜欢纪录片，可能也是因为它让这种离群、叛逆产生了意义。

周：**您刚才说初高中是在北京上的，但我们做前期调研时了解到您是宁夏人。**

徐：我的家庭背景比较特殊，是典型的知识改变命运。我9岁时，父亲去清华读书，所以全家从宁夏迁来北京。此前，我的祖辈也都是因为各种工作需要，从东北和华南去宁夏的。在宁夏，我们居住在工厂大院里，与其他来自全国各地的工程师一起生活，跟宁夏本地的原生环境是若即若离的关系。

这种背景让我从小就感受到漂泊和疏离，适应了孤独和独立，与我现在做纪录片的生活状态不谋而合。相较于人类学家长时间在单一田野点进行的田野观察，纪录片创作者的漂泊感是更强的。类似于伞兵跳伞降落到一个小岛上，几年后离开，再到下一个小岛，不断地更换。这个过程里，导演总是作为一个局外人进入，无法避免文化上的疏离感。而镜头本身也既是介入的，又是局外的，因为它的存在必然对所观察事物产生影响，却也有外来的视角。这种感觉和我小时候的感觉很像，在宁夏和北京，我都是一个没有归属感的外来人。

周：**您会渴望归属感吗？**

徐：应该说我的信仰回到了对人性的理解上，回到了人类本身，寻找所谓的超越文化和国别意义的、更本质的归属感。这也是所有故事都在讲述的东西：为什么我们可以看电影、看别人的生活？原因是我们有很多共性，有基础的情感需求，它与归属感密切相关。

在电影和纪录片的在地性创作中，情感需求作用显得尤为明显。因为在创作时，关系很重要，好的关系会让参与者更投入，而关系是基于情感而非技巧的。本地导演因为和人物有更多的生活交集，拍本地的片子往往在情感上比较容易深入。然而，对于缺乏地域性的导演来说，如何靠近拍摄任务，在创作中就变成一种挑战。但这种残缺状态往往也是激发创造力的源泉。他们需要寻找各种不同的视角，将一个拘束的局面变成一个丰富多彩的作品，同时形成独特的创作风格。因此，创作语言是非常根植于作者自身状态和其与世界的关系的。每个人都需要探索自己的道路，找到属于自己的语言，并树立在这个世界中的价值观。这是一个漫长的探索过程，因为这个世界在不断变化。作者需要感知到这些变化，并让自己不断变化。

《再见好年华》：高度不对等的人在讨论爱情

周： 当时是什么契机让您拍了《再见好年华》①并投了半夏？

徐： 这跟传媒大学的课程设置有关。大三时有门课叫DV创作课，持续两个学期，上学期通常是拍小作业，作业周期为一到两周，到了下学期就要拍大作业，目标通常是投半夏。我认为对于投半夏而言，作业就是原料，每个人有两次机会，一次是大三下的大作业，另一次是毕设。因为在这两个时间段内，我们有充足的时间投入创作里，而且往往是多人合作。我们做大作业时是4人一组，当时在组员白雨的奶奶许小凤身上发生了一件非常神奇的事情——她60年前的恋人张昭林通过朋友联系上了她并要来找她，于是所有的事情就此展开。我们进入这段生活，也跟着这段生活走到最后，拍出了《再见好年华》。

周： 您之前说《再见好年华》里的一些画面是"设计"出来的，具体是什么？

徐： 有一些镜头调度，但不多，比如漫步大明湖廊桥和最后在山上挂红

---

① 《再见好年华》是2014年由徐玮超、孙泗淇、宋文微、白雨共同执导的纪录片。该片曾获第十二届"半夏的纪念"最佳长纪录奖。

绳的大全景。这些塑造空间气氛的远景镜头都是经过调度的，因为摄像机要走得比较远才能拍到，会和人物沟通。但是不会具体到特定行为和语言，主要是人物与空间的关系。影片中的设计主要集中在视听语言和画面调度上，故事是无法调度的。

周：我注意到这部纪录片在讲述两位老人年轻时的故事时使用了动画，当时是怎么想到这种形式的呢？

徐：在创作中，我们的灵感一方面来自周遭，另一方面来自更遥远的东西。当时，我们受到了《小可爱与拳击手》①这部影片的深刻影响，认为动画和即时影像相结合的方式可以让观众更好地理解和感受故事，于是就请身为画家的许小凤奶奶来帮忙画动画底稿，找了动画学院的同学来帮忙制作动画效果。

周：您怎么看待动画形式在纪录片里的作用和意义？

徐：纪录片经常需要采访，采访对记者来说是一种信源，可以被用作事实性材料。但对《再见好年华》来说，采访更多是关于记忆的，而记忆是现实和文学的结合，是用语言和想象力还原一个亦真亦假的场景，其中想象出来的假的部分是文学的，存在艺术的魅力。动画的意义就是帮助我们把想象变成现实，创造一种氛围，呈现出无法用语言描述的东西，回到记忆的质感。

周：现在回看《再见好年华》，有什么感受？

徐：这部作品最有趣的地方在于采访是高度不对等的，一个没有社会经验的人和一个有一辈子社会经验的老人在讨论爱情。最近我在拍摄一个关于当代相亲的项目，遇到了很多关于婚姻、爱情和选择的问题，这些问题在十年前就已经被我问过，但我很好奇不同时代的回答。这对纪录片导演来说非

---

① 《小可爱与拳击手》是2013年由扎克瑞·海因策林执导的纪录片。该片曾获第86届奥斯卡金像奖最佳纪录长片(提名)、第29届圣丹斯电影节评审团大奖纪录片（提名）等。

常有趣，因为可以看到人们生活在不同时代受到不同工作文化、体制和社会经济环境的影响。

当代社会，我们接收信息的路径越来越单一，大多数人都听从声量大的人的意见，而纪录片则让我们获得了更多信源，这种滋养非常珍贵。每部作品都是一个源流，带给我们一些感受和离开作品世界时自然而然的思考，给我们带来了踏实感。

我所理解的大学应该具有实验性

周：2015年您本科毕业后为什么会选择去美国西北大学①留学？

徐：其实是顺水推舟，出国留学是我那个时代一类家庭的典型选择，就像候鸟一样，季风来了我就飞了，当然飞回来后还是很受用的。我那个班是一个非常跨文化的班级，我和来自以色列、土耳其、法国、巴西、韩国、美国等地的同学一起上纪录片课。我们会在创作上互相帮助、互相评论，了解对方对一段故事的感受，从而完善自己的创作方式。在这个过程中，你会发现人们的感受是丰富和共通的。让人们在不同文化和背景下共同感受和理解一件事情，也是艺术创作的魅力所在。因此，跨文化的视角和交流对艺术创作非常重要，它能够让创作变得更加有意思。或者说，让影像本身更具包容性，因为它可能不需要那么有逻辑，也不需要被准确地理解，只是传达一种感受。

现在很多人在讨论纪录片的真实性问题，真实在于所拍摄的东西和生活

---

①　美国西北大学，私立研究型大学，位于美国伊利诺伊州，优势专业包括商科、法学、医学、新闻学、化学、材料科学与机械工程专业。

本身之间的契合度。但我在美国的体验是，很少有人讨论作品和现实之间的对应关系。他们讨论的是有关感受的问题，探究一个艺术家的语言是怎么创造一个世界并让观众进来的。

在艺术性纪录片的语境下，真实性不是影片所传达的核心，而是回到审美和感受的意义上。因为很多时候拍摄对象和观众离得太远了，讨论事实并没有很具体的意义和实用性，而且影像的艺术部分就是一种感受的捕捉、建构和传达。这往往不是单纯基于对现实的准确描述，而是需要发现藏于其中的精神的真实，或者说灵魂的真实。不同的人对于纪录片的价值也会有不同的判断，如果纪录片离开了它所属的社会，去往一个非常遥远的地方，比如给外星人看，它的价值是什么？实际上，它会回到作品本身，提出"它的普遍意义是什么"这类问题，然后变成创造的一部分。

周：美国西北大学对纪录片的评价体系是什么？我可以理解为不特别考虑受众吗？和国内有什么区别？

*徐：*我认为首先要考虑学校的立场。如果学校认为研究的使命是扩展人类的边界，为人类文明增添力量，则应该站在人类文明的边界上，而不是待在一个安全的产业中仅仅提供服务，完成它设定的任务。从电影本体的角度来看，大学所做的工作可能是站在人类的边缘，并寻找新的极限。虽然站在边缘势必会有不被观众理解和接受的可能性，但实验的意义依然存在。具体到影像领域，就是关于"影像语言可能在未来媒介里发生怎样的转变，你可以在其中进行怎样的尝试"的问题。这些都是具有前瞻性和实验性的，而不是基于实用价值。

所以，当然不是完全不考虑受众。实际上，受众一直都是实验的一部分，但有些时候，实验会挑战观众的既定观看习惯，让受众产生困惑，以此激发受众寻求答案的欲望。如果一部影像让你困惑，不一定是不好的事情，更进一步的解释是，那样的影像与你形成的关系，并不建立在你已经熟悉的经验的基础上，可能给你创造一种非常不同的体验。当然，这也会带来挑战，因为人们可以选择拒绝，困惑之后就不愿继续了。

周：**美国西北大学的课程设置是什么样的？**

徐：美国西北大学是个综合性大学，课程体系非常开放，每学期只有一门主科课程。学制是这样的：一年3个学期，一学期差不多3个月，每学期可以学4门课，一年总共12门课。这12门课中只有3门跟纪录片完全相关，剩下的9节课可以选其他课程，如文化批判、人类学、心理学这些人文社科类的课。所以说来很有趣，我仿佛在美国西北大学读了个本科，如饥似渴地学了通识教育。

我在那里上了大量人类学的课，那些课给我很大影响，让我学到了一些创作方法，比如长期驻扎田野，这种创作方式后来也一直在影响我。

周：**您印象最深刻的课程是？**

徐：有两个印象特别深刻的。一个是伊朗电影史，因为那个老师特别厉害，是全世界范围内伊朗电影史研究的权威。那个老师跟阿巴斯·基亚罗斯塔米（Abbas Kiarostami）等导演都认识，写了4卷书都是关于伊朗电影史的，属于全世界研究伊朗电影的参考书，所以那个课非常扎实。他给我们看了大量20世纪70年代之前的伊朗影像。那时的伊朗是一个世俗国家，比较接近大家现在对土耳其的感受，当时女性的穿戴也跟中国人没有区别，但我们现在看到的伊朗，已经完全不一样了。从影像考古的角度来说，这样的社会细节能在电影里看见，这让我意识到我们可以通过影像去理解一个国家的巨大转型。

另一个是人类学的课。现在国内有很多人在做"非遗"影像，从人类学视角看很有意思。比如，大家拍"非遗"要抢救性拍摄记录，但是问题在于到底哪一刻是旧，哪一刻是新。你因为那些村落与现代接轨而开始抢救性拍摄，但事实上在新中国成立之后它的面貌可能就发生了变化，而这些阶段是没有经过充分讨论的，那么你记录的到底是什么呢？所以我觉得如果把"非遗"当成一个固定的东西去记录，就存在问题。也就是说，你寻求的并不是一个固定的时间点，而是个流动的观念，记录的关键并不在于它是什么，而在于它是怎么变的、受到哪些影响。我们生活在一个非常明确的秩序里，接受了秩序里所有的前提。但这些前提是好是坏？是怎么形成的？没有人去质问，但是创作者可能就会怀疑这些前提。这段学习经历在某种程度上也培养了我的怀疑意识。

《告别十二岁》：学会应对那些"庞然大物"

郭：《告别十二岁》的制作是伴随了大四一整年和在美国读研究生的阶段吗？

徐：《告别十二岁》从大四开始制作，在美国时做得比较少，一些关键的制作发生在我回国后的2018年到2019年，这时进入了结果阶段。这个制作很复杂，可以讨论很多创作方面的内容，比如以什么身份去拍新疆故事。因为在新疆拍摄是不能想拍什么就拍什么的，它需要一个切入点，而足球是这个故事的切入点和正当性来源。

另外，《告别十二岁》是一部独立和商业混合的作品。它虽是学生作品，但有很多出品方，包括传媒大学、CNEX①和腾讯，传媒大学和CNEX对这个项目的影响都非常大。这也说明了青年创作者面临的挑战，他们必须学会应对"庞然大物"的存在，会有妥协和遗憾。但如果按独立作品制作，它可能会耗费很多年，这个成本是一个独立作品无法承受的。现在它已经结项，并

---

① CNEX是北京国际交流协会影视文化工作委员会执行的纪实影像项目，召集来自各地的专业人士，致力于全球范围内华人纪实影像的开发合作与交流推广。

获得了一些播放机会，被纳入小范围的讨论。这也是我很感谢CNEX和中国传媒大学的原因，要不然我的创造力会被困在那个项目里，会走入死胡同。

对一个年轻人来说，整个制作过程都非常有挑战，这会让人早熟，因为你没有选择，只能经历那些，势必收获一些经验，我也非常尊重这个过程。

周：您刚刚多次提到CNEX，当时是怎么和它结缘的呢？

徐：它有一个创投会，纪录片和电影都有这种创投会。在我做《告别十二岁》那个阶段①，中国自己的创投会开始兴起了，范立欣导演2010年把法国的阳光纪录片大会引进中国，开始做亚洲阳光纪录片大会，赵琦导演2016年成立了新鲜提案真实影像大会，中国传媒大学的中国纪录片研究中心②也在做创投，《告别十二岁》就是在这个创投中被选中，与CNEX结缘的。CNEX还有一个源流，是美国一个很重要的电影节——圣丹斯电影节③，它是美国独立电影的中心，有一个非常丰富的影人孵化体系，包括制片人、导演和剪辑师，而它的基金是全世界的电影创作者都可以申请的。当时他们跟CNEX合作在中国做工作坊，以项目为导向手把手地教人做片子。在2012年到2017年这五年，每年举办一期，但后面没做了。五期里我参加了两期，都是因为《告别十二岁》。于是我跟圣丹斯发生了联系，CNEX也进来了，他们一起决定把这个项目变成自己发展的项目。现在的《流浪归途》也是圣丹斯支持的。

周：您可以给想参加创投的青年创作者一些建议吗？

徐：我觉得很难给建议，但对创投来说有两件事很重要。一是故事是什

---

① 2014—2020年。

② 中国纪录片研究中心（China Documentary Research Center），是中国传媒大学重点支持、重点建设的科研机构。

③ 圣丹斯电影节即"日舞影展"，专门为独立电影人而设，是全世界首屈一指的独立制片电影节，由罗伯特·雷德福于1984年一手创办。圣丹斯电影节每年1月18日至28日在美国犹他州的帕克城举行，为期11天。

么？这有相对客观的评价标准。比如《流浪归途》中的沈巍①足够特别，所以他的故事非常适合创投。二是导演的观点和看法是什么？如果有10万个人要拍沈巍，你的视角又有什么特别的？

创投是在这两者之间找一个平衡，即一个故事对社会可能产生的影响和导演的创作观念，这两件事共同决定了一个项目在提案会的影响力。提案会其实很看题材，因为观众席上大多是播出机构、发行机构，他们是看市场前景的。这些人跟电影基金的负责人不一样，基金会支持先锋艺术，需要你在前沿地带提供崭新的影像观点，而产业会更在意故事和市场的联系。

题材的获取对创作者来说是一个挑战，有很多运气的成分。它是时代的机遇，不是所有人都能抓得住。但如果抓住了，它就会成为时代影像的一部分。除此之外，更具挑战的是作者性表达，即用自身观念建构一个片子，超越题材将片子变成一个彻底的作者型电影，这意味着你的观念已经上升到一个非常独特的视角，产生了独一无二的价值。这个价值已经不是题材自带的价值了，而是导演视角所带来的，不过前提是导演能有充分的成长。

周：在《告别十二岁》里，您有没有尝试一些作者性表达？

徐： 我觉得《告别十二岁》恰恰是另外一种表达方式，是一个特别贴近观众的选择。它建立在一个事实背景上——大部分影像的核心叙事是基于汉文化的，包括社会风俗习惯和现代化语境。我当时觉得这部关于维吾尔族少年的片子应该让大家看到，让更多的人看到发生在新疆的故事。这就涉及纪录片教化和影响公众认知的使命。我觉得《告别十二岁》就有这样的使命，它在建立一种感性的经验，让人们代入那些孩子的世界，理解他们在那种环境下面临的成长难题，这也是片子的价值所在。

---

① 沈巍是2018年11月在"自媒体"账号爆红的流浪汉，因回答网友的答案显得博学，被网友称为"流浪大师"。

所以它很考虑受众的接纳，但我并不是说作者性就不考虑受众接纳了。《告别十二岁》的作者性主要在于我对人们普遍接纳却不去反思的这一行为的质疑。很多人在批评纪录片或新闻时，会说你为什么过度关心或者放大一些社会矛盾，为什么你只提出问题不解答问题，为什么你的片子里没有建设性的意见。但有时候，问题本身比答案更重要。因为社会是变化流动的，不同时期可能有不同的答案，而提出问题是提供一个建立在反思的基础上，让人们有意识地去改变的契机。所以很多时候影像是提出问题，而不是给予答案的。要唤起怎样的思考也是作者性的一部分。

毕业之后：找到石头里的"大卫"

郭：《告别十二岁》做完后，您选择做了什么工作？

徐：在财新①做记者。这个工作是介入性的，从一个社会事件进入一个很具体的环境。在那个过程中，我精神比较疲惫，常常会感到无奈和无助，特别是在采访社会事件时。同时，我也会陷入对意义的怀疑。因此，我只做了一年的记者，就转行做了其他工作。先是成为一位顾问，帮助玮曦②做他的短片项目，再后来在《奇遇人生》③第二季中担任副导演。

《奇遇人生》是一个真人秀节目，拍摄的是艺人的生活，但它跟社会现实完全不同，更像是一个游戏世界。这个节目的特点是造梦和冒险，比如我们

---

① 财新，指财新传媒有限公司，是提供财经新闻及资讯服务的全媒体集团。

② 陈玮曦，导演，曾执导纪录片《76天》并凭此获第15届IndieWire影评人奖最佳纪录片第七名。

③ 《奇遇人生》是由腾讯视频推出的明星纪实真人秀，该节目采用"纪录片+综艺真人秀"深度结合的形式，基于嘉宾的成长经历，为嘉宾定制独特的人生探索之旅。

要去冰岛租船在北冰洋上漂，去无人岛淘金子。作为一个记者或者纪录片出身的人，我对世界的认识往往建立在事件之上，经历了很多苦难。但是在这个节目中，我又发现这个世界还有很多新奇的事情，只是自己曾经没有参与。这些新奇的体验强调感受而非现实，也在一定程度上激发了我的创造力和冒险精神，很有意思。

周：接下来就是拍《流浪归途》了？

徐：对，《流浪归途》中沈巍的存在也很有意思。他是一个悲剧式的人物，游走在社会边缘，从来没有加入主流的愿景，很排斥大众对他的消费，却因为这份特殊而被大众的关注包裹。《流浪归途》因为在拍沈巍，所以很有他的特征。这也是纪录片有趣的地方，有点儿像合作，所谓的作者性，其实也不是完全来自导演的，可能还来自人物。

周：拍摄过程中你有什么心得体会？

徐：沈巍给我推荐了很多有趣的书，我们也因此产生了交流。在那段拍摄的时间里，这是维系拍摄的一种方式。因为介入私人生活的拍摄是有压迫性的，摄像机的存在总是会给拍摄对象带来打扰。有些时候导演想拍，但人物已经感到疲惫了。所以很多时候，我们需要让生活中的人与人的关系进来，以此来抵消拍摄关系产生的负面作用。

周：采访前您跟我们分享了《流浪归途》正在制作中的版本，其中一章是Prison，把沈巍非常想逃脱网络的经历和他在精神病院那段经历交织在一起，这是在暗喻吗？

徐：对，这是片子故事策略的一部分，我计划做的肉孜①的片子也是这样的。在时间的维度上，并不是过去指导当下——它们是平行的，是在一个主题下同构的。沈巍的生活往往是在一个主题下同构的，他跟人产生的冲突追

---

① 《告别十二岁》中的一个小男孩。

溯到30年前还是那样的冲突，只不过发生在了不同人身上。

周：所以这是纪录片的另一种架构方式？

徐：是你可以尝试的故事方式，记忆和现在并置，互相催化出有趣的气氛，现在激发过去，过去激发现在。在影像制作过程中，你会有很多想法，它不一定只是你在拍的东西未来一年要发生什么，你完全可以带着30年的观念去拍这一年。拍沈巍的故事就带了这种观念，所以它虽然是三年的记录，但影片的观念和时间意识是从20世纪70年代延续到现在的。它的风格、它的故事为什么有那样的桥段等，都是这种导演意识决定的，而非既定的。所以，从这个视角来看，纪录片跟电影没有区别。

周：是指纪录片也是有可创造的部分吗？

徐：不是有可创造的部分，而是有太多可创造的地方了。虽然故事是固定的，但你站的位置不一样，采用的视点不一样，你所选择的拍摄细节和所建构的东西也会不一样。除了贴近故事本身并如实转述之外，你还要重视你的观念、思考和感受是什么。你能贴多近观察它，也要能退多远去感受它，这也很重要。

周：纪录片一定要有故事吗？

徐：如果是在产业里，无论是电视行业还是纪录电影市场，你都要学会发现故事。只不过它们对故事的质感要求不同，纪录电影对故事质感的要求可能更独特、更有诗意，而电视则可能需要更直白明晰。在不同的领域里，你得按照不同的方式去处理故事。

但有一种纪录片可以没有故事，它更像做交响乐——有节奏、有层次，章与章之间有内在的联系，基于感受传达情感。同样，纪录片也可以是从视觉到情感，不一定是从故事到情感。所以，如果是非故事的话，它更像是音乐。音乐是基于听觉和空间的，它通过空间的回响让你的身体产生感受。而故事更接近时间，它通过变化建立刻度来产生理解。所以也可以像音乐一样做纪录片，没有那么多限制，但你要对材料有判断。

很多人觉得剪辑是在做减法，把不喜欢的或者没用的东西扔掉，留下的就是有用的，但并不是这样，所有东西都是已经存在了的。像做雕塑一样，当你看到石头，大卫就已经在里面了，不是你雕着雕着才发现大卫，而是你把已存在的大卫抠出来。所以，剪辑是观念的问题，是要建立对材料的判断，找到适合的结构，不是对故事的可能性的穷举。

周：《流浪归途》接下来会上院线吗？

徐：不会。我觉得独立创作比较好的一点是可以把人磨得对时间非常有耐心，一个片子做几年是很正常的事，基本上做一个片子相当于读了一所大学。这跟社会有点错位，因为社会是短视频的世界，所有人都受到它的影响。而纪录片导演幸运一点儿，因为时间本身就是一种视角，你的耐心程度会决定你的视野。

周：之前疫情对您的创作有什么影响吗？

徐：疫情给我带来的是专注，有大量空下来的时间来思考和创作，那种情况可能在毕业后不多见了，是比较理想的状态，但一直持续也不现实，毕竟挣不来钱。所有创作都有前提，什么时间什么气氛就做什么事。今年我的整体感觉是太忙了，又回到了一种很嘈杂的市井生活，《流浪归途》要收尾，《百湾家园》要拍完，同时还要挣钱，因为去年已经花掉了《奇遇人生》的积蓄，今年就显得比较被动。好几件事一起在做，就没有办法专注，有点崩溃。

周：最后，可不可以给有志于从事纪录片创作的年轻人一些建议？

徐：建议多看不同风格的纪录片。国内影像同质化太严重了，重复是一种常态。我们要多看和多学习，借摄像机的眼睛先看看别人都是怎么看的，世界是什么样的，然后试着打破这种常态，尝试去寻找新的可能，因为这个社会需要多元，需要人通过不同的视角和观点更好地理解世界和自己，去尊重人各种各样的选择，那才是创造力的来源。创造力的背后是冒险，需要人有发现的勇气，它无法在一个安稳的环境中被获得。

我希望大家能够用一种更开放的眼界去看待这个世界，通过与世界的互动来理解自己的选择，而不是仅仅局限于自我叙事的建构。但也并不是说，出去就没有自己的立场，忘了自己是说中国话的了。对于新一代的创作者，我有很深切的期望，希望他们能够进入世界的语境去作出自己的贡献。这样的创作不仅观照国内受众，也观照世界受众，回归人性本身，但是也可能想得越大，越回到更基本的东西，这是一个摸索的过程。

徐玮超采访手记

周亚男

此次采访是我第一次做主访，非常紧张，但收获很大。

徐玮超师哥来得很准时，明星师姐先帮我开场聊了几句，师哥便聊了许多他与半夏的故事。令我们惊喜的是，他与半夏的渊源竟然可以追溯到中学时期。接着，我们播放了十一届半夏他主持以及十二届半夏他获奖的视频，他表示百感交集并向我们要了这两部片子。于是，顺着半夏获奖的视频，我们聊到了《再见好年华》，了解了它的创作过程。

后续的采访中有个遗憾，那就是没有追问导演对真人秀纪实成分的看法，有点儿犯了想当然的毛病。但更大的问题在于，我当时只看了导演的影片而没有去看《奇遇人生》的具体内容，所以在聊到冰岛的部分时有一点儿在状况外。这一点需要反思，采访前应该做好充分的背调。

这次采访让我积累了经验，注意到了自己在采访技巧方面的问题，如需要统一采访思路。虽然我和明星师姐提前有所沟通，但我没有完全明白她的意思，所以采访时出现了两种思路，造成了混乱。但更重要的是，我听了玮超师哥许多有关纪录片、作者性表达的看法，收获很大。玮超师哥十分耐心且详细地解答了我们的问题，但由于当天户外很冷、时间有限，我不得不舍弃了提纲上的一些问题。

采访中途，师哥的孩子们都到了现场，气氛欢快。最后，这次采访以师哥夫人和孩子来接师哥温馨结束。

2015年·第13届

伊力奇：
得拍我妈看得懂的电影

采 访 人：陈宇舟、周殷殷

访谈策划：温琦、张新源、王若笑、陈子路

采访时间：2023年3月26日

采访时长：4小时

采访地点：中国传媒大学豪丽斯咖啡厅

文稿整理：杨雅文、陈子路、王若笑、温琦

▶ 个人简介

伊力奇，1991年6月30日生于内蒙古自治区呼伦贝尔市陈巴尔虎旗，导演、编剧、演员，毕业于北京电影学院导演系。自编自导的剧情短片《回草原》获得第十三届"半夏"最佳摄影奖提名、第二届华盛顿华语电影节剧情短片金奖、第二届中外大学生影像展最佳剧情片金奖、内蒙古青年电影周十佳短片。2019年担任电影《白云之下》执行导演并出演班布拉一角，2021年担任网络大电影《法医宋慈2之四宗罪》导演，2025年担任网络大电影《黄沙漫天》导演。

作品年表

2014年	剧情短片《回草原》/导演
2019年	院线电影《白云之下》/演员，执行导演
2021年	网络电影《法医宋慈2之四宗罪》/导演
2025年	网络电影《黄沙漫天》/导演

我心甘情愿地娱乐别人

陈：你在呼伦贝尔长大，是吗？

伊：是的，陈巴尔虎旗，离俄罗斯比较近。

陈：那小时候打架吗？

伊：我老挨打，一直到初中都挨打，别人打我我也会还手，不懂得避免冲突。家里人打我，说我不能打架。

陈：以打架的方式制止你打架？那你爸爸是《回草原》[①]里的父亲那种形象吗？

伊：挺像的，我俩不太交流。我更倾向于跟妈妈聊事情。她是老师，接受新事物比较快。

---

① 《回草原》是2014年伊力奇导演的剧情短片，北京电影学院2014届毕业联合作业，讲述了丧失母亲的少年郝日宝被父亲带回草原过暑假的故事。2015年获第13届“半夏的纪念”大学生影像展最佳摄影奖提名。

陈：**你为什么喜欢电影，最早是什么时候开始对电影感兴趣的？**

伊：我学音乐出身，拉了很多年手风琴，但第一年没考上。中途来了一次北京，就觉得不管怎样都要来北京，所以复读了一年。

我从来不相信艺术有多么高不可攀。拍的作品让人觉得愉悦，给别人带来一种有价值的体验，就是我喜欢电影的内驱力。

陈：**你理解的电影是一种手段，而不是最终目的。我很好奇，你是什么时候有这种反思的？**

伊：我在电影学院是一个特别差的学生，汉语说得不好，看的电影也少。那时恶补了好多电影，发现有些电影没意思。后来我给我妈做了一块移动硬盘，里面有300多部电影，有些电影她也觉得没意思，而那些往往就是我也认为没劲的电影。当时我有了一个朦胧的想法：以后拍电影一定得拍我妈看得懂的，这是我创作的基准线。

后来又有一件事给我带来冲击。那时学摄影基础、录音基础、美术基础，看电影时会想这个景别是什么，这剪的气口真好，后来就觉得看电影的乐趣被剥夺了。回想小时候陪我妈看的《再见阿郎》那些热播剧，还有后来看的韩剧《请回答1988》，为什么好？就是情，剧里情感浓度之高，对生活的理解之深刻，非常打动人。所以我那时形成一个创作观点：要拍人与人之间的真情。《请回答1988》里的每个人都有自己的痛苦，但是它不渲染痛苦。把镜头瞄在痛苦的地方，我觉得没有意义。

毕业后我特别爱喜剧，就去陈佩斯①老师班里学习，他说喜剧是一种信仰。有一年他去布达拉宫排队拜佛，戴着口罩墨镜全副遮挡，怕被人认出来的话扰乱秩序，大喇嘛突然把他从队伍里揪出来说"你不用拜"。他问为什

---

① 陈佩斯，演员、导演、喜剧表演艺术家，1984年在中央电视台的春节联欢晚会上与搭档朱时茂表演小品《吃面条》而被观众所熟识。

么？喇嘛说："你不用拜，你跟他一样，都是给人带来欢乐的人。"这是我第三次对创作观念的梳理，给人带来愉悦感成了我的追求。

陈：我特别认同你的观点。你非常在意我们书写生活中的苦难之后究竟能给读者带来什么。我不知道你看不看世界杯，贺炜①在解说世界杯决赛时说，足球这项运动真正的意义在于让你勇敢面对第二天早上推开门之后真实的生活。

伊：Entertainment，世界杯娱乐了你，也娱乐了我。拍电影也是，我们生活中需要这种东西。为什么不娱乐别人？我心甘情愿地娱乐别人。

周：你刚刚说毕业之后特别爱喜剧，那你是怎么理解喜剧的？为什么先后参加了两次大道文化喜剧创演训练营②？

伊：就是想搞明白喜剧是怎么回事，想听听陈佩斯老师的说法。我觉得喜剧是一种类型化创作，全是技术。但类型化创作不是目的，而是手段。那时候找不到喜剧创作的"脉"，想进入喜剧环境很难。

陈：是的，这么多年拍殡葬改革的片子，没有一部电影真正超过陈佩斯老师的《孝子贤孙伺候着》③。

伊：听陈佩斯老师说过，那个片子拍得特别累。

陈：姜文导演吐槽过，导演的工作，演员也能做好。因为导演不会讲戏，不知道戏的重要性。

伊：演员心理和导演心理是两层心理关系，只能互相映照。映照成了，这个片子才可能达到好效果。

---

① 贺炜，主持人、足球评论员，被网友称为"足球诗人"。

② 大道文化喜剧创演训练营，由陈佩斯创办于2012年，每年招收学员人数不超过20人，跟随陈佩斯、杨立新、麻淑云等国内专业表演教师团队学习。

③ 《孝子贤孙伺候着》是1993年王培公编剧，陈佩斯、曾剑锋执导的喜剧片，由陈佩斯、赵丽蓉、魏宗万、丁嘉莉等出演。

陈：你是因为想要达到 "entertainment" 的效果而去学演戏，还是为了以后能达到这种心理映照？

伊：我觉得你把这个事说得过度合理化了，演戏是导演的必修课，没什么目的性。大学时好多人找我演短片，因为没人可找，他们的生活中就我这么一个胖子。这导致我去给同学演各种胖子，要么痴傻蔫呆，要么杀人放火。我记得特别清楚，有一次我在戏里要把一个中彩票的人掐死，他在挣扎，我就用腿像蛇一样把他锁住，然后不断地用下巴顶他的肩膀，他再怎么挣扎也动不了。老师分析说，我 "杀" 得特别合理，尤其是用脚缠住他的动作。合乎情理的戏往往是生理反应或下意识的动作。

表演是演自己的某一面。就像钻石有很多切割面，演戏就是拿灯光照最小的面，然后这个面发光了。表演的不同角色只是各个面映照出的不同结果。但关键在于自身的材料，一颗钻石不可能非得演木头。你从角色里出来，就等于回到那个最普遍的面。

电影迷了我的眼

周：你身边有像你一样到外地上大学，从此留在外地的人吗？

伊：有，我有个妹妹在法国，我亲姐姐在北海道，但也有留在草原的。

周：现在生活在草原上的年轻人会不会面对出走和留守的艰难抉择？

伊：我也不知道，每个人有自己的理解，他真想走的话应该会走。

周：你小时候经历过在大草原上迁徙的那些事吗？

伊：我有一个姐姐，是我小姨的女儿，她们迁徙时人手不够，我暑假会去帮她。陈巴尔虎旗随便挑一条马路，以百米冲刺的速度跑几分钟之后就能到草原。草原上的人民无法割舍这种生活方式，但生活方式本身是相容的。

车没油了，得去加油站，想吃方便面了，得去便利店，草原上最大的节日那达慕大会也得参加。你所有的生活和社交，都发生在这一块地方。城市与草原不是二元对立的，电影剧作课会教你二元对立论，但生活不是这样。

陈：我感觉一大批从内蒙古出来的导演会讨论传统和现代的碰撞。作为蒙古族的导演，你看到这一类讲述自己民族的电影是什么感受？

伊：民族电影应该尊重类型往类型化的道路发展吧，百花齐放嘛。

陈：你如何看待其他民族的导演，比如汉族导演，来拍少数民族电影？

伊：我非常尊重，也希望有更多的人来拍少数民族电影，这太棒了。

陈：《回草原》是你在电影学院的本科毕业作品，可以先分享一下创作的缘由吗？

伊：这是我大三时写的剧作课作业，大四时学校要准备毕业联合作业，我就把手上现成的剧本交上去了，后来是王瑞①老师指导我做的毕业创作《回草原》。毕业联合作业的好处是学校提供十多万块钱，以及设备、免费的机房调色、录音棚。

陈：为什么想写《回草原》这个题材？

伊：那时我对电影的理解很浅薄，想做民族题材，但是理解有限，结果搞了一个比较表面化的东西，现在看有些幼稚。

周：是因为熟悉的地方更容易写吗？

伊：学生时代都希望回老家拍毕业作品，好像老家能给自己带来能量。我在呼伦贝尔拍《回草原》时，碰到30年一遇的洪水。头天晚上牧民在家里喝完酒睡觉，第二天早晨一看草原变大海。我是一个特别笨的人，在这个片子的拍摄过程中只长了特别小的功夫——老天给你什么，你就应该干什么。

① 王瑞，导演、编剧，第十四届全国政协委员。毕业于北京电影学院导演系，现任北京电影学院导演系教授、博士生导师。2019年，执导的剧情电影《白云之下》获得第32届东京国际电影节最佳艺术贡献奖、第33届中国电影金鸡奖最佳导演奖。

哪怕这一点功夫也很难长。没有任何一个导演能算好这个地方要发洪水，你带着五六十个人和所有设备去，刚好就碰到洪水了。这是老天给我的一个多么难能可贵的景，我就在那儿，却没拍到。为什么？导演技术不够嘛，不知道随机应变。那时王瑞老师说，"孩子你要不就拍雨"，我没听，非得躲着云和雨去拍犄角旮旯中间那点阳光。电影学院这点挺牛的，老师明白你在犯错误，但你的创作还得你做，指导但不干涉。他不拦着你、让你去做，我做完了才明白他说的是对的。

电影是一个容器，里边无非是空间和时间，这么简单的道理，我过了一年多才意识到。

周：我觉得这是一个必经的过程。

伊：对，但没有人像我一样非得遭遇30年一遇的大水，欠了十多万元钱之后才明白。你就拍草原变大海的全景，儿子问父亲"我姥姥家在哪""好像在那儿漂呢"，多好啊。你这辈子都不会再有机会拍内蒙古飘在草原上，不会的，没有了。

老师给我们上课，他说剧本写好以后，到现场就应该把剧本扔了，我确实是这么干的，没怎么看剧本就拍了。但我恰恰理解错了，他的意思是导演技术到一定程度后，要把故事跟拍摄地联系起来，而不是在北京设计好所有东西，在现场一成不变地完成。

有时候电影会骗人，不是骗观众，而是电影本身会骗创作者，就像一个女神或女妖精在勾引你来拍这个，你就被吸引走了。应该把眼睛睁开看当下。我从这个事件才明白什么叫当下，很难啊，人笨就是无可救药。我后来分析自己犯了一个巨大的错误，认为拍这个动作本身比拍什么重要。要爱心中的艺术，不能爱艺术中的自己，我当时在意的就是艺术中的自己。

陈：我曾经也是这个状态。为什么我们会觉得拍的动作这么重要？

伊：它特别像古彩戏法里一个烂大街的招，叫三仙归洞，三个小球，两个碗。谁都知道原理，但在现场看就是抓不到破绽。当时觉得拉着一个队伍去，摄影机有了，录音有了，演员有了，剧本也有了，这个心理跟摁住碗的心理一模一样。真正的门道还没搞明白，但又按捺不住伸手去扣住那个碗。

我跟你们讲一个特逗的事，拍《回草原》时高速公路都被水淹了，我们开车开到高速路的交会口，那是一个洼地，路看不见了。我跟司机说，走，当时觉得自己特英雄主义（笑）。司机肝儿颤地开下去了，水面本来在脚底下，等到机箱盖被水完全淹没之后，我在副驾驶看见水跟挡风玻璃是平行的，上面有一条鱼跳过去。就这样，我都没拍！一个人在做蠢事，他做得越认真，他就越蠢。你看聊这事有什么意义，对不对？

周：还是有意义的，至少对我们的读者有启发。你今天再看《回草原》，除了觉得那时候自己特蠢之外，还有什么特质？

伊：人特善良，愿意相信一个比较平的事，也希望能给观者带来体验、创造价值。

周：那你是不是对 23 岁的自己太苛刻了？

伊：也不是，我认为当时对自己太放纵，所以才导致这样的结果。如果当时对自己苛刻一点，可能就不一样，典型的眼高手低。

我老给自己的路设置障碍

陈：拍完《回草原》后你是怎么选择的？想考研究生或签约公司吗？

伊：我人比较笨，没有计划。

正好有朋友找我去上海拍纪录片，拍一个专注于让脑瘫儿童恢复生活能力的幼儿园，那里有全套的按摩护理和训练。我是编剧，但那时很懵，我想这玩意还用编剧。后来我才明白，不能由着性子去拍，得有观察、有角度。

我跟那个片子的老板相见恨晚，关系处得很好。她当时处于创业期，又拍东西又做活动，邀请我多留一个月帮她策划。之后在上海拍了两年广告，觉得没意思，最关键的是我所有同学都在北京。2016年回北京找工作，王瑞老师介绍我去拍了一年纪录片。后来电影《白云之下》①剧组问我能不能当执行导演，我说行，刚好借这个机会回家多待一阵。

陈：我比较好奇的是，你怼过很多导演吗？

伊： 关系和工作是两码事。我总在工作中指出别人的错误，人家可能记恨我。我老是给自己的路设置障碍。

周：其实你不喜欢广告，但你不排斥。

伊： 谈不上喜欢与否，但我不甘心只做产品，还是希望做叙事啊，做电影啊。

广告有时吃力不讨好，当时的我也经常犯错误，不在有意义的事情上较真，在一些没有意义的事情上反复发力。现在呢，吸取教训慢慢成长。

不要跟自己为敌

陈：后来你参与了《白云之下》，既是执行导演，也是主演之一。刚看完这个剧本有什么感受？

伊： 最开始的剧本是很早之前的版本，导演认为可能与现在的牧民生活有些出入，而且最开始的版本里故事的发生地是阿拉善，所以有些情节是导演在拍摄的过程中完成的。原剧本是很多年前根据小说改编的，当时王瑞老

---

① 《白云之下》是2019年由王瑞执导，吉日木图、塔娜主演的剧情电影，根据小说《放羊的女人》改编，讲述了一对普通的蒙古族牧民夫妻因生活追求不同而产生各种生活矛盾的故事。

师找了演员，但投资没有落实，这变成他的一个未完成的愿望。后来由包世宏先生引荐，王海龙先生落实了投资。原剧本和现在最不符合的一点就是地域，之前写的地点在阿拉善沙漠地区，以养骆驼为主，环境很恶劣。但现在到呼伦贝尔拍，那里水草丰茂，王瑞老师原话说：旅游城市是人们心中向往的地方，主人公想要出走可能是不被理解的，而这也恰恰是有魅力的地方。所以他就得改剧本，边拍边写。

周：为什么要去呼伦贝尔拍？

伊：剧本讲述一个男人的出走，住在人们梦寐以求的地方，他的出走就不牵扯生活困难等因素。如果故事中表现的是主人公住在环境恶劣的地方，观众会觉得出走是理所应当的。住在黑煤窑天天想逃跑，这很正常。但要是住在云南大理，有老婆孩子，有牛羊，天天看着美丽的云，还想出走，这个男人的出走就更加单纯。

陈：他不想做成生存层面的出走，更希望是精神的出走。从早期的意大利新现实主义到后来费里尼导演的心理现实主义，都还是想探讨自我价值层面的出走。

伊：这些都是我听老师讲的，学给你听罢了，不是我自己的思考结果，之所以知道《白云之下》价值在哪，只是因为我参与了。王瑞老师说他想表达的是人真正放弃某件事的那一刻是心甘情愿的。影片中的女人想守住这片地方，不愿意在城市里纷纷扰扰，但她放弃了。男主人公最后开开心心地奔向家庭，奔向安稳的生活，也是他放弃的结果。

陈：你认同王瑞老师的想法吗？

伊：当然，这是我学习中的重要经历。我是个很幸运的人，能参与这样的创作。

陈：你作为演员，是会参与人物塑造，还是觉得其实不用太理解那个角色。

伊：那时候来不及想这事，自身能力还不够，跟着导演的指导就已经很吃力了。

陈：看到成片之后你怎么理解你的角色？

伊：现在看觉得这个人有点好心办坏事。演的时候没有认识得这么深。老师其实对于细枝末节不怎么管，有时还由着你"玩"，因为他把想抓住的东西抓得特别牢，别的东西他不太在乎。导演技术很高，外松内紧，每场戏都抓男女主人公出走和守护的冲突，至于我的人物怎么演，不是最重要的问题，他教我的很多都是导演该注意的事，片场甚至像教室，我学到了很多。如果他想让镜头酷炫起来，或在视听语言上做功夫，那太简单了，但他在现场不愿意刻意追求那些花哨的技术。当时我觉得不理解，后来跟导演朋友聊天，总结出四个字——大象无形。

周：男主角在故事里面临的出走诱惑，你有吗？之前你说去了一趟北京就觉得要考到北京来，这对你而言是个诱惑吗？

伊：是。我到初中都没有离开过老家，初中时转学到赤峰，这是内蒙古离北京最近的一个城市。我第一次坐火车，坐了二十多个小时，才明白原来世界不止城市。我老家是草原，小时候以为出了呼伦贝尔到处都是城市。但出来后发现窗外绝大多数景色是旷野、农田、小树林、水沟子，而不是城市。

我高中艺考考完内蒙古的院校，就想试试北京的院校，考了中戏和上戏。上戏在内蒙古有考点，中戏必须来北京考，但我没有钱。我姐在上大学，跟男友说"我弟弟想考中戏，你来帮忙解决这个问题"。他就找到朋友，一个中央音乐学院的在校生，下死命令让他帮我。那时他正好在宿舍里过年，接我到他宿舍。印象特别深刻的是，那晚他请我吃饭，问我吃不吃汉餐，我说我们那边什么都吃，早就通Wi-Fi了。他一笑而过，请我吃了一顿东北菜。后来我才意识到这个世界是多种多样的，人家问这一句是怕你有一些跟他不一样的习惯。从那时候开始我就希望参与多样的世界，就特渴望远走。

周：好像每个人的认知都是随着接触的地理范围的扩大而延展。有时候

存在他者的想象，别人对你所处的环境和文化的想象。

伊：我觉得问题是把你的自豪感打掉了，这个必须得打掉。有些人有莫名其妙的自豪感，我是什么人？代表哪儿？其实没有任何意义，大家都是地球人，你有什么可骄傲的？世界很不一样，别总是自我感动。

周：在接到网络电影《法医宋慈2之四宗罪》（以下简称《法医2》）之前，你有低谷期吗？

伊：其实也不算低谷。写的剧本人家不认，当时也没事干。但真跟吃不上饭的比，我太轻松了。

陈：那你是怎么接到《法医2》这个项目的呢？

伊：通过好朋友胡国瀚①介绍的，2020年疫情刚开始那会儿他打电话给我，说"你好久没拍了，这有个戏要不要拍，别让手生了"。我就接了，在横店拍了二十多天。

陈：《法医2》的预算是多少？

伊：500万元人民币左右吧，详细的我不知情，算网大里的中等预算。前阵子我朋友看美国电影《瞬息全宇宙》，媒体报道说它的后期是导演们疫情期间自己在家里拿几台电脑做的，是低预算电影。朋友问我："你们拍网络电影怎么拍不出人家那样的效果？"我说很简单，《瞬息全宇宙》预算2500万美元，将近两亿元人民币，这个预算在中国没有几个导演能拿到。我们这些网大导演拿的预算连人家的零头都不到，还得包含破案、仇杀、追逐、悬疑惊悚等元素，我觉得可以了。我问你们，一个导演成功与否，最重要的特质是什么？

访谈组众人：聪明、好的项目、成本、创意……

伊：我认为最重要的是运气。我特别幸运，生活中遇到的难题总会迎刃

---

① 胡国瀚，导演、编剧。2016年作品《41》获第14届"半夏的纪念"大学生国际影像展最佳剪辑奖。2020年执导古装悬疑片《法医宋慈》，也是《法医宋慈2之四宗罪》的编剧。

而解。该上大学的时候上了大学，想去上海发展就去了，没戏拍的时候有人给我剧本，还找了个特别好的老婆……我感觉人一定不能跟自己作对，不要好高骛远。拍电影或者说做艺术，得找到在乎的点，明确希望创作能给别人带来什么。自尊心特别强的人做了一个不满意的作品，会折磨自己。我也折磨过自己，觉得哪儿都不好，拍完片子做一周的噩梦，拍《回草原》的噩梦做得更长，因为那一年都在还钱。但世界很小，全世界大多数人在意电影吗？不在意，是我们太在意了，其实电影并没有那么重要。

周：你说服自己了吗？

伊：我跟自己和解了。

陈：一方面，电影确实没那么重要；另一方面，很多人一到冬天就又想看《请回答1988》。尤其在现在的孤独社会，人们好像需要电影带来的某种力量。

伊：就是娱乐自己，他娱乐了一次，觉得这个方式特别好，那他还会再娱乐自己一次。我研究的导演课题、创作课题，就是要寻找这种观影体验，说白了是一种生理反应。导演技术的高低不在于对片子节奏、技术的掌握，而在于对观者观影体验的控制。我之前上了三次吴昊①老师的电影声音课，讲的就是生理感受。当你听到乐句连续的旋律会觉得很舒服，但如果这段旋律到一半终止了，你会感到很难受。人在生理上愿意听结构完整的乐曲，不愿意听割裂的节奏，所以大部分惊悚电影的配乐在节奏上是不完整的。现在有一个特别奇怪的现象，很多人从剧情层面、表演层面分析电影，但其实真正的生理感受不是这些给的，是视听语言技术给的。

周：今天下午采访的另一位导演跟我们分享他拍第一部网络电影的经验，

---

① 吴昊，北京电影学院副教授，1982年毕业于北京电影学院，后到德国进修，赴美国考察。曾任香港城市大学研究员。其创作的影视剧本屡屡获奖，代表作品有《死神少女》《葛老爷子》等。

说第一次上手把握不好量，成片粗剪长达3小时，你遇过同样的问题吗？

伊：我拍《法医2》也是这样，粗剪出来比较长，搞了两三个结局，好多事都讲不通，莫名其妙。片子里宋慈参加婚礼，新娘疯了，在他面前自杀。另一个哥们犯神经走进来，旁边的富商气不过拿刀把他捅了。一个自杀，一个他杀。宋慈说，我们得找找凶手。虽然想表现验尸时发现了新的问题，但是在他说出那句台词的那一刻缺少一层逻辑——你到底要找谁，是凶手还是幕后人，还是说新的阴谋？总之现在想想也头疼。

周：**永远都有bug（漏洞）。**

伊：Bug太多了，所有戏都有bug，只不过是bug大与不大的问题。后期剪辑时片商主导了最终版，可能因为我事儿太多，也有可能在生意层面有别的因素考量，最终结果还算是比较好吧，还是赚钱了，但我确实不满意，很遗憾。

我今年拍的项目只有36场戏，拍摄时间大幅度缩减，希望有个好呈现。但事与愿违吧，总有问题，每次都有新的挑战，哈哈哈。有些天只拍到下午6点，演员、摄像都蒙了，不好意思收工，吃了晚饭要再拍一会儿。其实网络电影标准是60分钟以上，你只需要拍70分钟，12天就能拍完，但是确实越缩紧不一定越好看。这次的故事也有一些bug，剪完是92分钟，片方说不行，得剪到85分钟，但剪了7分钟的戏之后，有些情绪和故事就讲不清了。但是也没办法，毕竟节奏也很重要，后期的声音做得不是很满意，所以这次创作也很难。

周：**这部网大最后的成绩甲方满意吗？**

伊：当时说的票房预期是1000万，后来片子完成了这个目标。也是因为这部片子赚了，所以才会有下一部片子。我不是那种憋在家写很久、参加创投，最后五年拍一部片子的导演，要拿成绩说话的。我也需要继续努力，现在有少部分优秀的网络电影的导演比一些院线电影票房高，看的人更多。院线电影大概60块钱一张票，网络电影大概6块钱一张票。我希望更多的人能看到我拍的电影，要是没人看你的片子，你独自美丽干吗？你说"我长得特别帅，我天天在家待着"，我不信。

陈：其实这也是现在走创投出来的电影的一个困境。学术界做过统计，2010—2020年这十年，国内电影节创投的影片中票房过亿的，加起来只有8部。

伊：如果我在家三年写一个剧本走创投，这个剧本它得是有价值的，但它的价值有可能不会是类型元素。注意，这里有一个前提是"在家写三年剧本"，在家三年是重点。啥也不干，我能吃三年吗？很难，我在家吃三个月都吃不下来。比起艺术我可能更在乎柴米油盐。我这个活儿不接，我下半年就没有活儿了，对吧？

周：你觉得不公平吗？

伊：我不觉得不公平，就应该这样。

陈：你在《法医2》后拍了几部网络电影？

伊：拍了一部。找我的项目都是鬼新娘那种，哈哈哈，挺好的。我们拍了20天，还有三五场武打、追逐、狂杀戏，巧妇难为无米之炊，我们就天天干这事儿。（笑）

周：你在拍网大的过程中会遇到跟资方意见不合的时候吗？

伊：我还敢跟资方意见不合？（笑）还想不想拍？

周：那你进步了。以前拍广告的时候你都跟甲方拍桌子。

伊：那时就两天的创作，人家一捏鼻子也就过去了，你又不是不拍，对吧？网大是拍20天，人家凭什么留着你。那你就没有项目可干了。

周：所以你是上来就抱着打工人心态了吗？

伊：不是打工人心态，是合作共赢啊，为什么总要对抗？

陈：你心里对自己的作品要上院线会不会有执念？

伊：有，是想让更多人看到嘛。

陈：我很在意你会不会怕自己困在什么赛道里，你拍完这个之后一直在拍这一类。

伊：拍完之后发现最大的收获是，发现自己不太会拍。

陈：你不是进门了吗？

伊：没有。聊点有意义的事，刚刚殷姐说咱们这本书可以给以后的师弟师妹们一点参照。我拍这两部长片最大的收获，是明白了一些早就知道的道理。上学的时候讲电影是蒙太奇，是一个镜头一个镜头拍出来的。大一考电影技术概论，"镜头是电影的最小单位"，但我拍完才懂是什么意思。摁开机键前所有东西都可以改，即使镜头已经架好，演员也就位了。很多青年导演可能会觉得好多事情在开拍之前就已成定局，认为这是一个烂项目，不能改变。但不是这样的，真想干好是能干好的，因为电影是一个镜头、一个镜头拍出来的。

周：你认为你掌握了创作的自由度？

伊：不，是还没掌握。如果一个人没掌握这些道理，拍出来的片子还能被认可，那他是个幸运的或很有智慧的人。我不是，我通过犯错才明白这个道理。去年拍完另一部片子我又明白了一个道理，机会只有当下这一次。年轻导演拍摄的时候，经常想着先这样过吧，到下个地方再找补回来。但其实不可能，没有这么多机会。

陈：那你每拍一部片子会想突破什么东西吗？

伊：我觉得好多事想得太美好了，有个活儿干就不错了，还突破什么。先拍好吧，再想突破的事，我对自己的要求是每部片子都要拍得比上一部好，在不断变好的过程中，完成我当职业导演的夙愿。我现在拍得会比去年好，明年再拍会比今年好，我总有一天会拍到院线，我在那个时候就不会犯现在犯的这些错误。好多人说导演拍的东西烂，不懂导演为什么要这样，观众不知道导演的无奈。导演不知道他拍的东西烂吗？他太知道了。大学四年里少说看800部电影，自己写剧本、自己拍，还要在后期盯着看剪辑、声音、音乐、特效、调色。他一遍遍地看片子，一遍遍地看那个烂的地方，比任何人都清楚片子的这个地方是个错误，大多时候是没法解决的。而人们愿意指出这些错误，但不会说怎么解决。如果不反思，只挣钱，我不愿意这么做，我虽然很笨，但想一部一部比之前更好。

周：要是有机会拍自己真正想拍的，你会拍什么？

伊：我觉得真正想拍的和得到的机会是一码事，而不是两码事。你应该把得到的机会做成想干的事，而不是把两者区分开。

陈：你还有什么想和我们读者分享的吗？

伊：不要跟自己为敌，把电影看得轻一点，跟生活相比，那些都不重要。我现在还把《法医2》的道具摆在书房里，我就是拍了烂片，但不重要。这个行业里80%的人都在底层，但有很多人干得特别好。我拍网络电影时有一个合作的人叫波波，号称"横店第一执行导演"。他对工作的热情别人比不了，微信签名是"激情是留给现场的，干就完了"。只要一开机，他的激情就开始迸发，"来，兄弟们来站好""来，导演看一眼""来，镜头。好，一二三开始"……他还在镜头外跟着演。他对自己的工作永远热忱，从来不自怨自艾。波波原来是学男高音的，他就是为了生活、为了房贷、为了养他的两个女儿而在剧组熬大夜。你看他的朋友圈："老妈老婆都说你赚钱就完了，不要担心家里的一切。这句话很靠谱，这句话才能让你每天踏实在现场。我们继续约4月20日以后的档期，杀青让我缓缓嗓子继续支棱。"人就是很简单，对吧？我们还在追逐什么这点意义、那点意义。我在他身上学了好多，就是要投入，不管任何工作。我们都应该有这种精神，活得实在点。

伊力奇采访手记

张新源

伊力奇导演因北京的晚高峰而姗姗来迟，进门后，他热情地向我们招手。一头打着卷儿的黑色短发，络腮胡子垂下来，相当符合我对蒙古族汉子的想象，让人联想到呼伦贝尔大草原上的烈风。

导演是位相当健谈的人，在被夜色笼罩着的北京城里，他从学生时代聊到工作，从坎坷崎岖聊到柳暗花明，敞开心扉同我们分享生活，言语真诚，情感炽热。四个半小时的访谈对话，为我们勾勒出一位热爱生活的现实主义者。

在访谈的最开始，导演与我们分享了有关电影《回草原》的创作经历。学生剧组遇到几十年一遇的大洪水，越野车被雨水浸没，夸张到能在车窗外看见鱼。然而当时二十出头的、并不成熟的他，却没有把握住机遇，而是带着团队在角落处觅得了一隅与剧本场景相符的晴空。从此以后他开始反思，要学会抓住上天赐予的机会。

导演在敞开心扉与我们分享，距离感在话语间消弭。聊到他的就业经历时，他转过头来问我们，一部电影成功最关键的要素是什么？在场的每个人都给出了自己的答案，而导演笑了笑，说出了他的答案——运气。他在工作中并没有刻意磨平自己的棱角，早期工作时与周围人常有争执，活得有个性、有锋芒。他愿意将生活中遇到的所有机会当作机缘，广告拍摄也好，网络大电影制作也好，他认为只要抓住机会总能挖掘其中价值，无须分辨其中贵贱。

随着访谈推进，现场的氛围逐渐轻松起来。他谈到当下的生活和遇到的有趣的人。"横店第一执行导演"波波永远在片场富有激情和干劲，朋友圈里挂着鸡汤式的励志语录，对他来说执行导演是一个谋生的职业，他这样日复一日地努力着，为的是给自己和家人带来更好的生活。伊力奇导演尊重并且敬佩这位执行导演，由衷认同他的人生态度。

访谈一直持续到了晚上十一点半，然而我们无人觉得疲惫，与导演告别后仍然意犹未尽。抓住机遇、自由洒脱、认真生活，我好像在城市的霓虹灯下看到了草原的雄鹰。

潘依然：
好的作品能够对抗时间

采访人：陈宇舟、张宏佳、张琳

采访策划：张琳、张宏佳

采访时间：2023年7月16日

采访时长：3小时50分钟

采访方式：腾讯会议

文稿整理：蔡晓谨

▶ 个人简介

　　潘依然，1984年生于温州鹿城，现为编剧。最初在温州医科大学医学本科就读，后又考取北京电影学院文学系本科和外国电影史研究生。毕业后加入宁浩工作室（现为东阳京墨三品影视文化传播有限公司），先后在网剧《隐秘的角落》《回来的女儿》《漫长的季节》、电影《疯狂的外星人》《古董局中局》《悬崖之上》中担任编剧。剧情片《守护者》曾获第十三届"半夏的纪念”大学生影像展最佳摄影奖、年度大奖提名、最佳剧情片提名。

作品年表

2011年	短片《随行》/导演、编剧
2014年	短剧情片《守护者》/导演、编剧
	《我想回到那一天》/文学助理
2015年	网剧《恶老板》/编剧
2019年	电影《疯狂的外星人》/编剧
2020年	网剧《隐秘的角落》/编剧
2021年	电影《贝肯熊2：金牌特工》/编剧
	电影《古董局中局》/编剧
	电影《悬崖之上》/编剧
2022年	网剧《回来的女儿》/编剧
	电影《狙击手》/文学策划
2023年	网剧《漫长的季节》/编剧
2025年	电影《酱园弄》/编剧

在“雀巢”，跃向错失的天空

陈：您是什么时候开始对影像产生兴趣呢？

潘：20世纪90年代末吧。我高中时比较爱看电影，当时市场上有各种各样的光盘，一部分是《泰坦尼克号》《夺宝奇兵》《侏罗纪公园》等好莱坞大片，一部分是黑帮题材电影，像《古惑仔》，还有一部分是爱情、友情题材的电影。基本是有什么题材，我就看什么题材。

陈：在我们访谈的创作者中，大家最开始对影像的兴趣好像都受到好莱坞或香港影片的影响。您在高中时有没有印象非常深的电影？

潘：《猜火车》①。因为它是一部很简单的、情绪大于情节内容的英国电影。再加上导演丹尼·博伊尔原来是拍广告的，影像上很有冲击力。它比较反叛，不像好莱坞大片里的主流观点——结果通常是向善的，它的内容是消极的、讽刺的、比较黑色的。我那时觉得它很酷，很符合我青春期时想看的片子的类型。

《猜火车》之后，我大概把丹尼·博伊尔的所有电影都看了一遍，这是我第一次主动去看一个导演的系列作品。我当时做这件事很高兴，有类似集邮的感觉。再加上看电影会让我产生很强烈的情绪，那种感受一直让我欲罢不能。

陈：您有没有因为看了这些电影而想要进一步去学习，甚至是从事电影创作？

潘：有。高三的时候我跟爸妈说想考电影学院，但他们出于保护我的态度，觉得我的想法过于冲动和梦幻，劝我放弃。他们觉得拍电影的人很少，拍电影要进电影制片厂，再加上那些人都是家学渊源，而我们家只是温州的小老百姓。后来我虽然没去考，但会背着他们看电影杂志和书籍，攒考试报名费、车票钱，等等，还让一个亲戚从北京寄了电影学院的招生简章。发现了招生简章，我妈便慌了，于是组织全家大会劝我审慎考虑。最后我也确实打消了这个念头，只想着正经地考综合性大学了。

陈：您在被家人劝退之前就想要考北京电影学院的文学系吗？

潘：当时我对此没有任何认识，以我的原生条件和相关才艺，表演、摄

---

① 《猜火车》是1996年由英国导演丹尼·博伊尔执导，伊万·麦克格雷格、艾文·布莱纳主演的黑色剧情电影。该片曾获第69届奥斯卡金像奖最佳改编剧本提名，第49届英国电影学院奖最佳改编剧本等奖项。

影、录音、动画这些我都没戏，我只有导演系和文学系两个选择。

陈：**为什么后来高考会选择药学专业？**

潘：药学专业是非常实际的选择。一是我爸受到在美国药厂工作的同学的影响，觉得那是个很不错的出路。他曾后悔自己当年专业分流时没往这方面使劲，所以希望我帮他弥补他的遗憾。二是浙江人可能都比较实际，认为提升生活质量是很重要的事情。我当时的生活氛围也是如此，大家会在择业的时候考量自己生活的质量和稳定性。

陈：**您本科四年在温州医科大学有什么感受？**

潘：前两年有点无聊。我本以为大学是完全放开的，结果发现只是没有老师管了，而医学院的课业很重，挂两科就会没有学位证。我不太适应那种生活，跟周围努力的人也玩不到一块儿。大二的时候我开始担心挂科，大三、大四完全处于一种痛苦的状态里。因为我没有那么喜欢医学，每次都是迫于考试或者老师抽查之类的压力去学习，好像总有个皮鞭在抽我。它跟我之前买碟看电影完全不是一回事，后者会更让我感到愉快，能调动我的主观能动性。

陈：**您在大学期间有什么释放压力的途径吗？比如继续坚持看电影，或自己尝试用DV拍影像？**

潘：我只是看电影杂志，它们对我而言就像精神食粮一样。另外，张国荣去世那年，作为学生会组织部的一员，我在学校的礼堂组织了一次影展，放了很多哥哥的电影和我自己家的一些DVD。反响很好，基本算得上是一票难求。在这期间我还自学PS，帮忙印票根和设计海报。

陈：**您还是放不下电影。那您在本科期间有没有想过退学？**

潘：有，当时我有门叫"临床医学概论"的八学分课考了不及格，让我很焦虑。我想在我想过的生活和我需要做的事情之间做平衡，但最后我还是做不到，于是我又一次躁动地跟爸妈提出了退学。几番商讨下，我们谈好了条件，说先把学上完，拿到学位之后，我想做什么都行。

陈：相当于是家人的缓兵之计。

潘：对。如果我当时直接退学，其实也挺尴尬的，我不确认自己能够扛得住那样的压力，所以还是作了比较保险的选择。

陈：拿到毕业文凭之后，按照当时家人的说法，您就可以自由地选择工作了。您当时决定下一步要做什么？

潘：我想先考电影学院导演系研究生。报名那会儿，我所有同学都在江苏一家药企实习，还在学本专业的内容，而我在看一些艺术学理论。后来我去北电考试，成绩特别差，于是又灰溜溜地回来去做了雀巢的营养师。我当时负责组织活动，让医生、用户中的代表向我们反馈产品的优点，同时再去发展一些愿意参加我们活动的医生。但后者对我来说是比较困难的，这项工作需要我跟人近距离打交道，而我始终没有掌握与人短时间建立联系的能力，也没法营造一种让人家相信我、能互相敞开聊天的氛围。因为没法完成KPI，我又觉得工作不好，就想再试一次考研。但考研的准备周期很长，我便想到了考本科，赶紧脱离这件事，给自己另寻出路。过了艺考，我又报了高考复读班去参加高考，当时还想贪点工资，边上班边学习。那时我也不觉得辛苦，反而认为生活有了盼头。

陈：您讲这些经历的时候很淡然，换作是我，我需要做很大的心理建设。尤其在当下，大家总是受到一种社会时间的规训，对年龄有非常大的焦虑。您当时有没有这种内心的斗争？您家人对此的态度是怎样的？

潘：作出这个决定，家里人虽然反对，但是最后没"开会"。我当时挺疑惑为什么不开会，所以开始复盘自己，发现自己的情绪其实已经被挤压到了一种临界状态，我必须要去改变现状。而且我有一种预感，我可能更适合别的行业，这个想法拉拽着我再去做一次尝试。可能家人也有所感知，再加上我跟他们承诺，再考不过就回来好好上班，学习怎么跟陌生人套近乎，直面工作上的事。

我当时没有任何的年龄焦虑，但是后来入学就有了。北电入学军训时，大家都在聊玩的软件，有些同学已经成了豆瓣红人，但我连豆瓣是什么都不知道。当时我一下子就觉得我虽然努力地来到这里，但是这会不会也不是一个正确的选择。他们都非常活泼，接触过很多新的事物，而我却显得有点老派。那时我开始焦虑了。现在想来，我去考本科这件事其实挺冲动的，一拍大腿就这么做了，完全不计后果，但是做完之后发现还是没有考虑周全。

陈：**您去北电时，会不会感觉自己离电影更近一步了，感觉是半只脚要迈入电影行业了？**

潘：完全没有。但是学校会请一些业内的人来开讲座。我大一的时候，学校请来的是侯孝贤导演，其实我现在不记得他具体说了什么，但来的人都是从偏向创作的角度去思考问题的，讲的是怎么去做艺术的电影，好像跟产业不太相关。放的电影也是电影院少有的类型。那时我才知道，原来电影这么丰富，不只是丹尼·博伊尔。在这里每个人都可以找到自己的语言，并用这种语言讲述不同的故事。我去了解这些的过程也挺快乐的。

陈：**您在电影学院的学习过程中，有没有印象深刻的课程或老师让您对电影有了新的理解？**

潘：梅峰[①]老师和李二仕[②]老师，他们分别是我的本科班主任和研究生导师。梅老师当时主讲电影史，在他课上我发现其实没有作品是横空出世的，

---

①　梅峰，导演、编剧，北京电影学院文学系副教授、硕士研究生导师。曾在《北京电影学院学报》《世界电影》《当代电影》发表多篇电影学术文章和译作。编剧作品《春风沉醉的夜晚》曾获第62届戛纳国际电影节最佳编剧奖，编剧与导演的《浮城谜事》《不成问题的问题》等影片先后在戛纳国际电影节、东京国际电影节等获奖。

②　李二仕，北京电影学院文学系副教授，文学博士，硕士研究生导师。出版学术专著《英国电影十面体》《解码英国电影大师：关于"性、爱与死亡"相通相异的三种解读》，发表学术论文《英国电影中的酷儿呈现》《爱情的意识形态：民族电影与文化》《中国少数民族题材电影的发展轨迹》等。

好的电影是方方面面综合下来的结果，是在社会问题、政治问题或文化思潮的改变作用下，在那个阶段刚好和观众的情绪和心理产生呼应。我起初觉得艺术家本身的自我创造性非常重要，但后来发现更多是时势造英雄。

陈：**您本科毕业之后，读研究生还没有今天如此流行，您有没有想过直接以编剧身份参与项目？为什么会选择继续读研究生？**

潘：因为我被保送了。当时我身边有同学直接去做了电视剧编剧，我也考虑过找工作，但也怀疑自己的能力，其实还是有点贪恋学校的环境。因为去电影学院读书给我带来了很多正反馈，而工作，我只能想起之前的困境。所以我没迈出那一步，就想着读个研究生稳定一点。

陈：**您研究生毕业论文具体研究什么方向？**

潘：好莱坞分级制度的发展流变。美国是一个市场导向的社会，要面对一些舆论和宗教传统。但是总顾及到舆论，相对应的作品就不够刺激，市场也会不景气。制片公司大多出于让自己企业发展的驱动力，想去调节这二者之间的度，所以先放一个有点挑衅性的片子试验一下。如果它直接被宗教团体口诛笔伐，就不再往下弄了。比如伊丽莎白·泰勒演的《灵欲春宵》①，上映后虽然有一些舆情的问题，但本质上是一次成功的试验。加上分级制度是在海斯法典②的框架里搭建的，非常安全，所以制片公司就想联合起来推行这件事，改变原来的游戏规则，放年轻观众爱看的片子。

---

① 《灵欲春宵》是1996年由迈克·尼科尔斯执导，伊丽莎白·泰勒、理查德·伯顿、乔治·席格主演的剧情片。该片曾获第39届奥斯卡金像奖最佳影片提名、第24届金球奖电影类剧情类最佳影片等奖项。

② 美国海斯法典是由全美电影制片和发行人协会主席W.海斯与耶稣会教士D.洛德等人起草制订，1930年3月31日公布的美国历史上限制影片表现内容的审查性法规。该法典是好莱坞电影在20世纪30年代初到60年代末期间遵循的一套规则和指导方针。

陈：对好莱坞分级制度的研究对您后来做悬疑犯罪类作品，以及理解国内审查制度的逻辑有了很大帮助？

潘：我觉得审查更多是担心内容的发酵，会预设作品播出后会产生的影响和观众的反应。作品中可以有叛逆和敏感的部分，但同时得有正向引导的部分。如果正向引导的内容能打消过激的舆情，就不会是风险。面对审查，有些话得包装之后再去表达，但它不是"阉割"，很多刺激的东西收着点说，反倒更经得起琢磨。

审查者并不死板或者"一刀切"，至少在《隐秘的角落》①和《漫长的季节》②这两个项目中，我觉得他们是非常年轻且愿意沟通的。他们愿意看到好的内容，我相信他们是有审美的。反而很多时候是作品没有很好地把作品内容表现出来。你可以把他们当成第一轮观众，不要觉得他们站在你的对立面。

根据自己的长短板找到适合自己的角色

陈：《守护者》③是您的毕业作品，讲述了一位阿尔茨海默病患者通过一幅画和美术馆讲解员邂逅的故事，您当时怎么想到要去拍摄这个故事？

潘：我当时喜欢一些元素，比如关系错位、探讨沟通，以及文艺对于生

---

① 《隐秘的角落》是2020年由辛爽执导，潘依然、孙浩洋联合编剧，秦昊、王景春领衔主演的悬疑电视剧。该片曾获第十六届中美电影节中美电视节年度最佳网剧、第四届网影盛典年度最佳剧集、第二届融屏传播盛典融屏时代剧集、2021首尔国际电视节大奖迷你剧集单元"银鸟奖"、2021年微博之夜"微博年度热剧"等诸多奖项。

② 《漫长的季节》是2023年由辛爽执导，于小千、潘依然、陈骥联合编剧，范伟、秦昊、陈明昊领衔主演的生活悬疑剧。该剧曾获釜山国际电影节亚洲内容大奖和全球流媒体大奖"最佳导演"奖项。

③ 《守护者》是2014年由潘依然导演、编剧的剧情片。该片曾获第13届"半夏的纪念"大学生影像展最佳摄影奖、最佳剧情片提名和年度大奖提名。

活的意义，等等，也爱看这种议题的片子。所以我也是潜意识地借《守护者》表达我对它们的认识。另外，因为我本科在户外拍毕业作品时，天气很冷，拍得作品很辛苦，所以这次找了一个室内美术馆，不限拍摄时间，场地也特别暖和、整洁。虽然后来馆内的暖气停了，但不管怎么样，还是比室外强很多。

陈：**所以您结合了自己对不同代际间沟通的关注、对文艺指导生活的关注，以及自己以往的拍摄经历，有了场景先行的想法，再把这些点结合起来构思出了《守护者》。**

潘：对。这是比较实际的选择，或者说也有实际的原因。

陈：**这个故事聚焦了代际关系，讲述了两代人的相互理解。这与您的人生经历好像有某种程度的相似性，我们是否可以理解为，影片也注入了您自身的血液和情感？**

潘：它会有我的感情投入，毕竟是我写的，肯定有我的意识。但大体上还是尊重故事本身的走向。至于我说的感情，比如我经常遇到跟某个长辈说话说不明白，最后干脆不聊了的情况，我希望我们能达成某种沟通上的一致，这是非常爽的事。

所以我把自己的生活体验放在一些人物关系中，再加一些人物外观的设计，让角色能更好地包裹住这种感受。但故事本身的两个人物还是独立的，我还是尊重了他们自身的定位，没有想着去突出我个人的情感经历。因为我想去了解别人的愿望，既然故事里的人物是别人，我们之间的关系就应该是无限接近，而不是所谓的自我复制。创作完《守护者》，我发现我之后创作的角色大多是独立于我个人而存在的，我很喜欢这种人物脱离我的感觉。

陈：**您学的是编剧，但您拍摄时兼任了导演，您在转换身份时遇到的最大困难是什么？**

潘：沟通。导演是需要和人不断沟通的，很多人来问你问题，你要非常自信地帮他们作决定，或者至少在别人看来你是自信的。我经常掩饰不了我的不自信，我不知道自己的决定是不是对的。拍摄期间，我每天既要苦恼怎么作决定，又要担心决定的正确性，这对我来说挺艰难、挺内耗的。拍摄后期，我甚至后悔之前在雀巢没有学会跟医生们沟通的技巧。作为导演，在跟人沟通的问题上，我有点力不从心。另外我作为编剧，在开会时能够很高强度地对着几个人说一件事，但只要人一多，哪怕只是二十多个人，我就感觉要爆炸了。

再有就是，我很容易被周围人的情绪影响。我会担心别人拍的时候冷不冷之类的，这种杂念会经常在脑子里出现，而且我还不能抗拒它，它会不断冒出来。我觉得一个真正的导演会平衡这些事，他一定有能力把要得到的东西紧紧地抓在手上，但是我好像没有这种决绝，在片子呈现方面没有那么强的要求。所以拍完《守护者》之后，我也在结合自己的性格、长短板考虑这件事情。我思考自己喜欢什么类型的电影，自己在什么位置才是更合适、更舒适的。首先要做功课，找到自己的长短板，想象自己被放置在哪个位置能尽可能地发挥长板。然后要进一步了解自己短板，可能有些短板只存在于这个工种里，所以没必要花很多时间更多关注它，毕竟大家的时间有限。其实年纪稍微大点了以后，我也会怀疑是不是真的有必要改变自己。

陈：您说到一个特别重要的点，就是根据自己的长短板找到适合自己的角色。具体到当下，很多年轻人不管在影视行当里学的是什么专业，或者之前扮演的是什么角色，最后其实都想做导演。我觉得这是一个问题，好像很多人追逐的不只是导演这个角色，而是它背后的光环。所以我觉得您做的这个选择，或者说您当时拍片时对这个问题的思考还是非常理性的。

潘：因为我觉得拍片很辛苦，它需要极大的热情和内驱力来完成。尤其是工作之后，我见了一些真正有成就的导演，他们的体力都非常好，都是不太会累的人。这何尝不是一种天赋呢？而我就做不到，我工作了一定时间后，整个人的效率会变得非常低，我感觉我可能负担不了那样的劳动强度。

陈：以现在的视角来回看《守护者》，您会怎么评价这部片子？

潘：首先，我觉得它是我那时竭尽所能完成的作品。其次，我意识到自己在无意中表现了对某些话题的喜爱，这种喜爱有时会反过来提醒我，我应该保护好自己原发地关注的话题，并找到更好的技巧去包装它们。因为我后来做了一些委托创作，我需要理解原著作品的核心表达，看到并接受它的底色，反而不能把自己的表达、自己喜欢的元素放进去。

反观《守护者》，我觉得这个故事仍有一些拧巴、没有统一好的地方。比如，它本身是一个对白占比不大的片子，但实际上有几处对白比较膨胀的部分：一是最开始让管理员录的讲解词，二是保安室里聊天吃饭的情景，三是大妈自己上了天台描述讲解词的画面，四是让大妈的儿子过来接她那处。我觉得对白传递的信息有时不及视听来得直接。听人讲故事，如果故事平淡，观众的注意力就会下降，故事就得再精简或者用一些别的方式抓住观众的眼球。我当时拍那些场景时，有种想要固定一个场景的执念，在视觉上给自己画了个框，最后导致我想不出其他招数来拍了，只能在这几场戏里单纯地依赖对白叙事。这是我判断上的失准。

陈：《守护者》是您学生时期的创作，您觉得学生时期的创作和目前的创作有什么区别吗？

潘：对我来说没有那么大的区别，哪怕是再商业化的项目，我也只会写我相信的东西。再回看《守护者》，我当时觉得它已经足够了，但要是现在，我会让它变得更有趣味性，能吸引更多观众。

从远处眺望当代的我们

陈： 在既往的访谈中，您提到因为全心投入《守护者》的创作而错过了择业的最佳时机，您能大概向我们还原一下您当时毕业择业时的具体情况吗？

潘： 当时学校有好多双选会，我只是参加了，但没有跟进。后来毕业之后的两三个月，我因为没找到工作天天晃荡，总想着先找到个工作再说。加上周围同学都纷纷入职了，有的人甚至去了大型影视公司，我就很焦虑。直到我男朋友在微博上看到了宁浩工作室的招聘启事，我便过去试了一下。当时他们可能是看重我社会经历丰富，最后录用了我。

陈： 其实那会儿宁浩工作室还不算头部公司，您当时为什么选择它？

潘： 一是我想找一份工作，二是我觉得宁浩作为导演，他的工作室跟影视公司不太一样，它是创作者直接对接创作者。那个环境介于独立编剧和影视公司之间。因为我不太适应在一个大机构里跟很多人社交，但是我也不敢自己单干，当独立编剧会更辛苦。毕竟从写作的角度讲，可能我今天工作了却不会有成果，我要是想"摸鱼"，损害的也是我自己的利益。所以我还是希望能上班，让老板帮我平摊风险，于是我选了介于这两者之间的工作室。这种直接简单的环境也能学到很多东西。

陈： 您到了宁浩工作室之后，日常工作内容大概是什么？

潘： 最开始是做字幕校对，当时公司只有十几个人，哪儿需要我，我就往哪儿去。之后负责看公司原来储备的IP，写一些改编思路。那会儿我真是瞎写，不懂类型，也不懂写完到底要给谁看，所以把握不好角度，甚至也不是很尊重原著。此外平时有项目的话，我会跟着开项目会，提一些意见，但因为我那时还没形成那些意识，发言都不尽如人意。

陈：**您当时对那份工作满意吗？**

潘：后来因为公司承接了一些电视剧的工作，我就被派去写《恶老板》①了。在剧组里的小两个月，我一直在综合导演和演员的意见改剧本。那份工作跟我想得非常不一样，我根本记不住哪一情节在哪个位置，要打开哪个文档。我和领导提出不干那份工作，他可能觉得我还算吃苦耐劳，就让我去参与还在筹备阶段的《疯狂的外星人》。②那个故事比较像原著《乡村教师》，③所以我只是写一下改编思路，再综合其他编剧的意见修改，做了一个故事的底。

陈：**相当于因为您的不满，领导把您转到了电影的策划岗。**

潘：对，那个时候我感觉这样还不错。当时开项目会时，我缺乏一些从产品角度来理解作品的经验，比如我有时会掉到一些细节里，但他们大多是从宏观的角度来思考。就是一闭眼，能从海报里看到什么东西，基于那些东西再去想怎么定义这个片子。那是一个慢慢收拢的过程。同时，他们也会在商业里保持作者性。一方面，这是他们在以往的序列里被市场打上的标签，相当于要有意重复这件事来回应观众的期待；另一方面，他们也是出于创作的完整性来考虑问题。这些东西给了我一套思维方式，现在我会尝试那样想问题。

陈：**关于《疯狂的外星人》，大家会关注它跟刘慈欣老师的原著《乡村教师》差别相当大。您作为编剧，是怎么理解这一改编的？**

潘：在精神脉络上，我觉得还是有传承的。尽管主人公和故事背景都变了，我们都是在用本土的文化思维与最高端的外星文明沟通，最后在一定程

---

① 《恶老板》是2015年由甘露执导，赵扬、潘依然、白金艳编剧，梅婷、黄觉、熊乃瑾等人主演的电视剧。该剧暂未上映。

② 《疯狂外星人》是2019年由宁浩执导，黄渤、沈腾、徐峥等主演的喜剧科幻片。该片曾获第26届北京大学生电影节大学生特别荣誉单元最受欢迎影片。

③ 《乡村教师》是1999年由刘慈欣创作的短篇小说，首次发表于2001年。该小说获得第十三届中国科幻银河奖读者提名奖。

度上都完败了外星文明。

陈：**您作为联合编剧，当时在编剧团队里是负责什么具体工作呢？**

潘：剧本是一轮一轮的编剧来写。比如说这段时间先由甲来写，其他人作为策划提意见、做记录。甲写了一段时间、没有新的输出之后，换成乙接着写。我是接力中的一环。我写完之后，这部戏基本已经到了筹备环节，我们开始具体跟制作、美术、摄影聊怎么呈现了。

陈：**这部戏上映后共拿了22亿票房，它对您的职业生涯带来了哪些影响？**

潘：我觉得还好，但它让我变得更有信心了。它实际上没有为我带来更多的工作机会，因为大家都会觉得那是宁浩的电影，包括宁浩自己也是个编剧，他在那个项目里的气质太强烈了。其实我感觉自己在这个项目里的工作是有可替代性的，我只是刚好很幸运地能参与其中。

陈：**我比较好奇，您是由于刚刚说的个人风格无法完全展现而在2019年离开了宁浩工作室吗？**

潘：是因为在2019年，我原来的劳务合同变成了项目制。这期间出现了一个特别实际的事，因为公司正在改制，我从本来不用坐班变成了坐班，这让我很不习惯。再加上我工作的时候主要得服务于导演的"气质"，那个气质跟我是有距离的，我原发的内容里没有，只能去学习模仿。这一过程让我很有压力，我也想趁这个机会找找自己是谁。这个时候刚好《隐秘的角落》项目找到了我。

陈：**您当时为什么会接《隐秘的角落》？当时原著紫金陈的《坏小孩》[1]最打动您的点是什么？**

潘：其实我在情感上并没有被小说感染，我只是觉得小孩对抗一个杀人

---

① 《坏小孩》是紫金陈"社会派"推理作品三部曲（《无证之罪》《坏小孩》《长夜难明》）的第二部。

犯的设计很有趣，这种互相威胁充满了戏剧性。故事其实是朱朝阳在智力上更占上风，我很喜欢他像个"恶童"一样的形象。再加上这些内容之前没被呈现过，原著那种很刺激的设计也让我想象了很多可能性，所以最后我就接了。

但后来真正改起来是比较难的，因为原作写得太刺激了，很多东西一旦过激，就会远离生活。我们花了很多时间去考虑，怎么让故事在保持爽感的同时，让两人之间对抗的剧情更好地落地，至少让角色都像是大家身边可见的类型。

陈：说到改编，《隐秘的角落》（以下简称《隐秘》）实际上解决了最重要的代入感问题，您觉得这部戏为什么这么火爆？

潘：首先它很好看，是一个入门非常简单的故事。它表面上就有对抗，这让大家更容易进入情境。再者，它播出前后好像没有很出彩的片子。再加上那时的网络上一直在探讨原生家庭，需要一部影视剧去揭露其中更深的原因，而不仅是停留在情绪。所以《隐秘》火了得益于天时地利人和，是被时势造就的。

在《隐秘》之后，我发现审美疲劳是真实存在的。那些乱七八糟的悬疑，像脱离现实的"探案神剧"，观众很难看下去。如果你还在这个框架里做工作，就需要做得比前人更突出才行。还有另一种选择，你可以做一个观众从没见过的东西，这样你的作品大概率也会被看到。创新是非常重要的，不能光想着在内容上发力。

陈：我们了解到您在做这部戏之前刚生完孩子，母职身份的转变对您创作朱朝阳这个小孩角色有没有什么影响？

潘：有关系。小朋友肯定是善的，而且单纯的"恶童"难以被大众接受。小朋友的行动需要动机，比如为弟弟治病这类俗套但是合情合理的原因。另外小朋友做的一些错事也要有边界。《隐秘》里最坏的事就是朱朝阳看他妹妹挂在那里却没有救她，这甚至是一个开放式的结尾。而就算坐实了这件事，他恶的边界也就到那儿了，其他悲剧都是大人造成的。我觉得小孩还是要被保护起来，但最后不能呈现出"傻白甜"。我想把他（朱朝阳）写成一个有自己思想的大人，同时又多少有点天真，愿意相信一些纯粹的东西，比如为了友谊愿意涉险。所以小孩部分的情感是很浓烈的。

　　而在处理大人的板块的时候，难点在于我会希望让大人的恶也是有边界的。就是当那个恶一旦超过界限，像原著中写的处心积虑、长年累月地下毒，最后假装慢性自杀。这样的反派人物，我其实是无法接受的。我们在刻画包括张东升、陆春红、朱永平等所有人物时，都想的是把他的社会标签去掉，只是单纯写他们作为一个人会怎么去进行选择和行动。而且在处理这些人的时候，不管他是正派反派、在剧里面处于什么位置，我都会去问自己，我喜不喜欢这个人，如果这个人在我生活中真实存在，我愿不愿意去了解他。就是我觉得任何一个角色，他都应该被这样对待。

　　陈：《隐秘》爆火之后对您的编剧职业生涯有什么影响？

　　潘：我确实多了一些工作机会，也得到了很多人的反馈，这件事太美妙了，基本是表扬多过批评。它能给我储备很多能量，让我认为自己在做一件有意义的事。这就像你办了一场晚会，所有人最后都玩得很尽兴。

　　陈：您是因此才有机会和张艺谋导演合作的吗？比如此后的《悬崖之上》①（以下简称《悬崖》）。

　　潘：《悬崖》跟这个没关系。当时它处于需要调整的阶段，想让新的编剧来写，《隐秘》的一个制片人正好在《悬崖》里，就把我介绍了过去。其实写《悬崖》的时候，《隐秘》好像还没上，更多人谈论的是《外星人》的票房。

---

① 《悬崖之上》是张艺谋执导，张译、于和伟、秦海璐、朱亚文、刘浩存、倪大红、李乃文领衔主演的谍战电影。该片曾获第17届中美电影节金天使奖、第34届中国电影金鸡奖最佳故事片、第13届澳门国际电影节最佳影片奖、第13届"中国影协杯"年度十佳电影剧作等诸多奖项。

陈：**您在工作过程中跟张艺谋导演有很多交流碰撞的时候吗？**

潘：我作为晚辈太幸运了！在那个工作的状况里，张艺谋导演给了我很多主动权。他的诉求很明确，他主要是把他的意思传达给我，并告诉我背后的原因，我去想办法修改。

陈：**您跟之前的宁浩导演、张艺谋导演，以及之后的辛爽导演合作时有哪些区别？**

潘：作为编剧，我觉得年龄相近的人比较好讲话。如果导演跟你年龄差很大，你会把他当作长辈，尊重的比例会非常大。而年纪越接近，你越会跟他讲一些自己没有想清楚，但觉得有必要说的话。但是跟权威的导演合作，我们的沟通方式会不太一样。可能在一个项目里，他的诉求对我来说最重要，我其实是在做落实的工作。我们一般两周集中开一次会，会上分批次讨论问题，最后再回去抓紧处理，因为他的时间很宝贵。宁浩导演是另一种风格，他每天都会把所有人叫在一起，面对面开会谈论细节。综合起来，我觉得跟艺谋导演的工作还是非常愉快的，因为他讲得很有条理。和他对接时，他不会直接把答案告诉你，而是带你梳理问题的优先级，帮你安排工作顺序，让你的工作变得极其有效率。他真的很厉害！

陈：**您之前说作品需要创新，您在写《回来的女儿》**[①]**（以下简称《女儿》）时，相对于写《隐秘》有哪些创新之处？**

潘：《女儿》是以一个外来者的视角去看家庭的秘密。另外，《女儿》的家庭更类型化、更极端。我们想把它置于一个跟现在有距离感的时间中，让观众隔着距离去看，能接受它稍微"飞"一点。所以整部《女儿》的语境和人物的动机都更缥缈、更扭曲。

---

① 《回来的女儿》是2022年由吕行执导，张子枫、王砚辉、梅婷、李乃文领衔主演的家庭悬疑剧。

另外，我比较喜欢片中20世纪90年代那种怀旧氛围。但是做的过程中出现了一个悖论，我问自己为什么要去看一个离我们那么遥远的故事，它又不是一个纯类型片，而是跟我们有一点关系、又好像没多大关系的存在。这个问题我一直没有在《女儿》里找到答案。同时，我们在对抗性上的设计也有点收着。其实第一版大纲刻画了很多激烈的犯罪现场，但后面落实时柔和了许多，加上制片方也提醒我们注意审查问题，最后在呈现上不够极致。现在回顾起来，如果我们当时把它写成一部纯爽片，可能是一个更好的处理方式。

陈：**这个作品确实在网上受到了一些争议，您是怎么对待外界的批评的？**

潘：我没法忽视这些评论，只能交给时间。一方面，有些批评说得挺对的，它们是我创作时回避掉了的东西，是畏难造成的结果；另一方面，后面发展到有人在网上引导刷分，我觉得这没必要，片子也没糟糕到那种程度。我觉得主要还是割裂的问题。前几集整体非常像爽片，两边的立场、掌握的信息都明确，大家很期待看到后面对抗的那个时刻。但是从第六集开始，剧情的整体方向变得更内化，不是之前铺垫好的对抗了，评分就开始变低了。这跟观众们反弹式的情绪有关系，到了剧播出的后半段，我反倒比较接受那些批评了，因为它们已经无关作品本身了。

陈：**您最近上线的作品《漫长的季节》（以下简称《漫长》）赢得了流量与口碑的双丰收。您刚才提到了拍这样的年代戏时必须考虑和当下的联系，这个剧虽然拍的是工厂的解体，但大家还是感觉到了当代性。您最开始改编《漫长》时是怎么思考的？**

潘：下岗这件事是更有理念的。对于《漫长》来说，我最开始是想让大家关注老年人生活。起初我也犹豫这一题材的可行性，直到后来B站一个制片人提出，现在好多"00后"都是爷爷奶奶那辈带大的，他们对老年人有着非常强烈的感情。这是我生活里缺失的，也让我意识到，它可以成为引起关注的故事切入点。再加上养老是当下一个很迫切的问题，老年人怎么生活、如何工作、如何处理感情，这些事都很值得探讨。

所以《漫长》的表层框架搭建起了人们对老年人群体的关心，我们一旦关心他们，就会想知道他们的过去。比如下岗这个大背景是埋在他们1997年的生活故事线里面的，也是故事的源头。本质上，《漫长》比《女儿》做得更好的一点是，它的过去和现在的关联更明确，而《女儿》只是完全封闭地发生在过去的事。这也正好对应了观众的心理——我们更关心当下的事。从最表层来看，《漫长》帮观众省去了很多需要去代入和反思的麻烦。

陈：**相当于你们是出于关照老年人的生活，才把原著从残酷青春的视角拉回到现在的三老追凶。**

潘：对。原著是围绕沈墨、王阳、傅卫军三个年轻人来写的，但本质上，故事是三位中老年人横跨了过去和未来两条线，他们才是第一主人公。因为那些年轻人在过去就消失了，只有沈墨在后面又一次出现。所以场上的三个人是观众主要看到的角色，这又回到了关心老年群体这一话题，也是首先要处理的问题。

陈：**很多观众看完剧后都非常喜欢彪子，您作为编剧，对哪个角色更有感情？**

潘：我也在看彪子的部分时哭得最惨，一辈子相信自己有好运的人还挺戳我的。但其实我投入最多情感的是王响。我要考虑他在失去儿子、妻子的连环打击下，要怎么活下来，怎么化解这件事，是用一个答案还是用别的东西。这是我不断去探究的。而且王响极致的悲惨经历也抛出了一个终极的问题——我们或多或少都经历过亲人去世的生离死别，那我们的生活是否还要继续？我们怎么和这些苦难和解？出于自己的角度，我当时希望王响能够迈过去。这说起来很容易，但是抛开故事真实去体验，我觉得那太绝望了。

陈：**原著中沈墨本来是非常腹黑的，她设计让王阳接近她。这个人物形象的改编也是出于您对人物共情的思考吗？**

潘：我对沈墨的刻画还好。我知道沈墨最后的答案非常重要，因为它关系到王响的心态。其实原著的故事走向是通往对抗的，当时她还想要杀王响，最后警察来了狙击手要击毙她。但我最希望王响在揭晓答案的那一刻能有所释然，那得是一个能够化解对抗的答案。所以不能像原著中写的，让沈墨告诉王响他儿子当年很傻，为了留住她想跳河。这会让王响更加疯狂，最终达不到那种走出困境的效果。这就是改编沈墨的源头。

陈：我们之前在访谈其他导演时，有导演提到中国的电影创作水平或贡献远低于中国剧集水平，您是怎么看待网剧和电影之间的风格差异的？又怎么看待网剧的未来发展？

潘：说起未来发展，我希望让外国人也看到我们的本土表达，像《隐秘》有日本人在翻拍，《漫长》好像也有美国公司在洽谈版权。至于剧集和电影，这段时间好像美剧也比美国电影更有活力，很多原来做电影的人也转到了剧集领域。这说明这一领域的市场很大，加上很多人平时愿意在家看剧，有观众就有市场，有市场就值得去耕耘。我们的仙侠剧《苍兰诀》在东南亚就卖得很好，如果我们把包含自己本土文化和价值美学的独特类型传播出去，就是很厉害的事，我们为什么不去做呢？

陈：从2023年5月开始，美国好莱坞约1.15万名电影和电视编剧走上纽约和洛杉矶街头罢工，呼吁提高薪资，要求公平的合约，拒绝给AI打工。[①]您对AI技术总体来说是持悲观还是开放的态度？

潘：我觉得现在先不要研究这件事，我是有点恐慌的。我们现在拥有的丰富情感都是后天习得的，像小说、电视剧里的情感也是模拟的，而AI只要学习能力够强，就可以去学习这些。对我来说，我有准备好接受它。目前我

---

① 2023年5月，美国好莱坞数千名电影和电视编剧走上街头罢工，呼吁提高薪资待遇。这是自2007年以来，美国娱乐业首次出现大规模罢工。

不知道它会给我未来的生活带来什么影响，只希望它不要那么快地投入实际应用，还是停留在研究阶段，或者减缓一些发展速度。

陈： 您恐慌的来源是因为业内的编剧们都持有这样一种恐惧吗？

潘： 我不知道，我只是觉得自己会很容易被替代掉。现在你要一些桥段，AI能一下生成很多，虽然效果还不太好。有些美术老师已经开始用AI做一些氛围图的打样了。AI目前还是一个辅助性工具，但随着你越来越依赖它，它会越来越了解你的诉求，最后甚至把你替代。所以一旦技术突破了，我们就没什么胜算了。

陈： 在未来的创作里，有什么是您一定会坚持的？或者您有想过突破之前尝试的类型吗？

潘： 我想过把悬疑这种元素从家庭里拿出来，看看它在职场、官场或学校等别的环境里，能不能碰撞出新的可能。至于其他的类型，我不是很熟，暂时不会考虑做那些东西。

陈： 您还有什么想和我们的读者分享的吗？

潘： "拍"这件事不容易，导演这个行业有很多不定因素，所以你需要坚持下去。同时，大家要保护好自己做这件事的初心和热情。生产内容是很幸福的，你可以通过自己的方式包装一个故事，和别人对话，并在其中得到很多生动的回应，所以它值得你去坚持。当然，也许你会遇到障碍和挫折，不要着急，保护好自己的初心，不要仅仅把它当成一个工作。大家要相信，在任何地方，好的内容永远是被需要的，好的作品也能够对抗时间。

潘依然采访手记

张琳

我们于2023年7月16日采访了潘依然老师。

潘依然老师是一位非常有自己坚持的编剧，这一点在访谈中可见一斑。她毫不遮掩自己的想法，无论是外界的批评还是赞誉，她都不会全盘接受，而是会结合自己创作时的状态加以甄别。

不管是从工作出发，还是从创作出发，我感觉到潘依然老师在访谈中贯穿的主题是尝试追问沟通的可能性。工作中，她聊到了自己和不同类型导演合作时的状态、收获和感受，也谈到了现在的审查制度。创作上，不管是前期无意识渗透，还是后期有意识去探讨，她一直在通过各种题材挖掘等级错位之下沟通的可能性，她的作品中，展现了这种亲子之间的沟通，跟凶犯之间的沟通，跟记忆的和解，等等。我觉得这也从侧面回答了，为什么潘依然老师参与的项目都能取得很好的成绩，其实她在持续关注和思考着现实场景中的议题。

总之，整个访谈过程紧紧围绕潘依然老师的成长历程展开，她以坦诚的态度向我们吐露自己求学从业以来的心得和经验，闪烁着对影像始终如一的热爱。我想这对于年轻的影视从业者们而言有着莫大的参考价值。

2015年 · 第13届

王锐：
蹑踪小津，抚慰人心

采访人：陈宇舟、孙毓泽、穆思勤、刘悦

采访时间：2023年4月8日、2023年10月10日

采访时长：6小时

采访地点：中国传媒大学豪丽斯咖啡厅、腾讯会议

文稿整理：孙毓泽、穆思勤、刘悦

▶ **个人简介**

　　王锐，广告导演，本科就读于西南大学戏剧影视文学专业。执导作品《冥婚》获第十三届"半夏"性别关注单元提名，首届重庆微电影大赛"评委会最佳影片"，第22届北京大学生电影节暨第16届学生原创影片大赛"最佳剧情长片"。

作品年表

2013年　剧情片《川剧往事》/剪辑、执行导演
2014年　剧情片《冥婚》/导演、制片人

电影史和美学帮我拨开迷雾

陈：你是什么时候开始对影像产生兴趣的？

王：从上大学开始。我们家在陕西咸阳，是一个三四线城市，我也没有亲戚跟这个行业相关。我的父母是普通工人，从农村去城市工作，希望我好好读书。但我从小很爱玩，如果说跟影像有点关系，那可能跟爱玩有关，我对很多事儿都感兴趣。我小时候特别喜欢刘翔，六年级时想当运动员。一上高中，离体育有些远了，就对文艺更感兴趣了。我高一想上中传的播音主持专业，还用毛笔写了"中国传媒大学"几个大字挂在床头。但高三艺考错过了中传的报名时间。

我中学时的性格特别外向，所以艺考面试对我非常友好，我也愿意去考有面试的学校，后来和西南大学结缘，只是因为面试可以和老师聊天，展现我更擅长的部分，但那时我对戏剧影视文学专业并没有很多了解。我家人的学历不是很高，都是高中左右的文凭。但他们愿意把选择权交给我，让我想做什么就去做，对我后来拍片子也提供了很多帮助。

陈：在我们访谈的"半夏"导演中，很多导演的家人非常反对他们参加艺考。

王：我们班很多同学家里都不支持，好像大家天然对这个专业或职业有

偏见，觉得不是很正经。我父母不了解这个专业，但支持我。我在陕西待了这么久，想像《天堂电影院》的小朋友多多一样，去外面看看，就报了西南大学。录取通知书到的那天，我们学校敲锣打鼓，开车拉着横幅到我家门口，那是我人生中的光辉时刻。

陈：像状元一样。

王：对，我觉得这给了我父母很大宽慰，他们的付出有了回报。

陈：你到了西南大学有什么感受？

锐：好像到了另一个世界。重庆特别热，我第一天就不适应，心脏跳得特别快，像去了赤道。我以前没经历过这样的潮湿闷热，出门两分钟，衣服就完全湿掉。我是挺独立的人，离开家生活我没问题，但戏剧影视文学是完全陌生的领域，我不像其他同学在中学或接受艺考培训时就了解过这个专业。大一第一堂课是系主任刘帆①老师讲的，他问大家最喜欢的电影或电视剧，我说的是大学前的暑假在央视看的《寻找李小龙》②。

陈：哈哈，我当时说的是《我的野蛮女友》！

锐：我用了很久适应城市和专业的陌生感，但我用"爱玩"的方法适应大学的环境。学生会和广播台的活动让我找到安全感，并让我站在熟悉的地方，尝试探索未知领域。专业不是我的归属，我对它也没那么多热爱或了解。大一时，我们宿舍的同学跟着我拍片，每天早出晚归。11月的重庆"巴山夜雨涨秋池"，有一晚的雨特别大，宿舍晚上11点停热水，非常冷，我室友晚回来，就得洗凉水澡。我那时不理解为什么要拍片子，好痛苦。我们很多课的

---

① 刘帆，西南大学文学院教授，影视艺术系主任。电影剧本《归程》获2018年夏衍杯优秀电影剧本征集一等奖。担任编剧和制片人的电影《白云·苍狗》入围第22届上海国际电影节竞赛单元"亚洲新人奖"，荣获第28届中国金鸡百花电影节"优秀国产片表彰"、第14届华语青年电影周年度新锐技术表彰。

② 《寻找李小龙》是2007年由林诣彬执导、山姆·伯顿斯、杰克·桑维、范姜弘青等主演的剧情片。

作业都是写影评，这又让我困惑了，似乎这个专业就是写影评的。我们在宿舍聊天，觉得未来的工作可能是编辑，给人写影评。

我上学拍的第一个作业，是用松下P2手持摄像机拍的，后来还学会了用Sony Vegas①剪片子。

陈：**你说得很令人怀念。**

王：都很古早了。我当时不会用P2，就学着别人拍，它很像过去香港电影里那种快推快拉，特别有意思。那是我第一次用摄像机，最后剪了一个15分钟的片子，交了作业，但我到第一学期结束都没有方向，也不知道自己的摄影技术、导演功力怎么样，一切都是未知的。

孙：**您刚提到第一次拍作业，那第一次主动创作是什么时候？**

王：大一结束，我买了佳能70D，尝试拍片子，模仿周星驰的电影《功夫》。我们在咸阳湖拍，冬天的雾特别大，很有武侠氛围。我找高中同学来演火云邪神②，天气冷，他只穿了一个背心。通过剪辑，乞丐给了男主角武功秘籍，他学会"如来神掌"，和穿背心的火云邪神在咸阳湖畔一决雌雄。我拍了一天，用了很多升格镜头，舍友看完片子笑喷了。

陈：**无论是高中想考播音主持专业，还是大一、大二在广播台，你更多是出现在台前。后来为什么转向幕后？**

王：大二对专业有了更多了解，世界电影史、美学原理这些更深刻的内容像漩涡一样吸引我。刘宇清③老师的世界电影史教得太好了，当时他让我们

---

① Sony Vegas，专业影像编辑软件，可对视频素材进行剪辑合成、调色、添加音效、录制声音等。

② 火云邪神，电影《功夫》的角色，认为"天下武功，无坚不破，唯快不破"，出手快到可以接住子弹。

③ 刘宇清，西南大学文学院教授，著有《中国电影的历史审思与当下观察》《他山之石：海外华语电影研究》。

看纯英文的《世界电影史》，特别厚。但我对这门课的了解更多是通过纪录片《电影史话》。我毕业之后，隔段时间就会看这部纪录片。刘老师很认真，我觉得他有教学"野心"和学术目标，他大胆选用教材，授课很有激情，节奏也很快，我们稍不注意就可能跟不上他的节奏。在他的带动下，我对电影史有了敬畏，在迷雾中，似乎找到进入这个专业的抓手，美学课也是一样。但很遗憾，我美学课挂科了。

陈：你刚才说到电影史课，让我想起很多大二的记忆。刘宇清老师会布置拉片，那时学校晚上断网，我们宿舍去五号门外的网吧通宵看格里菲斯的电影《一个国家的诞生》，结果第二天在他的课上睡觉。那时他给我们放《罗马，不设防的城市》，我却觉得意大利新现实主义电影很闷。但现在想想，那时很"燃"。可以说是电影史帮你建立了对电影知识的认知体系吗？

王：对，我突然觉得自己有一个专业技能了，这好像是我人生中掌握的第一项专业技能，甚至有种掌握了命运的感觉。对从小到大仅有上大学这条成长道路的人来说，在大学期间掌握了一门技能，算是完成一个目标。现在我的工作很少涉及电影史，但不时回望电影史的记忆，让我非常舒服。

陈：你为什么会对创作产生兴趣？你一开始帮师哥师姐推轨道，这是很累的体力活。

王：大二和舟哥你一起拍《川剧往事》①，听你们讨论剧本，和川剧院的演员们聊戏。我听不懂，但觉得有意思，在你们的聊天里找到关于人性的东西。比如一个人面对人生困境、无比痛苦的时候，会做什么选择？我以前没

---

① 《川剧往事》是2014年由陈宇舟执导的剧情短片，王锐担任剪辑、执行导演。该片讲述了川剧演员的命运，获得第12届"半夏的纪念"大学生影像展"最佳剧情片"提名、第21届北京大学生电影节原创影片大赛"最佳剧情片"提名。

有过这种经历，那时听到这些，内心深受震撼。我记得南京大学的吕效平[1]老师来讲课，讲"戏剧就是把人放在火上烤"，我现在还会琢磨这句话。听你们聊戏，回想我大一之前看的电影，里面的主人公似乎都在"被火烤"，特别焦灼。它和电影史、美学不一样，像漩涡一样吸引我。我觉得我可能对创作天生敏感，听多了，就想去实践。

初探影像：得奖=职业导演？

穆：您怎么想到创作《冥婚》[2]剧本的？

王：因为做作业，我被动地写了剧本，那是我第一次真正写剧本。我们班分成几个拍摄小组，每组报选题。2014年，安徽安庆市推行殡葬改革，多名老人在推行时限前自尽。当时我不敢相信，不理解这样的观念。我们只是基于新闻题材，想试一试，老师觉得不错。

孙：最后怎么决定拍摄的？

王：很多同学都来帮忙，大家都很热情，但都不知道怎么拍片子，包括我自己。我之前独立拍摄的经验就是短片《功夫》，之后是做《川剧往事》的执行导演。我没张罗过这么大的事，而且它不是必交的作业或毕设，没什么压力，但我想继续做下去。我相信不支持我的人是希望我在更成熟的时候完成作品，但我们有时需要大胆作选择。我印象特别深，那学期结束，我的两位舍友拎着行李要走，说了句："王锐，你拍的时候给我打电话，我过来帮

---

[1]　吕效平，南京大学文学院退休教授，著有《戏曲本质论》《戏剧学研究导引》《对正剧的质疑》。

[2]　《冥婚》是2013年由王锐执导的剧情短片，曾获第13届"半夏的纪念"大学生影像展"性别关注"单元提名，第22届北京大学生电影节暨第16届学生原创影片大赛"最佳剧情长片"。

你。"然后把门一关，去机场了。我一个人坐在宿舍里哭。我也感谢舟哥。他踢足球摔了脚，拄着拐棍和我散步。他用长沙话说："你一定要拍！"陈红梅[1]老师也给我很多帮助和支持，让我有问题就找她。这些支撑非常有力量，就像我之前看的香港电影里的情义。当时每个人给我的意见不同，但似乎都有道理。我面对的第一个选择就是该用谁的建议，那是我第一次知道"忠于内心"四个字的真实含义。

故事虽然发生在我的家乡，但我依然无从下手。那时看完《废都》《白鹿原》这种关于陕西的小说，我震惊了，感觉自己不会说陕西话。作家把陕西话落在纸上，而我似乎只能从外乡人的视角进入地方文化，像婴儿一般初探世界。我和父母、亲戚打电话聊天，问他们关于农村的问题和小时候的记忆，了解支离破碎的片段，寻找家的气味与感受。

穆：这部短片是怎么筹集资金的？

王：我们班同学做制片人，做了像模像样的招标书，但冥婚题材没人愿意投资。后来我写了"陈情表"，写了剧组和剧本推进状况，发给剧组同学和我的亲戚，让他们了解我在做什么。

陈：这是众筹的雏形。

王：对。这是自己认识的朋友捐款，跟同学一起花钱拍片子差不多。当时有同学捐了很多钱，甚至有同学放了一两千，后来我筹了三万多块钱。我还瞒着父母向亲戚朋友借了一两万块钱，不让他们告诉父母。

陈：为什么不想让父母知道？

王：这是挺大的事儿，我怕他们担心，也不确定能做成，而且这笔钱在当时是很大的数目，我不忍心要这样的支持。拍了五六天，钱就花完了。灯光组知道我们是学生，害怕结不了款，再加上只有这一次合作，又是外地来

---

① 陈红梅，西南大学文学院讲师，文学博士，主讲动漫研究、艺术经典、电视传媒等课程。

的，所以要求结一部分款，再接着拍，我一边拍摄，一边借钱。那天下午特别晒，我蹲在黄土地里，特别绝望。后来我父母知道了，连忙拿来两万块钱。

穆：您拍摄时还遇到过什么困难？

王：最大的困难可能是剧本创作。我第一天写剧本，在学校图书馆一楼咖啡厅晒了一下午太阳，没有想法，也不敢写，写的感觉也不太对。我以前做很多事情都比较被动，那段时间在痛苦之余，第一次感受到专注力。师兄、师姐、老师、同学给了很多修改意见。当时很多人不建议拍，说剧本不错，但可能拍不好，而且需要很多支出。我没张罗过这么大的事，它也不是必交的作业或毕设，但我想继续走下去。

第一部片子拍得特别难。有一场戏是老常媳妇坐着村子里的蹦蹦车，消失在田野的远处。拍这个镜头时，远处是夕阳的逆光，镜头跟着蹦蹦车摇到远处，看到广袤的旷野，画面非常诗意。但拍完之后，我不知道下一步怎么办。等了很久，摄影把布掀开，问我停不停。我才反应过来，导演是要喊"停"的。因为类似的问题，那天耽误了很多时间。当时我不知道怎么安排好各部门，经验不足，预算紧张，会出现效率问题。

刘：现在回看《冥婚》，你有遗憾吗？

王：拍完后发现有很多技术问题，但后来再看，那些技术问题不重要。当时最本能的创作冲动太珍贵了，或许这在每个人最初创作时存在，后面就没有了。如果再拍这个剧本，我会更关注人物，这最令人动容，我也希望找到小的切入点去看更广阔的视野，往细腻了拍。

陈：《冥婚》在北京大学生电影节得奖，还在"半夏"、重庆青年电影节获得认可。你最初对获奖有期盼吗？有什么获奖感受？

王：我最开始没有很高期望，也没有任何目的。拍片子要真诚，想着拿奖、赚钱，这事就做不了。我现在拍得多了，有时用经验顺手拍一个镜头，也没问题。但当看片子的那一刻，每一帧、每个眼神，就知道自己有没有用心。片子不是给别人拍的，是给自己拍的。

当时做后期的压力太大，所有人都说烂，我挺伤心的，因为大家在尽力拍了。我也因为负面评价，了解了很多创作问题，甚至拍完、剪完之后，才慢慢了解不同的节奏在视听创作中带来的不同体验。片子修改了三四个月，余纪[①]老师给了很多意见。有一天上余老师的导演课，老师通知我们在重庆青年电影节获奖了，我快泪崩了。

至于北京大学生电影节，我们剧组从重庆到北京坐了19个小时绿皮火车，跟进京赶考似的。颁发"最佳剧情长片"时，全场回头看我们。当时西南大学在专业领域不是很出名，所以大家很兴奋。刚离开礼堂，就有人加我们微信。《重庆商报》《重庆日报》打来电话要采访我，他们把我拿奖杯的照片发在第二天的报纸上。学校发了微博，我们也发了朋友圈，大家祝福的时候我们才知道这个奖很重要。这给我一个错觉，好像未来要从事导演这个职业了。

刘：参加"半夏"有什么感觉？

王：学生影展很少像"半夏"一样主动邀请入围的创作者聚在一起交流，还邀请大家看展映影片。这样青年导演们可以拓宽思路，看更多片子，这很重要。我们学校很少有这种面对面交流。"半夏"有很多高校同学参加，大家的教育背景不同，拍的片子不同，这种交流很好。

主办方把《冥婚》分到"性别关注"单元，我觉得挺奇妙。那时我还没有关于当代文化的思考，更多是对家乡文化和角色、情感关系的认知。

陈：你现在怎么看这些奖项？

王：我不觉得得奖之后就是专业电影人了。我知道片子的问题，不认为

---

① 余纪，西南大学文学院教授，曾任重庆市电影家协会主席。导演电影《来不及道歉》《片警周鑫》等，策划、编剧电视剧《街坊邻居》等，著有《电影四维论》《国家建构的一个侧面》《区县级电影市场田野调查》，发表论文《国家意志与少数民族电影》《从索绪尔出发，再回到索绪尔》《说不尽的〈五朵金花〉》等五十余篇。

它的艺术水准很高。但很明确的是，我想做职业导演跟得奖有关，受到激励，可以做得更好。不过，存在这么多问题的学生短片能拿奖，得奖的意义是什么呢？平时工作中接触的从业者，很多人也没有在学生时期获奖。上班第一周，老板让我对一个片子的拍摄发言，我提了方案，觉得自己的方案很"艺术电影"，大家都笑了。老板说，王锐现在还是大学生电影节的学生创作状态。这对我打击很大，当时的我不知道该怎么融合商业和艺术。我也不擅长那段时间拍的片子，所在的环境和我的创作方向不契合。现在看来，学生时期的奖项对刚开始找工作有帮助，但务实地讲，专业能力、表演能力、摄影功底、审美观念无法在奖项中直接体现。广告行业的实践性非常强，谁的作品更硬，对自己未来的帮助可能更大。

陈：我在拿了这些学生奖项之后，有段时间会感觉自己很膨胀。你有这种膨胀的时刻吗？

王：有。褒奖来得很突然，很多人关注我，知道我做导演，短片拿奖了。我紧接着就想拍第二部，但第二部拍砸了。我们还在平台上众筹，应该算国内很早的众筹了，那是2015年。有很多人支持我们，有些人可能都没见过面，就直接转了五千块钱。但这部片子我们花的时间和心力没有《冥婚》多，很多问题没想得那么清楚。也是各种原因，这部片子拍完后至今没剪出来。

在小津安二郎的墓前，献上一束花

陈：说到考研，我记得你当年应该是有保研资格的。

王：但美学课差一分及格，没保研。

陈：第一次考研时，你为什么选择考中传呢？

王：我高中时就想考中传，是有情结的。而且你当时在中传读研，天天喊"定福庄新浪潮"。考研竞争实在太大了，我第一次考研准备的时间还特别短。

陈：当时迷茫吗？

王：迷茫，而且我还不自知。我当时有一位朋友，她现在在爱奇艺工作。我考研的时候，他们有个网剧在西南大学拍摄，想找同学帮忙看景，我们就认识了。考研后见过一次。她说我的眼神没有光了，觉得我不知道该干什么了。我考研的时候明确地知道未来有奔头，但当时马上要毕业，每天纠结于继续考研还是找工作。后来跟师兄田骏①聊天，我说我想做职业导演，这是我经过专业学习后唯一会做的。不管未来如何，我都想做。

第二年再考研时，我就改考北电了，北电更适合实践。北电考研对创作要求更高，实践性更强，考试范围更广，要花更多时间。但准备考试的时间还是不够，好像也是差两分通过初试。不过我没有遗憾，复习的那段时间非常宝贵。我享受了非常"乌托邦"的半年，每天泡图书馆，泡在电影的世界里，很幸福。这两次考研，我把学过的知识系统地梳理了一遍，安静专注地

---

① 田骏，现任西南大学文学院影视艺术系教师，重庆市电影家协会成员，北碚区电影电视艺术家协会副秘书长。曾参与院线电影《终极胜利》《老刘的婚路历程》《白云·苍狗》等项目，摄制公益宣传片《保密我在线》等作品受到国家保密局表彰，指导学生作品在教育部、团中央主办的各类影视比赛中获得奖项。

做事，非常有价值。

陈：我考博时也有这种心态。我用了一年多的时间沉浸式地了解一个全新的社会科学知识体系。那个时候我在江西财经大学当老师，虽然日子很安稳，但我知道自己离电影越来越远了，所以内心很挣扎，也很怀念那段安静的时光。你那时有来自各种社会关系的压力吗？

王：没有社会关系的压力，我父母很支持。我主要对未来的选择焦虑。考研的时候，我有天晚上看《东京物语》[①]泪流满面，受到非常强烈的情感震动。电影讲的是父母从乡下到东京看三个孩子，回去之后，母亲去世了的故事。毕业后那段时间，我不能回家，又无处可去，不知道未来怎么选择。我上个月去日本旅游，特别找到小津安二郎的墓，到墓前献花。跟一个不认识、处在不同时代的异国人，安安静静坐了会儿，感觉挺奇妙的。他的墓前有很多人献的花和酒。我们快走的时候，又有年轻人来送花。从考研到现在有七年了，这和我曾经的夙愿有了重新连接。

陈：可能做导演的最高成就莫过于此！最高成就不是获电影节的终身成就奖，而是死后有人记得你。被遗忘是最可怕的，导演恰恰是制造记忆的人，你描绘了我们对于导演职业的一种终极向往。

王：对，创作者都希望给世界留下点什么。

---

① 《东京物语》是1953年小津安二郎执导，笠智众、原节子等主演的剧情片。

成为"影像工作者"：在有限的程度里抚慰人心

陈：放弃考研选择做职业导演时，你知道会面对什么吗？在此之前，我们周边没有人成为职业导演。

王：我不知道会面对什么，没想那么多，去北京之前，我对做职业导演一头雾水。当时觉得导演就应该拍电影，但刚毕业怎么拍电影？同学们自己花钱拍片，非常苦，拍很久也拍不出来。

陈：你为什么会选择广告行业？

王：最开始不知道做什么，各种投简历，那时已经面临生存问题了。我的第一份工作是在五道口做导演，但要先做一段时间剪辑。我每天在通勤上花四五个小时，真的受不了。有这个时间我可以多看好几部电影，做很多有意义的事情。而且上班也剪一些没那么感兴趣的短视频，所以一周后我就辞职了。后来找到一个招聘项目导演的广告公司，综合了各种选择，就这样开始了广告导演的工作。

穆：你考虑过进入电影公司吗？

王：毕业那年，有一个系列电影项目方找过我，需要在剧组待很多年，当国内一线导演的助理。还有师兄师姐介绍我去电影公司，我们班也有同学去阿里、网易做影视。但那时还是想拍自己想拍的片子，虽然不知道能不能拍。

陈：你之前说，第一份工作的老板说你沉浸在大学生电影节的状态里，很难受，你是怎么调整的？你是如何树立起自己在广告公司的导演权威的？

王：树立不了权威。我拍第一条商业广告时就出了问题，团队把两个相似产品弄混了，品牌方发现了错误。刚干了半个月，租的房子还没收拾，公司通知赶紧改片子。我刚毕业，赔不起这么多钱，也不能让公司有损失。我工作后的第一年都不是很适应，别人为他们想要的东西花钱，你要在规定时间完成规定动作，达成他们的目的，而且第一年交片压力很大。工作经验在这个行业非常关键，拍多了就不会出现那么多的问题。但能否立足，在于拍得好不好，要靠积累或才华。

孙：**转到广告行业，还有其他不适应的地方吗？**

王：广告和我以前追求真实感的电影观念不同。我上大学的时候，有句话是"影像是物质现实的复原"[1]，我相信的影像不是一堆漂亮镜头和表面的东西。刚开始做广告，我很矛盾，拍的东西都不真实。画面要求精美，衣服没有褶皱，咖啡杯擦得特别干净，车在马路上没有灰尘，真实感和品牌想要的画面会有割裂感。我之前拍的现实题材短片和我的工作完全是两个方向。拿别人的钱去拍我不相信的东西，还得让更多人相信，这让我很痛苦。但没办法，得赚钱，可能刚毕业的人都会面临这样的问题。在公司待了两年多，我就做自由职业者了，尽量做自己相信的影像。

孙：**在公司上班和做自由职业相比，有什么不同？**

王：在公司上班，有团队保护，自由职业更多是自己把事情做好，还要做得更好。但我在公司学到很多。我上大学时幻灯片和表格做得不是很好，上班后进步飞速。在商业流程里，字体大小、间距，字的摆放和审美，包括PPT的统一都需要注意。后来，我习惯做完PPT后检查无数遍，必须一丝不苟，不能让别人挑毛病，这对我做自由职业者帮助很大。

孙：**您大学所学的美学知识，对现在的工作有什么影响？**

王：影响挺大的。老师讲了很久古希腊悲剧，俄狄浦斯、安提戈涅等。

---

[1]　齐格弗里德·克拉考尔：《电影的本性——物质现实的复原》，邵牧君译，中国电影出版社1981年版。

我那时觉得最高级的艺术形式是悲剧，喜剧的终极是悲剧，所有人的终极都是悲剧。这对我拍《冥婚》有很深的影响，包括和舟哥拍的《川剧往事》，也有类似这样的悲剧观念渗透。现在我可以更好地运用一些美学、哲学概念，比如将"诗意地栖居"①这种理念放在一些广告里。我这两年拍的现实题材或生活流广告，就是在用美学观念支撑我的创意系统，会让客户更好地接受，也让广告有更深层次的灵魂性的东西，这是第一点。第二点是，我的头脑中形成了比较完整的系统支撑自己，可以完成一些个人表达。如果没有这个支撑，可能像高楼没有打好地基，有可能会忽然倒塌。美学是专业给我的礼物，广告行业挺庞杂的，很多人是摄影或美术转型当广告导演的。有人更关注技术，有人更关注视觉，但大学的美学课给我带来的支撑就是我的独特风格。

陈：理论给你很多启发，让你提出的概念有格调，它像说服甲方的策略，在广告这种商业性强的世界里，需要找寻自己的作者性。我觉得你是幸运的，找到了商业广告结合理论积淀的细分赛道。

王：对，我非常幸运，在相对顺利的事业上升期找到自己的赛道。而且这几年因为疫情，很多国外导演不能在国内拍摄。我大概从2020年下半年开始转型拍生活类、写实类广告片。

陈：你和我们访谈的大多数导演不一样，他们会因为疫情将项目搁置。

王：综合来看，有一批广告导演因为疫情而将项目搁置。而且这几年预算、项目体量或数量减少，而且在相同要求且预算少的情况下，还要拍得更好，所以必须适应新环境。

陈：疫情时期的广告行业会发生一些什么变化？

王：这也是需要辩证来看的。疫情造成了很多大品牌或广告公司把更多

---

① 诗意地栖居，是德国哲学家海德格尔在德国诗人荷尔德林的诗歌《人，诗意地栖居》基础上进行的哲学阐发，意在通过本真、诗性的生活方式，抵抗异化的现代社会。

预算投在更直观带来反馈的品类里，比如短视频，它的转化更快、更强，可以少花时间和预算，或直接砍掉一些品牌营销。对创作者来说，观众看了全片才知道是什么广告，这很爽。但对品牌来说，投钱是为了营销，要在短时间看到更实际的效果。

陈：疫情三年，你会找哪些走心的现实议题来和商业广告结合？

王：这个行业蛮被动的，更多是命题作文。多数情况下，创意部门或编剧根据客户需求写创意，广告导演把创意转化为视听语言。表达现实问题、社会问题，导演能做的很少。另外，有些客户会直接找导演，导演自己出创意。我这几年接了成形的案子，再加入一些美学思考，完成了一些我想表达的东西，但这样的案子非常少。我不能在广告里做艺术表达，如果这么做，就非常不职业、不专业。好的广告作品，首先要给客户提业绩，满足商业需求，让更多人接受这个品牌，这是职业道德。在完成这件事的基础上，如果让它更有品位，那就是到了更高的层面。创意行业最害怕重复或雷同，因为类似的片子来找你，每部都一样，就变成行活，不是创作了，创作者像害怕瘟疫一样害怕雷同。

陈：可以和我们分享你现在的生活状态吗？

王：忙的时候非常忙，闲的时候非常闲。我接触的广告类型更多是借助时间节点营销。年底、年初会非常忙，这个时候有元旦、春节，三四月份的案子相对少一些，等到五六月份，有青年节、儿童节、毕业季，这段时间又是一个小高峰，七八月份可能会闲一些，九十月份有教师节、中秋节、国庆节，比较忙，接着是"双十一"，还有就是各品牌的周年庆典。

陈：我想，收入应该不是你现在做广告的唯一目的，你怎么在这份工作中找到自我价值？

王：我相信大家都觉得拍电影是神圣的事，能充分表达自己，很多广告创作者都有相似的经历。我现在更多把自己定义成"影像工作者"，做职业导演，运用视听语言完成叙事。拍什么不是目的，目的是用视听语言雕刻时光。想清楚这件事，就会容易很多，不那么割裂。我不觉得拍广告比拍电影获得的荣誉少。我这两年看到一些广告导演拍得很棒，甚至是行业的荣光。看人家拍得这么好，我就又有动力创作了。我已经在行业里找到自己的价值，在合适的情况下会用以前学的知识，一年到头总有一两个项目是有灵魂的，不只表达产品，至少能在这个行业留下点东西。我现在未必能很好地完成一部长片，但在不同时间接触不同行业，一部一部广告拍下去，是在训练自己的视听语言能力。因此，如果把自己定义为"影像工作者"，有足够好的创意和想法，拍什么我都愿意。

陈：**你把自己定位为影像工作者的这一转变很重要。**

王：大家在上学或毕业后有拍电影的执念，但不放下执念，你又没办法实现的时候，它就变成非常大的人生遗憾。以前跟我们拍片的同学，现在在上海做直播带货，也非常好。我觉得只要大家生活过得好，就已经很好了。

陈：**可能最重要的是在自己所处的位置达到自洽，我蛮高兴你找到了自己的位置。但从学术角度来说，很多学者会对广告行业有根本性的文化批判，指出广告是消费社会的产物，它受到商品逻辑的制约，反过来又以商品逻辑消解社会价值的正常结构和秩序。广告会制造一些生活的幻想并促成虚假需求的生成。你恰好是身处其中的生产者，对这种观点有什么想法？**

王：我也觉得广告是消费社会的产物，可能没办法像电影一样承载更多深刻的故事或真实的灵魂。2022年底，我拍了京东家电的广告《你是家里的光》[①]。其实"光"的概念挺俗的，核心就是产品在家里"发光"，打开电视有光、打开冰箱有光，家里的光像童话故事一样安抚人心。我那时做了好几条这样的片子，拍普通人的勇敢和善良，拍家人之间的关心和爱，抚慰观众。

---

① 《你是家里的光》是2022年京东家电联合新世相共同推出的广告片，由王锐执导。

这是它存在的意义，也是我喜欢自己拍的片子的原因。今年拍了招商银行备老金题材的广告片。片子发了之后，有评论说：好悲哀，现在年轻人都要自己准备养老了。我很意外，广告不可能想让人看到这些，但观众会不自觉地代入。广告有自身的社会属性，但没法非常直观或敏锐地剖析社会问题，它能在有限的程度里抚慰人心，就挺好了。

刘：和刚入行时相比，现在的你有没有很大的观念转变？

王：随着年龄和阅历的增加，我对影像的理解慢慢到了平和的状态，这种审美更新或观念转变，可能是成长经历赋予我的。我很喜欢电影《海边的曼彻斯特》，主角遭遇那么多痛苦，但仍然平静，眼神微微动几下，我就可以感受到他传递的所有情绪。

疫情以来，不确定性增加，我们能关注的就是当下。出来工作多年，曾经特别好的朋友有些疏离了。但过年回家，我跟他们沟通时感受到的稳定感跟在另一个城市的漂泊感完全不同，这种稳定感与平和感会给创作带来力量。在时间的长河中，这种成长是静水流深、慢慢渗透的。

穆：平常跟朋友联系比较少，但一见面，当年的感觉就回来了。

王：对，我们生命中不重要的事太多了，我刚工作那几年，要认识不同的人、开不同的会、接触不同的项目，会分散注意力，忽略更重要的事情。前几年回家，去朋友家吃饭，他妈妈说我在北京工作，不常回来，和我朋友有时都没话说了。我挺伤心的，不是不想聊天，因为不在一块儿，没那么多共同话题。亲密关系也需要经营，包括家人之间，需要付出，保持生活交集。

陈：你未来在广告行业想向哪个方向继续突破呢？

王：还是技术上，我并没有掌握很多视听技巧。我每拍一个片子都很慌，不知道怎么把影像或视听细节处理得更好。每个广告类型、产品、客户都不同，每个人想要的也不一样，而我要用自洽的方法完成视听处理。

至少在我拍的写实类广告片里，我希望用真实的细节和情感触及一些人的灵魂。刚刚提到的《海边的曼彻斯特》，通过接近零度的表演，让故事更真实。但通过影像呈现审美的方法，非常难以掌握。

穆：你还会再拍剧情片吗？

王：要看机遇和想法，有表达空间和商业机遇，我不会拒绝。能拍现在的题材，我挺高兴的。我还在向上爬坡，未来想更专注于自己擅长的领域。自由职业不是很稳定，要在风雨飘摇的波浪里找到支柱，无论这个支柱是想法、理念，还是审美，找到并坚持贯彻它，就是我的目标。我希望找到最独特的视角，在每条影片里找到独特的表达。做广告很好的一点是可以接触不同的行业、项目和主题，不断更新、激发创意。如果有机会，我还会尝试其他形式的影像创作。

穆：你对青年创作者还有什么想分享的吗？

王：进入这个行业，前两三年苦一些，大家要做好从走出象牙塔到面对现实的准备。创作氛围会变，公司环境会变，要做好适应的准备，艰难的时候再坚持一下，可能坚持过去就会变好。另外，内心的"杂音"太多可能会让人"失焦"，"失焦"时更需要思考，专注于找到自己的位置，找到自己的位置才知道要做什么，还要专注于身边更重要的事情、情感和关系。片子拍多了，各种杂事都可能影响心境。这时的思考也需要外界的帮助，看书、看电影、聊天。如果太累，就停下休息。

王锐采访手记

刘悦　穆思勤　孙毓泽

访谈开始前，我们对王锐导演从事的广告导演这一职业十分陌生，渴望从他的成长经历中获得一些新的认知。访谈大致是按照他的成长经历进行的，导演的状态很好，整场访谈比较轻松，氛围融洽。

王锐导演表露了他得到支持、被认可时的感动。他提到拍摄《冥婚》前，陈宇舟师哥的支持，还风趣地模仿舟哥的长沙口音。其实，当一个人犹豫的时候，他心里就已经有答案了，而这时的支持，是最强大的力量。

王锐导演本科期间在北京大学生电影节获奖，在学生时期收获了很高的荣誉。但他随之面对的是考研失利，以及残酷现实与职业理想之间的困惑。他始终在精进职业能力，找到了工作中的自我价值和内心的自洽。影视行业所谓的"光环"似乎放大了名利和欲望，不断制造有关梦想的故事，但王锐导演经历的人生起伏，让我们窥见普通人生活中上演的风起云涌，看到他充满韧劲儿的闪光之处，也看到他在思考着如何向内探索、认识自我。

访谈还有很多不足。访谈开始时，我们有点紧张，对王锐导演的回答不能及时回应与引导，更多是应和他的回答，再提出我们准备好的问题。但访谈后半段，我们被王锐导演自带的轻松氛围感染了，渐渐进入状态，但囿于专业知识和经验，我们有时没能抓住他回答中可供深挖的点。

王锐导演不断思索，一步一个脚印地前行。在从学生到职业导演的角色转换中，他找到了适合自己的"广告之道"。身边"杂音"太多可能就会"失焦"，他的职业信条是感知，是真诚，更是专注。

2016年·第14届

王通：
五年，我的长夜将尽

采 访 人：陈宇舟、郭明星

采访策划：陈宇舟、郭明星

采访时间：2023年3月5日

采访时长：2小时

采访地点：中国传媒大学梧桐书屋

文稿整理：刘悦

▶ 个人简介

王通，1988年生于山东，导演、编剧，本科和硕士均毕业于中国传媒大学戏剧影视学院。执导作品《吉日安葬》获第十四届"半夏的纪念"大学生影像展年度作品提名、第9届FIRST青年电影展学生电影竞赛最佳剧情片提名。长片剧本《天河日夜》入围第11届FIRST影展创投会、中国电影基金会吴天明青年电影专项基金创投，正发展为院线电影《长夜将尽》。

▶ 作品年表

2015年	剧情短片/《吉日安葬》/导演
2017年	剧情短片/《我有一支枪》/导演
2020年	剧情短片/《身在何处》/导演
2025年	电影/《长夜将尽》/导演

破除技术迷恋，追求叙事核心

陈：通哥，你是在农村长大的，到了初中才去到县城，所以想请你先分享一下你的童年。

王：我是在农村出生的，五六岁时全家因为我爸的工作调动搬到了小镇上，然后是12岁上初中到了小县城。我爷爷是一个地道的农民，但是我爸爸这辈人都开始读书，我叔叔是恢复高考后的第一批大学生，他读了山东最好的大学山东大学，然后又考了中国人民大学的研究生，后来又去了美国去读博士。我小时候一直有这样一个精神榜样，总觉得未来要去大城市读大学。

陈：你是什么时候开始对电影感兴趣的？

王：我所在的小县城连电影院都没有，只有一个很破的厂房，里面放的也不是电影院的电影，而是录像带。我跟电影最早的联系，应该是在我从农村搬到小镇上的时候。我们当时住的大院对面是技校，技校的门口有一家小卖部，小卖部会放录像带。那时候交通也不方便，我发现有人会不停地到小卖铺去租录像带，我一个小朋友混进去看是没人管的，所以小时候在那里看过一些杂七杂八的电影，有一些商业大片，如成龙的电影，还有香港早期的武侠片和僵尸片。自己跟电影有关系，应该是初中有了电脑，进入互联网世界的时候。那时买电脑肯定是为了玩游戏，但很快，我好像对游戏就不是很感兴趣，开始在聊天室聊天。我觉得我一个小县城的人可以跟天南海北，如北京、上海等大城市的人聊天很神奇。再后来我无意间进入一个资源分享的网站，就从上面下电影看。那时候下载网速特别慢，我记得一部几百兆的电影要下一整天，所以我会偷偷地把电脑打开下一整天电影，然后周末偷偷地看电影，或者夜里为了不被爸妈发现蒙着被子偷偷看。我后来才知道当时看了一些所谓的艺术片，当时不知道那是什么电影但会被名字吸引，比如说金基德的一些电影。

陈：《漂流浴室》?

王：对，高中时看了很多电影，我的一个同学说："你喜欢电影，那你可以去考学做电影啊。"那时我们的小县城刚刚开始有所谓的艺术培训，我当时就参加了一个校内的培训，通过老师的讲述才知道原来有除了高考以外的另一条考学路径。其实我和电影这个领域有很多莫名的缘分，你知道现在一个很厉害的美术师叫兰志强[1]吗？忻钰坤[2]的《暴裂无声》、耿军[3]的《东北虎》、最近播的《平原上的摩西》都是兰志强做美术指导，他是我当时艺考班的老师，我们是失去联系十几年之后才发现之前认识。在我之前的印象里兰志强是个导演，在他的印象里王通是他班上的一个学生，后来不知道去做了什么。

陈：通过你刚才的讲述，我觉得我们这代人对电影、对艺术片最初的认知还蛮相似的，我们那时候是被金基德和张艺谋的电影吸引，也没想过和电

---

[1] 兰志强，美术师，2018年凭借电影《暴裂无声》获得第13届华语青年影像论坛年度新锐美术师奖提名。

[2] 忻钰坤，1984年出生于内蒙古自治区包头市，导演、编剧，2008年考取北京电影学院摄影系进修班，凭借其长片电影首作《心迷宫》获第8届FIRST青年电影展最佳导演奖。

[3] 耿军，1976年出生于黑龙江省鹤岗市，导演、编剧、制作人。

影的联系，仅仅是为了满足好奇心。我感觉你还是蛮幸运的，当时的艺考老师有专门的影视圈人士，我们当时的艺考老师更多还是在上学的研究生。

王：我考了两年高考，第一年在培训班的老师不鼓励去北京考学，因为他希望我们这届学生在山东有比较好的升学率，我2008年考上了一个偏远地方的二本。但因为老师们有在北京电影学院和中央戏剧学院读书的，而且我在艺考班里还算优秀，所以当年就去北京考了中央戏剧学院。后来我做了很长一段时间跟戏剧相关的工作，也应该跟那年报考有关系。虽然没考上，但那一年的经历对我的鼓励是蛮大的，慢慢认识到原来北京是这样一个城市，中央戏剧学院是这样一所学校，其实自己离这种顶尖学校的距离也并没有想象中遥远。其实家里不太支持我复读，我也是鼓起了很大的勇气才选择复读，但第二年考中戏时初试就被刷掉了。但我觉得这不重要了，现在我和戏剧学院的一些老师认识了，而且后来也在中传参加了艺考的服务工作，所以我觉得有些时候考试的随机性还蛮大的，并且到了我现在这个年纪，会觉得有些时间节点发生的事情是命运的安排。

陈：2009年北京电影学院也没有招生，所以最后来中传也是巧合。

王：对，正好那届北京电影学院导演系停招。我当时通过了中传和另一所学校的考试，在中传的名次更好，中传的教育水平也高，所以就选择来这里读书了。

陈：我很好奇你在艺考班接受教育的时候会觉得离电影很远吗？

王：在艺考班时，我觉得我离电影好像挺近的，上了大学之后反而觉得离电影特别远。我2009年来上大学时都想过退学，因为我发现好像这个学校跟电影之间的联系特别小，那时传媒大学跟电视台、主持人和节目晚会的关系更多一点。所以我感觉本科那四年处于离电影越来越远的状态，反而是在艺考班时天不怕地不怕，自我认为好像离电影特别近，成天观摩电影，觉得自己也能拍电影。直到研究生毕业，努了一把劲拍片子，才发现确实有可能进入这个行业。

陈：**本科期间跟过什么剧组吗？**

王：我大一时跟过一个我师傅的组，他是我第二年来北京考试时教我电影艺考的一个老师，他当年艺考是北电和中戏的第一名，好像大二大三就开始拍片子了，现在是一名很成功的电视剧导演。他当时带我在北京通州拍一个数字电影，那是我唯一一次跟组做场记，但这个片子后来因为种种原因没上。那时处于胶片和数字过渡的晚期，数字电影就是指我们现在的电影，他当时是用数字设备拍的。

陈：**你能回忆起当时进组的感受吗？**

王：我当时挺认真地做场记，每天在现场写完后，回宾馆会用笔认认真真地誊写一遍，写了好几个小时。我的场记单现在还都留着，我属于一个爱收藏这些乱七八糟的东西的人。我有点后悔的是当时把原版交给导演组了，自己留的是复印版，后来才知道场记的单子好像没那么大用处。当时进到剧组这样一个小的场域里，我就知道电影行业的分工、导演和剧组大概是什么样的。虽然那个剧组规模很小，但我师傅很敬业，也很有领导力，我还挺受教的。因为我是他带去的小弟嘛，收工之后我都是跟着他同一辆车回酒店，所以剧组里没人欺负我。

陈：**那次跟组给你带来了什么影响吗？**

王：我认为对拍戏是有影响和帮助的，因为当时是大一的学生，连摄影机是什么都不太知道。那个年代刚刚开始有5D，我从这个剧组里知道摇臂之类的各种设备，发现原来推拉摇移跟是这么完成的。书本中的知识运用到实际并不像想象中那么简单。从那之后的很长一段时间，我拍戏的时候会将从那个剧组看到学到的东西运用到拍摄上，但是很快发现这也需要更新淘汰，之前学的有些东西不对了，会有这样一个过程。

陈：**你说到很多东西会被淘汰，是说技术还是思维？**

王：就我个人而言，有一段时间我觉得技术特别重要，但后来我慢慢不太在意技术了。

陈：**大概从什么时候开始不太在意技术了？**

王：我认为在研究生阶段我就不太在意技术和设备了，刚读书时大家都很追求设备，我们还经历了从磁带到5D的转换。在本科阶段，"租一个更好的设备"这个想法一直在脑海里盘旋。到研究生时，类似5D这样的技术都已经普及了，再新的设备也出现了，如佳能C300、C100之类的。

思维上的变化主要就是技术让位于故事。我研究生有个阶段在逐渐摸索什么是电影感，包括使用不同的语言、找外国演员。我曾经拍过一部用了各种语言的作品，觉得使用我听不懂的语言会更靠近电影的感觉。但那个阶段很快就会过去，抛开那个阶段之后，会探索电影是不是其他的东西。在很长一段时间，我又特别追求叙事，有段时间我有读报剪报的习惯，包括《吉日安葬》[①]的灵感也来自报纸上的新闻。

后来我觉得好像叙事是更重要的，当然毕业之后也有其他的阶段，在读书的时候大致是这样几个阶段。

---

① 剧情简介：土葬改革伊始，偏僻村庄里正在举办上届村主任老王的老伴刘老太的葬礼，为了让儿子竞选村主任但不想把老伴火葬的老王想出偷尸代替刘老太火化的主意，但躺在棺材里的刘老太在老王想要偷偷下葬时意外地复活，一场荒诞的悲喜剧由此展开……

吉日开拍，午夜釜山

陈：**你提到本科阶段对大学有一点失望，研究生阶段为什么没有选择其他的机会？**

王：我当时有保研的机会，我觉得我考研考不上，就留在学校选择周涌[①]老师。我本科毕业时刚刚开始觉得叙事很重要，周老师给我们上过编剧课，所以在这些导师里，我很愿意跟周老师继续深入学习。

陈：**我想你观念的转变可能也跟周老师的引导有关，逐步从电影的视听方面抽离出来去探索电影的本质。拍毕业作品《吉日安葬》之前，你对这部作品有什么样的期望？**

王：读书那几年电影行业离我相对比较遥远，研究生毕业时希望拍一个对得起自己的片子。我那时候没钱，学校又不给我们创作经费，研究生阶段确实能接些活挣钱，但没多少，家里也没有办法拿出更多钱来支持我。当时是攒钱去拍的这个片子，我把存款和信用卡加起来一共6万块全部交给制片了。我们原计划是拍四天，但因为资金问题只能拍三天，每天就睡三四个小时地拍完了。拍完那个短片的很长一段时间里，我都对自己挺失望的。拍完后大概有一两个月没看素材，后来是必须要剪了，才开始看素材，才觉得叙事这件事似乎完成了。我也好久没看《吉日安葬》了，我觉得那时对视听的理解是很弱的，但是从叙事视角讲一个相对完整的故事，这似乎做到了。

---

① 周涌，出生于1968年1月，编剧，中国传媒大学教授、博士生导师、艺术学部副学部长，《当代电影》杂志主编，编剧代表作品有《裸婚时代》《第22条军规》《春风十里不如你》等。

陈：殡葬改革这个题材当时是怎么激发出你的灵感的？

王：我印象中买了一摞报纸，把自己关到校外租的小屋子里翻报纸，就看到殡葬改革的新闻，然后从报纸的线索找到网络的线索，发现这是一个很庞大很有趣的事情。《吉日安葬》里很重要的点就是那个老太突然在棺材里醒过来，我小时候也听爷爷奶奶或者外公外婆讲过类似的事情，这些事情都能连接上。回过头来看，我觉得跟我在农村出生，和爷爷奶奶在农村生活的经验有关，对这个题材天然感兴趣，但一开始确实没想好怎么完成这个故事。

陈：我觉得确实是这样，你选的题材和你的成长经历是有一定契合度的，不然很难驾驭那个生活质感。你当时是想把这个故事做成一个比较戏剧的故事吗？这个作品有对标电影或喜欢的导演吗？

王：那会儿没有，后来确实有人问我跟忻钰坤导演有没有联系，因为那几年《心迷宫》对咱们影响蛮大的。我是没看过，只是知道有这种片子。后来写了好多稿剧本，一直都不太满意，直到开拍才找到大概的感觉。研究生阶段我也在研究中小成本电影的可能性，像我们读书那时的宁浩的几部黑色幽默的电影，我在几次尝试破题的过程中找到拍摄相应题材的可能性。

陈：通哥，你写这个剧本时的兴奋点是什么？

王：我当时觉得推行火葬这个政策本身没有问题，我好奇从政策的提出到落实的过程中，是什么导致了它的扭曲和变形？我想很大一部分原因是人性的贪婪。我是2015年拍的《吉日安葬》，后来每过几年都会有人发类似的新闻给我。我们读书的时候觉得自己很幸福，社会很稳定，但后来慢慢走入社会后，我发现自己也处在变革当中，有很多事情往前推进并不是一帆风顺的。

陈：你的成本只有6万，但是片子里有很多在行业里有一定地位的演员，这些演员是怎么请的？

王：当时一个师姐给了我雷老师①的电话，想请他演村主任，我也不认识他就给他打电话，然后雷老师说："小朋友，你把剧本送来我看看。"我把剧本送到他家楼下的传达室，雷老师每天下午来拿报，除了剧本，我还手写了一封很长的信放在那。其实我也没更大的奢望，后来有一天勘景时，接到一个座机电话，他说："我是雷恪生，你的剧本我看了，我很开心，你想什么时候拍？"我告诉他时间，但他那个时间有工作安排，但我的拍摄时间也改不了。他说："三天或四天我去不了，能不能让我演个别的小角色，我去半天帮帮你。"所以雷老师就演了一个小角色，大概就三四场戏。老爷子特别配合，后来我也跟老爷子一直有联系，我还介绍过别人找他当主角。老艺术家不需要任何的费用，很支持年轻人创作。

陈：**我觉得你的这段经历挺值得分享给后来的师弟师妹。**

王：我具体有点忘记信的内容了，大概意思是说很喜欢老师，看过他的什么戏，然后解释这个剧本大概的来历，然后把这封大概说明事情的手写信和剧本给他。有一次参加耿军导演短片的放映会，我觉得里头几个演员非常好，那时跟耿军导演也完全不认识。结束之后我跟耿军导演聊天，要这几个演员的联系方式，耿军就把微信推给了我。后来我跟耿军也成为非常好的朋友，和那些演员也成为非常好的朋友，他们都是友情出演。

陈：**除开资金、演员，你现在回想起来觉得拍片子还有什么困难？**

王：我觉得主要是资金导致的时间紧张以及经验不足。因为我没拍过那么大体量的片子，需要调动剧组的人，一个有相对合格建制的灯光摄影的剧组人数也不少，还要面对村里的一些落地事情。

陈：**这些都是拍摄过程中的困难。在后期剪辑过程中，你最大的困难还**

---

① 雷恪生，1936年出生于山东省，1960年毕业于中央戏剧学院表演系，国家一级演员，曾获中国国家话剧院"终身荣耀艺术家"称号，曾参演电视剧《大宅门2》饰演王喜光，《新编辑部的故事》饰演安二爷。

是你刚才说的面对素材的失落感吗？

王：对，因为我拍摄时间非常紧，剧组里都是非常好的演员，但是因为拍摄时间没办法给人家开展表演空间。故事挺长的，但时间只能让演员把台词念完，而且那时我没有经验，也不知道怎么去跟演员沟通，只能说这个故事大概的框架，但没有在影像上把它呈现出来，这些遗憾都是有的。

刚才说有一两个月都没看素材，拍完之后刚好有个工作要去国外，本来应该带着硬盘去看素材，但是我不想看，基本上拖到不得不动的时间点才去剪辑的。其实后来去FIRST时剪辑都还没有完成，但也是在这个过程中，我一点点地重拾信心。我觉得那时落差挺大的，后来我发现原来被击破打碎好像是咱们工作的常态。后面几年又有过几次类似的经历，我开始怀疑自己，然后重拾信心，再努力往下走。

陈：**这个片子去的第一个影展是FIRST，放映之后感觉怎么样？**

王：放映之后感觉非常好，这是我第一次参加这么大型的展映。后来梁明老师的研究生要帮梁老师向釜山电影节报片子，我就让她帮我刻碟，报了釜山，后来获得了提名。

陈：**2015年你去釜山电影节有什么经历和收获吗？**

王：到釜山的收获就是开眼界！釜山电影节是我参加的第一个国际性的大电影节，那届釜山电影节也是星光璀璨，参展的有侯孝贤、贾樟柯、张震等。这些偶像级别的电影人会看我的电影，聊我的电影。我是看着他们的电影长大的，偶像级别的人突然有一天说看过我的什么什么电影，在我的电影里看到什么，我好像跟这个行业有连接了。

我记得釜山开幕式那天，金基德坐在我前面几排，我很兴奋，就把所有能想到的对偶像崇敬的英文表达全说了一遍，我还跟他说："我打小看着你的电影长大的，今年拍了一个片子来到了釜山。"我也不知道他听懂没听懂，他就紧握着我的双手，表达很开心、恭喜我类似的话。以前觉得遥不可及的人在釜山电影节基本天天能见到。两三年前他去世了，我很感慨：一开始觉得这辈子不可能见到这个偶像，后来我见到他了，我习以为常，以为很容易能再跟他见面，但是其实以后再也没见过。人和人的相遇好像就是这样，电影节是这样一个有微妙缘分的平台，大家在这里有各种各样的不期而遇。现在回忆在釜山那几天，感觉像《午夜巴黎》的样子。大概从2015年参加完电影节之后，我用一年时间处理了家里的一些事情，然后就开始自己写剧本，自己做电影，其余的东西都是表面的。

陈：你去釜山电影节想过要获奖吗？

王：我在釜山没有获奖压力和诉求，什么期待都没有，但说实话我是抱着期待去了另一个电影节，但在知道没有获奖的一刹那是有失落的。

陈：我感觉你还是很冷静的，你会反思自己。很多导演看似在电影节享受喧嚣，其实事后他可以非常冷静地跳出来反省自己。

王：我觉得大家一开始的时候没这个意识，只是后来发现社交是一方面，自己的作品是另一方面，大家还是更专注在你的作品上。

陈：《吉日安葬》也获得"半夏"很多奖项的提名，你在2016年"半夏"的放映和颁奖典礼上有什么印象深刻的事情？

王："半夏"那几年我在学校里比较活跃，以及电视学院做了很多纪录片的电影展映，我早期接触的很多纪录片都是在东配楼一个小放映室里看的。《吉日安葬》当时很幸运地被"半夏"选为开幕片，这是我第一次正式地回学校的放映，但因为已经毕业了，中间的展映没有参加。颁奖时，有好几个机位拍，被提名的导演的脸就会出现在屏幕上。我提名了三四个，但一个奖都没有拿，所以我的脸会不停出现在屏幕上。看到别人拿奖还要装作毫不在意地恭喜别人，这还挺有意思的，这是我第一次经历类似的环节。当时很希望能在学校这么重要的电影节上获奖，而且我又被提名了几次，连获奖感言都准备了，所以没获奖还是有点失望的。

陈：你觉得"半夏"相较于其他电影节对创作者有什么特别的意义吗？

王：我觉得我读书的时候半夏的影响力不像现在这么大，但是我翻之前的导演名册时发现，那几年有很多有名的人都参加过。我觉得很微妙，原来我和行业里顶尖的创作者是有过缘分的，大家曾经也是一起被一个摄像头怼着的（笑）。我们读书那几年应该是电影节刚刚兴起的时候，很感谢半夏给我们隆重的荣誉感和反馈感。

满园春色闷屋里，推门出来春已去

陈：你研究生毕业后选择去9剧场，有怎样的考虑？有没有想过签约电影公司做导演？

王：我在本科阶段就跟9剧场的馆长认识，跟着他做了很多当代艺术的事儿，研究生毕业前他邀请我去那里工作。因为前期已经和老馆长的关系相处得比较融洽，所以毕业时也没有考虑签约其他电影公司。其实当时有老师推荐了一个电影公司，认真谈过签约条件，但是条款各方面不是很成熟，就没有往下推进。那时也没想那么多，觉得在9剧场很舒服、很自由，跟着老馆长做艺术相关的事情特别开心，他又支持我做电影的事情。那几年非常开心做电影相关的事情，看了大量的电影，大概是从2016年底开始写剧本《天河日夜》。

陈：这个剧本的灵感来源也是一个新闻事件，广州的一个保姆杀人案[①]。

王：对，起名叫《天河日夜》是因为那个保姆是广州的。我一个大学同学说天河是广州的一个区，我觉得天河是个实际的名字，似乎又有天上的银

---

① 为早日拿到工钱，女保姆何某毒杀70岁雇主，还供称自己以类似方式在1年半内作案10宗，其中2起未遂、8名被害人死亡。

河的意象，是很随意的一个名字。

陈：**这个新闻一开始最吸引你的是什么？**

王：我觉得核心跟我处理亲人离世有关系，那是我第一次特别近距离地接触了死亡这件事情。我处理了一个身边比我大七八岁的人的葬礼，觉得原来死亡是这样一件事情，就带着这样的看法做电影。然后看到了很受关注的新闻，我对其中的几个点很好奇，就想深入挖掘。但我给自己找了一个特别难的事，因为死亡是个大话题，这类题材在审查上也有很大的难度。我大概花了将近三年时间弄剧本，这里头大概有两年的时间处于一天连10个字都敲不出来，或者敲完了第二天发现写得很差的自我怀疑的状态。在这段时间里一些长辈给了很多建议、支持和看法，我自己也慢慢地找到了写作的方向。因为我们读书的时候没写过剧本，就只是写一个电影或者电视剧剧本的作业，其实没有受过非常严格的写作训练。

陈：**在这个时期困扰你的是什么？**

王：我觉得剧本不是写不出来，用方法肯定是能完成。我们给自己开题，解题答案肯定是有的。但每次解完这个题之后，你会觉得没达到自己的想象。

陈：**这个剧本的正式创投是在青葱计划？**

王：带着剧本参加的创投就是青葱。我刚毕业那几年创投特别多，而且创投的要求特别低，我曾拿着2000字的大纲去了很多创投。

陈：**那些创投在那个时期能给你一些实质的帮助吗？**

王：没有实质帮助，之前的大纲创投是没有意义的，但认识了一帮电影公司的老板、我们的师哥师姐和电影公司的从业人员，但我没有满意的剧本，项目是推进不下去的。直到2018年底才大概有了剧本的框架，2019年参加了青葱的比赛，完成了完整剧本，拿到了奖金，这个项目才有实质性的推进。这是一个挺艰难的过程，你会被打碎、自我怀疑，然后再慢慢地充实，继续往前走。我2021年是有机会开机的，但是因为各方面原因，还是没有开机。

陈：我有很多同学在青葱和知名的导演结为师徒，才有了后来的合作机会。当时你走到五强，应该也有很多公司想要签你吧？

王：我是2019年参加青葱的，2020年刚好赶上了疫情，再加上行业不景气，所以没有人想签我。我刚毕业的时候感觉行业春光灿烂，我就闷头写剧本，但2018年我有一个可以拿得出手给别人看的剧本了，推门一出来发现天黑了。参加青葱增加了行业曝光度，比如说你用这样的履历再去跟一些演员见面时，别人会认认真真看你的剧本，但是不像一些人直接跟大导演的公司签约了，我没有这样的机会。

陈：这部片子大概是什么投资体量？

王：是中小成本的，但是有明星和大的监制来参与制作的一个中小成本的文艺片吧。题材在这摆着嘛，但它也有一些商业属性。

陈：商业属性是你一开始在写剧本的时候就想加进去，还是说为了让项目更好落地再加进去的？

王：我是一直希望自己做职业导演的，但是咱们毕业那会儿路径太难，不可能直接让你拍大片或进入职业导演的行列，你只能闷头自己写剧本，那自己写什么样的剧本最合适呢？我有几方面的考虑：体量小的容易拍成，而且那几年犯罪片是比较容易找投资的，我自己觉得犯罪类题材适合做一些工业的尝试和探索。但推行过程中会发现，很多情况跟我想象的都不一样，前几年《暴雪将至》《暴裂无声》之类的犯罪片大量涌入，大家也愿意做类型片探索，但是那几年我在写剧本。近两年犯罪片这波风过去了，等我写完剧本之后发现，这样的片子继续推行已经很难了。但现在慢慢又好转了，如果顺利的话，很快就能开拍了。

陈：当时你对这个项目的预想是怎样的？

王：我原来觉得在写作过程中故事特别重要，但现在我发现人物特别重要。2017年在训练营的那段经历对我来说帮助特别大，那是目前为止自己可以支配的最大的、最专业的电影剧组。整整一个月的训练，和几个导演互相交流，让影帝级别的演员和一个顶级的台湾团队来辅佐我们几个年轻人做电影。在这期间我有心态转变，电影最主要的灵魂是让其中描述的人物成立。应该让人物活起来，故事似乎都在它之下了。我觉得我自己写的那几稿剧本的核心人物都和我有距离，他们"活"不过来。对现在这个剧本，我比较有信心，这个剧本中的人物是鲜活的，但故事其实不复杂。

陈：我拆解一下你刚才说的人物与你有距离，可能有两个意思，第一是他可能不够真实，第二是你不能和他共情。

王：我很认同你这个观点。

陈：我确实也有类似经历。后来我开始反思，我明明已经知道这么多电影的框架了，为什么还是写不好一个剧本。我感觉我也处在这个阶段中吧，这个转变对我的启发也很大。

王：我觉得我们都还在探索中，我也不知道正确与否，自己其实也很焦虑、很困惑。

西西弗斯式循环，自我否定再肯定

陈：你之前的作品都选择了新闻事件改编，你觉得有什么是你未来的创作一定要坚持的？

王：我确实希望所有的创作都有某种现实根基，但是它不代表我们一定做纯现实主义的事，它可能是基于现实之下的思考和困惑。我个人认为电影不是解题，我们拍电影不是说一定要给出什么答案，是要把我们的思考和困惑传递出去，在商业电影范畴里也是做一样的事情。从功利心来讲，我希望获奖，获大奖，希望被更多人看到，更希望获得更大的话语权。在推进剧本过程中，我发现话语权是很重要的，比如一些我们很喜欢的电影，你想想，如果是一个新导演，拿着这样的剧本和项目是完全不可能拍出来的。你要有了比较大的话语权，才可能按照你的想法去叙事。因为电影毕竟是工业产业，在叙事过程中，你的话语权决定了你有多大程度可以按照自己的思考和想法来拍片。话语权有几个判断标准，比如你拍摄电影的票房有多高，你在行业内的地位有多高，这是必须要争取的。

陈：所以说创作者想拿奖的想法也很单纯，无非是想提升自己在未来创作中的话语权，可以掌控自己命运。我也访谈了很多参加创投会的导演，很多时候我在他们身上感受到的是西西弗斯精神。

王：我前几年就这样，我熬完创投会、熬完剧本，每次都要开始一个新的循环。其中有两次特别靠近要开机的情况，但发现其实不是要做其他更大的选择，而是要从头再来。有一段时间是跟投资方的创作理念不同，但这没有对错之分，然后就换了新的合作方。

陈：我感觉创作者很多时候处于加缪说的一种状态，大家好像不断地去熬创作的苦，然后又滚入山坡底部，再重新去推那个石头，这么一轮一轮地循环，我觉得你应该是过了这个时期了。

王：对，没有那么焦虑了。前一段时间有个朋友问了我个蛮好的问题，他说："你的电影前后加上疫情将近有五年的时间了，你觉得现在拍和五年前拍有区别吗？"我认认真真想了想有什么区别，这段时间我经历了很多事情，看待电影的想法、实际的执行、视听上的看法，以及对电影的判断，都有了挺大的改变。他说："你这五年其实就没有浪费。"我也希望是这样，我希望这五年的变化和成长是正向的，在最后成果的呈现上也会是我希望的这样。我希望等你出书后，我电影也拍完了，我依然能这样回答你。

陈：那你2021年辞职是不是也跟这个项目有了眉目有关系，你想更坚定地做这个项目？

王：有些关系，主要是因为之前的老馆长退休了，我原来能做的很多事情也都不能做了。

陈：当你决定放弃你的工作，做个不太恰当的比喻，就像"赤身裸体"地待在这个产业里了，你会担心吗？

王：也有担心，但因为身边的人都是这种状态，他们找到不同的方法来解决自己的生计问题。其实在上班那几年你没有办法特别专注地写剧本，去推进一个项目。完全离开才能专注地做这件事儿。

陈：你还是感觉到平衡不了工作和成为职业导演之间的关系，你原来觉得可以平衡。

王：对，我希望自己能成为一名职业导演，靠这个来养活自己。

陈：我觉得你是我们那一批创作者的希望。你说这个我还蛮惊讶的，没想到毕业作品很成功的导演在成为职业导演这件事情上似乎也有这么大的困难，当然你可能也错过了很多机遇。你身边的同学毕业后像你这样坚持独立创作的其实不多吧？

王：好像是少一些，但陆陆续续也有。

郭：排除客观的因素，从你个人角度来讲，你觉得最难突破的阶段是什么时候？

王：最难突破的阶段是自我否定之后的自我相信，但我也不知道怎么过来的，有身边人的陪伴，有冷静地汲取知识。我现在确实处于比较尴尬的阶段，我不知道未来这个片子的结果是什么样。因为电影是结果论，中间经历再多的苦难，结果不好也没有用。有很多糟糕的例子，一个电影写了十年，弄了十年，最后拍出来结果很差劲，那导演也不会受到尊重；但有人可能一个月就写了一个剧本，然后很快就拍出来了，他就会被认为是一个天才，这就是结果论。等我电影拍完的时候，我希望有机会再拿给你们看，你们喜欢我的电影，那个时候我觉得会更适合回答你这个问题。而怎么度过那段自我否定的时光，除了你对未来自己的相信和坚持、家人的帮助，就是你的朋友对你的相信和鼓励。我有很好的伙伴就是大学同学，他们一直陪伴我、相信我。前段时间他们晚上聚会，我因为有重要事情没去，他们喝多了就给我发一个信息，说虽然这几年不顺利，但我的电影一定是最好的之类的。身边人对我的相信和帮助挺重要的。希望后面一切顺利，人都会经历挫折，面对现在的一些困境，我们一点点去解决。

陈：**每个人都有过坎坷时期，我感觉我们的访谈是在又一次聚焦人生，大家在毕业之后重新相聚，重新回望自己的初心。我对于你这么多年坚持一个项目还是很惊讶的，你现在对年轻的创作者有什么想要分享的吗？**

王：师弟师妹们的机会比我们那时候多了，选择多了很多，诱惑也多了很多，我觉得怎么剥离开这些诱惑，找到自己坚定的一个方向是比较难的事。我也有困惑期，剧本写不出来时有很多其他的诱惑，包括中间有几年拍广告挣钱，但怎么把诱惑剥离开，找到自己认为更有价值和意义的事情，这是有很大价值的。比如我现在的项目，从比较坎坷到现在相对稳定的状态，我觉得得益于自己的努力，或者说自己的"才华"被行业内前辈赏识之后义无反顾地帮我推行。我比较意外的是现在这个阶段受到几位重要前辈的帮助，项目推进比我想象中快很多，但这里有很重要一点，就是你的努力和才华被别人看到了，所以会有人不计较利益地帮你。

王通采访手记

刘悦

　　初见王通导演，他的形象完全贴合我脑海里导演的形象，令人敬畏、难以接触。但随着访谈的深入，他坦率风趣的回答使我渐渐揭开导演这一职业在我心中的神秘面纱，更让我见证了一位青年导演在职业道路中的浮沉。

　　几年时间未见，宇舟师哥与王通导演之间多了几分生疏，据宇舟师哥回忆，访谈刚开始时，面对满屋子的人他们都有些尴尬。而随着时间的流逝，他们之间的交谈逐渐火热，一位青年导演的成长画卷在我心中徐徐展开。广袤的互联网世界打破了地域障碍，使王通导演接触了优秀的影视作品，在他心中埋下了小小的种子，在机缘巧合之下，他了解到职业导演的道路，并前往北京参加艺考实现自己的梦想。在宇舟师哥的声声认同中，我意识到这几乎是这一代青年导演成长的缩影。

　　王通导演直率地剖析自己的困境，他曾经历过创作困境，项目落地也受到传媒产业大环境等因素的影响，毕业至今，他一直在坚持着一个项目的实现。在他的亲身讲述中，我看到了一位导演如何艰难地渡过自身困境和对作品长久的坚持，让人为之动容。

　　在访谈中，王通导演谈到在中传的成长与收获、迷茫与不解，他实际的跟组经验，他参加不同电影节的心情，他的职业选择和创投经验，以及在困顿时期如何重拾信心，相信他的讲述会给有志于影视事业的学子以独特的启发。

2017年·第15届

乌尔坤别克·白山拜：
与"被导演的导演"抗争到底

采 访 人：陈宇舟、蔡晓谨

采访策划：蔡晓谨、张玮娟

采访时间：2023年3月12日

采访时长：3小时15分钟

采访地点：中国传媒大学豪利斯咖啡厅

文稿整理：蔡晓谨、王艺翰

▶ 个人简介

乌尔坤别克·白山拜，哈萨克族，导演，弧光联盟①成员。本科就读于中央戏剧学院导演系，2016年考入北京电影学院进修电影导演专业。执导剧情

---

① 弧光联盟是由五百导演发起的一个影视团队、非营利性组织，代表作品有《画江湖之不良人》《白夜追凶》《古董局中局》等。至今已经发展成拥有成熟编剧、灯光、摄像、后期等多个工种于一体的团队。

短片《拯救》《平安夜》、电影《门锁》、电视剧《瞄准》。剧情短片《拯救》曾获第十五届"半夏的纪念"大学生影像展最佳摄影奖、最佳剪辑奖提名和最佳剧情片提名，2017年中韩青年梦享微电影展"评审委员会大奖"，第八届中国国际新媒体短片节"最佳金鹏短片奖"等诸多奖项。

▶ 作品年表

2017年	剧情短片《拯救》/导演、编剧
2018年	电视剧《瞄准》/导演
2021年	电影《门锁》/导演、编剧
	剧情短片《平安夜》/编剧、导演

火柴棒上的电影梦

陈：能不能请你给我们分享下你的童年和成长环境？

别克：小学一年级，当大家都在踢皮球、看动画片时，我就喜欢看类型片，特别是惊悚片，还喜欢听鬼故事，对一些神秘的事情特别好奇。那时类型片充斥着我的生活，我时常用火柴或纸牌去模拟那些看过的电影桥段，并在脑中自发地形成一系列的巧妙故事。但家里人都不太理解我这一举动。直到有一次，我嫂子建议我把故事写下来，我才开始真正写"剧本"。我觉得看片量是最好的老师，从初一到初三，类型片的结构已经深深地埋入我的潜意识里，慢慢形成一种被动的系统学习。

陈：你本科在中戏学习戏剧影视导演的过程是怎样的，给你的创作带来了哪些帮助？

别克：在中戏的学习和我预想的不太一样。中戏导演系更多教的是舞台艺术，不是那些我想学的和拍片有关的影视知识。大多数同学都在做话剧、编剧或演员，在本专业的方向上努力着。而我喜欢电影，经常去听电影电视系的课，偷偷自学那方面的知识。

大二阶段的"无言少言"练习令我受益匪浅，就是用三个词或三种反应来讲述一个事件。在练习过程中，你需要将原有的话剧台词精简再精简，留下的话一定是不得不说的。这个练习对我拍电影非常有帮助，我知道了不能为了写而写。很多时候，一个行为就能表达你想要的东西，而留到最后那一刻不得不说的台词，一定是最重要的话。这也是唯一的我从大学秉持到现在的原则，我现在写剧本时，也会要求编剧们这么做。

陈：你的短片《拯救》讲述了波黑战争背景下两个家庭之间的碰撞与抉择。据说，它是您根据大二排的话剧改编的。

别克：是的。因为我本质上就喜欢电影，想做类型片。于是我修改了话剧剧本，到处借钱，抱着一股热情拍了第一部短片。影片剧情是在真实的社会背景下虚构的，它虽然跟我没有直接关系，但我从中感受到人类最真挚的情感。我想做一部把强大的母爱与当下的时代背景相融合的片子。而母爱是人类共通的情感。片中结尾设置的，是塞尔维亚小孩发现了敌方，也是想表达小孩的一种特别单纯、特别真挚的愿望，那就是和平。

陈：我研究生毕业作品是去缅甸的交战区拍的，但质量与你的《拯救》相去甚远。去之前我不相信现在这个时代还会有战争，但当我走访了缅甸的难民区，我才真切感受到和平的珍贵，战争离我们并没有那么远。我很佩服你对那个地域的把控，以及你最后选择了在极端环境下表现爱的主题。

别克：是的，你的经历让我很respect（抱有敬意）。我们表达出的那种当下性是共通的。

爱的力量是很伟大的。我觉得要有广阔的眼界，能去思考一些让自己有所感触的事情，并让大家产生共鸣。虽然很少人关注那段历史，但至少我会觉得这件事情非常有意义。

蔡：《拯救》做出来的效果达到你的预期了吗？

别克： 片子粗剪出来后，我很不满意。尤其是结尾母亲自杀的那一场戏，我想让观众完全忘掉剪辑和镜头，纯靠演员的表演去支撑整个画面，但是最后没有做到。因为我们在拍摄时遇到了很多问题，包括原定的场景用不了、和外国演员的沟通不畅等问题。那段时间，我真的是心力交瘁，整个人是生病的状态。那时的我非常痛苦，觉得好不容易鼓足了勇气要赌一回，想拍出我想要的效果，但是结尾没有达到，所以才会那么失望。

蔡：其他人观看完《拯救》的反应也是这样的吗？

别克： 和我想得截然不同。片子刚剪出来，一些朋友看完觉得我在开玩笑，他们都说这太厉害了。后来片子接连参加了很多电影节，"半夏"就是我参加的第一个电影节。入围"半夏"时，我觉得我没有可能拿奖，我觉得"啊，也就入围这样了"。结果一下两下三下四下拿了很多奖。我忘不了那天，那天我很激动，在台上很紧张，这是我第一次被认可的地方。另外，我还记得在中韩（青年梦享微）电影展上，《新世界》①的导演朴勋政认为这部短片达到成熟导演的水准，根本不像一位年轻导演做出来的作品。《拯救》接连拿了很多奖项，一路好评。这些奖项给予我很大的信心，让我能够一直往前走。但现在想来，当时我想要的影片效果太极端了，但那时我相对稚嫩，没有系统地学过视听，也没有拍过短片，达不到那种程度。现在看来，《拯救》作为毕业作业来说，只能算是一个及格的作品。

---

① 《新世界》是2016年由朴勋政编导，李政宰、黄政民、崔岷植主演的韩国犯罪电影。该片改编自《无间道》，曾获第34届韩国电影青龙奖最佳电影奖提名、最佳摄影奖提名，第50届韩国电影大钟奖最佳音乐奖等诸多奖项。

奔赴友谊，相互成就伟大的工业

陈：在《拯救》之后，你是怎么走上职业导演的道路的？你有考虑过参加创投会吗？

别克：那个时候当然有了。如果你只有一部短片，大家不了解你，没有一部长片作品来作为衡量你的依据，那你就要去参加创投，去主动寻求一些机会。我在2017年参加了一个创投会，用我自己的剧本拿到吴天明基金会的投资。

陈：你期望创投给你带来什么？除了投资以外，你有关于演员、监制上的期待吗？

别克：我没考虑那么多，就想为自己争取一个拍摄长片的机会，一个能证明自己可以做好电影导演的机会。我觉得创投会是很有用的，那是一个对新人很好的平台，你能见到很多影视公司，然后去推销自己的作品，资方也能发掘一些好的项目，大家找到一种共赢的方式。

但我那个项目后来没有往下细聊，当时《拯救》一直在得奖，圈内很多导演和制片人看了以后也很认可，接连向我伸出橄榄枝。在这个阶段我遇到了我的伯乐五百导演，加入了弧光联盟，并一起联合执导了《瞄准》。

蔡：您是在中韩青年微电影展认识五百导演的吗？

别克：是的，当时他是评委。那天散场后，我们很多人去类似咖啡厅的地方吃饭。我没毕业时就看过五百导演拍的短片《刷车》①、网剧《心理罪》，

---

① 《刷车》是2012年由五百执导，张译、付枚主演的剧情短片，是微电影《美好2012：不可能的可能》系列中的一部。

我觉得他拍的是国内少有的那种悬疑题材，很喜欢。但我也不太敢去找他。那时他也坐在那儿，我们两个突然有一瞬间对视住，然后我鼓足勇气举着杯子去找他，他也站起来。所有人在两边吃饭，我们俩就在中间站着拿杯酒聊了两个小时，都没有坐下。他特别欣赏我，问我要不要加入弧光联盟。但当时我还一心想拍电影，五百导演也没懊恼，后来还时不时叫我吃饭。

陈：你后来为什么没想再和其他导演的公司签约，而是加入弧光联盟？

别克：第一，我觉得没必要了；第二，五百导演跟我的关系不是合同关系，是一种君子约定。联盟会分配给你许多专业人士，在创作上给予你最大的支持，但不收取佣金。这5年下来，没有收取过任何佣金什么的，只会在你越来越成长和成熟后，帮你把片酬谈得越来越高。

蔡：加入弧光联盟之后，您在创作方面会不会有什么束缚？

别克：嗯，创作方面都没有束缚。联盟里有许多有才华的导演、编剧、制片人、摄影、剪辑，大家都是互帮互助，像亲人一样。我们有个slogan（口号）叫"友谊不是相互取暖，而是相互成就伟大的工业"，我觉得这非常好。

从借款拍片到6亿元投资的跃升之路

蔡：你之前提到自己一心要拍电影，为什么在《拯救》之后去拍了电视剧《瞄准》？

别克：五百导演有一天给我推了《瞄准》这个项目，邀请我和他联合执导。他说，"我不是给你挂个名，是我们俩一块导，你是联合导演"。我当时确实想拍电影，但拿到他给我的剧本，我一口气看完了前6集，觉得剧情很像电影的节奏，特别心动。我就答应了。

那时候还有一个故事。那么大一个项目，投资方、制片人都觉得我是个新人，没有什么经验，有疑虑是再正常不过的。当时五百导演用了一个很有意思的方法，他把投资人和制片人叫到公司，集中开了半个小时的会议。在会上，他先让大家看我的短片《拯救》，别的什么话也没说，半个小时后再问大家对这个片子的意见。当时资方和制片人纷纷对《拯救》赞不绝口，都觉得太棒了，称是否要参考这个短片。五百导演说这个短片的导演加入了弧光联盟，于是顺理成章地把我介绍给他们，我也就来到了这个剧组。

陈：听说当时《瞄准》获得6亿元投资，是我们到现在为止访谈过的青年导演接过的最高投资的项目。从短片一步迈到如此巨额投资的项目，你当时决定接的时候有没有顾虑或担忧？

别克：我从一个舞台剧导演到拍了一部影视短片，再从一部短片直接跨越到很高投资的电视剧《瞄准》，其实当时内心是有点紧张的。但我是一个"求生欲"很强的人，《拯救》获奖给予我的信心和我对拍片的热情一直告诉着我，既然机会来了，我就一定要抓住，不管付出什么代价。

但那么大一个项目，投资方和制片人都有所顾虑，话里话外有一些说辞也很正常。毕竟我只拍了一部短片，没有拍其他项目的经验，没有很强的说服力。我记得开机前一天晚上，一个执行导演在酒桌上告诉我，像我这种新人导演，在组里待不到三天。我当时心里很不舒服，决意要做给他们看。后来我确实做到了。

蔡：你从哪一刻觉得，剧组的人对你的态度开始发生改变？

别克：这是因为百哥（五百导演）一直很坚定地支持我。起初，他是在会议上通过《拯救》把我引荐给大家，让我顺利来到剧组，并且和我一起执导。但剧组的人真正对我有了改观，是因为开机前百哥给我布置的一个"作业"。当时百哥看出组里的人对我仍有疑虑，为了帮我，他在开机前让我用一台DV拍摄《瞄准》里最重要的两场氛围戏，"你就用群演，拿DV拍，你自己剪、自己拍、自己贴音乐，用5天时间，到时候再给大家看看"。后来我真的自己拿DV做出来了，成品给到制片人时，他们的态度是180度的转变，打消了之前对我的顾虑。我当时也就彻底放松了。其实那一刻有一个伯乐一直支持我，对我来说真的很重要，同时我自己也接得住。真正拍摄时，差不多十天时间，组内其他人也都彻底放心了。

在真正投入拍摄期间，百哥和我的配合也很默契。虽然我们是一部剧，但我俩是分别拍两部分内容，相当于在两个剧组。因为我对自己要拍的东西是有概念的，百哥很信任我，选择了配合我的风格来拍他的部分。最后整部剧的呈现非常统一，完全不像两个导演拍的作品。

其实作为一个成熟的导演，你在拍一个项目的时候，会面临很多跟创作没有关系的事情，你能在拍摄中拿出50%的精力去创作，就已经非常厉害了，何况新人导演。而在拍《瞄准》时，主要是百哥帮我处理了这些事情。我觉得在一个商业剧组中，有一个老大这样支持我是很重要的，我也在这个过程中慢慢向他学习如何做人做事，如何与组内的人沟通。在整个拍摄的七个半月，他相当于带我快速走完拍短片没遇到的过程，我们也是越拍越顺。

陈：说到做人做事，对青年导演来说，在剧组第一位的是和演员处理好关系吗？

别克：我觉得把剧本做好，把戏讲好才是最重要的。在开机前，你得和演员们成为很好的朋友，大家能够彼此信任。而在真正拍摄时，你需要足够真诚，把你想说的东西都讲出来，让演员理解。但前提是你要做足前期功课，确保自己能自信地回答他们问的任何问题。大家的最终目的都是把戏拍好，其他的都没那么重要。

陈：《瞄准》上线后，反响怎么样？

别克：《瞄准》让我又上了一个台阶。当时很多资方、演员和一些圈内的人开始认可我了，我也接到很多悬疑题材的剧本，早期大多是电视剧。但我仍然没有忘记我要做电影的目标。大家也会问我，为什么不趁现在抓紧拍电视剧挣钱。我一直对电影的热情不减，很想拍一部电影作品，发挥个人所长，增进自己对电影的节奏感和敏感度。我便会笑笑地回复朋友们："我还这么年轻，当下不需要那么多钱。"我需要更好的作品，也需要更多的成长，我得对得起我自己。

后面还有很多电影项目找到了我，我最后选择了《门锁》[①]，它相比于其他项目更具话题性，也更加真诚。

陈：你提到了选择《门锁》的原因。你觉得《门锁》作为国内首部聚焦独居女性安全的犯罪电影，它的当下意义是什么？

别克：我最开始知道《门锁》是一部翻拍片，觉得题材很有话题度，想把它和现实主义话题结合起来，再按恐怖片的风格去拍。说到话题性，其实片中方卉经历的独居女性安全问题在生活中很常见，很多女性都会面临职场骚扰、独居没安全感、酒桌文化等现实问题。不光是女性，独居男性也一样，很多时候也不敢一个人待在家里。这其实是同一种现象，但女性在其中是更被动的。我想让大家重视起来，并像结尾"方卉拿起棍子做反抗"的剧情一样，懂得自我保护。

另外我发现，不管是《门锁》还是《拯救》，我好像一直在聚焦女性力量，一个在现实生活中特别被动、生理上相对弱小的力量，在真正爆发的那一刻，她呈现出的力量其实会远超我们普遍的认知。像美国的《末路狂花》[②]，女主一直受到压迫，但是结尾呈现出了两种含义，雷德利·斯科特在某种程

---

① 《门锁》是2021年由乌尔坤别克·白山拜执导，白百何、白客、范丞丞主演的院线电影，截至2022年1月1日，影片累计获得2.42亿票房。

② 《末路狂花》是1991年由雷德利·斯科特执导，苏珊·萨兰登、吉娜·戴维斯主演的公路冒险电影。影片讲述了生活不如意的家庭主妇塞尔玛和同样孤独的女友路易斯去郊外旅行散心，却因意外杀人而逃亡的故事。影片获第49届美国电影金球奖电影类——剧情类最佳影片提名。

度上更浪漫地表达了女性的抗争，就是那种"宁死不屈"的精神。

陈：这种女性力量的表达和你的民族身份有没有关系？

别克：这个倒还好。女性力量是不分地方的，无论什么民族、地域、国家，我认为女性在某种意义上比男性更坚韧。

陈：《门锁》是根据韩国同名电影改编而来，韩国原作中女主角搬了两次家，我们作为观众很好奇，你当时为什么没有按照原剧情来拍？

别克：完全按原版来翻拍不叫翻拍，那是一件没有意义的事情。像《新世界》，它虽然修改了原版的剧情，卧底最终彻底黑化了，但也很合情理。而且韩版的《新世界》里，各路的角力和内心的变化都特别清晰，整个故事的戏剧化处理非常巧妙，我个人认为那才叫翻拍。

蔡：所以你对于翻拍的理解是不愿意把它做成一个"译制片"。

别克：对，就《门锁》来说，我最初是想把它做得更极致一点，所以我采用了惊悚的拍摄手法和类型式的风格呈现，想带给观众一种爽感。但在剧本阶段大家提出要变风格。韩版是猜凶手，但观众一旦猜到凶手，剧情就很难发展下去。所以剧情最后变成了让凶手主动暴露，后面就有点偏B级片。我当时也有疑虑，觉得那是反类型的。就像罗伯特·罗德里格兹的《杀出个黎明》[①]，起初是公路片，后面是丧尸片；还有罗泓轸的《哭声》[②]，前面是悬疑犯罪片，最后变成了驱魔恐怖片。结果《门锁》出来后，观众也有剧情割裂的感受。

---

① 《杀出个黎明》是1995年由罗伯特·罗德里格兹执导，乔治·克鲁尼、昆汀·塔伦蒂诺领衔主演的动作恐怖片。该片曾获第22届土星奖最佳恐怖电影。

② 《哭声》是2016年由罗泓轸执导，郭道元、黄政民、千禹熙主演，20世纪福克斯韩国分公司发行的悬疑电影。该片曾获第36届影评奖影评十佳电影，第37届韩国青龙电影奖最佳剪辑奖、最佳配乐奖，第53届韩国百想艺术大赏电影部门最佳影片等诸多奖项。

导演 VS 被导演的导演

蔡： 在做商业类型片《门锁》的过程中，你是怎样去面对各方力量的博弈的？

别克： 各方都有自己的考虑，这很正常，而作为导演，我需要综合大家的意见。在这个过程中我在成长，也明白了很多东西。我个人认为，目前市场上缺少纯粹的类型片或绝对风格化的片子，大多是剧情片中带一些犯罪题材，它是偏现实主义、写实主义的。但现实主义和类型化是截然不同的。前者是讲一个故事，后者是讲一个非真实的故事，相当于寓言，它传达的概念适用于所有人，不同人可以通过它来获得不同的思考。某种程度上，我个人认为后者更具价值意义。可我们大多以现实主义题材去拍摄、去表演、去写作，一代被一代影响着，导致现在很多人对类型片有一种先入为主的观念，甚至于一些演员、导演都不是很了解什么是真正的类型片。

比如很多"爽片"大部分源于港片，大家在观看时会原谅很多东西，接受很多东西。一旦大陆导演去拍了一部爽片，观众就会去纠写实逻辑，这是观念问题。

陈： 你对类型片的认知让我很惊讶，我很认同你说的，好像从20世纪90年代到现在，我国很多青年导演还没有摆脱第六代导演带来的影响。大家表面上有一种要做类型片的想法，但多数人都是口头说说，骨子里所有的还是纯现实主义。像你最开始选择接《门锁》，也是因为它是几个项目中最有表达性的，但其实你们在创作时并没有抗拒其中具有现实性的东西。

别克： 对，当然我很想尝试在里面融入自己的表达，但我已经做了所有该做的且能做到的事情，其他我是无能为力的。

在类型片还没有普及的情况下，我们做了反类型片，这避免不了观众的质疑和争议。但不论如何，好在《门锁》对我来说是一个及格的敲门砖，而且我通过电影的力量让大家关注到独居女性这一群体，并产生了一定的社会影响，这证明我还有下一次机会。

这可能也是上天给我的一次教导，它想让我冷静地学习一下，在接下来的作品上我会有更明确的选择和判断。这段经历对我来说意义非凡。

陈：之前我们采访了一位拍网大的导演，他也是坚定地拍类型片，但他却说自己在剧组中处于"懦弱"状态。虽然他的"懦弱"和你的情况不太一样，但都有一种无力感。你知道这个片子有问题，但很多问题未必能受你控制。

别克：是的。项目中出现不受自己控制的问题是太正常的现象了，通常我都会在平衡多方想法时多去表达、去争取自己想实现的，其实这也是自己的一种抗争方式。其实我现在的快乐没有在"半夏"获奖视频里那时的快乐多。一路走来，我眼看着自己一步步得到当初入行所期待的东西，但我反而不快乐了。当我看到了事情的真相，看到我以为的东西并不是我想象中的样子时，我是很失望的。这也是为什么我看到视频里的自己时，经常会有些绷不住。

很多时候，我在圈内是一个"不太好搞定"的导演，我有很多自己的想法，我不愿意去迎合。其实我可以变成一个很好合作的导演，但我知道如果那样，我就能一眼看到我的未来。我相信任何一个喜欢电影的或做这一行的人，可能物质层面的富有对他而言并没有那么重要，但一定要有崇高的精神世界。他要尽自己所能拍具有思考价值的作品，让后人铭记，这样的作品才更具有意义。

导演不能去"演"导演，因为他在做一件很有影响力的事情，他有自己的责任和使命。他真正的能力正是他的影响力，这是其他职业很难实现的。

所以我要真诚地对待我的职业。

陈：我很认同你说的，当你开始迎合别人时，你就丧失了自己。而观众需要透过一部作品产生独立的思考。这几年很多电影节的获奖短片好像在玩一种腔调和情绪，而没有真正的思考价值，令我担忧的是这种情况可能会不断引导大家形成错误的思考。像我的社会学系老师就把这一类作品的导演称作"被导演的导演"。

别克：这个称呼很准确。很多导演在拍片时，容易被那种诱惑、那些浮于表面的东西误导，以为那才是导演要追求的，他们那份真挚、那份纯粹好像在电影节一次次的获奖中慢慢消失。我无奈的也是这一点。

蔡：不带任何价值判断，我很好奇你是怎么看待这一点的？

别克：还是要客观地去评判。那是每个导演的成长和经历，是无法避免的。从前我觉得那很不公平，我很愤怒，不是针对具体的事情，而是一种现象。但现在来看，愤怒是没必要的。对于新导演来说，我们要做的是尽力而为，努力拍更多更优秀的作品，争取下一部永远比前一部更好。

对我来说，我现在只有拍东西才快乐，除了拍以外的所有事情都让我变得特别迟钝。我今天之所以推掉其他事情和你们聊这么久，是因为我再次看到了让我热泪盈眶的东西，我已经很久没有看到那种东西了。

而如今，我已经可以笑着面对那些无法控制的事情了，因为我选择了抗争，但这条道路太孤独了。

陈：导演可能像一面镜子，先从作品里看到自己，再通过看到的自己去思考一些事情。就像塔可夫斯基《在飞向太空》[①]中曾提到，"我们人类不需要另外一个星球，我们只需要一面镜子"。你理解的导演这个角色，更多是一个

---

① 《飞向太空》是1972年由苏联导演安德烈·塔科夫斯基执导，多纳塔斯·奥威戴斯、纳塔莉亚·邦达尔丘克、安纳托里·索洛尼岑主演的科幻电影。该片曾获第25届戛纳电影节主竞赛单元金棕榈奖提名、主竞赛单元评审团大奖，费比西奖，以及第4届土星奖金卷轴奖最佳科幻电影。

"传道者"，还是一面去传递所谓的"生命的真理"的"镜子"？

别克：这个说法很高级。但我可能没到那种程度。"生命的真理"这类东西对我来说太大了，那应当是一个阅历丰富的、比较年长的人对个人和世界的总结。而我现阶段表达的东西，一定是当下社会和人们带给我的感受，似乎更像是对这一代人的启示。

以前我特别喜欢在片中设置一个很阴暗的结尾。像原版《门锁》的结尾也是阴暗的，女主人公最后真的没有走出被骚扰的阴影。但现在我很不喜欢那种形式，它看似很现实，或许能给观众留下深刻的印象，但那段印象产生的负能量远大于你想表达的希望。这不是我作为导演想呈现的，我可以把过程设置得很阴暗，但最后一定要落在爱或光明上，给予观众思考的余味和更持久的影响。比起负面的结尾，我更希望大家通过我的作品看清社会的现状，了解自己在其中的定位，并找到自己的价值。

蔡：弧光联盟最初也是拍悬疑刑侦片起家的，最近几年在往多元的类型发展。你在未来的创作中会考虑尝试其他类型的片子吗？

别克：我还在成长和摸索中。在我看来，我最早通过悬疑、惊悚片打开了电影的窗口，它自然而然地成为我潜意识里的东西。但我不会拒绝拍其他类型的片子，因为我每一个阶段的看法和表达都可能有所不同，每一个类型都是我在那一阶段有热情去做的东西。不管它被认可或否定，我只在那一阶段在意那些评论，过去了就无所谓了。人还是要向前看，那些困难压不垮我。

最近我写了两个剧本，我可以透露的是其中有一个是单一空间的警匪枪战片，但本质上它是有强烈的作者性的。我最近一直在尝试一种更结合商业性和作者性的表达，就是把我想表达的东西让更多人用通俗的方式去理解。我的项目表面上是一部动作片，但实际上我在讲"走出创伤"，创伤无法逃避，只能面对。我在台词上留白，把中间的很多东西交给真正的表演和视听。其实现在很多导演做类型片都在做这种处理。我甚至未来想挑战一部从头到尾没有台词的类型片，可能就在这一两年。

有人说，"感觉现在的电影不好看了"，其实就是套路化的东西消耗了太多观众的信任。所以必须要做这种作者化和类型化的转型。同时，我觉得现在很多问题在于审美隔代，观众群体产生了变化，观众的审美也产生了变化。观众其实什么都明白。我不太认可把观众当傻子这件事情。

陈：**我特别认同你的观点，很多投资人会说"四五线城市的人的审美就那样"，他们拿简单的数据说话。其实，我们真的不能低估观众的审美。**

别克：只拿数据说话其实很片面，分析观影群体要考量的维度非常多。比如，单从年龄层面来看，观众群体有"80后"，也有已经变成观影主力人群的"90后""00后"。无论是什么级别的城市，这些"90后""00后"大多都是电视及电脑普及后出生的，生长环境影响着视听、思考、审美等方方面面，从而影响观影决策。三四线城市也逐渐成为重点票仓城市，市场数据也是在不断变化的。

我不认为阅读门槛是一个问题，我在写剧本的时候是有分寸地去处理的。在我看来，观众看不懂，看表面，看懂了，看内涵。

本质上你的故事好不好看很重要，你的故事得先好看、先有趣味性，然后用好剧本吸引来好演员，并解决好成本控制和审查的问题，再与投资方进行双向选择。如果能说服他们就向前推进，说服不了他们，那就再找个项目合作。这都是一个相互妥协的过程，你也要对人家负责任。大家聊到相互认可的程度，你再作决定。你自己的话语权也是在这个过程中一点点验证的，一点点得到的。但你必须尽可能地把话语权拿到手里，要不然你确实会遇到一开始的各种阻碍，因为这是认知偏差，你很难去改变。说实话，你必须抗争。

陈：**具体来讲，在未来的创作中有哪些东西是你一定会坚持的？**

别克：目前来看，我还是会拍一些极致对立的类型片，无论是情感还是人物关系，片中仍会有动作、残酷的元素。或许之后它的呈现方式会变，但它表达的情绪不会变，因为那是我潜意识里的东西。

作为一名导演，我可以拍纯现实主义或形式主义的片子，但我一旦那么做了，我就不是自己了。我很清楚自己下一步该做什么，什么更重要。那些刻在我骨子里的元素，或许在未来的某一天就会成为我的"镰刀"。当然，也许五年后我的看法和现在会有天壤之别，那只能交给时间。

蔡：你对我们的读者还有什么想要分享的吗？

别克：一定要找到自己喜欢或擅长的东西。如果你真的热爱电影，就大胆去拍，不管拍得好不好，有没有人认可，你都要勇于迈出这一步。在拍电影的道路上，很多困难是无法避免的，你要作好心理准备。不论这条路有多难，你都要学会去主动争取，去保护自己的作品，去坚守你对电影的热爱。我个人认为，中国缺少纯粹的类型片，如果你感兴趣，那便去拍，和我一起朝着这个方向努力。

乌尔坤别克·白山拜采访手记

蔡晓谨

夜幕低垂，行人匆匆，星点的灯光在远处闪烁。别克导演从中传南门而入，与宇舟师哥和我径直走向位于北门的咖啡厅。途中我们相互介绍自己，对彼此有了进一步的熟悉。咖啡厅隔间布置简洁，木制桌椅配上布满图书的背景墙，让摄像机内的构图变得丰富。访谈前，别克导演特别强调自己没有带商务来，因为自己充分相信"半夏"，也想尽情地将自己的经历分享给大家。

　　访谈依旧以观看导演当年在半夏获奖的视频开场。一段2017年《拯救》在"半夏"的颁奖视频，让别克导演不禁抽泣，哭了近二十分钟，那份对电影发自内心骨子里的纯真仿佛重现。初期，导演看到架在面前的几台摄像机，仍有所顾虑，回答问题时有些拘谨。但随着我们不断的引导和访谈的深入，导演渐渐卸下防备，打开心房。他真挚地讲述了自己从第一部短片《拯救》到高达6亿元投资的电视剧《瞄准》，再到长片首作《门锁》的从业经历。

　　别克导演是一位非常有感染力的导演。作为一名身材魁梧的男性导演，他在访谈时语音嘹亮，但在分享自己一路走来的经历时却几度泪光闪烁，展现了壮汉的柔情，在场的人无一不被他的情绪所感染。这是我主导的第一次访谈，虽然前期工作已经准备详尽，但难免有些紧张。别克导演的真挚好像主动带领着我走进他的人生，听他讲述自己的故事。

　　其间，别克导演始终展现着自己对电影、对这个行业的坚持。他对自己的想法没有任何遮掩，无论是外界的批评还是业内的规则，他都不会全盘接受，他始终在做自己。从少时喜欢悬疑、恐怖电影，到成人后坚定地选择拍类型片，再到如今成为一名职业导演，一路走来，别克导演始终对电影怀揣热爱，对导演职业保持尊重，对个人抱有期待与目标。

　　访谈后期，导演推掉了原定的工作，与我们一直畅聊到深夜。对他来说，这是一盘回忆的录像带；对我来说，这是一场心灵的启迪。

王博伦：
他人拼天赋，我拼"长情"

采 访 人：陈宇舟、丁思瑶

采访策划：丁思瑶、张宏佳

采访时间：2023年5月20日、2023年7月17日

采访时长：10小时

采访地点：中国传媒大学电视学院、五元文化传媒有限公司

文稿整理：蔡晓谨、丁思瑶

▶ 个人简介

　　王博伦，1994年生于湖北宜昌，导演、弧光联盟成员。本科毕业于重庆大学，硕士毕业于北京电影学院文学系。执导《阳光未央》《壬午渝汐》《歧路父子》《散步集》《狐狸爷爷的礼物》等多部剧情片和纪录片。作品《壬午渝汐》《歧路父子》分别获第十五届"半夏的纪念"大学生影像展最佳摄影奖提名和第十七届"半夏的纪念"大学生影像展最佳制作作品。

▶ 作品年表

2009年	DV短片《死亡塔》/导演、编剧、后期
2012年	校庆宣传片《名校·夷陵》/导演、剪辑
2013年	剧情短片《阳光未央》/导演、编剧、剪辑
2017年	剧情短片《壬午渝汐》/导演、编剧、剪辑
2018年	剧情短片《不惑》/导演、剪辑、声音设计
2019年	剧情短片《歧路父子》/导演、编剧、剪辑
	纪录片《散步集》/导演
	剧情短片《狐狸爷爷的礼物》/导演、剪辑
2024年	剧情长片《江入荒流》（筹备中）
	剧情长片《悬而未决》（筹备中）

三国故垒，千年云梦

丁：在你的印象中，故乡是一个什么样的地方？

王：我是一个故土情结非常深的人。我的家乡宜昌，是很多三国故事的发生地。《三国演义》是我跟电影或创作最早产生连接的启蒙作品。我还不识字时，我爸就经常跟我讲三国的睡前故事，那时的我有了很强的英雄主义情结，经常幻想三国里面的英雄都是什么样的。我家里没有人是干影视这一行的，爸妈都是普通劳动人民，没上过大学。最初产生拍电影的想法是小学四年级那年我们家买了一个装磁带的家用小DV，我爸让我学怎么把DV里拍的日常视频弄到光盘里，在家里一个做婚庆的朋友那儿，我第一次学会剪辑。

剪完后电视上播放了那个光盘，拍摄的东西出现在屏幕上，给我带来特别大的震撼。我对三国人物的最初想象也来自电视，所以我突然发现我幻想的东西是有办法实现的。从五年级开始，我就和喜欢表演的发小们模仿看过的影视剧，编情节、用DV拍一些英雄的小故事。但那时也没有仔细想为什么要去做这个东西，只是觉得是这一件好玩的事情。

宜昌的地理位置非常像一个接力棒，它是三峡门户，在地势上呈现出过渡趋势，长江穿城而过，带着小时候的遐想东去，让曾经的我觉得这个地方充满了无限可能。我这辈子很想做的一个题材叫"宜昌大撤退"①，这个事件被称为中国的"敦刻尔克大撤退"。抗日战争时期，武汉即将沦陷，卢作孚②和他的公司用40天抢运搁置在宜昌的大量民族工业、兵工厂、高校及各种人才，为后来的抗战保持了实力。从这件事可以看出，宜昌是一个很重要的衔接地带。宜昌既有码头文化，也有对上古文化的传承、对自然的敬畏。《楚辞》《庄子》里都有对这一带人和事的描写，所以我觉得每个宜昌人骨子里就流淌着从古典文化传承而来的浪漫。

我对这些传统文化感兴趣，一是地域带来的文化底蕴对我产生的影响，还有一个原因是我学了11年软笔书法，我的师父对四书五经等传统著作了然于胸，我受他的影响很大。

丁： 你的家人一直很支持你的创作吗？

王： 对，我是幸运的。虽然我父母在专业上帮不了我，却在我人生的每一步都愿意无条件支持我，用他们能做到的方式去帮我。我在他们身上感受

---

① 宜昌大撤退是指抗日战争期间，卢作孚组织实施将实业建设的重要物资和人员从宜昌向后方的转移行动。

② 卢作孚，原名卢魁先，近代著名爱国实业家、教育家、社会活动家、社会改革家，民生公司创始人、中国航运业先驱，被誉为"中国船王""北碚之父"。1938年，卢作孚领导了民生公司组织指挥宜昌大撤退，用40天时间抢运近10万吨物资设备、3万人员，挽救了抗日战争时期中国的民族工业，受到国民政府嘉奖。

到那种很伟大的亲情力量。比如我爸曾经亲手给我做了一个拍摄用的轨道，他是一个动手能力特别强的人，我小时候喜欢的很多玩具都是我爸自己做的。那个轨道用起来还挺晃荡的（笑），但也是他沉甸甸的爱。后来我开始更专业地学习和拍摄，虽然他们在物质上帮不到我了，却也一直在精神上支持我。

描红勤练，情书写就

丁： 你从初二就拍了一个动作片《死亡塔》①，当时的拍摄契机是什么？

王： 其实是对造梦的向往，一个确切的契机是我初二那年了解并喜欢上李小龙，发现原来有这么厉害的华人形象代表，于是想拍一个东西去致敬李小龙，拍完了自我感觉还挺好。2009年，互联网上已经出现了视频网站，片子拍完后我上传到那个时候的土豆网，第一次在视频下面的评论里听到外界的声音，差评居多吧，哈哈，他们会说这个片子"雷人"之类的。那一刻我开始意识到，电影是有观众的，而且观众的反馈很重要。我便下定决心一定要拍个比上一个好的东西。可能也是从那时候开始，我形成了一个思维模式，就是下一次拍的东西得比上一次有进步。

陈： 是什么让你坚定未来从事导演这一职业的决心？

王： 这个要说到我的高中，因为这个兴趣，当时的我加入高中的校园电视台。高二那年学校校庆，我向老师和校长申请拍一个校庆献礼片，就是后来的《名校·夷陵》②。本来只抱着试一试的心态，没想到校长答应了，老师们的支持给了我很大的信心，我好像某种程度上被"官方"认可了。但我很

---

① 《死亡塔》是2009年由王博伦导演、编剧的DV短片。

② 《名校·夷陵》是2012年由王博伦为湖北夷陵中学拍摄的校庆宣传片。

快就遇到了瓶颈，相较之前的DV短片，那次拍摄有更复杂的场面需要调度，更专业的机器需要调试，我才发现自己离真正的专业差得很远。很神奇的是，后来我们在学校的图书馆角落里找到姜文拍摄《阳光灿烂的日子》的手记——一本名叫《诞生》的绝版书。电影创作的很多细节都是这本手记告诉我的，也是从那时起，我意识到电影是本身就是最好的老师。

片子在全校放映结束后，我推门出去，看到一束光正好打进了一楼整个长廊，所有人走出去的时候背后都拖着一道长长的影子，逆光但又很清晰，不停地有人来跟我说这片子不错。高中时期的我可能在学习、体育、唱歌、跳舞各方面都不怎么突出，但在那一刻，这部片子被大家看到，我好像通过它跟全校同学完成了一次对话。那个感觉太美妙了，那种反馈和慰藉大于一切。这是让我坚定要做这一行的很重要的时刻。

再后来高中毕业就顺着拍了《阳光未央》[①]。这部片子是那种我一想起来在梦里都会笑的感觉，讲了一个转校生慢慢走出陌生和阴霾的故事。我想告诉大家，阳光一直存在，你现在看到阴霾只是因为阳光在阴云背后，我相信天道酬勤。加上我很看重仪式感，我希望人生的节点由充满仪式感的东西铸成，就如同片中男主角的每一段重要情节都是他的记忆点。

《阳光未央》是我到目前都非常喜欢的作品，它越来越像一个符号，激励着我一直往下走。它包含了太多东西，最重要的是它的情感是真挚的，那个真挚的东西是我后来不断提醒自己在现在的创作中要去注意的。我会在突然产生很强挫败感或陷入自我怀疑时，回想《阳光未央》那个时刻的状态——所有人一起去做一件事，不问结果，就会有力量。

---

① 《阳光未央》是2013年由王博伦执导、编剧，郭骁、吴华烨、习长羿、李纯主演的剧情短片，该片为王博伦的高中毕业作品。

丁：2013年高中毕业后你参加了艺考，可以分享一下艺考经历吗？

王：艺考算是我人生成长的第一个关键阶段。记得当年北京电影学院第一轮初试是100道选择题，每道题都是一个行业知识，不只是电影。那一刻我开始有了个意识，要做导演，就要对各行各业有所了解，而且得比别人更了解。

丁：你最后去了重庆大学，它吸引你的点是什么？

王：首先我当时的名次不在北电的"小圈"之内，其次重庆离宜昌很近，很多方面也很像，也是对家乡的一种眷恋吧。因为当时考电影专业，我发现导演、编剧、摄影、录音各个工种（专业）分得非常开，但我之前自己拍东西时好像什么都干了。我现在都记得面试时，老师们说出的一个观点，各个工种都训练到位也是一件很有意思的事情，当时就给我留下很深刻的印象。

丁：你大二时摹拍了很多片子，这种模仿在你的创作历程里扮演了什么角色？

王：我意识到自己要把基本功打扎实，大二就只做了摹拍训练这一件事，我非常感谢那一年做的所有视听语言训练。这好像跟我小时候练书法是相通的，都是从描红、临摹开始。模仿对我来说是个重要的过程，在刚开始学习时告诉自己不要质疑，就按照别人的方法去做。我后来的片子也被质疑有模仿的痕迹，但有了一定的积累之后，总有一天是会发生质变。突然就知道了原理和逻辑，随后自己的逻辑也会变得非常清晰。

丁：《壬午渝汐》①是你的本科毕业作品，讲述了一个混血女孩探寻日记中1942年农历壬午年发生在陪都重庆的传奇故事。它的创作灵感来自哪里？

王：因为遇到了很好的老师和朋友，我对重庆和重庆大学有很深的感情，

---

① 《壬午渝汐》是2017年由王博伦执导、编剧、剪辑，张芝瑜、潘琢玉、蔡一帆、李乐天主演的剧情短片，该片曾获第15届"半夏的纪念"大学生影像展最佳摄影提名，第2届足荣村方言电影节最佳剧情片奖，第4届滨海国际电影节最佳导演奖等诸多奖项。

读研时我特别想留在本校，但我的两位恩师——范倍①老师和杨尚鸿②老师都希望我去北京试一下，我真的特别感动。当时的我知道自己要离开重庆，就想通过毕业作品给这个城市写一封"情书"。我大学四年有在重庆采风、看古遗迹的习惯，我觉得现在每一处的遗迹一定是某位前人的一生。四年间，我发现重庆有很多民国时期各国大使馆的旧址，有一种中国版的"卡萨布兰卡"的感觉，从这一点我构思出整个故事，将背景放在了复杂的民国时期。

同时，我想在片中表现人物身上的某种情绪，好像是他乡之人的感觉。因为我自己来自他乡，感觉我在故乡所做的一切是为了去他乡，但在他乡所有的养分都来自故乡，久而久之，他乡和故乡就有了某种千丝万缕的连接，这种感觉很奇特，片中两位女主角皆是如此。同时，随着我和更多行业的人接触，我见到非常多优秀的女性，我也想尝试用作品去歌颂不输于男性的她们。重庆是一座拥有女性力量的城市，它最好的表现方式之一也是女性形象，这是男性无法代替的。《壬午渝汐》算是一次多方面的尝试。

丁：当时你对《壬午渝汐》有什么期待吗？

王：说实话我不是一个那么重结果的人，我觉得如果一开始就带着很强的功利性去做事情，一定会受影响的。现在看来，《壬午渝汐》的完成度可能不够高，因为剧本想讲的不仅仅是一部短片的体量能够承载，很多重要的情节没法深入，导致剧作不够扎实，但对重庆和英雄的情绪表达是符合我的预期的。那年"半夏"展映，我得到两个收获：一是不能给自己找"没钱"的理由，不能让观众带着你有多少资金这种前提看片子；二是不要去解释遇到

---

① 范倍，博士，教授，重庆大学美视电影学院常务副院长。在《电影艺术》《当代电影》《北京电影学院学报》等刊物发表学术论文40多篇；著（译）作包括《世界电影史（第二版）》（北京大学出版社，2014）、《银幕歌舞的艺术》（重庆大学出版社，2016）、《从颤栗开始》（长江文艺出版社，2015）；参与和主持多项国家社科基金、省部级和中央高校校级研究项目。

② 杨尚鸿，重庆大学美视电影学院教授，数字影视艺术理论与技术重庆市重点实验室副主任，艺术学（电影美学方向）学术型硕士研究生及艺术硕士（戏剧与影视领域）专业学位研究生导师。

什么困难，因为如果有一天你的片子上了院线，你是没有办法跟每个观众解释的。

丁：你在2017年考上了北京电影学院文学系研究生，有什么不一样的感受吗？

王：有种孤独的感觉。研一，我带着《壬午渝汐》参加了那一年电影学院的金字奖，结果颗粒无收，心里当然不服气啦（笑），这个经历也让我觉得我得吸取经验，继续做东西。但是初到北京，又很难很快组建一个有高配合度的团队。

不过，孤独给了我很大的动力。当时刚来北京不久就入冬了，北京的冬天是干燥且寒冷的。我偶然发现自己非常喜欢森林，森林的湿润会给我一种身处南方的假象。那个时候我经常去奥森公园散步，散步过程中诞生了很多故事的起点和灵感，也让自己静下来一些。之前在重庆的舒适圈可能不太能让我沉淀一些东西，但在北京那种孤独状态反而给了我机会，现在也是。这种东西恰恰让我有一种预感，沉淀之后的下一部作品相较上一部一定会有质的飞跃。

丁：2018年你加入成龙电影A计划第三期新晋电影人实战特训营，你在成家班身上学到了什么？

王：在成家班的一周是非常棒的经历，第一是我知道了拍摄动作戏如何在保证演员安全的前提下进行，在这之前我有意识但是做不到，没有找到很好的方法。成家班的老师们告诉我哪些东西是能碰得的，哪些东西是一定碰不得的。第二是成家班用长期积累下来的经验告诉我，所有的动作都不是为了动作而动作，得是有迹可循的；所有的动作设计还得跟人设和空间有关系，也和空间里使用什么道具有关系，动作让空间跟人物、剧作联系得更紧密。这些经验后来用在了《歧路父子》上。

除此之外，我有幸见证了最早的一代成家班用一种向死而生的态度去拍

电影，可能以后任何一代电影人都做不到这种程度，但这种精神激励了一代
又一代的电影人。

逃离时间，直面裂变

丁：你从2019年的短片《歧路父子》①开始，似乎更加关注故事本身了，影
片讲述了王阳父子之间的"救赎"与"毁灭"。是什么契机发生了这个转变？

王：源于到北京电影学院后的一种落差感吧，觉得自己还没有适配上那
个环境。剧作一直是我的短板，这也是我来北电文学系的原因，我觉得提升
自己的最好方式就是补短板。

我有平时做积累的习惯，会把比较有戏的东西，比如台词、道具、人设、
生活的某个瞬间记在备忘录里。这些虽然只是细节，但我一直觉得电影最终被
人记住的不是故事情节，而是一个记忆深刻的人物，或是某一个高光的情境。

丁：这种转变为什么会从父子关系开始？

王：亲情的生命体验对大部分观众来说是有效的，它快速地让观众和创
作者产生共鸣。可能我自身情感最直接的投射也是在亲情关系上。在我所有
的人物关系当中，亲情是最早发生裂变的，它也不得不在某一阶段发生裂变，
一次是幼年到成年的过渡期，一次是父母中年到老年的过渡期。

陈：你说的"裂变"指的是什么？

王：这个裂变发生在身份关系上，我们从一个懵懂的孩童成长为独立的
个体，从被父母养育到帮助父母，以及最终一定会面临送别，这是不可避

---

① 《歧路父子》是2019年由王博伦执导、编剧、剪辑，刘宗胜、白俊杰、赵展余、曹宇宙主演
的剧情短片。该片曾获第17届"半夏的纪念"大学生影像展最佳制作作品，第16届北京电影学院
金字奖最佳短片，第10届国际新媒体短片节最佳大学生剧情短片等诸多奖项。

免的。

陈：**在我们看来，这可能是你向内探索的一次创作。**

王：但现在看来还是非常浅。我当时希望《歧路父子》相较《壬午渝汐》在制作上不留遗憾，我也确实做到了，片子的完成度很高。那之后，从2020年开始一直到现在，是我人生发生非常大转变的一个时期，无论是创作方面还是生活方面，我都有很多反思。在创作上的转变主要表现为更注重人物塑造，就是人物的自我突破。通过这种方式，我发现自己和人物的连接感出现了。

电影能给人带来逃离时间的抓手，但它始终是虚的，最实的东西还是生活本身，所以我觉得不管在电影里是什么样，最终结果都要回到真实世界里，做回真正的自己。

陈：**那时你已经研三了，那一年为什么会有这样的转变？**

王：很大原因是疫情，那年被困在湖北的几个月里，我第一次觉得人生在外部环境上出现重大变故，我每天都在焦虑很多问题。后来我又做了一次大手术，开始注意到更多对内的觉察和提升，便开始尝试涉猎一些心理学。做手术是一个很大的分水岭，我开始意识到不能像以前那么莽撞地扑在要做的事情上了，得开始往回收了，这也是这几年我的状态。

攀岩观火，飞瀑蓄能

丁：**你是通过什么契机了解到"半夏"的？**

王：其实跟舟哥有关，他当时在重庆给所有想做这一行的人树立了一个标杆——拍东西，参加电影节，认识志同道合的人，才更有可能走出去。还有就是我本科班主任魏珂①老师是中国传媒大学毕业的，她也常跟我提到"半夏"。

丁：**你前后参加了三次"半夏"，这个过程中有没有什么印象深刻的事情？**

王：我对"半夏"的感情非常深。我以前对这个行业或北京的电影环境是完全不了解的，"半夏"是我在北京第一个感觉有依靠的地方，也给我打开了了解北京电影行业的窗口，让我慢慢了解北京的同学们和从业者大概是什么状态。

第一次只是入围。我当时大三，在此之前我一直都在重庆，想看看北京，我就自费过来了。晚会那天我坐在二楼最后两排的位置。我记得最后有个环节是展示没有提名但入围的片子的片花，看到自己的片子，我还挺感动的。那些获奖的作品一方面给了我一个榜样，让我知道比我厉害的人在做什么，同时给我激励和很大的可能性，让我知道未来可以进步的空间在哪里。

第二次是《壬午渝汐》，那年是第一次做百校联展，《壬午渝汐》是其中一个单元。我过来后，一是跟评委——坦佩雷电影节的主席Jukka-Pekka Lakkaso交流，二是和其他"半夏"的导演线下见面，三是和很多影视公司

---

① 魏珂，重庆大学美视电影学院文学系讲师，文学系务秘书和工会小组长，中国电影家协会和重庆电影家协会会员、中国民主促进会重庆大学支部会员。

的制片人交流，是"半夏"给了我们一个能和彼此快速熟络起来的平台。那次经历让我的眼界更加开阔了。以前在重庆，我觉得自己已经很有想象力了，但从那以后我发现，原来在北京什么类型都可以做。例如韩嘉文①的《向你告别的日子》、别克的《拯救》都给我留下很深的印象。另外就是和周天一②以及其他志愿者成了很好的朋友。

第三次是我专门把《歧路父子》的首映留给了"半夏"。从那之后我感觉中传有种另一个母校的感觉，我也有很长一段时间住在中传附近，很有亲切感。

按昉哥③的话说，"半夏"应该是唯一一个管售后的中国短片节，它会尽可能给青年导演提供优质的资源。"半夏"很纯粹，它一直没有什么商业利益诉求，就凭它一直让学生坐在前排这一细节就可以看出来，这是一个属于创作者自己的舞台。说实话我最近这两年处于低谷期，自信心很受挫。但"半夏"确实帮了我很多，不管是人际上还是创作上。

丁：今年参加第二十届"半夏"颁奖晚会，你有什么新感受？

王：见到的老朋友会给我一些鼓舞，觉得虽然很久没有作品，但大家还是会对我充满期许。另外是我看到了很多新朋友们的作品，他们充满激情，对我也是一种激励。我希望他们这种火焰能继续燃烧下去，让我们这一行继续拥有真正爱电影的人。

还有作品层面，今年百校联展又放了《歧路父子》。这部片子有很强的当

---

① 韩嘉文，导演、编剧。导演剧情短片《向你告别的日子》曾获第15届"半夏的纪念"大学生影像展最佳剧情片、第二届上海戏剧学院"阿莱奖"最佳影片奖。

② 周天一，导演、剪辑师。在《歧路父子》和《狐狸爷爷的礼物》中担任剪辑一职。执导纪录片《我的爷爷奶奶》曾获第15届"半夏的纪念"最佳长纪录作品奖，第九届中国国际新媒体短片节最佳大学生纪实短片，北京大学生电影节第二十届原创影片大赛纪录片单元评委会奖等诸多奖项。

③ 李昉，中国传媒大学电视学院副研究员，第10-20届"半夏的纪念"大学生影像展总策划。

下性和时效性，它代表了我研究生时期对工业化、对类型的很强烈的、纯粹的尝试，但人物关系处理得还是不够深入和扎实的。很多片子观众过了很久再去看，看的东西一定是里面的人物和情感，未来的创作我也会考虑这个问题。如果明年继续办百校联展，可能的话我希望不再放这个短片了，我不太喜欢吃老本，我觉得人可以往后看，但作品得往前看。

再有就是晚会，我觉得"半夏"处于迭代期，这个迭代期我觉得是必需的。

陈：我们有时会担心晚会的这些仪式会让部分青年学子在此过程中变得膨胀。

王：这种膨胀也许是好事，膨胀之后才摔得下去，有了落差就能形成力量，就像三峡大坝的水能发电一样。我刚进入这个行业时，项目一直做不出来，也有种突然跌入谷底的感觉，但这几年我开发过的项目大大小小有二十多个，确实填满了我的时间。我觉得膨胀也可以算嘉奖，它给了人巨大的自信，所以在跌落下来时才会逼自己去反思，逼自己一直去做。

反者道之动，弱者道之用

陈：是什么契机让你加入了弧光联盟？

王：这要追溯到我的高中。当时因为要拍短片，除了看电影外，我也通过优酷等视频网站搜集了各大高校和电影节的短片作品。众多作品中有一部我非常喜欢的短片叫《电影！电影！》，导演就是百哥。2015年，《心理罪》奠定了网络悬疑罪案剧的初代江山，再到后来的《白夜追凶》①，我注意到很多剧

---

① 弧光联盟的第三部作品。

组人员名字后面备注"A.L.U."，我就开始了解这个组织，发现我的一些理念和他们很契合，特别是其中王伟①导演的几部作品都很像我以后想做的东西，加入联盟好像成了我的一个心愿。然后我也看到别克签约后一步步的发展，拍了《瞄准》和《门锁》。2021年4月，电影学院的一个同学突然联系我，说弧光联盟想跟我聊一聊，我很激动。听说联盟的人找了我很久，很早就看过我的片子，也是"半夏"片库推过去的。当时他们给了我一种很强的归属感，我也更深入地了解了他们对工业化团队的想象和需求。那年8月毕业，联盟伸来橄榄枝，我便毫不犹豫地加入了。但在这中间，我们也有一个彼此熟悉的过程，比如弧光联盟给我一个项目，我去参与开发，做一些导演设想，让他们对我有进一步的了解。

丁：**弧光联盟为你提供了哪些帮助？**

王：联盟会帮助导演做扶持和推荐。大致有三种合作模式：第一种是五元文化发起的项目，优先看弧光联盟的导演适不适合；第二种是导演自己有想开发的项目，联盟帮你去找合适的资方洽谈；第三种是外面有项目找到联盟，联盟把项目推荐给自己的导演。

我自己陆续开发了一些项目，联盟也向我推荐项目，但有的项目因为外部原因推进不了，有的可能是去聊过，但别人最后选了他们觉得更合适的导演去做，加上这两年的行业现状让大家更谨慎。这些情况都很正常，也是新人导演必须经历的，但项目开发本身又是一个自我审视的过程，我越来越知道自己更擅长哪一块，更不擅长哪一块。

陈：**联盟推给你的项目，项目方觉得合适的导演是怎样的？**

王：有些资方的考虑可能比较现实，你是新导演，就会觉得你经验不足。

---

① 王伟，导演、编剧、剪辑师，弧光联盟成员，曾担任剧情短片《刷车》《新年的葬礼》的剪辑师，执导电视剧《白夜追凶》《画江湖之不良人2》《人生若如初见》等。

陈：有没有资方很想让你来拍，但是你自己看不上的？

王：这倒不会。我入行之后，经过前几次的经验教训，一直不断提醒自己作为新人要把姿态放低，所以我觉得没有看不上，只看适不适合。比如短视频和广告的很多规则我不了解，网络电影、院线电影、短剧、长剧的创作规律都不一样，在另外的领域我不一定会做得比别人好。但这些作品本身在我这里没有高低贵贱之分，只是题材不同、创作方式不同而已。每个导演的发展路线都不一样，还是得看适不适合自己吧，我想的不一定对，但更倾向把自己最擅长的东西做好。我觉得我不能因为要赶快拍第一部片子、拿到行业的入场券而去做并不擅长的事情，这反而是对资方的一种不负责。所以如果资方意向很强，自己也合适的情况，我肯定是愿意全力以赴的。

陈：你刚刚提到弧光联盟会在创作上给你一些支持，那联盟对你的诉求是什么？

王：联盟给了我一定的安全感。它并不是给我提供具体的物质的东西，更多的是一种精神上的支持。就如联盟的那句标语一样，"友谊不是相互取暖，而是互相成就伟大的工业"。

陈：你这两年准备长片的生活状态是什么样子的？

王：你是不是想问收入问题？

陈：是的。

王：这两年确实不太好（笑）。我之前一直是拍完一部短片后走一轮电影节，把奖金全部攒下来拍下一部戏。2021年的情况稍微好一点，那时因为生病没有继续拍短片，奖金还没用完。这两年一直在准备第一部长片，但迫于收入压力，也就慢慢养成了比较节俭的生活方式，平时如果没有急事，30公里以内的地方，我一般会选择走路、共享单车或电瓶车，以前经常从电影学院骑回家。我觉得我活得很清醒。

去年冬天前，我还送过半年外卖。当时我的电瓶车被人偷了，弧光联盟的总监宏伟①哥给我买了一辆新的，我很感动，便用那辆车送了一段时间外卖，既解决一下收入问题，也想体验一下生活。

陈：**你会不会害怕你的老师和同学知道你曾经有过这样一段经历？**

王：不会呀，送外卖挺酷的呀。只要是凭本事做事，任何行业都值得尊敬，特别是我送过外卖之后，我和外卖员这个群体会更能共情，无论是在生活中，还是在以后的创作中。

陈：**你家里人对你当时的状态有担忧吗？**

王：还好，我在北京，他们也帮不到我，他们就觉得这也是人生的经历吧，为自己想做的事情负责就好。

陈：**你似乎在送外卖的过程中也找到了一种自洽。**

王：对。我不是出生于富裕家庭，从小也见到很多的劳动人民，我在送外卖时有一个最大的心理上的收获，那就是幸福的程度和人本身所处的环境有非常大的关联。我经常会回忆有一天我送外卖，一直迎着太阳骑行，晒得我浑身发烫。我一直送到晚上7点，把单关了骑着车准备去吃饭的时候，抬头就看到了火烧云，那一刻我感到特别幸福。

陈：**萨特说"他人即地狱"，我觉得你似乎找到了摆脱"地狱"的状态，可以逃离世俗的目光。**

王：可不敢说得那么清高，他人的目光还是会在乎的（笑）。但我觉得每个人的"地狱"维度不一样，我也有我的"地狱"，也有我逃离不了的评价体系，但我会经常想起《道德经》里说的"福祸相依"的观念。2022年下半年，我对老子的一些观点很感兴趣，很喜欢一句话叫"反者道之动，弱者道之用"。这句话时刻提醒我，每个人的人生是时刻向着反方向运动的，所以我更应该享受当下的状态，而不是想为什么我会落下来。

---

① 刘宏伟，弧光联盟运营总监。

陈：**你觉得你的"地狱"是什么？**

王：可能是怕自己被人误读吧。我一直说，在待人处事时我希望自己是最真诚的状态，如果你演，总有一天会人设崩塌，人是永远不可能骗过自己的。虽然很难，但我还是希望人与人能够真心对真心。我觉得作品是可以被建立在误读之上的，这说明它有多义性或者说有被探讨的价值；但是如果一个人被建立在误读之上，就可能沦入"他人即地狱"的状态。

陈：**你遇到低谷时怎么调整心态？**

王：相对来讲，我从硕士毕业到现在一直处于低点，心境是必须要自我调整的。我现在的心态看似比较好，是因为我在心中种下了一个信念——要给自己希望。我现在处于"燃料"不太够的时候，要不停地通过一些方式调整状态。我最近的情况是，好像有一些机会在向我伸手，但我不一定能成功抓住。其实今年我常被情绪困扰，不能时刻理性地给予自己慰藉，也会有成年人的崩溃时刻，也会有觉得世界完了的瞬间，实在处理不了时，我也会寻求心理疏导。

吕行[①]导演的一句话我一直记在心里——判断力是导演的核心竞争力。我现在认为，这个判断力不只是创作中的判断，很多时候是人对生活和机会的判断。我现在的判断力还没有练得那么好，所以才会遇到各种问题，但我觉得这些问题都是能帮助我把判断力练好的事情。

丁：**你说你是一个怀旧的人，这是一种自我疗愈的方式吗？**

王：是。对我来说，当外界没有养料的时候，最大的养料就是自己的过去。

---

① 吕行，导演，曾执导电视剧《无证之罪》《平凡的荣耀》《回来的女儿》。

寄身电影，造梦银河

陈：你曾说电影是你的信仰。你会把电影上升到一种信仰去理解吗？你现在又是怎么理解的？

王：我说的是"我是电影的信徒"。电影在我心中的位置没有变过，它似乎以各种形态在我的生命中呈现，但我坚信每个人心中都有自己对于电影的想法。

我是一个表达欲很强的人，我觉得电影可以让我在不招人烦的情况下跟更多人聊天。我认为电影有两个唯一：第一个，它是唯一可以跟时间对抗的东西，光影可以记录一些东西，让它保存在那儿，不被人遗忘。现在去看以前的片子，我大概知道我拍的时候在干什么，它一方面好像拍了一个世界，另一方面又保持了我过去的那段记忆。第二个，就是导演的幸福是能够接受到反馈的，这个反馈跟造梦的源头是吻合的，一群可能一辈子都不会有任何交集的人，在人生中不确定的两个小时里，坐在同一个空间，忘掉生活的所有烦恼，被同一部电影吸引，做同一场梦。这便是电影对我最大的支持。

我希望在电影里造梦，表达一种正向情感的东西。我曾问自己为什么会有这个想法，后来我发现拍电影曾是我的救命稻草。初中的时候，同班同学都很优秀，在各种学习竞争中，很容易产生一些落差感和自卑感。拍电影救了我，在剧组所有人不是竞争关系，而是朝着一个方向努力。团队给了我一种乌托邦式的体验，让我觉得有这样一个团体是纯粹的。所以我对剧组、对电影的情感投射全部是美好的。

后来从高中到研究生，我也通过电影这个"磁场"遇到了许多真正有缘的朋友。这也是为什么我对重庆的归属感很强，因为重庆有一种江湖气，无论你是什么阶层，很多人都可以因性格、喜好，单纯地、不带任何功利性地与你相遇、结识。

陈： 你最近这些项目也都是大家一起合作的模式吗？

王： 对，我非常感恩一路走过来的这群亦师亦友的人。这里有我的研究生导师杜庆春[1]老师，我正在筹备的几部长片都是和他合作的，剧本也在他的指导下不断完善，这样的合作有种还在校园里纯粹感。再就是本科和我关系很好的师哥耿华丰[2]，拍摄《壬午渝汐》时他还在起步阶段，却愿意拿出自己收藏的道具，赔钱帮我做美术指导。我高中就认识的胡婧一[3]，她从自由酷鲸[4]离职后，我们在一起工作了近一年打磨剧本。还有其他合作伙伴，大家都愿意一遍遍聊剧本，一起提意见，专注于自我提升，都不太看重这个东西最后能不能成。我也很感激进入行业后我们之间还能保持这样的状态。

陈： 你会经常让大家给你提意见吗？

王： 当然，这两年我打碎了以前的自己，又去重建，但是现在完全的自我还没有重构起来。在打碎的过程中，我还蛮听得进去别人的意见的，哪怕是特别匪夷所思的我也会听。

陈： 但这是反理性经济人的逻辑，你有没有想过他们为什么这样做？他们可能是押你能成，觉得你能出来？

---

[1] 杜庆春，电影学者、监制、编剧，北京电影学院文学系副教授，监制电影作品《静静的嘛呢石》《河》《阿拉姜色》《旁观者》等。

[2] 耿华丰，艺术指导，曾担任剧情短片《壬午渝汐》《歧路父子》、院线长片《淡蓝琥珀》《最后的真相》等作品的美术指导。

[3] 胡婧一，独立电影制作人，曾出演王博伦高中毕业作品《阳光未央》，执导剧情片《翠女士》《等待的地方》《鳙隙》等。

[4] 北京自由酷鲸影业有限公司，成立于2006年7月。该公司以影视剧制作和影视发行为主要业务，兼营演出组织策划和教育培训业务，曾投资拍摄电影《盲人电影院》《绣春刀·修罗战场》，联合出品电视剧《盛唐幻夜》、电影《流浪地球》《地球最后的夜晚》《一出好戏》等。

王：你说的情况也许存在，但我选择忽略这事，我不太想把这件事撕开，往更功利性的方向去想，怕破坏那种纯粹的感觉。但我也会尽可能地在需要的地方帮大家争取一些权益。

陈：**当下电影产业里的个别电影票房很好，但其本身的品质没有那么好。我个人非常担心这种情况会让大家从表面学习、模仿这些类型的作品。**

王：我能理解。比如最近暑期档出了一部票房很好的电影，我看完之后心情很复杂。因为它的题材和类型与我的构思可能有些相似。我发现这个片子对整个行业已经有了影响，它被市场认可之后带来了颠覆性的变化，大家似乎把它当成这个类型的标杆。但在它出现之前，这种模式或故事也许是这个行业的反面典型。

陈：**所以我们会考虑正向引导的问题。**

王：就我说的这部片子而言，有两个维度的思考。从制作方法论上说，我觉得它对整个产业不一定能有什么引导；但从未来对电影题材的选择上，它可能有正向反馈。至少它对类型维度的拓宽是有帮助的，大家不会觉得以后拍这个类型只能拍固定的东西。在这一点上我还蛮欣慰的，因为我的下一个剧本也是往这个方向走的。但在它出现之前我已经开始做了，快做完的时候它出来了。所以我的心情很复杂，因为有些地方很像，我特别怕撞梗，但大家对这种题材的宽容度确实变高了。

陈：**你发现很像之后，下一步打算怎么做？**

王：先让自己冷静吧。如果要改，我还得回到故事最底层的东西，我不能因为很像就去修改和调整，依据它来改也不是一件好事。不如从故事本身出发，为故事本身负责。

陈：**所以你现在不会刻意去做差异化。**

王：对，不要刻意地去做差异化，特别是在已经完本的情况下。刻意去做的一定是局部，但只动局部势必会影响整体观感。

陈：你对AI了解吗？你觉得电影制作的哪些环节可以交给AI？

王：我可能在有些方面会有些抗拒AI，并不是拒绝技术的进步。我认为AI可以代替一些环节，但有些环节永远无法被替代，这关乎人与人之间的情感。我们在出生前就跟别人有连接，这种连接是人需要珍视的东西。网络和数据出现之后，人与人的信任就降低了，而AI会加剧这个问题。对我来说，拍电影不仅是一份工作，还是一个寄身之处。人与人之间需要有接触，但AI可能会破坏它。

陈：就你的经历而言，你有什么想和传媒学子，包括未来想成为导演的同学们分享的吗？

王：我会很慎重，毕竟自己也才刚刚起步（笑）。说实在的，如果真的有师弟师妹想干这一行，我会很乐意帮忙。因为我们都会经历一个时期，当我的电影世界还是我想象的世界时，特别希望有一个前辈站出来告诉你这个世界到底是什么样子的。但我不希望自己好为人师，世界不应该只有一种样子，我更希望自己只是一个路牌，为大家提供一个参考。但不管有没有出现路牌，你都要坚信，你最初想象的电影世界是存在的，是可以抵达的。

王博伦采访手记

丁思瑶

第一次与王博伦导演见面是在学院楼。下午三点，阳光洒在窗外的绿树上，树影婆娑。导演说自己生在南方，很喜欢这种被绿植环绕的环境。我们就在这抹绿意下开始了访谈。导演中途参加了一个线上访谈，结束后快八点了，我们又转去梧桐书屋。当晚梧桐书屋绿植环绕、蝉鸣瑟瑟，昏暗的灯光下虽然不适合拍摄，但很适合聊天。我们一直聊到晚上十点，导演还有些意犹未尽。他说我们的功课做得很认真，他很感动，所以愿意和我们分享这么多。还说很久没有一次说这么多话了，有这样一个梳理自己经历的机会也很好。我想这几个小时的谈话是一份来自真诚的赠礼。

访谈结束后，王博伦导演主动提出想继续和我们分享他的近况。于是，我们约定了两个月后回访。回访时，我们来到弧光联盟提供的大会议室。导演已经与我们很熟悉了，几天前，我刚刚受他的邀请在公司参加他的剧本围读会，那天的开会资料现在还放在桌上。访谈开始前，他帮助我们整理了访谈环境，方便拍摄和录音。虽然访谈在上午进行，但导演的状态依然很好。我们从第二十届"半夏"引入，重点关注了导演近两个月的变化及他对AI技术的看法。我们对AI的讨论引发了导演更深层的自我剖析，相较于很多技术流，他认为自己可能算是一个"古典"的导演。

访谈结束后，王博伦导演笑着向我展示了他的电动车，车头的位置贴着蝙蝠侠和李小龙的贴纸。这是他非常喜欢的两个元素，可能也是他电影梦的寄托。

2018年 · 第16届

杨骊珠：
拍纪录片，是我与他人制造羁绊的一种方式

采 访 人：陈宇舟

采访策划：陈欣宇、王艺翰

采访时间：2023年3月5日

采访时长：3小时

采访地点：中国传媒大学电视学院

文稿整理：陈欣宇、王艺翰

▶ 个人简介

　　杨骊珠，1992年生于湖南长沙，导演、编剧。本科就读于湖南师范大学，研究生毕业于北京电影学院。执导系列纪录片《水果传》（第一、二季）、《书迷》、《但是还有书籍》等。纪录片《从心所欲》获第十六届"半夏的纪念"大学生影像展最佳短纪录作品、洛杉矶华语电影节最佳纪录短片、华盛顿华语电影节最佳观众奖等国内外众多奖项。

▶ 作品年表

2016年	纪录片《从心所欲》/导演
2017年	上海纪实频道纪录片《水果传》/分集导演
2018年	CCTV-9纪录片《书迷》/分集导演
2019年	纪录片《但是还有书籍》/分集导演
	中国（广州）国际纪录片节"金红棉"评优单元选片人
	上海纪实频道纪录片《水果传2》分集导演
2020年	"庐舍之春"女性电影人剪辑驻留计划/驻留导演
	HiShorts！厦门短片周主竞赛纪录单元初审评委
	相互宝荣誉成员品牌片/导演
2021年	CCTV-9纪录片《理想的乡村》/分集导演
	贝壳公益纪录短片《老有手机》/导演
2022年	ReelFocus真实影像计划复审评委
2023年	腾讯纪录片《大国之树》/导演
	《爷爷奶奶那些事》纪录长片/导演
	纪录长片《汗》/导演

我在无形当中感受边缘化

陈：骊珠，能不能谈谈你童年时的成长环境？

杨：我的家人都出生在湖南洪江，父母工作刚一年就调到长沙，我就在长沙出生长大。8岁之前，我的童年过得非常美好，现在回忆起都是枫叶落满地面、叶子上沐浴着金色阳光的画面。此后，我开始频繁转学，小学转了5所，每个学校的教学进度甚至教材都有所不同，这个学校三年级就开始教英语，那个学校到五年级才开始，好不容易适应了环境又要转学，这也导致我学习老掉队。有的同学言语中夹杂的痞气和霸气会让我习惯性退避三舍，在他们眼中我是个外地人。

我爸爸是做美术书法培训的，从小我就被他拉着学习美术、书法，但其实我并不喜欢，可能是爸爸总会把时间精力放在其他人身上，我好像总是被冷落的那一个。我找不到兴趣和动力，但跟着爸爸学习就像我每天要吃饭睡觉一样自然而然，好像不是我可以选择不做的事。

到了六年级，我画画水平一下子突飞猛进，于是我开始以特长考学。我在田家炳实验中学读的高中，这所学校当时在长沙市的中学里算不上头部，艺术生更是"边缘群体"。我是以艺术特长生被招进学校的，就被分在了计划外招生的班级。那会儿我们班的师资力量是最差的，快高考了，还经常有老师被我们班同学气哭，总觉得我们是一群没希望的人。但我很庆幸自己能和这样一群有生命力的人做同学，高中三年我过得很快乐，还收获了很好的朋友。

等到高考选学校的时候，我爸爸给我做了一番详细的规划，甚至连我以后的人生道路都计划好了。在我过线的众多学校中，他希望我报考湖南师范大学。首先这所学校的学生毕业后就能直接拿到教师资格证，不用再另外参加考试。其次，这所学校也是他曾经学习的地方，专业和他对路，他希望我毕业后可以帮他一起扩办少儿美术书法培训，甚至希望我之后找一个画画能力在我之上的男朋友，一起合伙开画室。在上大学之前，我完全没有独立意志的概念，只知道爸爸让我做的事我不太想做，但最后还是遵照了他的意愿。

陈：那你是什么时候开始对影像感兴趣的？是到了美院之后吗？

杨：高中的时候，我们班有一个艺术生是学导演的，他用DV拍了很多我们班同学出去玩的影像，剪了一些片子出来。那会儿我感受到影像的魅力。到了2008年，我有了人生中第一台DV，开始拍同学，拍我奶奶，拍身边的人和事。因为当时学的是油画专业，没有压力一定要做一个作品出来，也没有考研的想法和其他目的。大家去村子里写生，我就开始拍东西，回来之后做了一个记录生活的影像碎片，给我们这10多天的旅途做了一个现在看起来像Vlog的东西，大家看了都很开心。那个时候我对拍摄剪辑非常痴迷，刚进大学就加入学校的DV社团、摄影协会，经常跑去隔壁系旁听影视相关的课程，我甚至在校外专门报名去学习专业的拍摄剪辑课。

陈：你爸爸最开始是希望你能继承他的培训机构的，但你后来去了电影学院，毕业后选择做一名纪录片导演。你的家人原来是什么态度，现在又是怎样？

杨：上了本科后，我爸以为我会按照他规划好的路走，但上大学后我开始有独立思考的意识，虽然有点晚，但我那会儿会为我感兴趣的事去争取。我在本科的时候跟我爸说过，我想转到拍片子那个专业去。他说你要是转了这个专业，你的学费我是绝对不会给你交的。我买相机、去外面报班学习都是我妈妈瞒着我爸偷偷支持我。后来考上了电影学院，可能他觉得我好像有能力做另外的事情，也就没有逼着我带培训班了。之前，洪江市的一个公众号给我做了一个采访，被当地名人看到了，也得到了他很好的反馈。当一个专家对我片子作出肯定的时候，那个连带效应是我完全想不到的。以前那个公众号的点击率可能是一两千，我那篇文章出来之后直接到了五六万。所有人都说好，我爸爸对我的质疑好像也因此减弱了一点。他可能觉得自己的学识、认知也有限，所以有人肯定之后，他就没有那么反对了。现在家里人也都是抱着支持我的心态，但他们总觉得我现在是无业游民，总是让我别拍片子了，觉得我这样又累、又辛苦，做这个事也不知道是为了什么。他们还是希望我回归他们想要的那种生活里，我身边很多朋友应该都是这样的。他们只知道我是拍纪录片的，我拍的片子上过央视，得过奖，收到哪个领导看完片子的感言……他们会凭借这些有权威的人和平台的认可来认可我。所以我有时候觉得这些东西挺重要的，得到了肯定的同时，也获得了一个武器，能让我在乎的人理解我，让不太了解我在做什么的家人能更支持我。

陈：刚刚你提到本科时想转到拍片子的专业，为什么想转专业？

杨：我本科的专业是油画，但总觉得不是自己选的专业，从小也是非常被动地学习画画，加上我上大学的时候找到自己感兴趣的事，就很想转专业，不然的话，我就只能回去帮我爸爸代课了。我记得有一次我上课忘记带颜料，回宿舍拿颜料的时候发现一个有意思的物件，我就拿相机开始拍摄，拍着拍着进入一种心流状态，等我回过神来，我本来要上的那节课都下课了。读本科的时候除了专业课以外，我几乎都跑到新媒体专业去蹭课，后来我就去考研究生了。

考上了北京电影学院的研究生之后，我才知道我的专业在电影学院非常边缘。主流专业是导演、电影摄影、表演、录音、美术等围绕电影工种的院系，而我所在的专业是图片摄影，是北京电影学院的"非主流"专业。不过因为一些原因，我的导师在学校新成立一个系，叫视听传媒学院，所以我研究生读到一半的时候就跟着他从摄影学院到了新学院。那时候新学院的学生很少，我们毕业的时候就三个同学，其中还有一个是博士生。那会儿很自由，也没人来管我，我就到处蹭课、看片，我们当时的毕业作品要求是可以做纪实摄影，也可以拍一部纪录片，这就是我做《从心所欲》①的原因。

现在想来，有一件事特别有趣。我本科绘画的毕业作品叫《爷爷》，在临摹罗中立的油画作品《父亲》的基础上，我把原作拆分成五块，每一块分别用非常媚俗的粉、绿、蓝、黄调临摹画作的局部，临摹之后将五块重新拼接组装，复制了一个等比例大小重新解构的《父亲》。那时候在创作这件作品的过程中我面临去北京考研的压力，无奈之下叫我爸爸来照顾我，在他的帮助下我总算有惊无险地毕业了。还有一件巧合的事是，我本科毕业作品画了《爷爷》，等到我研究生毕业的时候拍了我爷爷，"爷爷"好像成为我一直以来的创作命题（笑）。

陈：所以在毕业作品《从心所欲》之前，你是没有拍过真正的纪录片的。

杨：对，那是第一部。

陈：那你去电影学院的时候，会对将来有什么期望吗？

杨：没有任何的期望，我完全不知道是干什么的，也不知道自己能干什么。当时只是对纪实摄影感兴趣，完全没想过拍纪录片，也不知道原来美术跟摄影、拍图片跟拍纪录片的关系这么密切，都是到了学校之后才知道的。

这个片子可能会剪一辈子吧

陈：你拍毕业作品时是怎么确定选题的？创作契机是什么？

杨：当时学校承办了一个特别好的影展，有一部特别好的片子触动我了。

---

① 《从心所欲》是 2017 年由杨骊珠执导的纪录片。该片曾获第 15 届"半夏的纪念"大学生影像展最佳短纪录作品和最佳制作作品提名，洛杉矶华语电影节最佳纪录短片、华盛顿华语电影节观众选择奖等奖项。

那是2014年，iDocs国际纪录片论坛①集结了全世界所有获奖作品和得到优秀策展人认可的一些片子，把导演、制片人等从全世界请到学校来做大概一周的放映，再加上workshop（工作坊），都是非常好的学习机会。

陈： 当时是一部什么样的片子触动你了呢？

杨：《照片中的人生》。它讲述了一对非常可爱的奶奶和孙子之间的故事。我从这些人物身上看到魅力，于是就想到我奶奶。我当时只是觉得我的奶奶离婚这件事很酷而已，想知道她为什么要离婚，就以此为契机开始拍《从心所欲》。但我完全忽略了拍纪录片的难度和挑战。拍着拍着，对象就从奶奶变成了爷爷，最后奶奶一个镜头都没有了。

陈： 所以你的初心是想探寻奶奶为什么要离婚，动机是毕业创作。

杨： 对。为什么会对我奶奶的故事感兴趣呢？其实是因为本科期间我有了人生第一台DV机。在我完全不懂"纪录片"这三个字的时候就开始拍我奶奶了，那时候纯粹是出于单纯的喜欢。我觉得活动影像很有魅力，就拿着DV拍我感兴趣的人和事，奶奶是我拍摄的对象之一，加上她晚年离婚这件事，让我觉得她是一个很有生命意志的人，带给我很多冲击。

陈： 为什么到最后这部作品呈现的主角是爷爷了呢？

杨： 说实话，当时没想过拍爷爷，我家人也完全想不到我会去拍爷爷。爷爷是一个什么样的人呢？就是我们家里人走在路上碰到他，都要掉个头走。他基本上不跟家里人来往，完全不考虑家人，只按照自己的步调去生活，所以我对爷爷的印象只停留在逢年过节时的问候，从没有深入过他的生活。

不得不承认，我当时拍爷爷的第一感受是有点丢脸，觉得把"家丑"拍出来了。但后来，我走入爷爷的生活之后，他给我带来的冲击其实挺大的，

---

① iDocs 国际纪录片论坛是一个以传播世界优秀纪录片为核心的国际纪录片交流平台，并得到荷兰阿姆斯特丹国际纪录片节（IDFA）的认可和支持。

我不应该觉得丢脸。当然也不是所有人都能理解爷爷的，或者理解我现在正在记录的那些人。但我觉得在这个时代，他们值得被人看到，他们传递出来的态度，也是值得大家去接受和理解的。我那时忽然发现，我可以通过记录他们，观察到很多平时被我们忽略的美好事物。

陈：你刚才说家里人觉得他是"家丑"，对吧？但我能理解你想拍他的原因。当我看到爷爷用"行尸走肉"这四个字形容自己时，我一下子就被触动了。在我看来，他是那么高贵，他身上有一种对知识的敬畏感。我觉得这确实是现代社会特别弥足珍贵的品质，值得呈现给大家。访谈一开始你也提到，你在成长过程中是处于边缘化状态的，那拍摄爷爷奶奶有没有让你更加走进家人的世界？

杨：有，我觉得我也是在用这种方式治愈自己的。我为什么想拍家人，而且毕业后长达5年的时间我还在拍？就是因为我想通过拍纪录片这种方式，跟家人取得一些连接。我的亲人基本上都是怀化的，爸妈年轻的时候因为工作调动来到长沙，我出生成长在距离其他亲人三四百公里外的长沙，和他们的接触仅限于过年的相聚，没有太深入的交流，从小到大都面临着一种亲情的缺失。后来因为拍纪录片天天在一起黏着，他们给我带来了很多不一样的生活理念和体验，我才发现亲情对我来说是很珍贵的。这种亲情是我渴望的，我觉得好珍贵。拍完爷爷奶奶之后，我姑妈说"你片子拍完了还是要常来啊"之类的话，我突然就意识到，噢，我没有理由再去他们家了，我没有一个和他们连接的方式了。我就又想找点事情干，所以又拍了一个在怀化周边的故事，这样我就又有理由去他们家了。

陈：《从心所欲》成片之后你还在继续拍自己的爷爷奶奶，一方面是持续跟家人保持这种连接，另一方面是不是还想为奶奶讲一个故事？

杨：是的，当时我就知道，《从心所欲》肯定不是最后的片子，我还会继续拍的。所以在拍完之后，我尝试着继续拍奶奶，用上以前的素材，就有了现在《爷爷奶奶那些事》①这部作品，有点儿像加长版的《从心所欲》。

陈：但视角还是很不一样的，你试图在《爷爷奶奶那些事》里用更多篇幅塑造你的奶奶，我们也能看到你作为孙女在片中跟她进行了关于婚姻等话题的隔代交流。当听到她回应你还是要有孩子来保障自己的老年生活的时候，你会觉得失望吗？

杨：没觉得失望。我最开始的想法是想讲述三代女性，所以会呈现一些我的想法。把这段保留下来其实是想呈现不同年代的女性在婚姻这个话题上的不同观点。奶奶的这种回复我也可以理解，其实一开始我是有些期待的，但后来仔细想想，一个出生在20世纪30年代、长期被传统封建思想压迫的女人，很难给出有个人意志的答案。她的回答是符合时代、环境对她的影响的。我也在思考、怀疑，我们这个时代的人接收到的多元化的信息以及没有经过实践认证的新理念是否一定适合所有人。

而且我对奶奶的深入了解是有起伏、有变化的。最开始我拍她时，我觉得她是特别有女性意识的一个人。但后来我有一段时间甚至拍不下去了，我了解到她的另一面，这跟我之前对她有女性意识的印象完全不一样了。她善良、家庭责任感强，但她也是世俗的、精明的、啰唆的，持续拍摄之后就会发现，奶奶是一个立体的人。我以前对她固有的认识可能源于自己在成长过程中的所学，使得我给她贴了一个标签而已。但其实她作为那个时代的女性，是有那个年代根深蒂固的烙印的，这些东西都很真实。

陈：你没有对奶奶的回答进行预判，因为你觉得这样才更真实，她才更立体，这是对的。如果她真的是一个绝对正确的女性主义者的话，反而会让人觉得不真实了。

---

① 《爷爷奶奶那些事》是 2018年由杨骊珠执导的纪录片，讲述的是一对已进入耄耋之年的夫妻，因为60年前的包办婚姻而要离婚的故事。该片是《从心所欲》的"加长版"，是对导演的爷爷奶奶的故事进一步的探索和延伸。

杨：嗯。我觉得奶奶的故事很难讲的原因之一在于这个人物的出身。奶奶出生在20世纪30年代，是一个传统的家庭妇女。那个年代的女性都是在家相夫教子，没有个人意识。可是她又有不一样的地方，在生活给了她很多苦难之后，她觉得疼，还会喊出来一声。前几年，杨本芬①出了几本书讲她妈妈的故事，我看了还挺感动的。大概是说如果她不书写一些有关那个年代女性的故事，她们的人生好像就会被淹没在大海里。奶奶也是一样。而奶奶难说的地方就是在于，一些以前的事情，奶奶是完全不会说出口的，她经历的苦远远比她能说出来的苦多太多了。奶奶曾经描述过一个特别有画面感的事情：那个年代提倡"妇女能顶半边天"，所以她可以和男人一样去工作，大家的工作都是一样的，拿的也是差不多的工资。但是那个时候她还要承担家中所有的工作。她忙到什么程度呢？一大早她只能手上托一个孩子，背上背一个孩子，另外一只手就拿了一碗饭，把孩子送到幼儿园之后，利用从幼儿园到工厂的这段时间，边走边把饭吃了，只有这样才能把一天的事情干完。所以我觉得那个年代的女性其实承担了很多责任。社会提倡男女平等，但大部分家庭内部还维持过去"男主外、女主内"的认知，她们承担了双重压力。这个压力经年累月堆积起来就可能会导致奶奶做一些不被理解的事情，当然这是我的解读，可能也不客观，没准她就是稀里糊涂离了婚。但读完她这一生的故事之后，我对她为什么离婚这件事有自己主观的一个想法。

我最初是想做一个关于女性话题的片子，但拍着拍着想法也发生了改变，在长达五年的拍摄中，我感受到时间沉淀的力量。这期间，我经历了爷爷的离世，看到奶奶的记忆力逐渐衰退，我从最开始想了解奶奶为何要在这把年纪离婚，到后来我很好奇一个人在生命和记忆的尽头，生活留给她的是什么。

---

① 杨本芬，中国当代女作家，1940年生于湖南湘阴，花甲之年开始写作，代表作有《秋园》《浮木》《我本芬芳》等。

在影片的最后有这样一个场景：奶奶对着爷爷的遗像，唠着家常，她对家人说，她和爷爷一辈子根本没什么矛盾。那一刻，我感受到时间好像会冲淡一个人对生活的不甘，自我的执念与较劲，等等。

陈：**我理解你。我一开始很担心你止步于对女性主义的探讨，但你的片子不只是承载了这些。**

杨：我到现在也有很复杂的感觉。我觉得现在我这个年龄还不能完全把控我真正想提及的一些话题，所以这个片子可能会剪一辈子吧。现阶段大家看到的结果不是很明确，但这就是我现在的状态，可能再经历一些事情，再成长一段时间，我对生命的体验会更深刻一些吧。

"半夏"好像在陪伴着一个导演成长

陈：你的第一部作品《从心所欲》，在2018年获得第十六届"半夏"最佳短纪录作品。"半夏"对你产生了什么样的影响呢？

杨：当我和"半夏"产生连接之后，我的作品被推向很多电影节。给我奖金最高的电影节就是"金相册"①，这个电影节是"半夏"帮我投的（我当时都不知道有这个电影节）。那一次的奖金是10万元，扣了2万元左右的税，对我来说是一笔巨额奖金，这笔钱足以支撑一个刚毕业的学生继续拍片子，它剪掉了我的一些杂念。如果不是因为陆陆续续有一些奖金入账，我可能不会花这么多精力回去继续拍我的爷爷奶奶。

陈：除了"半夏"给你带来的奖金之外，你还有什么印象深刻的吗？

---

① 金相册纪录短片大赛为年度赛事，旨在全国范围内奖励优秀的、时长不超过30分钟的纪录短片作品，大赛将为获奖者提供长期的专业化艺术发展服务，并将获奖作品通过国家渠道推向世界各大纪录片节，与获奖者一道探索新时代网络与商业潮流下的纪录片的创新与发展。

杨：我在"半夏"说了一句获奖感言，大概是说"半夏"是一个挺包容的电影节，我知道我的问题在哪里，但是它愿意给新人一些机会。"半夏"帮助我拿到的那些奖金支撑我继续创作长片。我觉得一个电影节，尤其是青年电影节，鼓励和包容比证明自己的态度更重要。

我觉得"半夏"是我参加过的电影节里面最特别的，它是唯一一个让我觉得跟人有连接的，跟你、跟大家，包括后来它办游学，会做一系列相关活动去聚集这些年轻人，有一个资源共享的概念。对刚开始做片子的年轻人来说，很重要的一点就是资源，这不是钱能带来的，它可能会促成下一笔投资，对吧？比如我和你也是通过"半夏"认识的，我在你身上学到很多东西。上学那会儿我也是通过"半夏"看了你的那部《医院里的中国》，印象非常深刻，我相信这些好的片子都是促使我开始拍纪录片的原因。那会儿我肯定想不到，有一天我会因为自己拍的纪录片跟你产生这样的连接。

陈：就像现在，我们俩是老朋友了，但是"半夏"20周年之际，我又代表"半夏"回来找你访谈，这就是一种很神奇的连接。

杨：对，有一种跟踪的感觉，"半夏"好像陪伴着一个导演成长，这对我来说很珍贵。

注定"痛苦"之路上的非此不可

陈：是什么契机让你走上了职业导演的道路？

杨：当时我带着《从心所欲》去参加了很多电影节，得到了一些奖金，就是这些奖金支撑我回去拍片子。我也觉得毕业了就不能靠爸妈养着了，得找一份工作。也就是在电影节上，一位老师看中了我的片子，给我提供了一个拍纪录片谋生的机会。如果不是这样，我可能就没有工作。

陈：你工作之后接的第一个项目就是《书迷》[①]。第一次尝试做这种平台类纪录片，你觉得有什么不一样吗？

杨：非常不一样。这类纪录片一般是先有选题，再找适合的人、故事往里充实。其实我很理解这个模式，因为它是有资金介入和预算控制的，要在规定时间之内完成。为什么一个系列的媒体纪录片不能是单本故事，30分钟的片子可能有五六个故事？因为这样的损失是最少的。如果我们把时间全部放在一个人身上，制作的难度和风险会更大，毕竟出问题的人会影响后续的作品呈现。但我自己想要的方式是，我首先发现了一个很好的故事或角色，促使我要去拍它，所以也在拍摄独立纪录片。

陈：在这期间你学会了这种工业化的制作模式，对吗？

杨：嗯。我觉得这是两类片子。拍媒体类纪录片是让我跟这个世界保持联系的一种方式，我虽然跟人打交道，但往往不会很深入，拍片子带我去见识各种各样的事情，是一个大而广的东西。如果不是拍片子，我绝对不会去那样的地方，有机会介入那些人的世界。

但你说这样损失了纪录片的魅力吗？其实也不是，即使有些受限。我也不知道这对我来说是好事还是坏事，这种制作模式会让人养成一些习惯，这些习惯有些是好的，有些是起反作用的。但有一点很关键，媒体纪录片能让我谋生。

陈：《水果传》[②]和《但是还有书籍》[③]收获了非常高的播放量和话题度，你

---

① 《书迷》是2018年由范潘羽、曾欣、罗颖鸾、杨骊珠、王悦阳、刘若涵，6位导演联合执导的纪录片。

② 《水果传》是由曾欣、苏蕾、罗颖鸾、傅娴婧、胡昆池、郭柳、罗赛、杨骊珠联合执导，云集将来集团和安徽卫视联合出品的人文自然类纪录片。

③ 《但是还有书籍》是2019年由罗颖鸾、杨骊珠、王悦阳、郑苏杭、刘倩瑜、彭欣宇、林辰西，7位导演联合执导的系列纪录片。

有没有因此获得一些关注呢？

杨：能让大家看到，得到很多人的喜欢，是一件挺好的事，当我们的片子不仅为创作者，同时给拍摄对象带来一些好处时，我觉得还挺有意义的。当然这离不开推广、包装、请明星做宣传等。我也深知自己做的片子有很多局限和可以进步的空间。当然最直接的影响是做完这些片子后有更多项目来找我了。

陈：我印象很深刻的是，在2022年海南岛国际电影节期间，我问你拍完《但是还有书籍》之后感觉怎么样，你当时说最大的收获是可以靠此为生了。我对这句话的理解是，你可以把导演作为自己的职业了。

杨：我觉得这是把双刃剑。有了资金的介入，你必须妥协很多事，不能想怎样就怎样，要听各种建议，反复修改。不过一方面能靠纪录片谋生，另一方面还能通过拍片提升技术、增长阅历、不断成长，总体来说还是幸运的。每拍一个片子，我都会收获不一样的成长经验。对我来说，独立纪录片是小而深，媒体纪录片是大而广，从生命体验角度来说，这两者是互相成就的。

陈：那你有没有想过把小而深的东西也做成商业类纪录片？

杨：怎么做呢？我还没有找到一个很好的结合点。我在有了一些经验之后，甲方就会让我报选题。这可能是一个契机，能让我做一些和生命体验有关的事情，这样兴许就能做成有自我表达的片子了。我担心的地方在于，那些模式化的东西是没有办法改变的。比如，为什么不能做上下两集？因为这样风险太大了，不可控。这就是核心的矛盾，投资人不敢这样冒险。如果你把所有钱都砸在一个人身上，一旦他在拍摄过程中出现问题，整个投资就打水漂了；但如果他是很多个故事中的一个，即使没了，损失也能少一点。

陈：我突然想起上野千鹤子关于"独立"的阐释："天职、职业、工作是有区别的。'无论能不能赚到钱都会做'的是天职，'利用专长谋生的差事'是职业，而工作是'奉人之命的有偿劳动，无关好恶'。除此之外还有爱好，指自掏腰包也要做的事。"在你说到这两种纪录片的区分后,我就在想,可能你会把天职和工作区分开来。

杨: 嗯。拍《但是还有书籍》这些时,我没太把它当成活儿。这样的项目是有趣的,给我打开了另一个维度,告诉我不用非得拍小而深的东西,那其实挺苦的。有的时候了解人、了解真实的东西,并不是一件轻松快乐的事。

陈: 如果有机会继续拍自己想拍的小而深的纪录片,你会如何考量题材?

杨: 以前我从来没有想过"母题"这个概念。但我最近正在拍一位艺术家,他激发了我回看自己的人生以及思考选题原因的念头。他是搞当代艺术的,在一个乡村里用很多年去做一些特别小而深的事,在这个过程中,他受到极大的打击,促使他反思自己为什么要来做这些事情。但他在这个过程中认识到,他做的所有事情都是在治愈自己,并不是要去帮助别人,要做这件事情的原因,其实是在解答自己的困惑。

我又何尝不是呢?我所记录的人,他们选择的活法有的并不被大众的价值观认可。而我自己就一直处在"边缘化"的群体里,所以我才会对这类人感兴趣。好像我们身边大多数人对成功是有一个相对固定的判断的。我觉得这个标准挺不好的,人都是各种各样的,每个人都有自己的活法,不一定按照一个规则来,所以我会对那些勇于寻找自己的活法的人很感兴趣。包括我爷爷和我正在拍的另一个长片的主人公,他们都身处一个限定区域、非同一般地思考问题,却又无法脱离他们所处的区域里,然后他们有勇气去创造自己的小世界,过他们自己想要的生活,我对这个非常感兴趣。

陈: 在你拍纪录片的时候,你觉得女性身份更多是一种优势还是劣势呢?

杨: 直观的感受是弱势。比如同样是报选题,女性要说服总导演可能更困难一点吧。大部分时候,我第一次跟人打交道,别人首先会觉得我是电视台或者平台来的。哪些人长得很适合混组呢?我一直觉得是带有一些"匪气"的人。这其实是一个非常有力的武器,它能让人服你。同时,我会面临这样一种质疑："噢，你一个小姑娘懂啥呀?"他可能不会完全信任你。我最开始拍一个书店的老板，他也属于被知名大导演拍过的那类人，他就跟我说："我没有办法和你一个小姑娘对话。"这可能确实和资历有关，但话又说回来，如果我是那种经常混组、能唬得住人的男性，更有"匪气"一点，可能会有一些优势。

陈：**我知道你说的这个"匪气"，很多电影学院的学生都有这种气质。**

杨：还有一个很明显的劣势就是体力不支啊。我刚开始做纪录片时有些机会去世界各地拍摄，一开始还有新鲜感，但去了几个国家之后就不想出国了。有一次去意大利，在那儿待的时间不超过8小时，但往返路程就花了两天时间，连时差还没有倒过来就又要回国了。作为女性，又来月经，拍完之后我只想回去躺着。那一段时间，我疲惫不堪，感觉自己患上了"出差恐惧症"，一到机场心就怦怦跳。就身体条件而言，女性是有些吃亏，有时再帮忙拎点东西，整个人就不行了，身体会垮掉。

陈：**那会有优势吗?**

杨：当然也有啊。可能会有一些男性出于某种目的接近你，或是对你非常热情；但如果我是一名男性，他们可能就不会这样。我不知道这么说会不会冒犯一些人，但是现实情况就是如此。

陈：**关于这点，有社会学学者把它总结为"性别工具箱"[①]，实际上这涉及不同的劳动情境下灵活的性别策略。**

杨：谈不上"策略"吧，其实我在这方面挺不机灵的，不太会运用这个"工具箱"，很多时候我都会后退，不太会利用这种优势创造一些便利性。

陈：**你前面说到不知道拍纪录片有这么难，你觉得主要有哪几个难点呢?**

杨：资金方面倒是还好。我当时对《从心所欲》的预期是，做不成没关

---

① 马丹：《"去标签化"与"性别工具箱"：女性卡车司机的微观劳动实践》，《社会学评论》2020年第5期，第35—49页。

系，因为我获得了跟亲人之间的连接，这用金钱买不到。即便做不出来，我也能自洽。那时候还是学生，用的是家里的钱，没觉得花钱有多心疼。难是难在第一次剪辑的时候，我头一回感到焦虑、失眠。我的电脑又不太好，学Pr的时候就反反复复，很崩溃，学了半年才把那个片子剪出来。

还有一个压力源于时间，你要在学校给的期限内做一个片子出来。我剪辑时还是以奶奶为主线剪的，直到交作业的前一两周，我才决定把奶奶的镜头全拿掉。包括现在，剪片子也是让我觉得压力很大的环节，我自己也不喜欢这种状态，为什么一定要把自己逼到一个心理很不健康的状态，才能把片子做出来？

陈：是没有达到你的预期吗？

杨：可能是我给自己定的要求很高。当我来来回回构架一个故事的时候，总是觉得不对，就一直推翻它。这挺让人窒息的，但每次只有在这种高压状态下，我才能把这部片子做出来。

还有一个难点，就是过不了心理上的坎。我花了很长时间去做一个作品，最后发现它不是我预设的样子，有一种付出很多，最后一下子打了水漂的感觉。说实话，我做《从心所欲》的时候，我觉得交这个都毕不了业，怎么会剪成这个鬼样子。但片子交上去之后，大家都在鼓励我，我就觉得，哎，挺奇怪的，大家的反馈为什么跟我想象的不一样呢？因为最初我想呈现的完全是我奶奶呀。这个结果对我而言，是个意外。不过剪片的过程还是在我心里留下了阴影。

陈：最艰难的那个阶段，你是怎么熬过来的？无论是面对自己，还是回应家人对你的期待。

杨：可能不是一个阶段，而是一直存在的困难吧。我的方式可能是和家人保持沟通。也是因为拍片子，我的家人们才有机会聚到一起，我们谈话的方式也发生了改变，有第三方在场和直接跟爸妈沟通的状态是完全不一样的。原本有些话我是绝对不会和我爸说的，但因为有了摄像机作为记录的媒介，我们聊天的内容发生了变化，我们会聊到男女平等，聊到不同性别、不同年代的困境。沟通挺重要的，至少在我和家人相处的过程中，通过沟通，我们之间增加了互相理解的可能性，如果他们对我的了解更深入一些，他们就会理解我更多一些。

陈： 你现在还在纪录片公司吗？

杨： 没有，2020年，做完《但是还有书籍》之后我就成了自由职业者。我也会和之前的公司合作，他们有片子也会找我做。

成为自由职业者之后，反正不是很稳定。唯一的好处就是自由，以前必须得干公司的项目，现在有选择权了。

陈： 你自由职业这三年，稳定的项目都没有了，还能保障物质生活吗？

杨： 这半年开始有点焦虑了，因为没什么项目。自由职业可能就会这样吧，忙起来时没有节假日、休息日，休息超过三周又开始焦虑。每个月的社保加房租就要六千元左右，压力还是很大的。

自由职业有好也有不好。它有点像搞基金、炒股，有起起伏伏。如果你的年化收益率能达到10%就已经很棒了，对吧？我以前觉得一个10%来得特别容易，后来才明白年化10%是一件多么牛的事情。有项目和没项目，有好的项目和没有好的项目，状态是完全不一样的，很容易到天堂也很容易到地狱，落差感很大。

陈： 关于未来的作品，你觉得哪些是一定要坚持下去的？

杨： 还是拍自己感兴趣的人和事，得找到某种"我要做"的必要。比如我现在拍的片子，从某种程度上来说，也是为了跟家人有进一步的联系。更多是无形的财富吧。

陈： 这就回到你刚才多次提到的"和亲人的连接"。我记得你在一个采访里说，随着你的纪录片在媒介上一遍一遍地播放，你感受到自己和家人的关系越来越微妙。所以对你要做小而深的纪录片来说，纪录片创作的伦理问题是不是也是一个很大的困境？

杨：对，是非常大的困境。我觉得有勇气做小而深的东西的人，一定得有强大的内力和内心坚定的东西，需要有面对质疑的勇气。一是，我自己是否有底线；二是，我是不是可以面对别人从道德层面来批判我。对自身而言，把控好边界、守住底线是最重要的。关于我为什么喜欢拍纪录片这个话题，在不同阶段我有不一样的感悟：最开始我觉得拍纪录片能带我去各种我曾经没有机会去的地方，见各种如果不是因为拍片我这辈子都不会见到的人，还能通过拍摄不同的人体会不一样的人生，通过他人观照自己。后来拍自己的家人时，纪录片让我开始深度思考，我会更立体地看待自己和周围的人。我感觉自己变得更成熟，这是拍片子给我带来的最大的改变。再到最近，我意识到拍纪录片是我与喜欢的一群人制造羁绊的一种方式。

我一直觉得，拍自己感兴趣的类型的纪录片挺苦的，拍着拍着我就不知道为谁拍、为什么拍。有学者说，好的哲学注定是让人痛苦的，把这句话放到拍纪录片上，好像有点类似。这种痛苦来自很内核的东西。可能你了解得越深入，再突破一定的瓶颈之后，就不痛苦了。但我还处在一个初级阶段，有时还是会怀疑我做这件事情是为了什么。不过那个阻碍并没有大到迫使我停下来，可能是因为拍片吸引我的部分战胜了这些困惑。没准我也会像我拍的那位艺术家一样，把小而深的东西做到一定程度之后，就开始想做大而广的作品，不过得自己经历一遍后才知道。我时常从别人那里获得一些经验，从他人身上可以观照自己、获得能量，这种感觉挺好的。

陈：最后一个问题，你对这本书的读者有什么想分享的吗？

杨：做这个行业其实挺苦的，但如果你是命中注定干这个行业的人，不管遇到什么困难，你都会做下去；如果不是，那么迟早都会离开。我可能属于那种向内探索的人，所以可能注定要来干这一行。有些人通过写作或者其他方式去向内探索，但我选择的是拍纪录片。

杨骊珠采访手记

陈欣宇

2023年3月5日采访前，杨骊珠导演最新纪录长片《爷爷奶奶那些事》的内部放映会刚刚结束，鞠晓甜、郭明星师姐参与了映后交流。骊珠导演说："《爷爷奶奶那些事》是'加长版'的《从心所欲》。"两部作品的主要拍摄对象都是她的爷爷奶奶。最初，导演对于《从心所欲》的设想是记录奶奶的离婚故事，最终呈现的主角却是爷爷。导演认为，对爷爷奶奶的探索不应止步于此，后又继续拍摄二位老人，剪辑成《爷爷奶奶那些事》，并表示这也不是终章，后续可能还会有不同版本诞生。在这部片子中，我们从更宽阔的时间维度认识了爷爷和奶奶，也看见了社会的变迁、观念的碰撞。

在前期准备过程中，宇舟师哥建议从受访者过去的采访中挖掘有价值的问题，并再次提及，遂有了骊珠导演在采访中关于"纪录片的伦理问题"的探讨。在观看骊珠导演不同类型的纪录片时，我们同样对商业与非商业类的纪录片间的异同感到好奇，由此进一步深挖，意外收获了骊珠导演对于"天职""职业""工作"的看法。

正如导演本人所述，她是一个习惯于向内探索的人。她将自己的经历、体验、内观娓娓道来，不论是对纪录片母题的思考，还是对个体塑造的剖析，她好像在一遍又一遍的自省中实现自我的跃升。

随着夜幕降临、话题深入，成长的困惑与苦痛被层层揭露，总觉得当天大家的状态有些"高开低走"。骊珠导演也反映，当日的状态有些"丧"。反思当日采访现场的状况，我们作为倾听者也过于拘束，并没有参与到访谈当中，这也是导致采访气氛走向沉闷的原因之一。

以采访手记为契机回忆当日的访谈内容，仍觉得骊珠导演所言能引起我的共鸣。人类对生命这个宏大的议题从未停止过探索，洪江水奔流不回，生命的长河亦是。

归去来兮，吾归何处？

张大尉：
通过不坚持来抵达我想要的坚持

采 访 人：陈宇舟、周殷殷

采访策划：杨雅文、周亚男、张宏佳

采访时间：2023年3月26日

采访时长：3小时

采访地点：中国传媒大学豪丽斯咖啡厅

文稿整理：杨雅文、张琳

▶ 个人简介

张大尉，导演、编剧、制片人。本科毕业于中央戏剧学院，先后在美国南加利福尼亚大学（以下简称"南加大"）和哥伦比亚大学（以下简称"哥大"）攻读硕士学位。凭借《爬树》《银花公主》《杯子蛋糕》，分别参与第十二届、十四届、十六届"半夏的纪念"大学生影像展，多次被提名及获奖。其中《杯子蛋糕》获得第十六届"半夏"最佳剧情片和年度作品两个奖项、第48届芬兰坦佩雷电影节优秀影片、第5届AFMA北美青年电影节年度影片、第6届日本岐阜MKE电影节优秀影片，张大尉获得日本长冈国际电影节"最佳导演"奖。后续拍摄了《神笔奇侠传》《太空群落》《美人鱼》《坠入天卫五》等多部电影。

▶ 作品年表

2013年	剧情短片《爬树》/导演、编剧
2016年	剧情短片《银花公主》/导演、编剧、演员
2017年	剧情短片《杯子蛋糕》/导演、编剧
2019年	剧情短片《小龙虾》/导演
2021年	网络电影《神笔奇侠传》/导演
	网络电影《太空群落》/导演
	剧情短片《坠入天卫五》/导演、编剧
	网络电影《美人鱼》/导演
2025年	电影《太空春运》/导演、编剧（筹拍中）

我是拍婚庆短片入行的

陈：大尉导演，你是什么时候开始对影像感兴趣的？当时喜欢什么类型的导演呢？

张：我喜欢科幻电影。实话说，我小的时候并没有电影情结，对科学科幻本身的喜好大于电影，科幻相关的游戏、小说我都会去尝试。我觉得电影只是手段，而科幻才是我想表达的东西。

20世纪90年代中日关系还不错，电视台买了很多日本动漫作品的版权，比如机器猫。那时日本处于泡沫经济尾端，动漫产业很强盛，而且在内容上开始进行反思，出现了很多意义深刻的作品。我是看这些长大的，拍摄本科毕业作品《诸神保佑你》[1]也是受动漫启发。本科毕业后，我喜欢诺兰，喜欢大卫·芬奇，喜欢硬核烧脑的科幻电影。总体来讲，在学习电影的过程中，看日本和美国的商业片比较多，看文艺片、艺术片比较少。但这几年西方电影的创作总是意识形态先行，看的时候也比较辩证了。

陈：《诸神保佑你》拍的是什么内容？

张：故事很简单，讲一家子为了让孩子取得好成绩四处拜佛，发现他英语考不好改为拜耶稣的故事。

陈：为什么想拍这么一个故事？

张：第一次当导演一般都从自己的生活入手，拍自己的故事。我就是英语学得不太好的学生，妈妈拜佛想让我考的分数高一点，把这个情景戏剧化，就成了家庭喜剧片。

陈：你虽然学的是戏剧，但有往影视方向靠的想法，所以拍了这部片子？

张：对，想尝试一下。正好学校有摄影、制片、编导专业的同学，但我拍这个作品时毫无影视基础。后来我觉得自己叙事能力和镜头语言太差了，就去婚庆公司跟拍婚礼和制作婚庆短片了。

陈：去婚庆公司是在你本科毕业之后吗？

张：从2011年大四实习开始，加上毕业后的前半年。一组两人互相配合，要在极短的时间内完成写、拍、剪等全流程工作。内容主要是新人的恋爱故事。一开始大家都老老实实地拍摄自己真实的恋爱故事，后来我拉着新人一起创作，故事也越写越飞，有的是古代王爷，有的是穿越公主。再后来大家

---

① 《诸神保佑你》是2012年张大尉拍摄的剧情短片，也是他在中央戏剧学院的毕业作品。

就放飞自我了，不再拘泥于现实生活，开始在影视中创造新的世界，体验天马行空的人生世界。然而，老板只给我们300块钱的拍摄成本，拍完后一部片子大概就挣300块钱。一个月内，我作为导演要完成拍摄三四部，作为剪辑或者摄影还要帮着同事做三四部。得益于此，我在短时间内获得了大量的拍摄经验，我把这段经历看作珍贵的锻炼机会。

陈：你中戏毕业去婚庆公司，会觉得自降身价吗？

张：完全没有这个想法。比如，现在我拍完院线电影了，你说你明年结婚，我去给你跟拍婚庆视频，我会觉得比给你随个份子更有诚意。而且没有婚庆公司这段经历，我确实拍不出来后来的作品，那段经历给了我大量锻炼的机会。

陈：你本科在中戏读戏剧管理系，但最后选择转向影视，这其中有什么故事吗？

张：我挺喜欢戏剧的，但戏剧是演员的艺术，电视剧是编剧的艺术，只有电影才是导演的艺术。戏剧就像把电影的单镜头呈现到舞台上，在脱离导演临时管理的情况下，更多考验演员的发挥。电影能明确地讲出你要说的故事，比如直接给特写，或突然给全景，引导观众去看画面。我更喜欢这种媒介，所以研究生阶段申请了影视相关方向。

陈：听说你拍摄《爬树》是为了申请南加大，你创作时会考虑美国高校的偏好吗？

张：会，它里面有一些不纯粹的地方，这也是我羞于启齿的。比如我用了大量美国大片的音乐烘托气氛，有的镜头语言只是为了提高剪辑节奏或抓人眼球，而不是真正出于叙事目的，动物的象征也只是为了帮助外国人更好地理解内容。

陈：《爬树》的灵感来源于什么？

张：具体概念来自爱因斯坦的一句名言，"如果让鱼、狗、鸟跟猴子比赛爬树是非常愚蠢的"。爱因斯坦偏科，他上学时综合成绩不好，有一门外语比较差，理科也只是中等成绩。但他在苏伊士大学专注研究物理之后，取得卓著的成果。所以爱因斯坦就说，没必要让所有人在一条跑道上比赛。

陈：《爬树》和《诸神保佑你》都关注了应试教育话题，你能谈谈对应试教育的态度吗？

张：我学习成绩不好，有种学渣"吃不到葡萄说葡萄酸"的心理。要是你2014年问我《爬树》的表达什么的，我肯定特别骄傲，我贼牛，申上学校了，又表达了我的态度。但我现在没有什么愤怒，而且会对我的反思进行反思。但话说回来，如果现在的我跟当年的我对话，我不会劝自己妥协，反而会鼓励自己。我拍了才知道自己局限，拍了才有自己的作品，它是我那个时候想法的定格，无所谓对错。

周：《爬树》投给南加大，那儿的老师也很欣赏吗？

张：他们很喜欢，但我没觉得高兴，只是申请策略的成功而已。我宁愿大家更喜欢《诸神保佑你》，这才是体现我初心和思考的作品。

陈：你在南加大分别学习了电影制作和编剧制片，其间有没有什么对你帮助很大的课程？

张：我的目标是做商业电影，所以看的商业片比较多。但有一门课"Classic movies pre-World War II"（第二次世界大战前的经典电影）帮我夯实了电影学基础，这门课会看大量影响世界电影史发展的经典电影，课堂上播放了大量欧洲早期和第二次世界大战前的日本黑白电影和苏联电影。结课作业是模仿第二次世界大战前的电影风格拍摄一部默片。我找了其他专业的同学协助我拍了一部1：1画幅的作品。大家文化背景多元，整体的交流氛围也十分融洽。

总之，南加大首先会讲授商业片制作和创作的思路，然后着重培养制作。学校硬件条件和制作设备都比较好，我们有大量的实践机会。至于创作、表演和编剧的内容，哥大则讲得更深入具体些。

妥协是为了更快地成长

陈：2016年拍《银花公主》^①时，你对它有什么预期？

张：如果能回去，我想劝自己别拍，或者拿同样的成本拍10部《爬树》，当然这是后话。事实上，我需要靠这部作品迈过商业电影制作流程的门槛，实现从小机器拍摄过渡到大机器拍摄的过程，不能总拍小机器短片。

周：毕赣也遇到过这个挑战。

张：对，大剧组的组内人员协调和调度确实是对导演的考验之一。比如，在后来的一个300人规模的商业片剧组中，在拍摄杀青的最后一天，灯光助理跟化妆师打起来了。因为化妆师要给演员卸妆，需要灯光师的灯，但已经拍得很晚了，灯光师着急下班回库还灯。这事归根结底有没有我作为一个导演超班拍摄的原因？有没有制片压缩成本、逼着导演一定要在某个时间节点前拍完的原因？事情发生了，矛盾如何协调，后续如何处理？这些都是新人导演需要积累经验、吸取教训的地方。

陈：从这个阶段开始，你的导演能力就上了一个台阶，对吧？

张：对。因为整个剧组的人数增多，人和人之间关系调节的复杂程度和难度也呈指数级加大。再加上我是那种无论如何也要给人结账吃饭的导演，见不得有人受欺负，场外因素难免会干扰到正常的拍摄过程。我需要在权衡之后选择照顾大家和完成任务。试想，如果制作团队在工作过程中，心里全

---

① 《银花公主》是2016年由张大尉执导的奇幻短片，获得第14届"半夏的纪念"大学生影像展最佳导演、最佳剪辑、最佳编剧提名。

是委屈和不满，这个片子最后做出来真的会好吗？

陈：**也就是说，场外因素很多，会干扰你的创作。**

张：对。刚入行时我是无法平衡这些的，谁闹情绪了我会放下手边的事去处理。早期跟明星合作，他们不认可小导演，很多内容拍不出来我也会不得不妥协。现在我有更多办法兼顾创作和制作的平衡，当时没法兼顾。

陈：**你说早期不被认可这件事，就涉及我们很关注的另一个话题——导演如何在剧组树立权威？**

张：说实话不好解决，什么技巧都没办法填补经验上的空缺，得放低姿态赶紧累积经验，靠你的专业度树立威信。没经验还在组里装作很老到，反而更可笑。比如，演员质疑我为什么这样做，我会听他的理由，有时候他说的是错的，要跟他讲清楚；然后我要看现场情况，一般会相互妥协，就是按照他的想法拍一条，按照我的想法拍一条。年轻导演还是妥协的时候比较多，尤其是像我为了赶紧积累经验然后往前走的这种类型。

周：**你认为这种妥协有利于你的成长吗？**

张：是，我对这条路还是想得很清楚的。尽管网上有人说，真不敢相信某某作品的导演之前能拍出《杯子蛋糕》，但我认为这是必然要付出的代价。人家在豆瓣上那么评价你，谁都看得见，还是挺难过的。

周：**这条评论让你难过多久？**

张：我觉得直到现在都会有一点难过，但绝对不如我在《银花公主》拍摄过程中全面崩溃的那种难过了。

周：**你什么时候意识到自己对《银花公主》不满意，想过重拍吗？**

张：拍的时候就意识到了，感觉剧本和角色哪儿都使不上劲儿，在哥大读书的时候才真正找到解决办法，系统地学了三幕式。不过确实没考虑过重新构建这个片子，它太烂了，我平常都不愿多提它。

周：**为什么《银花公主》对你来说是那么大的挫折？**

张：我期望很高。甚至拍《杯子蛋糕》都是为了验证我能拍好《银花公主》，带有补偿的心态。《银花公主》既没有我的表达，也没有体现制作上的水准和进步。它的剧情没有更吸引人，也没给出品方挣到钱，完全不匹配我对它的要求，真的很挫败。

陈：但我一直觉得《银花公主》这部片子的概念很超前。我们了解到，腾讯找过你想重拍《银花公主》？

张：后来我们的确有重新制作的计划，甚至到了筹拍阶段。新版本的《银花公主》把主角设定在中国，讲一个现代女生去韩国做练习生的故事，有铺垫、有转折，几层梦境之间的设置结合得更连贯，有点像《红辣椒》①加《未麻的部屋》②。

周：这是什么时候的事儿？

张：网大出审核政策③之前的事儿。后来内娱也停止了选秀节目，构成故事的基石没有了。后来我正好去读第二研究生，就没再拍了。

陈：2018年你拍《杯子蛋糕》时是怎样搭建黑猪精工作室④团队的？

张：慢慢攒起来的，有美国南加大的同学，还有国内中戏、中传、北电的同学，他们觉得我人不错，愿意跟着一块干。

陈：《杯子蛋糕》是你们工作室的首部创作，只拍了七天，能讲讲拍摄过程吗？

张：那会儿工作室已经成熟运作起来了，各项数据和器材都有制式的表，

---

① 《红辣椒》是2006年由今敏执导，林原惠美、古谷彻、江守彻等配音的动画电影。

② 《未麻的部屋》是1998年由今敏执导，岩男润子、松本梨香、辻亲八、大仓正章等配音的动画电影。

③ 从2016年12月19日开始，所有视频网站的网络影视剧、网络综艺节目等网生内容都需填写重点网络原创节目信息登记表，实行备案登记制度，并由视频网站统一报送省级广电局备案。

④ 黑猪精工作室是2015年由张大尉创立的影视工作室，曾出品《杯子蛋糕》《神笔奇侠传》等影片。

效率比较高。但当时我们还筹备了另外两个宣传片和一个广告，同时忙三个组。尽管当时制片说能帮我稳住大后方，让工作室继续运营下去，但日本这边的制片只能我自己去干，压力很大。为了省成本还跟部分拍摄地进行了1∶1的置换，比如，北京八中分校让我们免费用教室，我们免费给他们学校拍宣传片。

陈：有一些街头的景是去日本拍的？

张：对。我和两个同事在日本拍了一天半，美术、摄影助理、统筹、制片、导演这些活儿都是我的，摄影要负责拍摄又得干灯光。唯一比较好的是找了职业演员，尽管沟通有障碍，合作还是很愉快的。

周：为什么将《杯子蛋糕》的故事背景设定在日本？

张：科幻电影涉及语境问题，如果在中国设计同样的故事，需要更多铺垫和架设，得考虑真实生活的逻辑，美术压力也更大。因为中国背景离我们很近，科幻语境则要求一定距离的疏离感。在日语语境中，距离和疏离感可以让我说啥是啥。同样，在日本放映时观众也没有不适感，能理解文化语境和人物心理，也是因为其中的中国场景和中国元素对他们来说是疏离的。

陈：为什么观众好像能接受国外银幕形象里的不良角色，一旦拿到内地做本土化改编却非常尴尬？

张：简单来说，我们对不熟悉的事情接受程度更高，会把不理解的部分归结为文化差异。一旦让我们熟悉的人干出格的事，编剧就需要给他充分的人物动机，特别在现代社会更是如此。例如，《杯子蛋糕》呈现出的"白莲花女主"和"精神变态的男主"，我们不是偷懒想省去前提和动机才这么设定背景和人物的。是因为这个短片原本是从长片剧本架构改成短片的，需要平衡时长和剧情而不得已做的极端化处理，而且选择日本演员和日语配音，跟中国人的共情也就更少，所以才显得"变态"。我自己认为别人形容你的角色变态不是褒义词，是创作者少了对人物心理的铺垫才会导致观众有如此的观感。

陈：《杯子蛋糕》获奖对你当影视导演有什么帮助吗？

张：《杯子蛋糕》明确了我可以胜任类型片导演。拍这部片子的时候，限定时间、限定成本、国际剧组、大机器、大剧组，整体难度全都叠上了，就觉得之后遇见的问题都是小事了。

陈：我们注意到《银花公主》和《杯子蛋糕》都由真实和虚幻两个部分组成，你如何看待真实与虚幻的关系？这两部作品之间有没有关联？

张：我有时怀疑世界是假的，人都是空心的，的确，从微观上来看，我们都是由一堆没有体积的能量粒子构成。我们得为自己的存在创造价值，或者互相之间创造意义。

陈：什么时候开始有这种想法，质疑世界的真实性？

张：很早的时候，高中就有点这方面的猜想了。后来了解到"缸中之脑"理论，并把这个创意用在了《杯子蛋糕》中。

陈：《爬树》《银花公主》和《杯子蛋糕》都在"半夏"获奖，这些经历有没有给你带来实质的商业机会和项目资源？

张：有。第十四届"半夏"，《银花公主》获得最佳导演奖，给我颁奖的是陈思诚导演，这让我获得去纽约跟《唐人街探案2》剧组学习的机会；十六届"半夏"，《杯子蛋糕》得奖，是我长片类型化商业电影拍摄能力的有力佐证，带给我很多商业电影资源，比如拍《神笔奇侠传》①和《太空群落》②的机会；还结识了音乐人毛不易的团队，合作了《借》③的MV拍摄工作。2018年李昉老师组织了一场半夏获奖者与出品方交流的活动，我也因此陆续接触到爱

---

① 《神笔奇侠传》是2019年由张大尉执导，林扬、翟艺舒、高昕主演的古装奇幻武侠爱情电影。影片围绕着一支可以落笔成真的神笔，以全新的角度讲述了一个少年英雄行走江湖，用神笔匡扶正义的故事。

② 《太空群落》是2021年由卢劲涛、张大尉执导，阮圣文、伍姣主演的硬核科幻网络电影。

③ 《借》是毛不易于2018年发布的流行歌曲。

奇艺和腾讯的电影部门。可以说，我所有的机会都是"半夏"给的，一点也不夸张。

周：挺神奇的。不少影展评选结束，嘉宾们来了又走，跟获奖者产生连接的机会非常少。

张：李昉老师、组委会的张绍刚老师都对我有知遇之恩，甚至咱们组委会的同学也会给我介绍业务，我真的非常感谢。而且这是双向的，我的工作室吸纳了一些"半夏"的工作人员，他们跟我也是同事，联动不止于项目搭桥，而是长期的合作。

我比同龄人更早获得长片经验

陈：那我们来聊聊你的第一部商业作品《神笔奇侠传》（以下简称《神笔》），在这部电影的前期策划阶段，你感觉有什么不同吗？

张：这是我第一次拍商业长片，长片跟短片非常不一样，短片呈现一个梗就行。而长片在创作上要求更多，需要有贯穿的线索，也需要创作者深度地理解三幕式、节拍器。刚拍长片时把握不好时长，觉得第一次拍就尽量多拍点，不要让剪辑师没得剪，结果24天拍了近三个小时的成片粗剪，完全没必要。这个门槛我到现在才大致迈过去，明白拍的素材转化到时间线上大概是多少，这是需要经验积累的。

同时，一定要提前规划，想好每一幕之间怎么承接，哪怕前期耗费很多时间，不然到时候就会发现想呈现的素材因为前后太水而衔接不了，剧情不够连贯。

我是一个不太在乎"第一次"的导演，不畏惧第一次的尝试可能会带来的失败。有些导演的想法是"不鸣则已，一鸣惊人"，比较重视自己的话语权和创作。社会也是这样，新人导演只有一两次尝试机会，拍不好可能就没人再找你拍了。但我想的是不管是好是坏先拍出来，再进一步提升自己。导演迭代速度很快，我要比同龄人更早得到长片经验。我想做一个没有执念、但技术很好的电影人。

陈：在《神笔》中，你在创作上与制片人之间最大的分歧是什么？

张：没什么分歧，那时候我不知道什么是对的，也不知道什么是需要坚持的、什么是可以妥协的。原本创作的故事是一个人拿到了能画出千百般事物的神笔，村民们把他绑起来逼他每天只能画画，画出村民的欲望。最后这个人忍无可忍，画出恶龙把村民都杀了。我写出来觉得够劲，某种角度上也应该更有看点和网感。但制片人觉得对新人导演来说有点猛得过头了，所以改成了一个中规中矩英雄少年崛起的故事。

我是底色很激烈的人，所以让我做艺术上的妥协其实是很痛苦的。我最本质喜欢的东西未必很迎合商业市场，但也没有必要绞尽脑汁想着怎么融合，最后弄出来一个四不像的作品。初期拍片，不如就配合制片方的要求去改，抓住成片的机会。当他们否定我的想法时，要做到快速理解对方是怎么想的，站在制片方的角度考虑一下问题，也许就没那么不好接受了。

周：这个片子播出后，点击量和评分达到你们预期了吗？

张：没赔没挣。其实没有预期，我更看重的是能不能从这部作品的制作过程中汲取经验。因为一早就知道，这部作品在创作方面没有很大的突破空间。

周：你最开始接这部作品的时候，介不介意是网大还是院线电影？

张：主要是创作受限制。他们既是投资人，又是制片人，有很强的命题感，想把控内容，这是可以理解的。我们在创作方面没有太大的自由度，很多心气高的导演不愿意接这种项目。所以无所谓网大还是院线，这才是新人导演要遭遇的第一关。

周： 网大刚出来的时候，专业院校出身的导演们可能觉得受众跟院线电影的不一样，承载的思想性非常少，你完全没有这样的想法吗？

张： 对，我没有任何思想负担，我之前可是拍过婚庆的。在学校时，我们都意识不到毕业会受到什么样的打击，把前期的预期值拉低，毕业后才会觉得就业面很广。我的路子就是先拍再说，哪怕没有创作自由，但至少积攒了长片经验，在制作上有收获，所以就拍了《神笔》。

陈： 你拍摄《神笔》的时候不到30岁，随着年龄和阅历增长，现在有什么新想法？

张： 我在剧组里过的30岁生日，我说30岁了好难过，他们说导演矫情，组里所有人都比我大，但年龄到了3开头，确实就会有年龄焦虑。人永远触及不到社会评价的边界，因为它是无限宽广的，这也算是父权社会对男性的一种剥削。但转念一想自己20—30岁这10年其实做了不少事情，也就释然了。

要靠硬科幻电影颠覆美国的影视霸权

陈： 科幻网络电影《太空群落》的创作背景是怎样的？是甲方已经有了剧本，还是只有一个概念让你完善？

张： 南派三叔旗下的公司当时想拍一部太空惊悚题材的电影。我接触时已经有了大概的故事框架，也有了一定的投资，明确想做偏向硬科幻的惊悚片。国内做科幻的导演很少，所以我很容易被他们认识，面试的时候他们也感觉和我比较契合。这部作品意味着我迈入了硬科幻长片电影的门槛。

陈： 拍完《太空群落》之后，你多了一个科幻惊悚片导演的标签吗？

张： 不是。其实我最大的收获是硬科幻的标签，惊悚标签我在拍了《杯子蛋糕》后已经拿到了。

陈：**硬科幻这个标签对你的意义是什么？**

张：能拍大体量的科幻作品。现在我拍的《太空春运》①是国内少有的硬科幻作品的拍摄机会，至少得有拍硬科幻电影的经历才能驾驭这个项目。我拍过四五部科幻电影短片，还有拍硬科幻长片的经验，而且很早就确定想做科幻类型。小时候第一个梦想是做航天员，后来个子超高了还近视，梦想无法实现。但拍科幻电影可以一步到位，直接"去"很多星球。我从《太空群落》之后就只做科幻电影了，拍《杯子蛋糕》也是希望自己后面的作品可以聚焦在科幻电影上。

周：**在我看来《太空群落》不像我们印象中的网大。**

张：对。如果这部片子做成院线，收益和口碑都会更好。如果时间能倒流，我会劝出品方把这个项目拿到院线发行。

陈：**这部作品的主题主要参考南派三叔的表达，还是融入你自己的思考？**

张：我们最后选择的母题是"忒修斯之船"悖论，这是大家一块探讨出来的。从结果看，可能还是没有平衡好艺术性和商业性。拍摄《太空群落》时，因为我们过于追求形而上的表达，导致影片风格比较小众，网络收看率不是很理想。我们想做高规格的东西，在中国科幻史上留下自己的位置，在某种意义上也做到了。

陈：**这是事后反思，我们更想了解你当时的创作状态。**

张：我当时还不够成熟，就觉得能拍一部硬科幻电影真的"太酷啦"。制片方很好，大家都在创作，拍摄过程遇到很多困难大家也团结一致去面对。

---

① 《太空春运》是2023年张大尉执导的科幻电影，待上映。故事设定在2123年木星、土星窗口期期间，正值太空中的中国人春运大潮。想去火星删除赛博父母获得"自由"的黑客少年易星尘和没买到票回地球的矿工诸葛定等人结伴上路，在一路冒险和旅途中明白了亲情的含义及春运的意义。

当时在大棚里拍摄，大规模置景，雕刻的驾驶舱很震撼，这是《流浪地球》①第一部之后的第一部大规模置景的硬科幻电影。

周：这个剧组这么大，你在驾驭上会不会遇到一些新难题？

张：每天都是挑战！就比如说拍摄中期有一天，冬天，在零下10至零下18摄氏度的山区里拍，特别冷。有一场水中戏，大家都不敢在冬天下水，我直接带着女演员和摄影助理在水里泡了一天。

陈：你前一天拍这场戏的时候就想好了明天要带着演员下去？

张：对。我觉得女演员都下去了，导演下去应该能给大家更多鼓励。当导演组其他人都面露难色，觉得又冷又脏时，我更要挺身而出。

陈：你还有一部科幻电影《太空春运》正在筹拍，能透露一下这部作品融入了怎样的思考吗？

张：这部作品是纯原创，光剧本就准备了三年，今年才开始初步筹备。它对我的意义不亚于《杯子蛋糕》，意味着我即将迈入院线电影的门槛。这部电影主要融入了我对亲情的理解，是个讲隔代亲的故事。现实生活中我跟姥姥感情很好，今年我姥姥去世了，她是从小把我看到大的，所以想拍一个片子倾注我对姥姥的思念。

陈：我感觉这里面有一个错位。一方面，你对每部作品在产品赛道的定位都有清醒的认知；另一方面，你也想融入自己的生命力。这两者会碰撞吗？

张：会，每部片子都在互相拉扯。

陈：在《太空春运》中你是怎么平衡的，你对这部电影有什么期待？

张：我希望它各方面都好，制作、创作、口碑、票房、演员的表演，尽可能都好。这部作品放到院线这个平台，对我来说是全新的挑战，对我的要

---

① 《流浪地球》是2019年由郭帆执导，吴京特别出演、屈楚萧、李光洁、吴孟达、赵今麦等领衔主演的科幻冒险电影。

求是全方位的。我得尽量多准备，认真对待。当然，如果没达到预期的话，就再总结经验，重新扬帆起航。

陈：**所以这是一部很有你自己血液的作品，当创作和商业诉求相互拉扯时，你会更侧重哪个？**

张：我当然希望它能赢利，这是商业性的证明，但我也希望有一些导演表达。我跟出品方关系不错，三年来交流紧密，他们了解我想拍什么，我也知道他们的诉求，比如这儿要放个动作戏，那儿要放个情感纠缠，我们对彼此的信任远远超过创作中的分歧。

陈：**疫情期间，影视行业在一定程度上陷入低迷，你当时处于怎样的职业状态？又是如何看待当时整个行业生态呢？**

张：2020年中，我正好在拍《美人鱼》[①]。当时我们工作室面临生存问题，只要有活就拍。疫情第一年的时候，开张就已经很难了，大批影视公司都"死"了，生存率大概是10%，千军万马过独木桥一样。

陈：**能不能大概回忆一个你那个时候的最低点？**

张：我没有到低点，是这个行业到了低点。我的低点是《银花公主》，已经走过了。面对不景气的环境，我的物质需求可以拉得很低，但有运营公司的压力，大家要吃饭，所以在不断接活，只要是能给大家挣出工资的活儿我们就干。别说网大了，短视频都拍。

周：**如果你们接不到活，你作为CEO要宣布工作室解散的话也很难开口吧，因为你当初把大家召集起来一块干了那么些年。**

张：当然，尽管没有人会苛责我。疫情期间，我们去青岛拍《美人鱼》，那会儿正好青岛要求所有人都要停下来做核酸，等到结果出来才能接着拍。

---

① 《美人鱼》是2021年由张大尉执导，林妍柔、应岱臻、克拉拉、彭十六等参演的奇幻爱情电影。

当时还有人的结果是阳性，要接着做第二轮筛查，我们每天都要停下来花两个小时做核酸。拍摄时全组都戴口罩，只有演员上镜时不戴，最后能拍出来已经很不容易了。

周：担不担心突然哪一天就拍不了了？

张：会，制片方比我压力还大。当时政策变得很快，可能某个场所第二天就不让拍了，要临时找景，甚至要临时把后天要拍摄的东西提前拍，但这样做演员又不在。每天处理的变动很多。疫情期间的制作难度超过了创作本身。

陈：在未来的创作上，你觉得哪些东西是你一定要坚持的？

张：我坚持的东西越来越少了，因为我可以通过更多手法达成和解。我原来跟甲方的关系是要不你妥协，要不我妥协，但现在发现了多种途径让大家都不妥协。世界已经变得复杂了，我可选的工具越多，通过不坚持的手法达到坚持目的的办法就越多，现在的我能通过10条不坚持的道路曲折地抵达我想要的坚持。

说到内心，我的坚持是比较宏观的，要坚持拍有深度的硬科幻电影，得有电影张力和科幻魅力，能够引人深思。科幻电影是电影工业的明珠，我甚至希望靠硬科幻电影颠覆美国的影视霸权。这是我内心的一股火，也是我一直以来想要完成的目标。只要我一直往这个方向走，中间每一步小的妥协，我认为都是无关紧要的，包括我的自尊。

张大尉采访手记

杨雅文

　　采访当天下午，大尉导演准时抵达学校南门，我们一行三人接他入校。主访人宇舟师哥与大尉导演相谈甚欢，我和另一位师妹则略显局促。但大尉导演亲切热络，问起我们的家乡、专业，话题不断，言语间毫无距离感，颇有"反客为主"的意味。访谈开始前，大尉导演还特意拜访了李昉老师。

　　在准备访谈提纲的过程中，我们着重关注大尉导演的创作风格和职业发展，提炼出"真实与虚幻""生存之道"两大主题，试图探讨他对科幻的理解与追求，以及加入网大赛道的思考。访谈如预料般顺利进行，从成长轨迹到留学经历，从早期作品到成熟创作，大尉导演毫无保留地一一道来。他反复强调"半夏"带给他太多机会，访谈现场如同老友会面，他愿意将他的所感所悟倾吐出来。一路走来，他的创作横跨婚庆、科幻短片、网大等多种类型，尽管部分作品的口碑有争议，但他更在意从小团队到大团队、小制作到大制作的经验积累，稳扎稳打，平衡艺术创作和商业制作。整场访谈在师哥师姐与大尉导演的往来交谈中稳步推进，谈起关于科幻的创作坚守，大尉导演满怀豪情壮志地宣扬要"颠覆美国的文化霸权"，传达了他坚定如一的终极目标。

　　访谈结束时已近傍晚，春寒未退的时节，访谈场地气温还很低。酣畅淋漓的对谈令人意犹未尽，直到分别时大尉导演才后知后觉地感受到寒意，这才把早早让给师妹的外套接回，与我们分别。

文珹灏：
像赫尔佐格一样发明纪录片

采 访 人：张玮娟、黄晨洋、陈欣玮

采访策划：张玮娟、黄晨洋、陈欣玮、孙毓泽

采访时间：2023年4月1日、2023年7月15日

采访时长：4小时

采访地点：中国传媒大学梧桐书屋、腾讯会议

文稿整理：孙毓泽、陈欣玮

▶ 个人简介

文珹灏，1998年生于北京。本科毕业于中国传媒大学电视学院，研究生毕业于中国传媒大学戏剧影视学院。与黄京昆联合执导的纪录片《在人间》获得2020香港国际纪录片节华语长片季军、第17届"半夏的纪念"大学生影像展最佳长纪录作品奖项；与尤欢联合执导的纪录短片《退潮》荣获第12届北京国际电影节ReelFocus真实影像计划"新血"盛典"创投单元"最佳"新

血"纪录片；第20届"半夏的纪念"大学生影像展最佳纪录片导演。

▶ 作品年表

2019年	纪录片《在人间》/导演
2020年	纪录片《霹雳浪子》/导演
2021年	纪录片《蝼蚁动力学》/剪辑
2023年	纪录短片《退潮》《直觉程式》/导演
	剧情片《租客的故事》/导演
2024年	纪录片《制造第五届水泥公园现场艺术节》/导演

重新发明电影：跨领域是学习电影最好的方式

黄：我比较好奇您喜欢纪录片的原因，与您的成长环境和影像有关吗？

文：我家长的工作之前也算跟传媒相关。我在香港读过书，有一台相机，我常用它拍香港的街景。到了中学阶段，班里没有人拍视频，我就拍运动会的录像，用会声会影做视频。这么想的话，那时接触了一些新闻观念，养成了拍摄影像的习惯。我之前做过文艺宣传委员，会做海报、拍摄、剪辑，这样一套下来，可能有了一些基础的经验，让我可以完成一个片子的制作。

张：您当时为什么选择来中国传媒大学？

文：我上初中、高中的时候就比较喜欢电影。不过，我红绿色弱，很多学校可能报考不了。我2016年高考，提前批志愿有一个中传双培的网络与新媒体专业，我就报了，这样可以继续学影像方面的内容。我觉得，这也是一种命运的安排。

张：您觉得新闻传播的专业背景给您在影像创作方面带来了哪些影响？

文：我比较认同学电影最好的方式是从其他专业领域跨到电影领域来，新闻传播专业背景对于做电影特别有帮助。我看过赫尔佐格[①]的一个访谈，他很庆幸自己没有上过电影学院。我那天跟一个艺术家讨论，他说："你不应该拍纪录片，你要像赫尔佐格这样发明纪录片。"我觉得纪录片比较重要的一点，是创作者以一种实验或重新结构、重新发明电影的方式去做的。

《在人间》[②]的拍摄就是一个充满新闻理想的过程。我们拍摄这部纪录片时，有一些调查记者在同步跟进某培训机构"女生遇害案"，他们基本上都是做深度报道的。摄影机在场，本身就会影响一个案件的处理方式和人的生活状态。新闻报道和纪录片放映也会在一定程度上推动一个案件的进展，不过是以一种非常边缘的方式推动。等到《在人间》放映的时候，虽然半个微信群的记者都转行了，但是对于深度报道来说，这种新闻理想特别珍贵。

在放映和传播环节，大部分电影不会考虑传播学的内容及影响，甚至排斥放映和传播。这让片子在介入社会属性或者跨圈的时候，不太会被自己圈子以外的人所认知。所以对我来说，从新闻传播专业出发的这条路很圆满。

张：您在研究生阶段和本科阶段相比，拍的片子有什么不一样吗？

文：很不一样。一是研究生阶段遇到了疫情，二是我读研期间的几个片子都在创投和工作坊，还要在学院给的一些框架之下做片子。我后来的片子选题，包括留给同学拍的两三个，都没有像《在人间》这样完整地做完。因为我拍了一半之后交给其他同学做了，导演思路就会不太一样。

---

① 沃纳·赫尔佐格（Werner Herzog），德国导演、编剧、演员、制作人，德国电影新浪潮运动领军人物。执导《阿基尔，上帝的愤怒》《陆上行舟》等电影作品、《我的魔鬼》《白钻石》《灰熊人》等纪录片作品。

② 《在人间》是2019年由文珬灏、黄京昆联合执导的纪录片，取材于2016年某培训机构"女生遇害案"，跟拍受害者姚某的母亲李阿姨为女儿讨公道的过程。该片获得第17届"半夏的纪念"大学生影像展最佳长纪录作品。

　　我去做放映的时候，一个制片人感觉我读研期间的作品《退潮》[1]和本科期间拍摄的《在人间》两部片子的风格变化很大。首先，《退潮》是创投支持的，它有合同和发行协议，会限制很多创作方式。同时，参与创投还需要我写一个相应的理论内容。我现在拍纪录片要写提案了。以前，我特别不喜欢在拍摄前期做准备，包括上学时拍纪录片要写剧本、写大纲、按照分镜拍摄，我和同学都很不忿，觉得这也可以叫纪录片吗？我前两天拍一个行为艺术家，他随便从酒店捡了一个箱子的保护套，走到河边。我让他拿这个保护套表演，但他觉得这样可能有故意设计的成分，最后直接去河里抱着柱子做行为艺术。这些行为艺术家对"即兴"有很高的追求，就是必须是纯粹的真实。我觉得提案是一个非常商业的流程，也是一个消磨创作热情的过程。

　　我还是倾向做最传统、最纯粹的"直接电影"[2]。我很怀念做《在人间》的时候，我们刻意不去问一些问题，用已有的素材去结构这个片子。但最珍贵的是，我们用了一到两年的时间完整地、用非常纯粹的跟拍和摸索的方式完成这部纪录片。我2020年本科毕业，毕业这一年有很多同学找工作、找实习，要利用之前的素材做完剩下的片子。我那时感觉确实只有上学期间可以非常纯粹地跟拍或发掘一部纪录片。不管做现在的研究生毕设《租客的故事》[3]，还是做创投，都带有一种目的性。还有很重要的一点，读研期间要投入更多的精力写论文，需要对自己的片子进行系统的阐释，这也和做不带结果的、特

---

[1] 《退潮》是2023年由文珹灏、尤欢联合执导的纪录短片。该片记录了2022年夏，导演文珹灏和尤欢踏上从广州到涠洲岛的徒步行程，与沿途中形形色色的人相遇相离。获得第20届"半夏的纪念"大学生影像展最佳纪录片导演作品。

[2] 直接电影，从让·鲁什的真实电影流派发展而来。20世纪60年代初的美国，以罗伯特·德鲁和理查德·利科克为首的一批纪录片人提出这样的电影主张，提倡"只观察，不干预"的拍摄理念，摄影机永远是旁观者，要求使用轻型摄影机和录音机进行拍摄，并使用现场原声，记录事件的真实情况。梅索兄弟《推销员》、罗伯特·德鲁《初选》为该流派的代表作。

[3] 《租客的故事》是2023年由文珹灏执导的剧情片。

别独立的纪录片的方式不同。

刻意和拍摄对象拉开距离

张：您大二的时候是怎么关注到纪录片《在人间》选题的？

文：新闻报道。2016年有一个新闻，某培训机构"女生遇害案"。我在找选题的时候，受害者的母亲李阿姨在北京，一个志愿者在社交平台发了一些关于案件的跟踪报道，其他平台也有一些相关报道。我看到之后就联系了志愿者和李阿姨。

张：学生拍片子，可能会倾向比较容易的选题，更贴近自己生活的东西。

文：对。但当时我对"走进世界，跟其他人交流"比较感兴趣，现在可能没有之前那么勇敢了。

黄：李阿姨是怎么答应拍摄的？

文：最开始和她说，我们是中传的学生，有一个纪录片作业，能不能拍一下您经历的事件。这个事件当时确实需要在社会上发声，那时候阿姨在各大平台寻找发声的地方。我们很安静地拍摄，因为这次的拍摄完全是一个学习的过程，但这种"安静"或者是当时我们对纪录片拍摄的"懵懂"状态，给了我们很好的旁观视角。黄京昆①把摄影机架在房间，记者在采访，我们就出去吃饭，在门口待到晚上，再把摄影机拿回来，这就是片头的素材。这个片子很珍贵的一点是，所有访谈都不是摆拍的，都是我们在记者访谈时自然记录下来的。所有的独白也都是记者的采访。记者只有两三个小时的采访时

---

① 黄京昆，导演，与文珹灏联合执导纪录片《在人间》，获得第17届"半夏的纪念"大学生影像展最佳长纪录片。

间，他们很忙。但是纪录片可以做到的一点，可能就是在记者离开之后以一种长时间跟拍的方式，和拍摄对象建立关系和信任。

黄：我感觉当时新闻记者可能由于一些媒体议程的设置，会带着一种先验性的观点去记录和拍摄，但您拍片子不是这种方式。

文：对，记者会问一些重复的问题，因为报道首先需要证据的准确性。我们用到的素材有一部分是李阿姨交到法院的材料。我们2019年拍完片子，给阿姨看了一遍，她很感动。后来二审结束了，她把交给法院的一些视频材料给了我们。而这些材料，或者一些内心的东西和推测，包括片子里所有的独白，都是我们刻意留下的在案件和大批报道之外的内容。我们发现，这是专业新闻报道可能缺乏的一些根基或者不太去关注的点，但这些内容是纪录片可以去做的。

张：您跟李阿姨，以及您读研期间拍摄的纪录短片《退潮》里的艺术家，是如何建立良好的沟通的？

文：最重要的是事先和拍摄对象沟通你要做什么样的内容，包括把拍的片子、素材和剪的东西给拍摄对象看。如果你提前给对方看这些内容，他们会在拍摄前产生一种信任。事实上，我拍完片子之后感觉到，拍摄对象对于你拍的内容有很高的包容度。只要你提前给对方看过材料，就算你的片子里有一些讨论和批判，其实也是可以的。但如果片子里出现了一些伦理问题，你和拍摄对象的沟通不及时，就是弥补不了的。

黄：您做纪录片《在人间》时遇到过特别困难的时刻吗？您想过放弃吗？

文：其实不太有。那时候处于一种学习和摸索的状态，丰瑞①老师让我不要放弃。不过我有感觉希望不大的时候。2018年的5月到10月，李阿姨一直

---

① 丰瑞，中国传媒大学电视学院副教授，美国加州大学访问学者。导演纪录片《走进和田》获国家"五个一工程"奖，导演纪录片《营生》获第四届"光影纪年"——中国纪录片学院奖最佳新人奖、第十一届中国独立影像展年度十佳纪录片。

没有跟我联系，我就觉得片子可能做不了了。让人惊讶的是，大概等了半年时间，阿姨重新来问我，她来北京了，我们要不要聊一聊。这个时候，以及之后的很多时刻，我都会有一种感觉——纪录片是一种时间的艺术，你要等，最后真正有一个结局的时候才算结束。

我当时拿着一个小时的粗剪去问丰瑞老师，这样一直跟踪拍摄下去，片子做到什么时候可以结束。老师说，"要等到你感觉可以结束的时候"。我们又等到2019年三四月，阿姨给女儿下葬。等所有事情做完之后，我们才明白做纪录片最好的方式就是这种自然的等待。但是你也会感觉到，越往后，人越忙，这种自然等待的方式就会变得很奢侈。

黄：《在人间》的第二场戏在寺庙，据说这场戏本来应该放在整个故事的结尾？

文： 对，它原来是放在最后面的。因为前面的影像比较粗糙，正好需要调整一下结构和风格，我就把结尾提到前面来了，感觉还很合适。

张：我们能感觉到，寺庙的钟声一下子敲进观众的心里。我们也发现，您非常关注人类学，这有没有影响您后来的创作？

文： 有。我纠结了很久，纪录片是往人类学方向做，还是往新媒体方向做。我同学推给我一个二〇〇几年拍摄的纪录片，讲彝族的一个女性节日，我感觉有一种奇异的、性别流动的、多元化的方式存在。这种影像人类学的片子在"云之南"影展特别多。我们可以看到一些不一样的民族或者仪式，以及其他生活方式或者感知世界的方式。

以人类学的视角做纪录片的方式比较偏向纪录片和剧情片之间的状态。我本来想考人类学专业，但跟很多人聊了之后，感觉总不如那些生在当地的人更了解当地社会。其实我觉得大家普遍对神秘学的仪式感兴趣，中国各地都有极具特色的活动。

黄：纪录片里摄影机的功能和作用是非常多的。比如，您关注的以人类

学的视角做纪录片的方式，摄影机可能承载着一种记录与被看见的功能；在拍《在人间》的时候，摄影机可能起到一种介入式的作用。您怎么看待纪录片拍摄过程中摄影机的介入？

文：我前一段时间在看让·鲁什①的论文。他去非洲拍一个部落，其中拍了部落的招魂仪式（即"降临仪式"）。摄影师要控制自己，虽然拍摄时已经进入一种恍惚或迷幻的状态，但要坚持拍完，那是让·鲁什最早拍摄非洲一些仪式时使用的方式。他也在片子里做了很多介入，包括旁白、摆拍、重新演绎。从他那时候起，纪录片和故事片的界限就在被打破；或者说，纪录片最早以人类学的方式呈现的时候，就在尝试做一种介入；又或者说，这是人类学和这种纪录故事片或其他方式的结合。可能进入人类学影像及其他影像的方式之间有一种共通性，但是这比较难，让·鲁什最后也没有做完，这个问题就留在那里。

张：所以纪录片的拍摄可能对创作者或当事人产生影响。就《在人间》而言，最后李阿姨有没有因为这部作品得到一些心理宽慰，或者社会上是否有更多人因为这部作品关注这件事情？

文：有。我们做了两个留言本，放映的时候都写满了，我特别感动，最后把它们都给阿姨了。我做"半夏"百校联展混剪的时候得到一种启发——可以做《在人间》的放映计划。我们放映了60场，去了20多个城市。放映计划可以说是新闻报道之后，在另一个领域让案件得到更深、更多的关注。我觉得大家对《在人间》和案件的一些讨论，已经大于我们做的事情了，整体是一种积极性的结果。

---

① 让·鲁什（Jean Rouch）（1917年5月13日–2004年2月19日），法国纪录片大师，"真实电影"创始人，他用摄影机作为记录手段在去非洲的旅行中拍摄了《割礼》《求雨先生》《猎河马》等短片。作品《Le vieil Anaï》获得第37届威尼斯国际电影节费比西特别奖，《水夫人》获得第43届柏林国际电影节和平电影奖。

黄：您会考虑对纪录短片《退潮》和《直觉程式》①也做放映计划吗？

文：如果没有像《在人间》这样有微博二次传播的话，片子很难达到这样的放映热度和观众场次。《退潮》和《直觉程式》是短片，我也没有想到要做放映计划。如果是之后的剧情片《租客的故事》，或者一些更扎实的长片，我感觉可以有这样的放映计划。做放映计划跟片子的社会性也有关系，如果片子的艺术性或者概念性拔得很高，可能观众的共鸣就没有那么大。

张：刚才您说到"微博大V"的转发，但"大V"不一定给出很好的评价，您是否会担心这个问题？您如何看待舆论对于作品本身产生的一些影响？

文：确实是这样，舆论对片子的影响很大。从这个角度来说，中国传媒大学电视学院正好有一个优势，我们不单单学电影，还学传媒、学舆论。如果想在微博上发布一件事儿，或者请博主来看放映，应该用不一样的口吻去写文案。学校里媒体方面的课让我明白，舆论在不同场合下的传播方式不同，这让我规避了从电影到传媒或者传播界这样跨领域的一些问题。有一些导演没意识到这个问题，可能文案就不适合新的场域，会导致误解。

张：您拍完《在人间》之后，是否对苦难产生了更多的理解和思考？

文：是的，在精神上有更多思考了。当下我看到的，比如《退潮》或《直觉程式》拍的这些人，我不知道你会不会感觉到他们一些苦难的生活方式？

黄：我觉得他们的层次可能更高一些，更偏精神和思想层面。

文：对。王小鲁②2019年在歌德学院③说过，这帮艺术家在用一种放逐自

---

①　《直觉程式》是2023年由文珹灏、Yasmin Sanie-Hay联合执导的纪录短片，通过捕捉中美不同城市的公共艺术瞬间，探索此间联系，寻觅废墟中被遗忘的共同记忆。该片入围第十二届中国纪录片学院奖。

②　王小鲁，电影学者，《经济观察报》《南方周末》专栏作家，现供职于中国电影资料馆。

③　歌德学院，建立于1951年，是德国在世界范围内积极从事文化活动的文化学院，旨在促进外国的德语语言教学并致力于国际文化交流合作。

我的方式，和普罗大众达到一种共情和共鸣。他们主动选择（而不是被迫）和底层在一起的生活状态，这可以追溯到他们最早去宋庄。包括我做关注电信工人的纪录片也是这样，王楚禹[①]跟我讲，他二十多年前辞去了美术馆的工作，跟他老婆说我们要对抗资本主义，拿了一块地，要做小农经济，种茶、种地、种菜。我觉得这和所谓独立纪录片的精神是一样的，艺术家用一种节约或刻意对抗工作的方式，把自己的生活欲望降低。可能这种更高级的苦难也很有意思。

陈：您拍摄纪录短片《退潮》的契机是什么？

文：我的朋友尤欢[②]去年参与了一个徒步项目。疫情期间，徒步会遇到很多困难，多数人都处于一种封闭状态。原本想的是由艺术家柳新做一个旅行计划。他从武汉走了两三千公里，经过防城港，最后到了越南。这个项目进了ReelFocus的创投，因为创投有很多限制，最后就变成我和尤欢再去走一遍这条路。大家会感觉到，疫情期间的时间好像停滞、跳跃或减速了，但又在某个时间加速，所以是"退潮"。

我最近在想，纪录片到底是什么。我之前一直按照长片的结构去做短片。纪录片有很多大段的叙述，我把我感觉最真实的，和情感、情绪有关的东西，以及一些重要的叙述、拍摄对象的特写和状态都留下来了。中间很多连贯、过场，或者他们徒步到了什么地方，全部被剪掉了。我觉得30分钟的片长很宝贵，还是希望把节奏慢下来。《退潮》做完以后，我感觉纪录片如果可以抽丝剥茧地去掉很多结构上的内容，从根本上来讲，它可能就是一些情绪、情

---

① 王楚禹，当代艺术家、策展人。代表作品有行为艺术《沉》、观念剧场《D民手案》，参加2005年"中国现场"英国巡回展、第1—9届"谷雨行动"行为艺术节，与徐若涛联合执导纪录片《蝼蚁动力学》。

② 尤欢，水手俱乐部文化空间（广州）主理人，与文珹灏联合执导纪录短片《退潮》，获得第20届"半夏的纪念"大学生影像展最佳纪录片导演。

感和最真实的东西，这是我想表达的，也是一种新的纪录片结构方式。

陈：**您刚刚也提到短片的时长很宝贵，为什么还想强调"慢节奏"呢？**

文：30分钟和4个小时的片子给人的观感的确不同。但是影片的节奏决定了创作者的表达。如果节奏快起来，就不会是现在的主题和片子了。

陈：**《退潮》这部作品也是和年轻人对话。拍摄对象当时的状态和您有相契合的点吗？**

文：有。拍《在人间》的时候，我会感觉在和社会共情。当时丰瑞老师让我们去拍纪录片，而且我的故事片写得不好，他让我不要写剧本，先去观察社会。所以除了共情之外，我的拍摄里还有社会调查以及我对社会的好奇，是带着不知道该拍谁的心态去探索的。而到了《退潮》，我越来越清晰地感觉到，我们表达的情绪，可能不仅仅是在社会或者母亲身上。

我也越来越觉得，看拍摄对象像是在看陌生人一样。现在拍片子会刻意和拍摄对象拉开一点距离，之前拍《在人间》时也是必须和案件拉开距离，才能有拍摄进展。我剪《退潮》的时候，和我拍的这些年轻人有了共鸣，但这是在工作之中，可能我们之间的距离不是很近。他们是我认为当代中国比较有希望的年轻人。我比较认同他们的精神追求，就是"独立之精神，自由之思想"。

陈：**这也是您的精神追求吗？**

文：对。我现在做的这个片子讲的是一些做音乐的人。他们是淡泊名利的年轻人，处于一种"归隐"的状态。但是他们在疫情期间努力寻找自己的生活，努力思考，关心这个世界和他们周围的人。尽管生活很拮据，但是他们有非常坚定的艺术理想和艺术追求。我觉得这些年轻人是非常值得被记录和讲述的。但我不完全能和他们共情，只是和他们在某一时刻的情绪上有一些共通性，我通过拍摄把这样的情绪捕捉到了，联系在一起。

陈：**《在人间》和《退潮》分别在第17届和第20届"半夏"获奖，两次获**

奖带给你的感受有什么不同？

　　文：第一次"半夏"获奖对于当时的我们来说，是对大学校园生活的纪念；这次的"半夏"获奖就是毕业了、青春要结束的感觉。这两次获奖体现了我生活状态的改变。第一次获奖的时候，我感觉自己很圆满地在中传本科毕业了，是我做纪录片的开端。现在感觉不会继续读博了，曾经的同学也已经散落天涯，这个时候我就觉得"半夏"是一种告别。

　　张：您在第17届"半夏"得到提名的同时，也是当时影展的工作人员，负责把别人的片子剪成片花集锦，那时候感觉怎么样？

　　文：剪片花这件事让我受益匪浅。我之前听了戏剧影视学院一个关于电影节的讲座。那个电影节的主理人是一个商业公司的老板。他批判了一位中国传媒大学的同学的简历，说同学只干过剪片花的工作。但剪片花给了我们一个特别好的学习机会。它是一种被迫拉片的方式，有的同学剪片花的时候拉了二十多遍片子，都要看吐了。我们可以选自己最喜欢的片子来剪，拉片次数可能比导演还要多。

　　剪片花培养了我对纪录片所有的感知，我们每年都在向这些获奖片子学习。这是很难在课堂上接触和学习的，因为片子有版权。当时我作为"半夏"的工作人员，所在的技术部对剪片花有一种执念。我剪《在人间》片花的时候，用了一个长镜头，被骂了一顿，老师让我按照商业的思路剪，修改了好多遍。我看到的其他电影节都没有这样的执念，但我觉得这对于创作来说，有一种特别积极的作用。

　　陈：今年的第20届"半夏"，您有一些印象深刻的事情或者作品吗？

　　文：我很喜欢剧情短片《猎旗少年》[①]，这是我师哥吴郗琛的片子。我们的

---

① 《猎旗少年》是2023年由吴郗琛执导的剧情短片，获得第20届"半夏的纪念"大学生影像展年度作品和最佳剧情片导演作品。

导师都是游飞①老师，游老师也是《猎旗少年》和《退潮》的监制。这两部片子都是ReelFocus真实影像计划的创投②支持的。吴郗琛师哥花了一年时间做了一个20分钟的片子，我觉得很震撼，也很惭愧，原来一部短片可以做这么久。30分钟的《退潮》，我基本上就做了几个月的后期，后来也没有再改。师哥当时的情况是剧组的人还有身边的各种关系都变了，但他还是认真做这个片子，所以我很感动。

陈：您之前提到希望通过放映来打开关注和讨论的空间。您认为"半夏"的展映是如何将热爱电影的青年群体聚集在一起的？

文："半夏"比较好的一点是创作者和观众互动的机会比较多，重视创作者和观众的交流。我听到的关于"半夏"的风评都特别好。我们今年在"半夏"放映的那场《退潮》，第一次看见这么多人坐在厅里看放映，还有人坐在地上看，剧情短片《远游》③的导演李俊毅一直说很感动。我还是比较喜欢电影节里关于电影和看电影的部分。"半夏"一直在学习FIRST青年电影展和很多电影节的做法，并想要做得更好。

---

① 游飞，中国传媒大学戏剧影视学院教授。曾任新华通讯社国内部编辑、峨眉电影制片厂艺术室导演、美国中文电视台记者兼制片人。著有《世界电影理论思潮》《导演艺术观念》等，执导电影《我和姐姐》、电视剧《凤求凰》等。

② ReelFocus真实影像计划，由北京电影学院导演系和BOSS直聘共同发起、豹思影视承办的影像作品扶持计划。借助北京国际电影节，开展创投单元及成片竞赛单元评选活动，寻找与扶持优秀的学生导演。

③ 《远游》是2023年由李俊毅执导的剧情短片，曾入围第20届"半夏的纪念"大学生影像展主竞赛单元。

往时间深处流淌

张：从本科阶段到现在，你觉得自己最难的时候是什么？

文：可能是2020年或2021年，因为疫情，我在天津闭关了一段时间。当时本科毕业之后找不到工作，我做过的很多工作不适合放在简历里。后来我的家长说，你什么也不要想，考研究生试试。当时确实处于一种不知道要做什么的状态，读研给了我两年的缓冲期。我也和家长和解了，回到家庭关系比较好的状态，一直到现在。2022年，我读了半年研究生，决定不再接活了。我做了《退潮》，才觉得自己终于进入正轨。我可以负责任地把一个片子做完整、做好，然后就有了我现在的状态。

张：这是否说明您一直在成长的道路上？

文：成长是有的。前面也讲了，有人说《在人间》和《退潮》有很大的不同。但我后来想了一下，可能片子也反映人的状态，处于新的人生阶段也会有一些新的成长和思考。

黄：您研究生阶段学的是电影创作，是因为有转型剧情片的打算吗？

文：我们的毕业设计要求做剧情片。我想以一种纪录片的方式拍故事片。我的毕业论文写的是纪录片和故事片的交叉状态。我感觉从纪录片直接跨到剧情片很难，所以我觉得在二者中间做片子是最好的。

张：《退潮》好像就在找寻这种虚构和非虚构之间的交叉状态？

文：对。《退潮》是在私影像和公共空间影像之间做的一种尝试，但是它有时间限制和制作限制。我最想拍一些做独立放映、网络写手的朋友在疫情期间的状态，或者他们一直以来的状态。所以做出来的内容有一种在寻找的感觉，这也是我在做尽量简单的一种尝试。

张：您毕业之后有什么打算呢？

文：以后应该是副业做导演，主业做电影研究吧，或者以各种方式多尝试，但也不会去做一些特别日常的工作。我在宋庄看到一些艺术家不做常规工作、走其他人生道路的可能性。他们可以做策展，或者做一些独立放映的机构。如果有这种可能性，你就可以保持一个导演的状态，才能不做重复的片子。

张：您认为在创作这条道路上，您现在走到哪一步了呢？

文：慢慢到了可以被称为"导演"的程度。我以前当导演时的主张或者想法没有那么成熟，包括拍《在人间》的时候。现在可能成熟一点了，我可以去投一个项目，或者讲一个东西。但我依然希望能像拍《在人间》时一样，期待一些新的事情发生。这种时候，我才会去做新的片子。

我还希望所有新的题材都能够结合当下的生活。我的研究生毕设《租客的故事》也是用2022年的一个行为艺术项目和事件改编的。我想有"直接电影"的东西呈现在片子里，或者是出现了自己感觉不会发生的东西，才会想去做这样一个片子。

张：您以后打算做独立电影、独立纪录片，还是也尝试更多面向公众的片子？

文：不知道。毕业后，我可能会再读一个硕士，也有可能出国读二硕。如果申请研究型的专业，学校可能会有一些资助；如果申请拍片子的专业就很难。这样的话，拍的作品应该还是很难达到院线水平或者触达更多的观众。但是我后面应该两种都会做，看机会。

我有一个纪录片叫《制造第五届水泥公园现场艺术节》[①]，挺有意思的，拍的是去年第五届上海行为艺术节。做片子的这一年，大家都生病了，做得也

---

① 《制造第五届水泥公园现场艺术节》是2022年拍摄，由文珹灏执导的纪录片。

比较难。故事讲的是一个年轻艺术家没有去上海行为艺术节，他在成都办了一个叫做"罚站"的艺术空间，但出了一些问题，又关停了，之后回到了艺术节。

我还有一个特别好的剧本，就是《租客的故事》的原本。它讲的是2018年北京鼓楼一些玩乐队的朋友的故事。那时候有很多乐队，比如达达、麻雀瓦舍，很多livehouse（音乐展演空间）还在。那是我上中学时的一些往事。现在大家都散了，很多人离开北京。那是特别朋克的一段故事，我觉得特别好。我希望有一天能把原本做完，也希望这个原本是我自己做的，没有其他融资和其他人的版权。我想再拍一些片子，等成熟之后拍这个。我觉得这是我很有执念的一个故事。

张：还是想做跟自己相关的东西。

文：执念很重要。如果我十年后成熟了，就回来把《租客的故事》的原本拍完。无论我在什么职位、有没有钱，过了两三年之后依然想把它做出来。我觉得这个内容特别值得做。可能是因为正好有一个放映群体，可以保证片子做出来之后，直接给机构放映。

黄：您觉得在今后的创作中，有什么是您一定会坚持不变的？

文：社会属性。我记得吕新雨老师①谈到中国独立纪录片的时候说，独立纪录片比较珍贵的地方在于，它比前卫的当代艺术滞后了一点。20世纪90年代，几乎所有人都在做先锋的内容，特别实验，这股风潮到2000年登顶，之后很快就衰落了。但当时特别古早的纪录片一直延续到今天。比如拍艺术家，这件事一点儿也不先锋，也不实验。但就是纪录片的这种滞后性导致它可以细水长流地走很长时间，很难被时代或新潮事物影响。纪录片可能没那么有

---

① 吕新雨，华东师范大学紫江特聘教授、国际传播研究院院长，著有《纪录中国——当代中国新纪录运动》《书写与遮蔽》等作品。

艺术性，但是在以社会性很高的方式一直往后流淌，我觉得这可能是做纪录片的最大优势。

黄：您怎么看待纪录片以后的发展？

文：我还是希望在AI或者数字化的时代过去之后，重新唤起人们对纪录片的重视。我在前沿的数字媒体和传统纪录片之间，选择继续研究电影和纪录片本身。我本能地希望，在大家对各种虚拟的内容和环境厌烦之后，纪录片会以另一种方式重新回归人们的视野，或者重新流行起来。

陈：假设AI技术越来越成熟，能够进行一些内容创作。您会考虑使用这种技术吗？

文：我会考虑。首先考虑用它做文字方面的工作。我之后可能也会跟同学做一些比较大的商业故事片。那样的话，AI技术对于协作是有用的。但是对独立纪录片来说，我觉得这种技术没有作用。刚刚说过吕新雨老师的观点，纪录片最可贵的品质是，它比所有的先锋艺术的发展滞后了一点，有一种迟钝的感觉，还是用一种非常传统的方式去拍社会和人。从我最初开始拍纪录片到现在，不管是做放映还是上传到B站播放，外界的很多变化对纪录片没有那么大影响。我觉得电影也是这样。但新媒体的更新迭代特别快，从来都是向前看的。

陈：人类面对AI的挑战时，您认为人类的优势在哪儿？

文：我觉得AI还没有发展得那么好。AI追不上一个电影机器或者真实记录发展的应用，它永远是滞后的。比如说 AI 现在发展到2K，电影机已经发展到8K了，差着四倍的距离。一定是先有电影机，能够用电影机记录下来我面前的这个山林，然后AI才可以模拟8K的山林。我的焦虑感不是那么重，只是这些年AI的概念炒得比较热。但就像我说的，电影研究是向后看的，所以它不会被取代。我一直在想，动画或者游戏专业始终没有成为学科的原因是什么。电影能够成为一门学科，就是因为巴赞①讲了他的理论。动画和游戏没有成为学科，可能是因为它很难撑起一个几百年历史的学科基础。当我们想明白AI是什么，AI和一个学科的关系，以及人的生存如何与AI发生关系的时候，一门学科就可以成立了，并且保证这个学科在未来几百年里始终存在。

陈："真实"也是AI无法取代的吗？

文：还是要像赫尔佐格一样，不要"拍"电影，要去"发明"电影。所有的界限都等待着人去打破。AI要去学习人类发明的这些东西，完全不在同一个方向上，只要不断地打破纪录片或传统纪录片和故事片的边界，创造新的电影语言和电影方式，AI永远是滞后的。

张：您还有什么想和我们读者分享的吗？

文：保持一种学院派的坚持，同时要保持一种自信，或者是对于体系的一种批判精神和建设心态。

---

① 安德烈·巴赞（1918—1958），法国电影理论家、法国电影新浪潮之父。创办《电影手册》杂志，著有经典电影理论作品《电影是什么》等。

文珹灏采访手记

陈欣玮

2023年7月15日，我在线上回访了文珹灏导演。文珹灏导演毕业于中国传媒大学，对"半夏"有着深厚的感情。他说，第17届"半夏"对于他来说是纪录片道路的开始，第20届"半夏"是青春的结束。"半夏"记录了他的整个青春。

七月，文珹灏导演正在拍摄自己的新作品。线上回访选在他等车的某个间隙。在这之后，文珹灏导演进入山中。一开始，文珹灏导演给我看了他所在的车站，和我分享他目前的工作进展。然而，车站的信号并不如想象中的顺畅。线上回访的前二十分钟，我们遭遇了几次网络故障，不过文珹灏导演没有因为这些麻烦而中断访谈。在回访的第25分钟左右，信号恢复了稳定状态，文导自如地与我分享他拍摄纪录片的感受和观点。

本次回访加入了一些文导对于"半夏"和短片《退潮》的想法与感受。此外，我询问了文导关于人工智能与影视行业的思考，想深入了解行业内的导演对人工智能技术的看法，也希望这次访谈能够带来一些前沿性的讨论。文导非常擅长交谈，对很多事情都有自己独到的判断和感悟。在他看来，真实和即兴是人工智能所不能取代的，而纪录片的滞后性让那些带有时光印记的资料更加宝贵。

蒲巴：
捍卫"我是谁"

采 访 人：周殷殷

采访策划：周亚男、穆思勤

采访时间：2023年5月6日

采访时长：7小时

采访地点：中国传媒大学电视学院

文稿整理：穆思勤

▶ 个人简介

　　蒲巴，1985年生于青海，现为导演、编剧，曾获2022年金鸡电影创投大会最具潜力导演奖。本科就读于青海民族大学，毕业后在青海电视台工作，之后到北京电影学院导演系进修，曾执导剧情短片《寻牛》、剧情短片《盲女与花猫》。短片《寻牛》曾获得第十八届"半夏的纪念"大学生影像展最佳剧情片奖、第14届华语青年电影周年度新锐剧情短片等诸多奖项。

▶ 作品年表

2019年	剧情短片《寻牛》/导演、编剧
2021年	长片剧本《小镇诗人》/导演、编剧
2022年	剧情短片、长片剧本《盲女与花猫》/导演、编剧

反叛即诞生：追问"我是谁"

周：你是什么时候开始喜欢文学的？我看你非常喜欢写诗。

蒲：喜欢文学那会儿很小，是从我感受到失去爱的时候开始。那时几乎每时每刻都在想念，为了弥补、安抚自己，写了将近上千首诗。

周：我知道，你有一本诗集叫《我再说一次》。2003年高考时，你为什么会考青海民族大学的艺术系？是因为家人和朋友觉得你有艺术天分吗？

蒲：也不是吧。我是一个叛逆的人。虽然以前我不是这么认为的，但是现在我觉得，那时候的我特别渴望自己成为和别人不一样的人。从小在玩的时候，我很少跟在别人后面玩，永远是我后面跟着一批人。初高中时，我就开始反叛大家都追捧、信奉的东西，比如大家都对西藏感兴趣，但我就是不喜欢。不过为什么不喜欢，我也道不清，但又渴望有人向自己靠拢，或许这其中也是一种表达欲在作祟吧。

周：或许你的这种反叛也是在创造，但是你那时还意识不到。

蒲：也不是意识不到。当时我就有了自己的态度，而且是很激烈的，为此写了很多东西。

周：你当时写作所秉持的观点是什么，还有印象吗？

蒲：我想守护自己的真实感受，并不喜欢跟风，甚至有一些离经叛道的观点，在逐渐认知的变化中检验自己，特别是对当初守护自己的信念纯真感到欣慰。现在反而没那么忠于自己的灵魂了。

周：那些听起来很离经叛道的观点被家人听到时，他们是什么反应？

蒲：家里人开了一个对我的批判会，讨论后决定把我送到寺院。那会儿我17岁，家人联系好寺院里不错的讲师，让我去学梵文，学佛法，我就带着几本哲学书进了寺院。

其实，有一段时间我对佛教很感兴趣，甚至有出家的冲动。这段经历在潜移默化中对我的影响很大，让我更多地关注一些东西，让我有一种怜悯之心。但如果有人从我的作品中看出反叛的劲儿，我觉得是非常好的。因为有时反叛比虔诚更加真实，你看小孩经常表达的情绪就是"不，我不要"，这是因为小孩有了捍卫"我是谁"的想法，要不然小孩永远都说"好的"，跟遥控玩具没什么区别。当他反叛时，一个真正的"我"就诞生了，他的"主观"就诞生了。

周：你上本科时，有对你影响特别大的书或电影吗？

蒲：从我个人体验出发，对我影响特别大的书是《社会与宗教》[①]，当初我这个充满疑惑的青年被这本书的内容所触动，主要是因为这世上总有人和自己类似，他们讲的东西非常吸引我。电影其实还没怎么看，为了约会才去看。

周：那时的梦想是当作家吗？

蒲：那时的我其实没有所谓的梦想，特别快乐，但是一直在追求文学。我一直在犹豫，是从当下开始，还是把手头这些电影项目做完再进入。因为文学相对简单，写完就好了，但对于电影来说，文本写完才刚刚开始，之后

---

① ［英］威尔逊，［日］池田大作：《社会与宗教》，梁鸿飞、王健译，四川人民出版社1991年版。

还有很长的路要走。文学创作对我来说是比较享受的，更适合自己的性格。电影相对比较世俗，需要跟很多人达成共识，而小说相对更自我。

周：本科毕业后顺理成章地找工作了？

蒲：对，特别顺利。我在大四下学期就参加工作了，就职于青海广播电视台。

周：你是从那时起就对电影产生兴趣了吗？想要拍了吗？

蒲：完全没有。2012年有个戏——我人生中接触的第一部电影《甘南情歌》①找演员，有人推荐我去演这部电影。

周：当演员让你觉得有意思吗？

蒲：当导演和当演员完全是两回事。我看剧本演的时候，觉得我的角色是所有男演员中最好的，但看了电影以后，我发现自己的很多戏份被删了，变得不像我原本饰演的那个角色了，我就特别不理解，有种失落感。

在电影里燃烧：扔掉相同带来的安全感

周：看你的工作经历，你在青海广播电视台待了8年，怎么在32岁时突然想要去北电导演系学习了呢？

蒲：当时做这个决定真的需要相当大的勇气，对我来讲就是放弃工作，离开青海。这是一个很大的改变，在我那个年龄，许多人已经开始追求生活安逸的状态了。

---

① 《甘南情歌》是2013年由高力强执导的剧情片，曾获第14届电影频道电影百合奖优秀故事片一等奖。

周：对呀，那时的工作可能已经得心应手，物质条件也很丰厚了。

蒲：还算不错，我刚开始工作那会儿房价一直在涨，身边很多人都把房子作为某种程度的人生目标，我也尽全力让自己达到一个理想的状态。当拥有这些物质性的基本条件之后，我时常感到生命的虚无或某种疏远生命本质的孤寂。我的内心深处渴望的并不是眼前的所有。思来想去，我还是应该忠于自己，所以我又选择了做回自己，但这次付出的代价远远超乎想象，我认为我还需要多读书。

周：家人也觉得你要多读点书吗？

蒲：对，因为那时刚工作没多久。买房之后我拿工资还贷款，钱一下就没了。而那时是最折腾、最需要"嘚瑟"，也特别脆弱的时候，看人都是看别人穿什么，吃饭点菜买东西也谨慎，没钱就完全没有底气，人也逐渐变得敏感。所以我就白天上班，晚上去一家餐厅打工。后来我准备辞职，其实不是因为热爱电影，我对电影的了解顶多就是知道些电影明星而已。

周：那你是因为什么作出这样的选择？

蒲：因为我觉得当时的工作已经没有什么可追求的了。在电视台时，我看到有的老同事唯唯诺诺一辈子，也许人家并不是，只是我过分解读。但我清楚这并不是我渴望的样子，我选择了离我最近的电影。我选电影也只是理想化，不行了再学别的。

周：那时没有想着要考研究生吗？还是觉得报一个进修班①就好？

蒲：当时报那个进修班也是偶然，比如今天聊天知道了，明天随便报个名，笔试、面试过了后，就直接辞职去了。

---

① 进修班指由北京电影学院导演系创办的导演进修班，是迄今为止北京电影学院内唯一一个培养导演专业人才的非学历教育班级。

周：对你来说，作出这个决定难不难？

蒲：没有那么难，因为我之前想过，有心理准备了。

周：你是觉得可以随时回去工作吗？

蒲：可能有些过分理想化，我的经验告诉我，我相信我所相信的。

周：那时对拍电影能不能赚钱这件事情有概念吗？

蒲：我觉得没有。那时候就是想表达，也没想过拍电影赚钱，或者觉得拍电影就是为了当明星、走红毯。想表达是因为当时的工作憋得慌。

周：北电有没有让你印象特别深刻的课程？

蒲：其实大部分时间我都听得不是特别明白，因为口音和话筒的问题。但是特别好的是，上了那个课以后，我始终认为我是学电影的。我把自己代入了一个新的身份。

周：上课学的跟你原来想象的有出入吗？

蒲：上学听课时，我有一种被燃烧的感觉，觉得每个老师讲课都太棒了。但自己真正接触时发现，居然离电影如此遥远。

周：为什么这么说？

蒲：走出学校后需要一个很长的过程去消化、转变，才能真正拍电影。在学校讲授的都是经典电影，训练表达、视听审美，因为每个人有情感连接的东西不一样，艺术教育又不能过多灌输，因为灌输会影响甚至削弱学生自我挖掘的能力。

过去，我们更多是讲对这个世界的体会和交流，但我觉得还要讲如何了解自己，如何阐述情绪，难过、愤怒是因为什么。如果可以解答这些问题，那就是一个好的创作。可能我学偏了吧，我在听的时候感觉大家都在找一个牛的切入点，讲前人从未讲过的故事。

如果是普遍意义上的创作，我的概念是把自己最真实的悲喜摆出来。

周：刚刚提到情感连接，在北京电影学院上学期间看过的电影里有没有能跟你产生情感连接的，或者说情感连接最强的电影是哪部？

蒲：当时学校在播放厅里放了拉斯·冯·提尔的《此房是我造》^①。看完后，我身上确实有被燃烧的感觉。但问旁边的人，他却说太无聊了。当时就觉得"天哪，之前我们天天都聊得特别开心，但原来我们如此不一样"。

现代困境录：自设牢笼窥视他人

周：你的毕业作品《寻牛》^②的灵感来自哪里？

蒲：这个故事诞生得很偶然，就是有一次我发现一个监控对着我让我觉得特别不舒服，因为我出生时没有这个东西，但现在到处都是。下课后跟同学聊了一下，这个故事就有了。那天晚上和老师同学聚餐，吃完后大家都在聊将要拍的作品。记得当时老师听了我的故事后表示肯定和鼓励。那时我什么都不懂，就花了三天时间在我母亲的老家那儿狂拍。

周：那个时候，钱对你来说是个问题吗？

蒲：不是特别大的问题。我当时花了六万块钱多一点就拍完了，拍完剪完后一看才18分钟，发现我们拍的素材量太少了。我那时不知道怎么拍，觉得要30分钟成片就拍30分钟，顶多有时NG（不通过）三四条。给老师看了以后，他觉得片子里缺乏一些基本的心理活动的铺垫，后来就去补拍了三天，又花了六万块钱。

周：那时没有制片意识吧，如果一次就拍好了，器材和人员的交通运输

---

① 《此房是我造》是2018年由拉斯·冯·提尔执导的惊悚片。

② 《寻牛》是2019年由蒲巴执导的剧情短片。该片曾获第十八届"半夏的纪念"大学生影像展最佳剧情片奖、第八届北京电影学院学生导演奖、导演系特别奖等诸多奖项。

费起码可以省一半。

蒲：是的。但在这里我还想分享一件对学生拍片来说很重要的事——不管怎样，要坚持自己。我想说，最重要的是把你最真实的想法呈现出来，否则到最后拍了一个不是你的东西，你不仅会懊悔，甚至会怀疑自己的才华。还有，要把握戏剧顺序，不管是逻辑，还是时间。对导演来讲，故事的内核很重要，它就是情绪的流动，故事的情绪不流畅，观众的观感就不顺畅。

周：你觉得作为导演，你的意志在作品中得到完全的体现吗？

蒲：绝对是，强行执行。我不会听别人的要求，除非我想要的都拍完了。

周：启用非职业演员这件事是一开始就定下来的吗？

蒲：不是定下来的，是没有条件请职业演员。

周：说服他们去演背离道德的镜头有难度吗？跟他们自己本身的认知有没有冲突？

蒲：还好，这种不道德本来就是真实存在的情况。我不会美化我的生活，因为我小时候村里人就聊这个，这对男人来讲是最大的私密交流话题。我们在做长片时发现，最近几年网上有一个特别奇怪的现象——把这种事摆到银幕上或者把它变成一个新闻时，底下评论的人特别传统，拿极其严格的道德标准来审视，我很难理解。好像现在网友（观众）形成的价值观，要求人的任何行为都得纯粹地像诗一样，一个负面话题动不动就成为大家批判社会的谈资。我觉得这也挺有意思的，很荒诞又很真实，可以拍成一个片子。

可能是各种社交平台多了以后，大家越来越不敢做自己了，而敢做自己的人又从来不会把真实的自己拿出来在互联网里显摆，更不会参与这些追求共识的网络讨论。因为一个真正可以认识自己的人，是没有胆量去评判别人的。

周：《寻牛》的英文名字Eye in the sky很有意思，一语双关。在某种层面上，它是护法神，是信仰之眼；在片中，它又指监控。你是怎么想到要设置这样一对双关的？

蒲：简单说就是，监控的存在让我们疏远了自己，让我们比其他动物更容易陷入一种困境。过去我们用神来检验生命的意志，有各种各样的仪式，而现在我们用图像来鉴定。监控的普及，逐渐让我们跟自己以及周边的世界的关系发生变化。

周：你在《寻牛》里用黑色幽默的手法表达现代人所处的这种困境，拍完后你满意吗？

蒲：可以说满意吧！因为如果它不好也是我的坚持所导致的。不瞒你说，我都使上劲儿了。

周：后来这部片子参加了很多影展，这些影展是通过什么途径参加的？

蒲：很多是主办方向我发出邀约的。前面参加的一些电影节，北京电影学院的是第一个，接着又去了大连和武汉的，基本上半个月都在电影节。然后壮壮老师[①]说："你还拿片子去参加电影节？你就那么脆弱吗？你就那么需要别人认可吗？自己就那么不认可自己吗？"

周：这话有没有点醒你？

蒲：肯定有啊！万玛才旦[②]也这么说过我。

---

① 田壮壮，导演、制片人、演员、艺术总监、北京电影学院导演系研究生导师。曾执导电影《盗马贼》《小城之春》，参演《相亲相爱》《后来的我们》等。

② 万玛才旦（1969—2023年），导演、编剧、作家、制片人，代表作品《静静的嘛呢石》《气球》《撞死了一只羊》《塔洛》，曾担任第18届"半夏的纪念"大学生影像展终审评委。

上了商业这条船：文艺一样可以做到极致

周：《寻牛》这部作品做完之后你就毕业了，对吧？

蒲：对，2019年8月。

周：当时有没有考虑再读个硕士？

蒲：有，但所有人都劝我不要再念了。

周：为什么呢？

蒲：我也不理解，我还是传统地觉得要继续读。但是当时导演系主任王瑞老师跟我说，"你不用念，你再念就废了"。这样跟我说了起码有三次，每次见到我就是让我赶紧去拍片。后来正好壮壮老师跟我说，"你来找我吧"。我就直接去了壮壮老师的工作室，直到今天。

周：你跟壮壮老师是在进修班上课时结缘的吗？

蒲：对，他有一个大师课，上课时会点评我们班里所有同学的片子。当时上课他问《寻牛》是谁拍的，下课以后，我们就一起去吃饭了。

周：当时点评了吗？

蒲：好像没有，就问了我对片子结尾满不满意。

周：还记得当时聊了什么吗？夸你了吗？

蒲：应该没有，就聊天，没有聊片子。他从来没有当面夸过我。但他一直鼓励我，如果没有被这么鼓励的话，我很容易脆弱的，特别是做一件新的事情时。我不知道我为什么需要这么大的鼓励，如果没有鼓励，做同样的事情，我一定会经历很多焦虑和内耗，不这么专注，甚至不够勇敢。

周：你觉得他能看到你的脆弱吗？

蒲：我想应该能看到。每次写完剧本后交给老师，我都会很兴奋，我希望听到更多颠覆性的评价。其实我现在越来越接近自己本真的状态，老师从不评判或指点，每回都是认真聆听，还有鼓励。

周：永远都是鼓励吗？

蒲：没有，说过一次别的，说创作是非常个人化的，只有足够个人化，才能精彩。如果我以后成了一个好的电影工作者，一定要把这个理念传递给其他人。因为我也找过业内很好的编剧，我发现，人们在跟你沟通时并不是在沟通作品的宽度，而是在试图让你的作品成为他认为好的故事，或完好的类型。如果你足够敏感的话，你在聊的时候就可以辨别他是在跟你聊创作，还是在聊这个电影的生态。

周：壮壮老师在聊你的创作时，会用他以往的创作经验来启发你吗？

蒲：不会。但在不聊我的创作的时候，他偶尔会聊他自己拍片的经历，这多少对我有些影响。我的"故乡三部曲"①基本都是老师指导的，特别是在剧本的结构方面，老师对我帮助太大了。我的创作习惯是天马行空，像脱缰野马那样，没有主题性。从影像的空间结构到人物的相互连接，我并不清楚。

周：为了提升剧作结构能力，你会更多地看一些别的导演的作品吗？

蒲：会看，但是看得不是很多，主要是写。我觉得就像一直看别人打篮球，自己不去触摸篮球，就永远不会。写剧本也一样，只有在反反复复写的过程中，你才能逐渐懂得自己的不足和经验。

周：2021年10月，《小镇诗人》参加了东方影都创投会，这是壮壮老师带着你投的，还是你自己投的？

蒲：都不是，是我的资方投的。

周：第一次参加创投上台去讲自己的项目，印象还挺深刻的吧？

蒲：特别深刻。我上台时就朗诵了一首诗，叫《好好的》，是剧本里面的诗。剧本里的诗全是我自己写的，所以我觉得这首诗可以表达这个故事的深

---

① 蒲巴的"故乡三部曲"分别为《寻牛》《小镇诗人》《盲女与花猫》，由田壮壮担任监制。

层含义。我不知道别人有没有听懂。

周：你会不会担心在那样一个亮丽的舞台上做这种作者性比较强的表达，别人可能理解不了？

蒲：没有，其实我觉得这对文艺片创投是很有优势的。不管怎样，只要你的故事足够真诚，就能吸引别人。

周：是的，我个人的感受也是这样。如果导演本人营造的氛围、展现的气质跟他的影片风格非常一致，会给在场的人留下非常深刻的印象，大家会觉得导演本人和影片是融为一体的。我很好奇你第一次参加创投之前，有没有向别人请教过创投策略？

蒲：其实我到现在都没有。2022年7月，我带《盲女与花猫》[①]参加青葱计划创投训练时，别人讲得真的特别好，我当时确实有一点压力，觉得自己的讲述能力比较弱。后来我们每一个人都接受了点评训练，都提高了很多。

周：你上台讲项目时会讲制作上的亮点吗？

蒲：关于制作多少有些空谈。故事本身就是属于你的，把故事的亮点讲述出来很重要。

周：你会关注跟你一起参加创投的导演们吗？

蒲：不会，我专心把自己的故事尽力阐述得最好，导演其实也是个讲述者，不仅要懂得写故事，更要懂得讲述。

周：电影节官方办的酒会，你会去吗？

蒲：有时去，有时不去。

周：同为拍涉藏题材电影的万玛才旦老师，你会跟他有多一点的互动吗？

蒲：目前没有，但是万玛导演的小说、电影我都会关注。

---

① 《盲女与花猫》是蒲巴编剧的电影，2022年7月入选第七届青葱计划五强优胜青年电影导演及项目，于2023年在国家电影局备案。

周：我们刚刚聊的"故乡三部曲"，你的创作基本上还是带有藏族元素的，这是你自主选择的结果吗？你觉得这对你的主题表达来讲重要吗？如果不要可不可以？

蒲：完全可以。

周：你会关注其他人拍的藏族题材电影吗？

蒲：不用刻意去关注，大部分会看到。

周：有一个很多人都在拍的主题是出走与回归，探讨少数民族在新时代面临现代化冲击时的选择，类似《白云之下》《脐带》①。

蒲：我一点都没有这个烦恼，可能跟我的性格有关，对我来讲，没有什么出走和回归。我关注的是人性的普遍性层面。

周：那你为什么把镜头对准故乡？

蒲：因为对别人来说，那就是我的故乡。我选择了自己熟悉的生活环境。

周：你身上会不会有作为藏族导演要自觉书写故乡的压力？

蒲：完全没有。我在那片土地上的全部经历仅仅是个人的经历，是普普通通的一个人的经历。

周：你现在筹拍的长片《寻牛》②跟之前短片相比有哪些不同？

蒲：故事架构不太一样，其他方面也有很多不太一样的地方。

周：准备什么时候开拍？

蒲：顺利的话是（2024年）六月底吧，已经在青海完成现场勘景了。

周：你觉得自己在拍电影上有天分吗？

蒲：我希望自己有一点。

---

① 《脐带》是2021年由乔思雪执导的电影，讲述了音乐人阿鲁斯陪伴患有阿尔茨海默病的母亲回到故乡草原，寻找她念念不忘的"阴阳树"的故事。

② 根据导演同名短片延展而来，由著名导演田壮壮监制。第四届金鸡电影创投大会评委会优胜项目，入围第六届平遥国际电影展平遥创投板块，"中影青年电影人计划"项目之一。

周：那你走这条路孤独吗？

蒲：还好。之前是写完一个剧本之后的几天特别孤独，可能因为写的时候过分兴奋，写完后就会感觉很空洞。

周：**最后，想请你给有志于影像创作的人一些建议。**

蒲：在我的理解中，如果真的热爱，第一，趁年轻一定要阅读小说，因为我们个人的经历有限，需要通过阅读丰富自己；第二，要写剧本，写剧本的过程也是探索自己故事的过程。

蒲巴采访手记

周亚男　穆思勤

我们的采访全程共计七小时，访谈稿原字数近9万。可惜的是，因篇幅有限，许多有趣的内容未能在书中呈现。

最初，我们先给蒲巴导演看了他在"半夏"晚会上的颁奖视频。导演在看的过程中情绪起伏较大，后来也跟我们提到他看视频时百感交集，觉得自己当时处于特别纯真的状态，那种情绪的自然流露的确难能可贵。

采访的大多数时候，导演与我前期调查中下意识定义的"创作匠人""士大夫"形象十分吻合。但是，当他提到自己是一个在原单位会"刚"得跟上级直接硬碰硬时，我看到导演身上野性的一面。而这与他作出离职、走上电影创作道路的选择所体现的精神是一致的。

蒲巴导演聊自己的人生经历时是从容的，我们也从中收获良多。我们总会在攀比中迷失，忘了自己走过的路，但其实回头看，轻舟已过万重山。导演本人就向我们证明：去寻找自己吧，只要你认真且努力，终会找到的。

彭泽凌：
侦破"非典型"自我

采 访 人：陈宇舟、郑中砥

采访策划：陈宇舟

采访时间：2023年5月31日

采访时长：3小时

采访地点：北京电影学院A楼7楼导演系会议室

文稿整理：陈欣宇、刘恬怡

▶ 个人简介

彭泽凌，出生于1990年，导演、编剧。本科毕业于中国人民公安大学（以下简称"公安大学"），研究生毕业于北京电影学院。曾是北京市公安局刑事侦查总队刑警，负责重案现场勘查工作。2021年执导短片《上道》，2022年创作北京电影学院艺术硕士学位作品《骨头》，获第十一届北京电影学院电影系学生导演奖金奖、第二十届"半夏的纪念"大学生影像展最佳剧情片作品，长片项目《刺骨》曾入选第五届金鸡电影创投大会、平遥国际电影展"平遥创投"、FIRST青年电影展创投会等活动。

▶ 作品年表

2020年	短片《床太软了》/剪辑
2021年	短片《夜的篇章》/剪辑
	剧情短片《上道》/导演
2022年	剧情短片《骨头》/导演、编剧
	纪录长片《电影的影》/剪辑
2023年	电影创投项目《刺骨》/导演、编剧

在两个世界来回跳跃

陈：泽凌，作为一名重案刑警出身的青年导演，你是什么时候开始对影像这种表达方式感兴趣的？

彭：我认为比较明显的时间点是在我上大学的时候，当时在公安大学有一门课程叫作刑事图像技术，教我们如何使用单反相机，这是我们的必备技能。当时我家给我买了一台单反相机，除了上课时把它用作教学工具和学习工具之外，我还会在课余时间拍一些风景和人像，拍下来的照片有时会被同学们称赞。后来我就开始练习平面拍摄，每次的正反馈对于我都是一种激励，渐渐地我就开始考虑选择（电影）这个行业。

陈：那你是从小就开始在家里接受艺术熏陶吗？

彭：小时候我的家庭就比较重视艺术教育。我妈会送我去学习乐器，给我买画笔，让我从小就接受了一些艺术方面的引导。在小学二三年级时，我被老师安排出板报，后来还帮六年级的同学出过板报。当时，我负责板报设计，工作性质跟做导演很像。我会先了解这期板报的主题，选好版式和插图，然后找学画画的同学画，找学书法的同学写，我只负责整体设计，其实就是艺术风格的把控。

陈：你当时才二年级，是怎么"指挥"得动六年级的同学的？

彭：个人魅力吧（笑）！小朋友嘛，你懂得多一点儿，别人就会听你的。所以要说和艺术结缘，实际上很早就有了。当时我妈为了帮我出板报，专门去新华书店买关于板报版式的书。别人在翻教科书时，我坐在教室最后一排翻版面设计书。可以说，我从小就接触了艺术这方面的知识，乐器也学了四五种，西洋乐和民乐一起学。高中在民乐队时，我就观察别人的表演，有时候也去玩两下别人的乐器，时间长了，接触的乐器也比较多。上大学时给自己买了吉他。可以说，在我的成长过程中，艺术从未离开过。

陈：现在回想起来，大学里有哪些专业课程是你比较喜欢的？

彭：在公安大学学习非常有意思。例如足迹课，地上有一个大概8米×1.5米的沙池，人走过就会留下足迹，同学们会蹲在地上观察脚印；现场勘查课，老师会讲解一些线索，同学们就像玩剧本杀一样，在课上讨论；犯罪心理学，就是讲一个人为什么犯罪。当时我对发展心理学很有兴趣，这门课就是讲一个人在幼年和童年时期的经历如何影响他的一生，这对我现在也很有帮助。比如，当我在写一个人物时，我会想他小时候经历了什么才造就了现在的他。更重要的是，我在这里学到了一些认识和观察世界的方式。

陈：所以当你在摄影方面得到认可时，就从中找到了自己的存在感，是吗？

彭：工作之后，我还在坚持做摄影，那时候流行"互免约拍"。这是让我真正走上影视道路的起点。

刑警的工作不是上五休二的常规工作制。那段时间，我工作时就在公安局做案件相关的工作，休假的时候就去摄影。因为拍照，我认识了表演系的同学，他们要拍作业，就找我过去当摄影和导演。我拍了很多短片，在艺术院校里也得到一定的认可。

那个时候，我好像活在两个世界，分别是必须服从命令的警队和崇尚自由的艺术。两个世界的人很不一样，我就在这两个世界来回跳跃。

后来有一段时间，我给演员拍见组照，因为我已经接触电影了，知道电影的美是什么感觉，它和"糖水片"人像不一样。我不拍漂亮而拍真，所以我拍的见组照会比普通的照片更适合面戏。

陈：你在什么时候第一次接触到电影的美呢？

彭：有一次，我跟艺术院校表演系的女同学去拍片，就是她们演电影的片段，我来拍。她们虽然不会拍，但表演能力是真的好。

那些小女孩年纪不大，但真的很有表演审美。她们不会要求我把她们拍得好看，而是要求把她演的人物拍得真。不是说很美地一笑，脸显得小，这个戏就好了，不是这样的，而是真的把人物呈现出来。那个时候我就学到，电影原来需要这样的思维。

这只是其中一点，电影的美还有无数表现形式。从那以后，我就带着审美的眼光重新看电影，我发现，原来电影的内核是这样一套逻辑，和我之前拍的"糖水片"完全不同。

陈：你上学时的大方向是想离开体制内，为什么后来还选择去刑警队工作呢？

彭：年轻时没有想明白人生方向，毕业总得找个工作，不能混日子，对吧？我当时想留在大城市，所以就留在北京去刑警队工作了，起码我有收入能养得起自己。学了这么多年公安技术，也有过警察梦，就认认真真干了几年。我和家里说一边工作一边考研，我们家还是希望我能把学历再提高一点儿。

陈：那就没有再考研了？

彭：对，工作之后我就想，既然我都已经有工作了，就不用急着考研了。而且即便要考研，我也可以花几年的时间去尝试一个更感兴趣的行当。

关于转行我也考虑了很久，我其实对很多领域都非常感兴趣，微观经济学、法学之类的课程，我在学校的时候经常跑去听。但我发现，我还是对人更感兴趣。虽然我不喜欢和人接触，但是我站在远处看人做某件事情的时候，会非常感兴趣这个人为什么会那样做。

刑警办案有一定的程序，但乐趣也在这儿，找线索就像海里摸针，这么多人一起干，在海里一寸一寸地摸，有结果是迟早的事，能摸着的那一刻还是很激动的。最后案件侦破是由一支队伍共同完成的，不是一个人的力量。后来，因为我有摄影特长，单位就安排我做了一些公安宣传片和工作总结视频。我发现我真的可以拍片，真的可以做导演。

那时候，我和我的同事说，我就想活到30岁，不想再活下去了。我同事当时以为我在开玩笑，现在回想，我当时有抑郁情绪。我就想，做什么事情能让我感到纯粹的快乐呢？我想，我可以做导演。我就考虑了一阵儿，然后报了艺考班，去读导演系。

陈：大概在哪一年有了这个想法？

彭：工作五六年以后，当时二十七八岁。为了考导演系，我又准备了两年，2018年第一次没考上，因为专业二剧本没过。确实隔行如隔山，我差得太远了。我就对自己说，没关系，再考一年。我很明确地知道，我的短板决定了我的上限，我不可能在一年之内就明白剧本应该怎么写。第二年，专业二依然很差，但是我前三门的成绩非常高，英语和政治都在85分以上，弥补了我专业二的不足。

陈：你考电影学院时，考官会问你对电影的认知这类问题吗？

彭：北京电影学院导演系的复试非常阳光，只问专业相关的问题，以及一些关于个人创作经历的问题。

我考上之后，报的是联合培养的王红卫和黄盈①老师。当时一方面是觉得我的导师真的很优秀；另一方面是我曾向师哥打听，师哥说红卫老师对学生如何如何好。不过，报考这两位老师的竞争非常激烈，我们那一年复试有33人，据说有27个人报了红卫老师。

我当时很果断，既然要读，就要读我自己想读的。心仪的导师考不上，我就来年再考。所以你看，我所有的思维都是非典型的，上学不是为了学历，入行不是为了赚钱，来导演系也不是为了导演这个光环，我要的就是这一位师父。

陈：**那么多学生都报了红卫老师，但红卫老师最终挑中了你。你知道他挑你的原因吗？**

彭：可能跟我的个人经历有关，毕竟我做过刑警。当时，每个考生都要给老师写动机信。虽然只有3000字，我却写了两周，逐字逐句斟酌怎么打动我的老师。我上来就讲，我是一个刑警，我想讲故事，我有很多故事可以讲。现在看来，这封动机信确实打动了我的导师。

陈：**王红卫老师对你的最大影响是什么？**

彭：太多方面了。我进来（指考入北京电影学院）之前对电影的认识完全是零，我原以为我已经入门了，知道什么是"真"了，但并没有真正理解什么是电影。研一上半学期，我不知道我的老师在说啥。我是全班进度最慢的学生，上课要被迫用手机录音，回去反复听。虽然我是入门最差的学生，但我可以争做进步最大的嘛（笑）。

首先，我在思维观念上有一个大转变。我以前学的是应试那一套，就是

---

① 黄盈，北京电影学院导演系副教授，话剧导演。代表作品《打开1990》《卤煮》《西游记》《黄粱一梦》《开饭!》《福寿全》等。

学了这个公式就能做这道题，但拍电影不是。关于电影到底是什么，我应该怎么理解这个人、这个故事，文本是什么，我要拍的是什么，我花了两年多的时间才入门。但好在我的老师一直带青年导演，他很会把握分寸，不会讲绝对的话，但会讲很实的话。比如，红卫老师不会说这个人物在这个地方有一次转变会更有利于情节发展，而会说今天请了两位嘉宾，这个采访者自然会给嘉宾拿两瓶水，这就是很实的，这就是戏。他剖开最细的那一面，把学生最能理解的那一部分讲出来。

现在我还在（北京电影学院）导演系做行政工作。我留校时和领导说，我想继续听红卫老师的课。我觉得两年没学够，要跟着本科生重新学一遍。我到现在都认为上课对我非常有帮助，我还在成长。

我留在导演系的动机也是一个特例。有的同学留校可能是觉得大学老师的工作安稳。但我却说我只干4年，把这一批学生带完我就走了，相当于重上了一个本科。所以我可能不是特别典型，因为我是导演中最不典型的一个，又是留校老师中最不典型的一个，以前在警队里也是最不典型的一个。

陈：你来到电影学院后，学校的氛围给你最大的感受是什么？

彭：最大的感受是我终于进入这个行业了，身边的人都热爱这个行业。任何一个行业，总有一些人为了生存赚钱，按部就班地完成工作，而没有把它当成可以终身付出的事业。但电影这个行业并不是都能赚大钱，我要想赚钱可以去拍短视频或者短剧，回报更快。

真正热爱电影的人，你能感觉到他的真心，尤其是做院线电影的这一批人。我和这些真正热爱电影的人一起工作，每一个合作伙伴都铆着一股劲，大家一起往前走，这种快乐是任何工作都不能给我的。

陈：进入北京电影学院后，你拍的作业都跟警察有关吗？

彭：没有，老师并不限制题材。年轻人怎么选择道路，这是一个很值得探讨的问题。我拍了爱情片，也拍了老人戏，但是我发现拍最熟知的东西才能拍得最好。以前不服气，觉得自己什么都能拍，但是拍下来之后才慢慢明白，我拍什么才是有优势的，熟悉的题材的作品质量就是比拍不熟悉的东西要好一些。那我主观上就更愿意在这里开发，客观上老师也会鼓励我这样做，会少走很多弯路。

读研究生的时候，大家介绍我的时候会说，这是导演系同学，她以前是警察。我非常抗拒后半句，觉得这么说会不会显得我不专业。大家显然对后半句更感兴趣，马上就问："你之前干什么的？是不是见过犯罪现场？"一方面我讲了太多遍了，不想讲了；另一方面是身份认同的问题，我对跨身份这件事情，有很长一段时间是抗拒的，因为这似乎可以理解为不专业。但是随着我学习逐渐深入，我就慢慢接受了，觉得这是我的一个优势，起码这方面我能比别人做得好。我觉得也许不必把所有的都做好，只要长板特别长就够了。

毕业作品：拍戏就是要吊着一股劲儿

陈：你的毕业作品为什么会选择《骨头》①这个故事？

彭：拍警察题材的作品是我主动提的。当时准备毕业作品是三版大纲合一稿交给老师。我交了四稿，一共十二个故事，全都是警察题材，一轮一轮被毙。老师说："你做这个没问题，但你要保证故事足够好。"其实我有很多有趣的案子，就是太离奇、太曲折了，但是深度不够。我交到第四轮之后，终于有一个故事被认可了，老师说这个故事有社会学的意义。

陈：你觉得这部片子里，哪些内容有你血液的东西？你在探讨内容的社

---

① 短片《骨头》，由彭泽凌导演，讲述了年轻刑警许林想要侦破一起无名尸案，却发现大量日结工活在死了查不到名字的状态里的故事。作品参加2023年第20届"半夏的纪念"大学生影像展，获最佳剧情片。

会价值时怎么融入自己的表达？

彭：这曾是我办的案子。我之所以愿意把它当一个故事讲，就是因为我有感触。首先是我办案的时候，觉得日结工这个群体确实存在一定的困境，我很关心。但除了这一面之外，我还有非常个人化的感受，就是年轻刑警工作中的那种迷茫——不知道线索在哪儿，同事和自己的想法也不一样。

陈：你在办案的时候，对日结工有什么样的感受？

彭：最初我站在一个高位视角：你看，这就是不好好学习的下场。办案办到后程的时候，我们几个警察一起吃饭，大家都不想干了，天天苦哈哈的，在太阳下发传单，也不能接别的案子。虽然说起来好像有点儿对不起这个职业，逻辑上、道德上不合适，但人是有情感的，在情感方面是真的不想办了，这个案子是真的破不了了。但我的同事说了一句话，他说，这个世界上，还关心这个死者的人都坐在这张饭桌上了。

当时这句话很打动我。这个世界上没有人在乎他怎么死了，只有这饭桌上的这几个人还记得这件事情。如果我们都散了，就真的再没有人怜惜他。那个时候，我的视角一下子就从高位被拉下来了。生死时刻，人会想到自己，想到身边的人，到底谁在关心你活着还是死了。我再看到这些人的时候，就会有不一样的感觉。我每看到一个日结工时，都会想：他要是死了，还有没有人关心他？这部片子最想讲的就是这个，我不会在片子里明确点出这句话，但我句句都在讲这句话。

陈：《骨头》虽然去掉了很多类型片的戏剧张力桥段，但还是尊重了类型片的叙事逻辑。那这是你自己想要建立的一种风格吗？

彭：是我的个人风格，也是我经过思考的选择。戏剧化写不好会损失真实感，我得让别人把我的故事当真才行。我水平有限，不敢写太多夸张的桥段。类型叙事只是讲好故事的一种手段而已，要点就是把节奏写好，让人看着不累，能继续看下去。我现在拍电影最大的动力，就是我想要讲故事。我要首先保证观众愿意看，有更多的人看，就有更多的人听我的故事。这就代表我的片子会有一些商业元素，我也会在增加观影门槛的部分作出一些舍弃。我愿意花更多的力气在表达上，用最朴素、最笨拙的视听语言去讲一个深刻的故事。

陈：你刚才的这个想法会和你的剧组团队产生一些冲突吗？

彭：目前还没有，不太会冲突。剧组成员都是我的朋友，他们更愿意帮我实现我的想法。这个项目是毕业联合作业，我的两个摄影，一个是《满江红》的掌机之一，一个是今年入围戛纳国际电影节的短片《一个散步的夜晚》的摄影，美术是《长津湖》的执行美术。我们应该是我们那一届的最强剧组了。

实际上，我们一开始就只有剧本，其他啥都没有，钱也没给我，团队也没有。我是一个一个说服主创，然后一起筹备开机，最后拍成片，中间真是太艰难了。

陈：我们特别愿意听你展开说说这个"难"。

彭：2022年1月，《骨头》进行了二期拍摄。拍摄中有一天下午5点，我接到电话说疫情管控，第二天的场地不让外面的人进了，但我所有的演员、设备、道具全都准备好了，这一场还是群戏，剧组规模特别大，现场一百多人等着我的决定。那天拍的是一场河边的戏，接完电话，剧组还在布光，离开拍还有半个小时，我又怕说出来后影响大家当天的工作状态，就坐在河边石头的矮墩子上，身边一个可聊天的人都没有，就我一个人，哭不出来。拍毕业作品是一件人生大事，结果遇到这么大问题。但如果不拍，又不知道猴年马月才能开机了，这些筹备的钱也打水漂了。

我就给我的师哥打了一个电话，和他说："完了，师哥，明天场地'炸'了！"我们俩就开始互相安慰，他说："没事没事。"我说："师哥，你也别急别急。"说了一通废话，打了半个小时，其实也没啥帮助，但打了电话之后，我突然特别坚定地觉得，一切困难都能克服，没有什么干不成的事儿。

我就把制片主任喊过来，聊一聊后面的戏，当时就决定美术组另分一组，去找一个棚重新置警局的景。我们在那天完成了一个学生剧组不太可能完成的任务——直接去另一个地方找一个棚，美术组在一天之内连设计方案带做道具，完成棚景搭建。我现在还觉得非常不可思议，当时连分镜都没有，就是现场去看哪个棚合适，跟摄影讨论拍摄方案，然后改戏、改服装。大家就各干各的，分头合作。我们团队已经合作到第二期了，彼此非常熟悉，主创又是我的朋友，他们真心实意地想帮我。这是拍成一部片子必不可少的。

陈：你提到你的团队非常强大，第一次在一个相对专业的剧组担任导演，导演的权威会不会受到挑战？

彭：我完全没觉得，因为我非常强势。当时主创的履历都比我的优秀，比如我的摄影师在拍《满江红》之前已经跟过《悬崖之上》了，他们都是非常牛的行业大拿。不过，面对团队我就要自信，即使没有，也要展现出自信。同时，我与专业领域较强的人合作，但我拍的东西在根儿上是属于我自己的，这是我的个体经验，没有人比我的个体经验更权威。

陈：那在做后期的时候，你有遇到什么困难吗？

彭：那也太多了！我的剪辑师是黄曾鸿辰[1]，他是业内公认的优秀剪辑师，比我的剪辑能力强。不过，跟行业里水平比较高的人合作也有一定困难。我求他帮我剪辑的时候，他同步在剪《保你平安》，这是有报酬的。我只能在他剪片子的空隙说帮我剪一下。我自己也剪了一版，但不满意，就让他帮我剪两场细节。人家剪得确实好，顺溜多了。他休息的时候，我就拎着包子或者比萨过去，盯着人家剪。他一边剪一边骂我，说怎么能这样下机位，这人怎

---

[1] 黄曾鸿辰，电影剪辑师、导演，剪辑代表作《独行月球》《保你平安》《八角笼中》《热烈》《年会不能停》，导演短片《湖贝不在》参加2021年第18届"半夏的纪念"大学生影像展，获得最佳制作作品和最佳摄影作品提名；导演短片《关于我母亲的一夜》参加2023年第20届"半夏的纪念"大学生影像展，获最佳剪辑作品。

么能这么演……给我从下午五点钟骂到凌晨两点钟。

从他家出来，我打车回家，坐在后排呜呜地哭了一路，现在回想起来特别搞笑。哭，并不是因为我被骂心里不好受，而是因为觉得没拍好，有点难过。我自己拍的时候很自信，但现在就觉得是一坨"垃圾"，觉得我这片子完了，很崩溃。

但我有一个优点，就是很有韧性。前一天被骂成狗屎，回家眼睛肿得跟核桃似的，第二天早上我还拎着两袋包子去找他。

我这个片子可讲的困难太多了，因为我是从啥都不会开始的。一期拍出来的效果特别差，然后黄曾又是给我调结构、调剧本、调人设，又是各种剪；二期补拍完以后，他又继续剪。这个片子只要还能变好，我就会持续努力。当时二期拍完之后，我对大家说："别着急啊，咱们说不定还有三期补拍。"大家听了都崩溃了，说"你差不多得了"。

但我觉得拍戏就是要吊着一股劲儿，只要还能好，就一定要再往下做。"病人"就剩最后一口气了，我这"医生"也得在这儿站到死。这也是《骨头》能成的关键。

陈：《骨头》是你的短片作品，在这之后，你又写了长片项目《刺骨》，从短片到长片，有什么不一样的吗？

彭：短片是讲的是日结工这个群体，长片会扩大到青年的生活现状，加入另外一个群体，也就是在现实社会中生活得不如意，甚至相约做出自伤行为的年轻人。日结工是一批体力工作者，他们的学历大多不高；另一群年轻人，也是我办的案件中的一个群体，他们有一定学历的，但依然觉得生活没有出路。剧情中的警察因办案在这两个群体中穿梭，最后发现自己也是这些群体中的一个，是一个普普通通的小警察。三个拥有困惑和焦虑的当代青年因为一个案子纠缠在一起，最后是无名的人互相救赎的故事。我最想表达的不只是对于这一群体的关爱，还希望引起更多观众的共鸣——大家都是打工者，你们是学校打工者，我是影视行业打工者，无论是体力打工者，还是脑力打工者，终究是一颗小小的沙粒。一颗小沙粒怎么找到自己生存的意义，就是我这个片子要探讨的。

陈：这部作品比你之前拍的短片更丰富，可以看出你在试图描绘现代青年的精神探寻途径。拍完《骨头》并写完《刺骨》后，你对短片和长片的区别有什么新的认识？

彭：做短片和做长片完全不是一码事儿。并不是说短片时长乘以三就是长片了。短片是做个人色彩的东西，长片是一个商业项目；一个是艺术作品，一个是商业产品，出发点完全不一样，体量也不一样，考虑的人和事也不一样，反馈到创作上，会使创作者的思考方向也完全不一样。我现在仍在探索中。

陈：当你意识到片子是一个产品的时候，会有一些阻力吗？

彭：当然有，我会更多地考虑观众。不能拍一个片子，谁也看不懂，然后赔钱。只要我还想拍第二部，第一部片子我就必须想办法把它做好。而且它得有口碑，不是说拍完这个故事就完了，一口血喷墙上就没结果了。我还有很多故事想拍，还有很精彩的类型片可以做，但这些类型没有几千万元的投资就做不下来，所以我就把低成本也能拍的片子放在首部。

陈：除了低成本的制作，你在创作思路上还作了其他调整吗？

彭：就是情节上要好看，不能像学生作业一样，动不动就起个情绪。我现在更希望通过人物的选择和行动来写戏，这样戏才是一直流动的。《骨头》中的情节就是很紧凑的，节奏是很快的。有个词叫"无尿点"，就是得让观众看得下去，这是保证更多人能够接受你的作品的基础。

没有两座火山是一样的

陈：你是怎么接触到"半夏"影展的呢？

彭：2019年，我入学北电前，一个朋友带我去过一次，那年的主持人是沙溢。我印象特别深刻的是，当时沙溢在台上面对导演席的人说，"各位导演，我也是演员，拍戏请找我"。那时候，我觉得沙溢是很有名的明星，没想到大明星会这样跟小导演说话。看了那一次，就觉得，哇，演艺圈儿！

但现在会觉得有一些不适感，实际上这种东西离创作非常远，红毯也好，访谈也好，酒会也好，都离创作很远。有些导演可能更喜欢这些社交，但我是一个"社恐"，在这方面我会退缩。有些东西对创作有帮助，我会愿意参与，比如与资方聊天。但有些确实对创作没有帮助，我就想回避。

陈：你目前参加了平遥国际电影展、海浪电影周，后面还会参加FIRST影展等创投，在做创投的过程中，你倾向和大公司合作，还是和相对而言体量比较小的公司合作？

彭：我会倾向和创作理念相合的公司沟通。有些公司想用青年导演做类型片，以小博大。但我这个片子不是一个极致的类型片，我给不到人家想要的东西。如果硬要把这个故事改成极致的类型片，我觉得改不了，所以会后退，会跟人家好好说，我现在确实没有能力做一个大的类型片，只不过有一个类型片的外壳而已。

陈：你认为创投对你有帮助吗？

彭：当然，至少它是我进入市场的门票。但我也在其中看到了这个行业的名利场。我能明显感受到，那些获奖的、票房好的片子，以及已经成"咖"的演员会更受重视，接下来才会看到我们这些寂寂无名的人。我可以分享一个细节，在一个电影节上，我们要在展板前合影。获奖者拍照时就有很多人围观，但轮到我们上去的时候，摄影师跟着获奖者走了，我们站在台上非常尴尬，就只能让工作人员用手机帮我们拍一下，拍完后我们赶紧灰溜溜地离开那个场地。其实大家都能理解，但非常扎心。

陈：那在这些创投会上，评委老师有没有提出让你特别印象深刻的建议？

彭：在海浪电影周时，陈宇老师曾提到，"你得想明白你的定位和方向"。后来，我重新思考了什么是商业片和文艺片，如果现在回到创投会，我可能会明确地告诉大家我们是一部商业片，并非一部极致的类型片。我们的内核是文艺表达，而整个故事呈现的是一种商业气质。

陈：这就像陆川导演或文牧野导演提到的"作者化类型片"。

彭：我认同这个观点，但并非所有资方都同意。他们会说："我需要一个类型片，你告诉我卖点在哪里。"实际上，作者化类型片的卖点就是作者。但其中的问题就在于，在没有拍出来之前，它是没有作者的。

陈：现在回答资方关于项目卖点的问题，你会怎么处理？

彭：一方面，这是一个真实感很强的警察故事，观众天然就有对警方办案的好奇；另一方面，这是社会话题，无论是"三和大神""小镇作题家"，还是"打工人，打工魂"，讨论度都很高。我希望我的观众在给别人推荐这部片子时，不仅是说它有好看的情节，有很多反转，而且说，"我就是那片子里面的打工人"。

提到"三和大神"，最近我买了一本社会学的研究著作《金榜题名之后：大学生出路分化之谜》，讲的就是一些年轻人上了大学后没能改变命运的问题。

陈：关于这个问题，我想起一位研究社会学的师兄。他曾经撰写了一篇关于自我民族志的毕业论文，名叫《泥土与皇粮——一名寒门学子教育生活史的研究》。在这篇论文里，他把自己比作现代阶层固化状态下的"漏网之鱼"，讨论像他一样具有"跳龙门"愿望的人，在参与教育社会流动的过程中为什么失败，寒门子弟教育之殇该如何解释。"泥土与皇粮"这个名字就是在说寒门学子这类群体，在教育分流的过程中正在遭受除去制度、先赋因素之外贫困文化的深刻影响。[①]我的师兄因为在中国人民大学读书，通过拿到硕士学位，改变了自己的社会阶层。但实际上，这是一种"幸存者偏差"。大家对教育的话题如此敏感，确实是因为它能在这个社会中提供一个出口。

彭：是的，平时大家讨论的实现阶层跃升的三条合法途径，就是读书、嫁人、出道。但到底如何读书，嫁什么人，以及出哪个道，还是挺讲究的。实际上，进入同一所大学的同一批学生之间，也是存在隔阂的。一些同学刚进校就知道自己要准备出国留学，但从小镇上来的同学，他们可能从未考虑过这件事情，也不知道自己的将来要怎样规划，不清楚需要准备哪些考试，最后的一纸文凭也无法给他的工作带来帮助。读书能读到什么样真的不好说，我的片子也在探讨这个问题。

陈：你对这本书的读者还有什么想分享的吗？

彭：我想说，不要听任何人告诉你怎么做导演。这本书看了就忘了吧，不要把这本书里的任何一句话奉为真理。《火山挚恋》里有一句话：没有两座火山是一样的。同样，没有两个人是一样的，没有两个导演是一样的。这本书可能会给你带来一些启发，也可能没有你想寻找的路径，你只需要做你自己。

---

① 凌声萌：《泥土与皇粮——一名寒门学子教育生活史的研究》，北京：中国人民大学硕士学位论文，2018年。

彭泽凌采访手记

郑中砥

这次与彭导的访谈，是我主动向宇舟提出的。在诸多青年导演中，她是最吸引我的一位。不仅因为她在悬疑短片中呈现出令人惊喜的成熟度，更让人感兴趣的是她曾经的刑警身份，是什么原因促使她从刑警跨界干起了导演？这个职业前史又会给她的导演生涯带来何种不同呢？

长长的期待之后，终于，在北京电影学院导演系的小会议室里，我们见到了彭导。她扎着马尾辫儿，脸上笑容洋溢，走路脚下生风，整个人充满能量。三个小时的访谈，我们眼前逐渐勾勒出导演独特的身形。

刑警与导演，原本是风马牛不相及，但在彭导的人生里，二者却能合而为一，无须多言，这是热爱的力量。电影行业很多人都常讲"热爱"，但彭导的热爱并非说说而已。在察觉到自己对摄影、创作的兴趣之后，她便开始了自己的艺术探索。当刑警的日子里，她是人民警察；休假时，她是电脑前的修图师、剪辑师，是摄影师、短片导演……原本没有交集的两种职业，因为她突破边界的探索和从不懈怠的努力，而硬生生开始交汇，甚至逐渐改变了她的人生的轨迹。

回到自己的创作起点，在那些帮其他高校同学拍短片的日子里，她渐渐体会到作为导演的乐趣，生命也于曲径通幽处为她开启了桃花源之门。从警队到恣意发挥、大胆创新的艺术领域，彭导极其珍惜这丝丝缕缕的幸运。几年后，她辞职考入北京电影学院导演系，真正开始"入门"，有时她会觉得自己"后进"，甚至懊恼于自己没有早点进入这一行。但事实是，那些我们以为白走的"弯路"，其实从来不是浪费，它总在某个人生时刻被调动起来，以经验甚至本能的方式托底新的征程——就像她的这部短片。

访谈中有一个细节令我印象特别深刻，她为了片子的后期剪辑去求助一位师兄，每周末早上去师兄家，请师兄和他的室友们吃早饭、午饭、晚饭，中间还陪着看完几集综艺，直到大家吃饱喝足，师兄主动说开工。她讲这件事情的时候脸上充满感激的笑意，她知道师兄在休息日付出时间和精力，更清楚自己的定位是求人帮忙，所以能够以十足的诚意和谦逊的姿态来对待他人的帮助。但显然，大多数人做不到这份儿上。恰是因为她工作过几年，所以理解和体谅工作的艰辛，也因为工作过，所以她知道每一次帮助都并非天经地义，从而有着更好的求助心态和承受能力。当然，她刑警工作中的细节和素材，如今都成为她创作中独一无二的养料；那些熬夜加班赶工，在深夜回家的出租车上崩溃大哭的时刻，也在时过境迁之后，被她笑谈般云淡风轻地与我们分享。

在她的讲述里，自己曾是会哭鼻子的小女孩，但如今坐在我们面前讲述的她，俨然是一位沉稳有力的女导演了。一部短片带给她的历练，已经足以支撑起她在电影行业前行的信心。而我也如同一开始那样，盼望着她为这个行业带来新的惊喜。

2023年·第20届

吴郗琛:
朝着"错误"前进

采 访 人：陈宇舟、谢森喆

采访策划：谢森喆、何芳瑜

采访时间：2023年7月14日

采访时长：5小时

采访地点：中国传媒大学电视学院

文稿整理：谢森喆

▶ 个人简介

　　吴郗琛，1997年生于河北晋州，导演、编剧。本科毕业于河北大学戏剧影视文学专业，研究生毕业于中国传媒大学电影创作专业，曾执导短片《四方》《失聪》《静候》《猎旗少年》等。剧情短片《失聪》获得第十八届"半夏的纪念"大学生影像展最佳编剧作品提名、北京国际电影节·第28届大学生电影节最佳剪辑奖。剧情短片《猎旗少年》获得第二十届"半夏的纪念"大学生影像展年度作品和最佳剧情片导演作品、第36届中国金鸡百花电影节·第4届金鸡海峡两岸暨港澳青年短片季"十强作品"、第9届亚洲大学生电影节最佳导演奖、第17届FIRST青年电影展"FIRST FRAME第一帧"入围作品、第7届西影·春光青年电影展最佳影片。

▛ 作品年表

2019年	公益短片《坚守的力量》/导演、编剧
2020年	剧情短片《四方》/导演、编剧
	剧情短片《失聪》/导演、编剧
2021年	剧情短片《棉芯》/导演、编剧
	剧情短片《静候》/导演、编剧
2023年	剧情短片《猎旗少年》/导演、编剧

筛选生活，参与社会

谢：师哥为什么会走上电影这条路？

吴：在我四五岁、五六岁的时候，我爸的一个朋友来我家玩儿，问我想做什么，我下意识地回答想做导演。最早给我留下印象的电影，就是我姐给我买的DVD光盘——宫崎骏的全集。我当时特别喜欢看，尤其是《千与千寻》，一有家庭聚餐，我就会带着大家看《千与千寻》。从那时到现在，我的很多片子都有它的影子。这部片子可能在有些观众的眼中有点俗了，但对我来说，它是无比美丽的电影。做这种全世界的人不靠语言都能看懂的电影，是我未来想达成的一个目标。

2009年我进入初中，初一的时候经历了校园霸凌，给我留下了非常不好的印象。直到高一，我做了一个感恩学校的视频，在QQ空间流传开来，我发现影像似乎是一种自我表达的途径，而且一定程度上能治愈我因被霸凌形成的自卑感。我想，自己是不是可以再拍一些具有故事性的东西，高一暑假我召集了一些同学，自己编剧和剪辑，拿手机拍了一个40分钟的小片。片子做出来之后在学校引起了小轰动，我当时就爱上拍片了。高中时期，我有4个寒暑假都在拍片子，结果耽误了学业。2015年我第一次高考失利了，我觉得人生还是要拼搏，于是和我爸、我姐一样，复读一年，考上了河北大学戏剧影视文学专业，后来保研到中国传媒大学学电影。

陈：你的父亲和姐姐也经历了高考失败复读吗？

吴：全都复读了，我爸复读了一年没有考上，读了专科，最后做了小学老师。我姐姐复读一年考上本科，她的文本能力特别强，本来想报中传电视学院学电视节目相关的专业，但当时家里穷，爸妈让我姐学一个能赚钱的专业。后来她去了银行工作，至今都觉得特别遗憾。

谢：看你的"B站"（指哔哩哔哩，后同）视频，可以感觉到你的家人很支持你做电影。

吴：因为我姐没有从事这个行业，这些年她一直在我们这个行当里追寻，我爸特别后悔。我比我姐小8岁，她考上大学后的8年里，我爸妈让我想做什么就去做什么，百分之百支持我。即便我们是一个农村的普通家庭，他们也在努力供我学艺术。

谢：师哥在大一时加入学校的新媒体事业部，编辑和运营一个偏新闻方向的公众号，当时是出于什么考虑？

吴：2016年9月入学，当时有个新闻梦。从2013年开始，我就特别想用自己的话语、态度、观点去影响和改变世界，志向可大了！我还在自己屋里的小白板上写了三个字：发言权。

我们专业在大二时分流，有戏剧影视文学（以下简称"戏文"）和广播电视编导两个方向。后来学校新闻网进行了改革，我感觉自己在新闻的路上走不通了，在分流时就选择了戏文。

谢：进入戏文专业后，你对未来有什么规划吗？

吴：我在高考"大省"长大，有"卷"的基因。在高考的时候，我形成了一种认知，觉得学就行，到了大学继续用高中的学习方法，拼命地学，这可能是个宝藏。也许是受第一次高考失利的打击，也许是因为复读那年太苦了，所以格外珍惜走进大学校门之后的每分每秒。每门课我都很认真地学，我当时也不知道为什么要这样。

本科的时候，我做了各种类型的电视节目、话剧、预告片、小品。大一时我加入学校的"帐篷剧社"，先是作为一名演员参与表演，到了大二，我导了"开心麻花"的话剧《乌龙山伯爵》，排了四五个月，从剧组管理、剧本修改、人物塑造，到美术、灯光、音乐，全都是我自己一点点跟同学们沟通怎么做，这样的历练带给我很大的成长。

从那开始，我考虑自己是不是可以拍点片子了。于是，大二拍了第一部短片《安乐》①，是关于狂犬病的主题。我当时还在玩"超现实主义"。大一的时候，教我们电影史的金晓非②老师在河北大学旁边有一处房子，里边有无数的光盘、电影海报和书，专门给同学们讨论电影和聊剧本用，我们经常去那里玩儿。他给我们讲欧洲先锋派的时候，还聊到了超现实主义流派。我看了布努埃尔③的作品、达达主义的作品，还有德国的一些作品，太震撼了，电影

---

① 《安乐》是2017年由吴郗琛执导的短片。

② 金晓非，河北大学艺术学院教授，中国影视家协会会员、保定影视家协会副主席、北京电影学院中国电影教育研究中心研究员，2013年获得第十届"河北省十佳影视工作者"荣誉称号。

③ 路易斯·布努埃尔（1900—1983年），西班牙电影导演、编剧、制片人、演员，代表作品有《一条安达鲁狗》《白日美人》《资产阶级的审慎魅力》《维莉迪安娜》《朦胧的欲望》等。

还能这么拍！由于那个时候反复观看那些片子，我的大脑里形成了"诶，这个东西高级"的观念，超现实主义似乎是种能把电影空间变大的核力量，所以它一直贯穿我的创作。

谢：**除了电影史之外，本科期间还有没有别的课让你印象很深刻？**

吴：有，就是金老师上的《导演基础》，教我们怎么调度。再就是郭燕[1]老师的《电视艺术概论》，她讲了很多电影批评理论，如符号学、女性主义，还给我们放了意大利导演费里尼的《八部半》。因为费里尼的《八部半》，我喜欢上了将舞台思维放入电影的创作方式，我特别希望能达成《八部半》里那种无比丰富的调度，成为费里尼这样的神秘莫测的、能够洞察人心的、在电影中无所顾忌地暴露自己的导演。

谢：**那师哥是在本科建立了自己对电影的知识体系吗？当时你对电影的理解是怎样的呢？**

吴：大学的时候还是蛮笼统的，当时我也不懂什么是电影。我觉得网上的一些课程、节目更能帮助我构建电影的知识体系，对我帮助比较大的有戴锦华老师的《52倍人生》、杨超老师的导演课、贾樟柯导演的专栏《电影，我只略知一二》，波米的《反派影评》我每期都听。也由于戴锦华老师的推荐，我看到了安哲[2]、老塔[3]等本科教育里没有接触到的大师级别的人物和作品，这在很大程度上帮助我重新认识和理解了电影。

至于电影是什么，本科时我有一个自定的概念——电影是对生活的主观筛选。以调色为例，调色是调色师对生活中的颜色进行观察，在无数个颜色

---

[1]　郭燕，河北大学艺术学院副教授，中国高校影视学会会员、河北影视家协会会员。

[2]　西奥·安哲罗普洛斯（1935—2012年），希腊编剧、导演、制作人，代表作品有《塞瑟岛之旅》《哭泣的草原》《永恒的一天》《雾中风景》等。

[3]　安德烈·塔科夫斯基（1932—1986年），苏联导演、编剧，代表作品有《牺牲》《乡愁》《伊万的童年》《安德烈·卢布廖夫》等。

的概念和样本里筛选出适合的那一个，再把这种颜色意识复刻到电影中。我不知道当时为什么定这个概念，现在看来它太浅薄，后边应该还有一套东西，但我没有做电影研究，也没有太想电影是什么。后来接触自媒体，我就有更多想法了。

谢： 你到中国传媒大学读研究生后，有对你影响比较大的老师吗？

吴： 有，是游飞老师。游老师来学校给我们开会，第一句话就给我们泼了盆凉水："你们来中传，一个班30个人学电影，可能一个人都出不来，能出来半个已经非常不错了。"第二句话说："你来中传好好去蹭课，有太多好课程、好知识等着你，不要着急去接活，好好读书。"所以我在中传蹭了无数门课，包括编剧系的课和其他学院的课。第三句话我印象特别深："如果你来中传真的想学电影，觉得自己是30个人中能出来的那一个人的话，你就准备两块砖：第一块是一个获奖短片，在国内国外都可以；第二块是一个长片剧本。有了这两块砖才能敲开电影圈的大门。"这三句话我至今记忆犹新。游飞老师和金晓非老师好似巨大的双翼，托着我们学子起飞，他们是我生命中的恩师。

你的恐惧离你最近，反复书写它

谢： 你在做本科毕设《四方》①时，是如何确定主题的？

吴： 2020年我就写了《猎旗少年》的剧本，跟现在这版有很大差别，本来想作为本科毕设，但由于疫情，所有拍摄计划都取消了。那时我的朋友们同样面临着考研、就业、要不要继续做电影等非常现实的抉择，所以我决定

---

① 《四方》是2020年由吴郗琛执导的短片，该片曾入围2021CineCina纽约华语电影节、第7届金贝壳未来影像季。

换一个新剧本。当时我刚看完戴锦华老师的《52倍人生》，又看了很多艺术片，我有了一个非常即兴的表达，一两天写出来一个剧本。我和另外两个同学在我们家把整个片子拍完了，花了2000块钱，租了三天设备。

《四方》是我认为迄今为止最像当时的我的一部片子，离我当时的生活状态、人生状态无比近。我觉得《失聪》①《猎旗少年》都是对生活的感性归纳，但《四方》是一种即时的自我表达，而且那种表达我认为很野（笑）。

谢：为什么会选择"伪纪录片"的手法拍摄？

吴：可能是觉得比较方便。首先不用找演员，因为这是我自己的故事，我就想自己演。其次是当时我想在影像上做两种风格的对撞，一种是手持运动，丰富的运动摄影，另一种是侯孝贤、杨德昌、贾樟柯运用的稳定的、大景别的影像。这种影像意识后来也在不断成熟。

陈：作为一名曾经的创作者，我非常羡慕《四方》表现出的不羁，在里面，我能看到那种本真的状态，你是怎么做到这么松弛的？我原来拍片子时会端着，但是在你的片子里我没有感受到那种匠气。

吴：我拍《孤犬》的时候非常匠气，老师怎么教，我们就怎么写、怎么拍。后来拍《四方》的时候，我说好，既然我们没钱，既然周期这么短，我们就做一件事儿，不怕技术错误，怎么错怎么拍。你们觉得这样拍错吗？好，就这么拍！你调色的时候这样调，是错的吗？好，我就这么调，色轮调到极端。我觉得那样能表现出你刚才说的不羁。如果这是我人生最后一次拍电影，我就愿意这么玩一回。

我当时看了很多非常棒的片子——安东尼的《红色沙漠》，安哲的《雾中风景》，特吕弗的《四百击》，还有戈达尔的《精疲力尽》。剪辑玩得这么有

---

① 《失聪》是2020年由吴郗琛执导的剧情短片，该片曾获得第18届"半夏的纪念"最佳编剧作品等奖项提名。

趣，影像有无数种可能性，我为什么还要按照常规走？所以我就跟他们说了一句话，朝着错误前进，咱不知道最后抵达的是哪里？无所谓，我们先从飞机上跳下去，摔死就摔死吧。

在自卑的囚禁里，找寻我心自由

谢：刚刚你说《失聪》是你在一段时间内对《四方》的复刻。你在研究生期间自编自导了这部作品，是在什么样的契机下拍摄的？

吴：它是一个作业，剧本是我之前攒的。当时参加一个颁奖典礼，有个导演非得让我按照他的要求表达自己，但我怯场。只要让我在舞台上表现自己，我就会紧张。导演说他给我写稿，总之让我表现出卖惨的感觉，但当时能拿奖金，我觉得能赚学费就演了一下。后来我觉得气不过，因为我更喜欢真实的自己，于是把这件事记录下来，换成一个半听障人士的故事。

谢：这部片子的团队规模比较大，在拍摄过程中有特别需要注意的点吗？

吴：有，一旦规模比较大，我在拍摄过程中就会很谨慎地做一些事情，比如写比较缜密的分镜和剧本。但我还是喜欢在现场发挥，只要有足够的时间，我就会抽出一两天专门补一些我觉得可能不错的镜头，或者一些可能对后期有作用的东西。如果没有现场发挥，我认为这部片子就会丢掉灵性。后期阶段我也会进行大量再创作。我在前期写剧本、中期拍摄和后期剪辑这三方面分配的时间比例或者说耗费精力的比例大约是3∶3∶4，后期会占很长时间。

谢：《失聪》也是你第一部在比较大型的电影节展上获奖的作品，当时你对影展和电影节的认识是什么样的？

吴：还是处于"小白"的状态。我认为我去电影节，人家还是把我当普通观众，我也是抱着非常虚心的态度去跟人学习的，每次影展也确实是这样，而且我觉得电影节能给我提供一些很棒的机会。《失聪》获奖的那一届"半夏"，昉哥给我介绍了万玛才旦导演，万玛才旦导演给了我很大的鼓励，他的谦逊和睿智让我很钦佩，之后我们一直保持着联系。印象很深的是，他说"你研一就拍出《失聪》了，很期待你的毕业作品"。我的毕业作品如今拍完了，还没来得及给导演看，前阵看到他去世的消息，真的哭了好久。

我觉得电影节也是一个大家抱团取暖的平台，这在影视寒冬期间尤其重要。今年半夏颁奖典礼我其实特别想说一句话，但不知道合不合适就没说，我觉得"年度作品"的桂冠太重了。因为今年的片子基本上都是上一年，甚至疫情最严重的时候拍的，制片难度无比大。大家能在影视寒冬拍出来并走到半夏，已经走了非常难的一段路了。我觉得每部作品都是年度作品，我是这样想的，但好在现在寒冬过去了。

谢：疫情期间遇到的困难有哪些？

吴：拍摄《猎旗少年》时，团队人员从八个省份飞过来，机票就报了2万块钱。在隔离方面，我们也花了很多钱，以至于留给器材的经费很少，很多时候都尽可能压缩拍摄时间来省预算。之后我们是小团队拍摄，拿着S3和一个大三元就去拍我认为最好看的镜头：车灯扫麦田。由于没有灯光设备，我们就用特斯拉的车灯扫，骑着三轮车站在凳子上用小机器试各种各样的角度，小机器的使用也让这部片子变得更随性一些。

谢：你在B站上说，中间有过一段很emo（忧郁）的时期，也是在拍《猎旗少年》的时候吗？

吴：是2022年十一二月，那是一段我无比痛苦的阶段。当时第一版《猎旗少年》刚刚出来，剪得不太好，投了几个电影节都没有入围。紧接着是疫情，我阳了之后很难受，情绪也不太好，每天面临着生存的压力，然后紧接着就是失恋。我当时在北京管庄租了一个在20层的十几平方米的小房间，每天就盯着太阳从房间的一头照到另一头，每天都想跳楼。我想人生还有什么意义？像达内兄弟说的，如果电影连我自己都拯救不了，它何以拯救世界？何以拯救人类？当时我对电影的信仰受到了严重的冲击，我失去了感受快乐的能力，我觉得能活着就不错了，赶紧去好好地生活吧！当时在B站上仅仅提了一嘴，因为我不想把大家当成负面情绪垃圾桶。

谢： 这种状态大概在什么时候恢复过来了？

吴： 是今年三四月份我的朋友、老师、同学回来的时候，随着朋友长期的陪伴，我逐渐忘了那个人和我不断懊悔的事情。到了5月，电影市场重新活跃起来，我开始泡进电影院里。然后新剪的《猎旗少年》竟然入围了半夏，我特别开心。我说我要全程参与半夏的展映，重新以一个创作者的身份跟大家交流。我当时其实还是有点自卑，这种自卑感从13岁被欺负形成，到现在仍然存在，但半夏颁奖典礼那天晚上给了我很大的能量。

我认为13岁那年发生的事儿让我形成了两种人格。一种是极端的自卑，尤其是在受到大众质疑以及自己独处的时候，这种自卑感会由于我每天写反思日记而加重。如果一个我无比看重、无比在乎的人给我全方位的否定，我会深信他的话，觉得自己不行。另一种是我偶尔会产生的强烈的自负，这种自负是一个掩饰自卑感的壳，也是我一直在克服的事情。

谢： 这种状态会体现在创作中吗？比如《猎旗少年》里面那个小女孩。

吴： 会，小女孩身上那种不顾一切地追求她想要的东西的状态，是我永远无法达到的状态。我觉得《猎旗少年》首先不是在讨论女性，首先讨论的是自由与囚禁，这是我从《四方》开始，到《失聪》，再到《猎旗少年》始终贯穿的话题。因为我觉得环境太束缚了，在裹着脚往前走。《猎旗少年》里那些少年的行为是对我初高中受到的"高压应试教育模式"的一种反抗。它首先是对追求自由的呐喊，其次才是女性，一些和我妈妈相关的东西。

片子里小女孩逃走的妈妈是做小被子的，我妈妈就是做小被子的。加工一床被子能赚4毛钱。我曾经算过，单供我学电影，她要加工完16万床被子。

我妈国画画得特别好，但她每天坐在那儿加工被子，我意识到这是一个非常女性的行为。我说："妈，我现在挣钱了，可以慢慢地撑起家了，你可以不要做了。"但她说她能做一点是一点，说我奶奶还在做呢，她为什么不做。我觉得这是她在沿着某种传统意识里的女性道路走，是一种挡不住的惯性思维。如果电影是做梦的话，在这个片子里我让我妈彻底逃走了，逃离一切，不知终点（笑）。当然这样的设定有点超现实。

然后是这个小女孩，给我妈送被子的也是一个十一二岁的小女孩，要扛两大层的被子，叠起来比她自己还高。我觉得这个形象放在电影里肯定会有点震撼，于是就把她复刻到《猎旗少年》里。当时为了达成这种复刻，我让饰演小女孩的演员不断学习怎么捆那摞被子、怎么把被子绑在三轮车上打包、怎么搬被子，反复磨炼。这种训练方式特别像达内兄弟，因为研二的时候达内兄弟慢慢进入我的世界。

谢：在这部片子中方言的使用也很突出，饰演小女孩的演员也是河北人吗？

吴：对，会讲方言是《猎旗少年》选角的标准之一，因为我要保证这部片子的在地性。

谢：除了方言之外，《猎旗少年》还有没有其他能体现在地性的元素？

吴：有，比如习俗，我们小时候就有抢旗子的事情。但在片子里，我把它仪式化、虚构化了，我认为这是反在地性的。因为我做东西喜欢符号，包括所谓的逃走的妈妈，这本身就是一个超现实的文本设想，所以我得在影像和剧情形式上做到和文本自洽。片子里小女孩抢旗子的目的是让妈妈回来，这样的目的是非常本能的，本能的人物最不容易出错、最能让大众移情，这是一个类型化的处理，但是却磨损了在地性。而且由于我要赶创投，要在一两个月内拍完《猎旗少年》，所以我没有做足调研。这个片子里，小女孩是被拐来的，那被拐孩子的家庭到底是什么样的？她在生活中有哪些细腻的动作？穿着如何？这些问题我都没有做足调研，是一个很大的遗憾，也是之后我做现实主义题材的片子必须攻破的难题，我要花一两年的时间好好地做社会调研。

陈：刚才你提到在2020年已经写了《猎旗少年》的初版剧本，相比之下现在这一版作了哪些调整？

吴：之前大设定是妹妹因早产去世，妈妈病重，村里的习俗是谁抢到了旗子就能护佑家人身体健康。后来我认为人物过于冗余累赘，于是删掉了妹妹，把妈妈病重改为妈妈出逃，让整个设定脱掉一层繁重的外衣，但又保留了女孩抢旗子的目的与人类最原始的情感相重叠，这是为了尽量不减损故事的移情效果。

在整体的故事节奏上，我也进行了优化。之前有很多自以为存在某种表意的情节与符号，现在看来都是剧作不成熟的表现。经过研究生几年的剧作训练，我尽可能在不流失影片艺术性的基础上，让故事节奏更符合大众当下的观影习惯。

在我改的几十稿里，唯一没变过的就是结局。当时也是因为很喜欢想出来的这个结局，所以一直坚持打磨这个剧本，就是"为这碟醋包的这顿饺子"。

另外，我抹掉了一些超现实的段落，让叙事的动力变得更强。比如，之前的版本中，在第一场的时候，小女孩拿一个东西把水渠挖开了，但现在这一版中，大概五六分钟之后才开始挖水渠。我一开始觉得那一场拍得很美，后来我拿给老师们看，老师们评价不一。这一场要保留这种美吗？还是这种美反而削减了人物起初的动因？我认为所有的超现实都是要建立在稳稳的现实主义的基础之上的，如果现实主义没有做好，那超现实就是空中楼阁。

谢：师哥今年全程参与了半夏的活动，体验怎么样？

吴：我觉得半夏真的在做一些非常有意义的事情。首先是"影人之夜"给创作者们提供了互相认识和交流的机会，让大家重新遇到有趣的灵魂和热爱电影的人们，大家互相给予信心，抱团取暖，这种原子式的碰撞对我是一种治愈。

其次是半夏在想办法利用电视和新媒体，用流量引发关注。其实短片很难被大家关注到，因为大家更多在看短视频。张绍刚老师带着"十个勤天"的孩子们来，毛不易、容祖儿等前辈也都来了。我觉得，电视学院的老师们在用电视的方式、营销的方式来增加节目和短片传播力度。即使你没有看过这个片子，起码听个名，知道有这么个人、有这么个片子，可能在某一天会重新回来关注。

最后是半夏给我们提供了一对一和评委沟通的空间。2021年半夏活动期间，万玛才旦导演竟然给我们打电话。我当时在地铁上，立刻下地铁找安静的地方跟他聊，聊了近20分钟。今年半夏活动期间，我们跟Jukka导演①聊，每人45分钟。Jukka导演给了我非常多建议，所以半夏之后，我又改了一版《猎旗少年》，包括一些字幕的问题、国际发行的问题。这给了我们一个很棒的视野，Jukka出现得非常及时。

陈： 能说一说这个片子后续发行的想法吗？

吴： 这次发行工作，坤坤②帮了我大忙，他学的是制片，上课时老师会系统地讲怎么在电影节发行一个短片。我之前没有发行的意识，而且我觉得《猎旗少年》可能不会往前走那么远，现在半夏给了我勇气。坤坤列了一个单子，根据不同类别里各个电影节的风格，挑出适合投片的电影节。他现在负责所有和发行相关的事务，比如对接邮件，跟其他做过发行的人沟通，以及负责片子里的英文字幕翻译。我觉得在发行阶段，影片的字幕无比重要。

---

① Jukka-Pekka Laakso，芬兰坦佩雷国际电影节主席，PIRKANMAA电影中心执行董事，曾担任60多个电影节的评审团成员，包括爱丁堡电影节、洛迦诺电影节、加拿大蒙特利尔新电影节等。

② 这里指的是卢炳坤，北京电影学院2022级电影制片管理专业研究生，在影片《猎旗少年》中担任制片主任与发行人。

拥抱B站，填补电影无法触及的角落

陈：你不仅是一名电影创作者，还是一名B站up主①。但你的本科毕设《四方》里，主人公觉得拍短视频是出于生活的无奈。这种拥抱新媒体的观念转变是在研究生阶段发生的吗？

吴：是。我拍《四方》时接触的东西少，后来我在抖音看到非常优秀的短片创作者，才意识到那时候的认识是浅薄的。研一的时候我开始特别喜欢看B站，发现许多自媒体的短片拍得比我们学生作业好多了。我们弄这么大阵仗，花一年时间打磨一个短片，甚至不如人家一个月做出来的片子质量好，我们是在做什么？电影现在又在经历什么？我开始反思，但当时也没有做什么。直到我研二的时候，把研一的一些作业偶然上传到B站，被一些观众看到，我才意识到我不应该把电影放在硬盘里藏着掖着，那是一种不自信的表现，或者说局限于对电影创作技巧的学习而忽视了发行和传播，忽视了观众。

当时的契机是有几个短片要投上影节，但有一部因为题材原因，我就没有投报。我觉得不能浪费这个片子，于是把它上传到B站，第二天就"爆"了。我特别惊讶，有那么多人看到。我当时做了一个非常功利的计算：200万人看了4分钟的片子，这是多少分钟？这是800万分钟！这800万分钟让一个人的人生延长了多久？我小时候强调的所谓的发言权，所谓的表达，是不是在某种程度上实现了？

我连续10天不断地和观众互动，这给了我从未体验过的感觉。我会反思，在新媒体时代，电影的功能还剩什么？如果说电影之前还有娱乐功能，那么

---

① 指在视频平台上传视频、音频等多媒体内容的创作者。

未来会不会更偏重于艺术功能？之前我看到身边的朋友下班都去刷短视频，一刷好几个小时，他们不会去看电影，那电影的力量在哪里？电影在文学化、博物馆化、图书馆化，因为图书馆和博物馆是人试图获得新鲜知识时才会主动靠近的地方，并不是娱乐性的活动场所。所以我觉得类型电影的很多功能会被短视频替代，而艺术电影一定程度上会继续发光发热，这是我的观察。

我知道许多优秀的电影创作者也在B站。B站上很多短片的信息量、情感浓度、对社会问题和社会事件的反馈速度，要比电影节快多了、浓多了、有效多了，而且它们的数量如此巨大。当我看到这些短片时，我会对电影保持一种审慎的担忧，这种担忧很让我难过，但是也要积极面对，因为这是时代的洪流。

谢：提到电影节，师哥已经参加过很多电影节展，你觉得"自媒体"人和电影创作者有什么不同吗？

吴：我觉得"自媒体"圈中有社会责任感的创作者很实在。之前我参加索尼主办的交流会，接触到部分"自媒体"作者，他们保持了一种更真实的自由，特别认真和坦诚地交流和表达。电影节中我接触的个别创作者，带有一种自认高深、故步自封、自娱自乐的感觉。而我接触的一些"自媒体"创作者并不会说一些晦涩难懂的东西，但这并不代表他们活得不精彩或者思考不深刻。我不知道是我接触的具体的人的不同，还是两种媒介的影响，塑造出不同的表达风格。

在电影节，大家会追捧获奖导演，但在"自媒体"圈，哪怕是离电影稍微近一点的地方，他们不在乎你是否在电影节拿奖，反而关注的是你粉丝多少，你在业内有什么样的号召力和影响力。这是个很有趣的现象。电影圈的创作者，如果没有开放的心态，就会离大众越来越远。戴锦华老师说，要为无法言说、难以被言说的人讲话。我觉得"自媒体"关注到一些电影无法触及的角落，和短视频相比，电影的量太少了，影响力也不足。

君子脚下无界，不要过于执着于与电影的缘分

谢：**师哥今年研究生毕业，接下来有什么打算吗？**

吴：接下来会去河北传媒学院当老师。首先是去年的经历让我觉得似乎有些事情比事业更重要，其次是我觉得做老师能给我一定的时间沉淀。我研究生期间最大的遗憾就是没有读太多书，大部分时间都在剪片子，我就喜欢泡在那堆素材里看各种剪辑的可能性。这对我的剪辑技术是一种练习，但也是一种内耗，我并没有在这方面汲取太多知识。我希望能静下来，不要做太多社会实践，好好看看历史和哲学的内容，让自己有更深刻的思考。在创作上，我认为《四方》那种松弛是很难达成和找到的，我需要重新寻回这种松弛感，重新给自己松绑。对我而言，读书可能是我未来两三年最主要的任务。

陈：**你在这个阶段觉悟了读书的重要性。**

吴：因为当我真的要去表达一些东西的时候，才发现自己的词汇是那么浅薄，这对我来说太难受了。而且AI（人工智能）就要全面应用了，你能干得过人家吗？

陈：**这也是我今天想跟你聊的一个话题。昨天（2023年7月13日）美国演员工会（SAG-AFTRA）因为AI和由此产生的肖像权伦理问题，加入了美国编剧工会从今年5月就开始的大罢工。这种人与机器的斗争似乎进入某种历史轮回。19世纪初期的卢德运动和这种情况很像，学术界认为这是工人反对机器生产和破坏机器的低级阶段，没想到两百年后以"精英人群"自居的影视创意劳动生产者会走向卢德运动中工人阶级的抗争之路。你觉得AI可能会在影视生产中的哪些环节替代或帮助影视创作者？**

吴：我觉得首先是剧本编撰，尤其是类型片剧本，AI能帮我判断一部片

子到底符不符合商业受众的逻辑要求。我是一个逻辑很差、很感性的人，经常说着说着不知道自己在说什么，AI能在逻辑上帮助我。

其次，AI可以帮我检查类型片的情节和节奏点，因为类型片是有规律的，这种规律往往体现在节奏上。如果以达到某个票房为基准，或是以某种数据为基准，我觉得AI在评判节奏点的好坏、需要调整的位置方面，能起到辅助作用。但我觉得AI很难对艺术片的水平作出判断。我认为一个艺术大师想要达成所谓的艺术创作，需要有非常高的算力和无比多的样本。而艺术片难就难在这个片子只有你带着团队才能做出来，所以给AI的样本就很少，它可能找不到规律性。

再次，AI还可以帮我检查分镜。但分镜涉及非常多艺术创作原理，又和创作者的风格相关。AI能知道我的风格吗？能复刻我的风格吗？我觉得很难，在视听语言上，我还是比较有自信的。

我觉得在AI时代，电影具有"内容为王"的特性，对生活和社会的观察思考、广博的阅读和创作练习仍是创作者的核心竞争力，这其实是许多非常优秀的作家所拥有的能力。AI只是把导演作选择的场域搬到了电脑前，换汤不换药。

陈：随着技术发展，你觉得有哪些东西是AI无法达成的？

吴： 我认为是最前沿的哲学思考、最深刻的人生感悟和最痛苦的人生经历，也就是我作为一个人存在这个世界上，让我成为人的那些东西，是我们和AI竞争的优势。我们能够不理智，能够犯错。AI太完美了！艺术本身就承载了错误，比如《四方》的松弛感就是由错误造成的。朝着错误前进，AI敢吗？它有那么感性吗？它太理智了，太标准了，太流程化了。当它可以犯错、勇于犯错，算力真的完全超过人类的时候，我们才会非常担心。

如果AI电影能批量生产，它只会复刻某些类型片所达成的那样一种意义。无论是电影传达情感的本能功能和电影对人的教育功能，AI只能做已有的部分，无论它发展到什么程度，艺术片是最难被替代的电影类型，也许最终会形成艺术片大师和AI作品分庭抗礼的局面。

陈：那从总体上看，你对AI的态度是怎样的？

吴：短期乐观，长期悲观。我一定可以和它做朋友，但当它不再和我做朋友，而是想从我背后插我一刀的时候，整个人类社会可能都会面临同样的问题，面临一种前所未有的危机。那时候我们该如何生存？如何思考？我想地球上肯定有更聪明的智者引导我们找到方法。

陈：我感觉你一直非常在意你的作品，或者往大了说，是通过艺术介入社会。

吴：对，用戴锦华老师的话来说，就是构建式地参与到社会当中。

陈：但比如说你喜欢的导演费里尼，从新现实主义转向心理现实主义，你觉得《八部半》怎么参与社会构建？当然，我问这个问题不带任何价值判断。

吴：可能是因为年轻，我还在妄图作为个体去改变社会，这可能是一种野心。当我意识到我没有办法改变社会的时候，我可能就会转向人类内心。但是我又注意到我热爱的导演达内兄弟，他们在自传里说，电影没有办法改变世界，也没有办法改变人类。那为什么还要拍电影呢？他们也不知道。但我觉得我还是会以"无缘大慈，同体大悲"的理念去拍电影，我还是希望参与构建社会，以我的力量影响社会，哪怕只关注一个小群体，让这一部分人过得更好，我想我这辈子就达到目的了。一个人能做的事情太有限了，如果说"一辈子就关注一个群体"格局太小，那么我之后向费里尼这样的大师学习，重新关注人的意义、人的内心。到时候，我观察世界的视野可能会变大，我估计我会成长。

陈：我觉得不存在大小之分，我个人也非常在意"艺术何为"的问题。曾经在我非常绝望、思考电影意义的时候，不管作品的艺术表达如何，我们实打实地看到某部电影比一篇社会学研究更有价值，所以我说没有带任何价值判断。你对这本书的读者还有什么想分享的吗？

吴：我想分享的就是，君子脚下无界，不要把自己的目标局限于电影。人生有太多可能性了，有太多比电影更好、更有趣的事情值得追逐。

其实像"无缘大慈，同体大悲"这种理念对我的影响挺大的，它影响我去参与构建社会。但是好多东西又是无常的，缘起性空，一切都是自由组合，你跟电影相遇的那一刻，这件事情本质是空的，那早晚有一天你们会分离。所以不要过于依赖这个缘分，你早晚会跟其他什么碰撞出更有趣的人生。

吴郗琛采访手记

谢森喆

在采访的前期准备阶段我观看了吴郗琛导演在B站发布的视频。他在花絮里讲话语速快，语调变化丰富，生动的讲述极具吸引力，实在是阳光少年。我在无比期待这次采访的同时也有莫名的紧张，担心屏幕上的up主所展现的形象并非生活之日常，然而这种担心在吴导演打开访谈室的门时就消失得无影无踪了——他手里托着一台相机，背着双肩包，穿着白色T恤、绿色短裤，先是惊讶于我们的阵仗，而后和一大屋子人热情地寒暄，给人一种师哥来开校园活动会议的亲近感。于是在回看完导演在两届半夏的颁奖现场视频、舟哥简单介绍本书的出版意图后，采访顺利地开始了。

我们从导演的童年经历开始，到作品部分详细地展开，最后以导演的职业选择和对电影本质的思考结束。采访期间有大笑也有感伤，在情绪的明显起伏中可以真切地感受到他的真诚和投入。在聊到影展和AI话题时，尽管导演并未看过采访提纲，这些问题却和他前一天在手机上记录的思考"不谋而合"，这让我们十分惊喜。吴郗琛导演说他每天都会写东西，他的勤于思考和善于积累让我印象深刻。

在整理文稿时，我发现去除了语音语调的作用，文字的讲述比语音更冷静、理性，许多回答都以溯源分析结尾，这和他不断进行自我反思和观点梳理的习惯很相符。在采访过程中，导演还多次提到"构建式地参与社会建设"，通过采访，可以感受到导演对于电影的热情和对某些话题的强烈表达欲。他正以摸索出的独特的影像方式，朝着银幕走去，影响着采访现场的"银幕外"的人，也影响着不同时空里银幕外的人。